内容简介

《会计学（第27版）》以其清晰的结构和创新的教学艺术，全面介绍了会计学基础知识。在世界各国，迄今已有数百万学生阅读本书并从中受益。本书作者在过去的所有版本中长期坚持改革和创新。

《会计学（第27版）》包含三大知识模块——会计学基本原理、财务会计和管理会计。中文翻译版《会计学（第27版）：财务会计分册》涵盖了前两个模块的内容，第三个模块的内容在《会计学（第27版）：管理会计分册》中呈现。

《会计学（第27版）：财务会计分册》在以下几个方面做了更新：

· 采用简短精练的段落和专栏，让读者更容易阅读和理解信息。

· 以逐步推导的方式进行介绍，并应用有意义的专栏和图表。

· 更新并完善真实企业案例，提供不同类型的习题，帮助读者更好地学习。

本书可作为会计学、财务管理、金融学、管理学专业的本科生、学术型硕士生，MPAcc，MBA以及各类在职人员的会计入门用书。

主要作者简介

卡尔·沃伦（Carl S. Warren） 佐治亚大学会计学院名誉教授，曾在艾奥瓦大学、密歇根州立大学和芝加哥大学任教，并在*The Accounting Review*，*Journal of Accounting Research*等期刊发表多篇论文。曾在美国会计学会、美国注册会计师协会等组织任职，并为众多公司和会计师事务所提供咨询。

詹姆斯·里夫（James M. Reeve） 田纳西大学会计学教授，曾在*Journal of Cost Management*，*Journal of Management Accounting Research*，*The Accounting Review*等期刊发表论文40余篇，并为宝洁、可口可乐、索尼和波音等世界著名企业提供咨询和培训。

主要译者简介

陈宋生 北京理工大学管理学院会计系主任、教授、博士生导师，全国高端会计人才，中国会计学会高等工科院校分会副会长，中国审计学会教育分会副秘书长，中国内部审计协会准则专业委员会副主任；在《会计研究》、《审计研究》和*Journal of Business Research*等期刊发表论文数十篇。

工商管理经典译丛·会计与财务系列
BUSINESS ADMINISTRATION CLASSICS

会计学
财务会计分册

Financial Accounting
（Twenty-seventh Edition）

[美] 卡尔·沃伦（Carl S. Warren）
詹姆斯·里夫（James M. Reeve） 著
乔纳森·杜哈奇（Jonathan E. Duchac）

陈宋生　龙雪莹
刘叶兰　余瑞航 译

第27版

中国人民大学出版社
·北京·

图书在版编目（CIP）数据

会计学：第 27 版 . 财务会计分册 /（美）卡尔·沃伦，（美）詹姆斯·里夫，（美）乔纳森·杜哈奇著；陈宋生等译 . -- 北京：中国人民大学出版社，2024.4
（工商管理经典译丛 . 会计与财务系列）
ISBN 978-7-300-32623-8

Ⅰ.①会… Ⅱ.①卡… ②詹… ③乔… ④陈… Ⅲ. ①财务会计 Ⅳ.① F230

中国国家版本馆 CIP 数据核字（2024）第 055126 号

工商管理经典译丛·会计与财务系列

会计学（第 27 版）：财务会计分册

卡尔·沃伦
[美] 詹姆斯·里夫　　著
　　乔纳森·杜哈奇

陈宋生　龙雪莹　刘叶兰　余瑞航　译
Kuaijixue: Caiwu Kuaiji Fence

出版发行	中国人民大学出版社				
社　　址	北京中关村大街 31 号		邮政编码	100080	
电　　话	010 - 62511242（总编室）		010 - 62511770（质管部）		
	010 - 82501766（邮购部）		010 - 62514148（门市部）		
	010 - 62515195（发行公司）		010 - 62515275（盗版举报）		
网　　址	http://www.crup.com.cn				
经　　销	新华书店				
印　　刷	三河市恒彩印务有限公司				
开　　本	890 mm × 1240 mm　1/16		**版　　次**	2024 年 4 月第 1 版	
印　　张	30.25　插页 2		**印　　次**	2024 年 4 月第 1 次印刷	
字　　数	842 000		**定　　价**	98.00 元	

随着全球化、国际化进程的推进，会计本科生国际化教学成为势不可挡的潮流。目前许多高校尝试双语教学和全英语教学，这有助于开拓学生的视野，提升其英语阅读与写作水平，助力我国国际化会计人才的培养。但是在教学过程中，老师们遇到了一些现实问题，缺乏权威的参考教材是突出问题之一。外国原版教学用书内容庞杂，逻辑松散，与我国制度背景差异较大，价格高昂，这些使得授课老师在教学用书选择与应用上十分困惑，已经影响到教学效果与教学目标的实现。学生对于一门课程的掌握程度不仅取决于教师的学养与教学水平，参考教学用书也十分重要。一本优秀的教学用书不仅要有国际权威、知识系统化，还要充分与本土的具体情况相结合。

为了满足国内高校的教学需求，根据教育部对课程的设置要求，北京理工大学陈宋生教授组织团队，对卡尔·沃伦（Carl S. Warren）、詹姆斯·里夫（James M. Reeve）、乔纳森·杜哈奇（Jonathan E. Duchac）三位著名教授的经典会计著作《会计学（第27版）》进行了编译。

原著共26章，分为三部分。第1~6章为会计学基本原理，包括会计学的基本概念以及传统的记账方法，如记账、过账、调账、结账以及编制报表等一系列流程；第7~17章是财务会计部分，主要讲述几个重要的资产负债账户的会计核算方法、现金流量表的编制以及财务报表分析，其中第8章还特别引入内部控制相关内容；第18~26章是管理会计部分，主要讲述成本会计（分批成本计算法、分步成本计算法以及本量利分析）、管理控制系统（预算、标准成本法以及分权经营）和决策方法（差量分析和资本投资分析）三大块内容。中文翻译版的财务会计分册包括前两部分内容，第三部分内容在管理会计分册呈现。

本书由北京理工大学陈宋生教授组织团队进行编译，中国农业大学李睿讲师基于英文原著的架构和风格，按照国内的课时要求突出重点内容、压缩篇幅。具体删减变动如下：（1）精选满足教学和学习需要的章后练习，删除冗余习题；（2）删除影像案例、附录（涉及重点内容的附录保留）；（3）删除与我国国情差距较大的内容。北京理工大学会计系硕士生龙雪莹、刘叶兰、余瑞航做了大量的翻译和校对工作。陈宋生教授负责组织协调以及最终的审校。

本书可作为会计学、财务管理、金融学、管理学专业的本科生、学术型硕士生，MPAcc，MBA以及各类在职人员的会计入门用书。

　　由于译者的视野、水平以及能力有限，疏漏总是难免，希望得到广大读者的批评、指导和建议。

　　最后，真诚地感谢中国人民大学出版社编辑的不断督促与热情斧正，他们的敬业精神温暖并激励着我们！北京石油化工学院曹圆圆讲师、西南财经大学严文龙讲师、首都经济贸易大学田至立讲师、北京理工大学在读博士生吴倩和邓婷友也以不同的方式参与校稿、讨论与修改，感谢他们付出的辛苦劳动！

译者

目 录

第 1 章

会计与企业概述

足球比赛时通常会有很多噪声，如乐队的演奏声、球迷的欢呼声以及礼炮声。很明显，球迷们都很关心比赛的结果。就像足球场上的球迷一样，企业的所有者也想要他们的企业在市场上战胜竞争对手。赢得足球比赛能带来自豪感，而在商场上战胜竞争对手不仅有成就感，还可带来巨大的有形利益。获胜的企业更有能力为顾客服务，为员工提供更好的工作，也能为所有者创造更多的财富。

推特（Twitter）是最著名的网络公司之一，它向人们提供了一个实时信息网络平台。全世界有上百万用户使用推特发布消息。

推特是不是一家成功的企业？它是否有盈利？我们能从哪里获取这些信息？会计能够解决这些问题。

本书将向大家介绍一门商业语言——会计。本章主要介绍何为企业、企业如何运行以及会计在其中扮演的角色。

学习目标

1. 描述企业的性质以及会计和职业道德在企业中的作用。
2. 概括会计准则的发展并联系实务。
3. 阐述会计恒等式并定义等式的每个要素。
4. 阐述如何通过会计恒等式中各个要素的变化来记录企业的经济业务。
5. 描述反映一个会计主体的各种财务报表，并解释它们之间的相互关系。
6. 描述并举例说明产权比率在评估企业财务状况中的应用。

1.1 企业和会计的性质

企业（business）是将原材料、劳动等基本资源（投入）组装加工成产品或服务（产出）提供给客户的一类组织。企业的规模大小各异，小至一家本地的咖啡馆，大到咖啡及相关产品年销售额超过190亿美元的星巴克。

大多数企业的目的就是获取利润。利润（profit）是给客户提供产品或服务的收入与为提供这些产品或服务所耗费用的差额。本书主要关注产生利润的企业的经营活动。但是，其中的许多概念和原则同样适用于医院、学校、政府机构等非营利组织。

企业的类型

营利性企业包括三种类型：服务企业、商业企业和制造企业。以下是每种类型企业的一些例子。

（1）**服务企业**（service businesses）向客户提供的不是产品，而是服务。如达美航空（交通运输服务）、迪士尼（娱乐服务）。

（2）**商业企业**（merchandising businesses）向客户销售从其他企业购进的产品。如沃尔玛（日用品）、亚马逊（电子书、音乐、视频）。

（3）**制造企业**（manufacturing businesses）将基本投入转变成产品销售给客户。如福特汽车（轿车、卡车、货车）、戴尔（个人电脑）。

会计在企业中的作用

会计在企业中的作用是为管理人员提供经营业务所需的信息。此外，会计还为其他使用者提供信息，供其评估企业的经营绩效和财务状况。

因此，**会计**（accounting）可以定义为一个信息系统，这个系统向使用者提供有关企业经济活动和状况的报告。可以把会计看作"商业语言"，这是因为会计是企业将财务信息传达给使用者的手段。

会计向使用者提供信息的过程如下：

（1）识别使用者。

（2）评估使用者的信息需求。

（3）设计会计信息系统来满足这些需求。

（4）记录有关企业活动和事项的经济数据。

（5）为使用者编制会计报告。

如图表1–1所示，会计信息使用者可以分为两类：内部使用者和外部使用者。

管理会计

会计信息的内部使用者包括管理者和员工。这些使用者直接参与企业的管理和经营。为内部使用者提供信息的会计称为**管理会计**（managerial accounting，management accounting）。

管理会计的目标是为管理者和员工的决策提供相关的、及时的信息。通常来讲，这些信息很敏感，因此不会对外公布。这些敏感的信息可能涉及客户、价格以及企业的扩张计划等。企业雇佣的管理会计师往往是**私业会计**（private accounting）。

财务会计

会计信息的外部使用者包括投资者、债权人、客户以及政府。这些使用者不直接参与企业的管理和经营。向外部使用者提供信息的会计称为**财务会计**（financial accounting）。

图表 1-1 会计信息系统

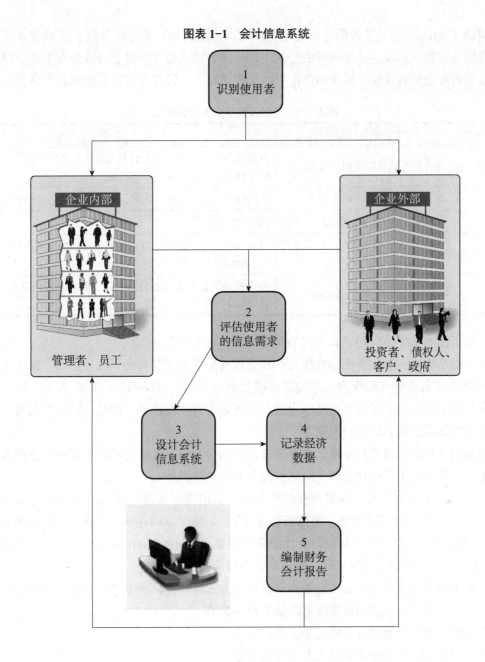

财务会计的目标是为企业外部使用者的决策提供相关的、及时的信息。例如，与企业经营状况有关的财务报表可以帮助银行和其他债权人决定是否将钱借给企业。**通用财务报表**（general-purpose financial statement）是公布给外部使用者的财务报告之一。"通用"这个术语是指这些报表被设计成能够满足宽泛的决策制定需求的格式。在本章的后面，还会举例描述通用财务报表。

职业道德在会计和企业中的作用

会计的目标是为使用者决策提供相关的、及时的信息。会计人员只有遵守职业道德，提供给使用者的信息才是可信的，才会对决策有用。管理人员和员工在经营企业时也必须遵守道德准则。否则，没有人愿意给企业投资或贷款。

职业道德（ethics）是引导我们行为的道德准则。遗憾的是，企业的管理人员和会计人员的行为有时会违背职业道德。图表 1-2 中列举的公司中的许多管理人员都涉及会计或商业欺诈。这些违背职业道德的行为可能会导致罚款、解雇和诉讼。在某些情况下，管理人员还会被起诉、定罪以及判刑。

图表 1-2　会计或商业欺诈行为举例

公司名称	会计或商业欺诈性质	结果
计算机联合国际公司	欺诈性地夸大财务成果	首席执行官（CEO）和高管被起诉，5 名高管认罪，公司被处以 2.25 亿美元的罚款
安然	欺诈性地夸大财务成果	公司破产，高管被刑事定罪，承担 600 多亿美元的股价损失
南方保健	高估 40 亿美元绩效	高管被刑事定罪
奎斯特国际通信公司	不当地确认 30 亿美元虚假发票	CEO 及其他 6 名高管被判金融诈骗罪，公司被美国证券交易委员会处以 2.5 亿美元罚款
施乐公司	提前确认 30 亿美元收入	公司被美国证券交易委员会处以 1 000 万美元罚款，6 名高管被处以 2 200 万美元罚款

什么导致了图表 1-2 中管理者和公司的欺诈行为？答案通常是：

（1）失败的个性。有职业道德的管理人员和会计人员都是诚实和公正的。然而，管理人员和会计人员也常常面临来自监管者的压力，他们需要满足公司和投资者的期望。在图表 1-2 的大部分公司中，管理人员和会计人员为了减少这些压力而小范围地违背职业道德。但是，随着公司财务状况的恶化，这些小违规逐渐演化为严重的大欺诈。

（2）贪婪的文化和对道德的漠视。高管通过他们的行为和态度给公司确立文化。在图表 1-2 的大部分公司中，高管创造了一种贪婪的、对真相漠不关心的氛围。

鉴于图表 1-2 所示的种种会计或商业欺诈行为，美国国会通过了新的法律来监督会计和企业行为。例如，2002 年颁布的《萨班斯 - 奥克斯利法案》（Sarbanes-Oxley Act，SOX）。该法案为会计职业建立了一个新的监督机构——**公众公司会计监管委员会**（Public Company Accounting Oversight Board，PCAOB）。另外，该法案制定了独立性、企业责任和披露的标准。

人们在面临财务或者其他类型压力时如何让其行为依然符合职业道德？道德行为指南如下：

（1）利用个人诚实和公正的道德标准来做出相关决策。

（2）意识到决策的后果和对其他人的影响。

（3）考虑对那些会受决策影响的人的责任与义务。

（4）做出一个对受其影响的人来说既合乎道德又公平的决定。

会计从业人员的机会

对会计专业的学生来说，有大量的就业机会。目前，市场对会计人员的需求超过了新就业的应届毕业生的数量。部分原因是图表 1-2 中所示的会计或商业欺诈行为导致政府对企业财务监管力度的增强。此外，越来越多的企业开始意识到会计信息的重要性及价值。

如前所述，被企业雇用的会计人员被称为私业会计。私业会计在公司里有很多可能的职业选择，其中部分职业选择及其起薪如图表 1-3 所示。提供审计服务，核实财务记录、账户和系统的准确性的会计人员被称为审计师。一些私业会计职业可取得认证资格。

图表 1-3　会计职业选择及其起薪

会计职业发展	职业描述	职业选择	年度起薪*	认证资格
私业会计	受雇于公司、政府和非营利组织的会计师	簿记员	45 000 美元	
		工资结算员	41 000 美元	注册工资核算师（CPP）
		一般会计师	49 000 美元	
		预算分析师	52 000 美元	
		成本会计师	53 000 美元	注册管理会计师（CMA）
		内部审计师	60 000 美元	注册内部审计师（CIA）
		信息技术审计师	68 000 美元	注册信息系统审计师（CISA）
公共会计	以个人名义或者作为提供审计、税务或管理咨询服务的会计师事务所员工受雇的会计师	大公司（收入超过 2.5 亿美元）	65 000 美元	注册会计师（CPA）
		中等规模的公司（收入为 2 500 万美元～2.5 亿美元）	58 000 美元	注册会计师（CPA）
		小公司（收入少于 2 500 万美元）	54 000 美元	注册会计师（CPA）

* 年薪四舍五入至千位。起薪可能因公司和地区而异。

数据来源：Robert Half *2016 U.S. Salary Guide*（*Finance and Accounting*），Robert Half International，Inc.（www.roberthalf.com/workplace-research/salary-guides）

以收费为基础提供服务的会计师被称为**公共会计**（public accounting）。在公共会计中，会计师可以个人名义或会计师事务所员工的身份执业。符合国家教育、从业经验和考试要求的公共会计可以成为**注册会计师**（certified public accountant，CPA）。注册会计师通常从事一般的会计、审计或税务服务。正如我们在图表 1-3 中所看到的，注册会计师的起薪略高于私业会计。然而，统计数据表明，这些薪资差异往往会随着时间的推移而消失。

企业的所有职能部门都使用会计信息，私业会计或者公共会计的工作经历能为其职业生涯提供坚实的基础。工业和政府机构中的很多职位都由具备会计背景的人担任。

1.2　一般公认会计原则

如果公司在报告财务信息时没有遵循相同的规则，那么公司之间财务状况的比较就会很困难，甚至难以进行。因此，财务会计人员在编制报告时应遵循**一般公认会计原则**（general accepted accounting principle，GAAP）。这样编制的报告能够让投资者和其他使用者对不同的公司进行比较。

会计准则和概念的发展来自会计研究、公认的会计实践和监管机构的公告。在美国，**财务会计准则委员会**（Financial Accounting Standards Board，FASB）对制定会计准则承担主要责任。财务会计准则委员会发布《财务会计报表准则》并对这些准则进行相关解释。此外，**美国证券交易委员会**（Securities and Exchange Commission，SEC）是美国政府的一个下属机构，有权管理上市公司的会计核算和财务信息披露，这些上市公司的所有权份额（股票）可以在公开市场上交易和出售。SEC 通常采用 FASB 发布的会计准则。然而，SEC 也可能针对 FASB 尚未予以规定的一些具体会计事项发布"会计工作人员公告"。

除美国之外的很多国家使用的是**国际会计准则理事会**（International Accounting Standards Broad，IASB）发布的《国际财务报告准则》。目前 FASB 和 IASB 发布的会计准则之间存在差异，投资者和其他利益相关者在分析跨国公司的财务报告时应该警惕这些差异。

在本书中，会计准则和概念会被反复强调。通过强调"为什么"和"怎么样"，本书帮助读者进一步理解会计。

企业主体概念

企业主体概念（business entity concept）将会计系统中的经济数据限定为与企业业务活动直接相关的数据。换句话说，企业被视为一个独立于其所有者、债权人或其他企业的实体。例如，一家企业只有一个所有者，该企业的会计只记录企业的活动，而不记录所有者个人的活动、财产或者债务。

企业主体可以采取独资、合伙、股份有限公司或**有限责任公司**（limited liability company，LLC）的形式。每种形式及其主要特征如图表 1-4 所示。

图表 1-4　企业主体形式及其特征

企业主体形式	特征	示例
独资企业（proprietorship）是由一个人所有的企业	·美国 70% 的企业是独资企业 ·组织简单且费用低 ·受其所有者拥有的资源的限制 ·小型企业常采用这种形式	·A&B 粉刷公司
合伙企业（partnership）是由两个或更多人所有的企业	·美国 10% 的企业是合伙企业（和有限责任公司） ·能聚集多人的技术和资源	·琼斯 & 史密斯建筑工作室
股份有限公司（corporation）是根据州或联邦法律组织起来的一个独立的纳税主体	·90% 的企业收入由股份有限公司产生 ·美国 20% 的企业是股份有限公司 ·所有权被划分成股份 ·通过发行股票可以获得大量资源 ·大型企业通常采用这种形式	·Alphabet 公司 ·苹果公司 ·福特汽车公司 ·推特
有限责任公司（limited liability company）兼具合伙企业和股份有限公司的特征	·美国 10% 的企业是有限责任公司（和合伙企业） ·常被当作合伙企业的另一种替代选择 ·对所有者而言有税收和法律义务方面的优势	·摩泽尔 & 法默会计师事务所

前面讨论的三种企业类型——服务企业、商业企业和制造企业——均可以采用独资企业、合伙企业、股份有限公司或有限责任公司中的任意一种组织形式。鉴于制造企业需要投入大量资源，大部分制造企业属于股份有限公司，如福特汽车公司。大部分大型零售商也采用股份有限公司的形式，如沃尔玛、家得宝等。

成本概念

在**成本概念**（cost concept）下，按照成本或者购买价格记录初始会计金额。举例来说，我们假定亚伦出版社在 2017 年 2 月 20 日以 150 000 美元的价格购入一栋大楼。以下是该建筑物的附加资料：

2017 年 1 月 1 日，销售方的要价	$ 160 000
2017 年 1 月 31 日，购买方亚伦出版社的初始报价	140 000
2017 年 2 月 20 日，购买价格	150 000
2019 年 12 月 31 日，估计售价	220 000
2019 年 12 月 31 日，为支付财产税评估的价值	190 000

在成本概念下，亚伦出版社在 2017 年 2 月 20 日以 150 000 美元的购买价格记录该幢大楼的购买交易。上面列举的其他金额并不会对会计记录产生任何影响。

2019 年 12 月 31 日，该栋大楼的估计售价是 220 000 美元，这表明大楼的价值发生了增值。然而，如果将 220 000 美元记入会计记录，将会产生虚假或未实现利润。如果亚伦出版社在 2021 年 1 月 9 日以 240 000 美元的价格出售大楼，那么 90 000 美元（240 000−150 000）的利润就实现了，此时就应当将该笔金额记入会计记录，而该大楼的新所有者（买主）则应当将 240 000 美元作为成本进行记录。

成本概念也涉及客观性概念和计量单位概念。**客观性概念**（objectivity concept）要求记录的会计金额必须基于一定的客观证据。在买方和卖方的交易过程中，双方都会尽力争取最有利的价格，只有最后双方达成一致的价格才能客观地记录在会计记录中。如果会计人员根据报价、估值和主观判断不停地修正会计记录中的金额，那么财务报告就会变得不稳定也不可靠。

计量单位概念（unit of measure concept）要求以货币为单位来记录相关的经济数据。货币是财务数据和报告的常用计量单位。

例 1-1　成本概念

8 月 25 日，加勒廷维修服务公司对一块土地报价 400 000 美元，卖方报价 500 000 美元。9 月 3 日，加勒廷维修服务公司接受了卖方的最终报价 460 000 美元。10 月 20 日，为支付财产税对土地进行评估，评估的价值是 300 000 美元。12 月 4 日，一家全国零售连锁店出价 525 000 美元向加勒廷维修服务公司购买这块土地。那么加勒廷维修服务公司应该以哪个金额记录该土地的价格？

解答：

460 000 美元。基于成本概念，加勒廷维修服务公司应该将该土地的成本价格记入会计记录。

1.3　会计恒等式

企业所拥有的资源称为**资产**（assets），现金、土地、建筑物和设备等都属于资产。资产索取权分为以下两类：（1）债权人的索取权；（2）所有者的索取权。债权人的索取权是指企业的债务，称为**负债**（liabilities）；所有者的索取权称为**所有者权益**（owner's equity）。由于股东拥有公司，因此公司所有者的权利称为**股东权益**（stockholders' equity）。下列等式揭示了资产、负债、所有者权益三者之间的关系：

资产＝负债＋所有者权益

该等式称为**会计恒等式**（accounting equation）。在会计恒等式中，负债通常列示在所有者权益之前，因为债权人对资产有优先索取权。

已知其中的任意两项，根据会计恒等式我们可以求出第三个未知项。例如，如果企业拥有资产 100 000 美元，负债 30 000 美元，那么所有者权益则为 70 000 美元，如下所示：

资产−负债＝所有者权益

100 000−30 000＝70 000

例 1-2　会计恒等式

"你就是明星"咨询公司是约翰·乔斯拥有并经营的一家企业。2018 年 12 月 31 日，该公司拥有资产 800 000 美元，负债 350 000 美元。利用会计恒等式求：

a. 2018 年 12 月 31 日该公司的所有者权益金额。

b. 假定在 2019 年，公司资产增加 130 000 美元，负债减少 25 000 美元，那么 2019 年 12 月 31 日的所有者权益是多少？

解答：

a. 根据会计恒等式：

资产＝负债＋所有者权益

800 000＝350 000＋所有者权益

所有者权益＝450 000（美元）

b. 首先，求出 2019 年所有者权益的变化金额，如下：

资产＝负债＋所有者权益

130 000＝－25 000＋所有者权益

所有者权益＝155 000（美元）

接下来，把 2019 年所有者权益的变化金额和 2018 年 12 月 31 日所有者权益金额相加，求得 2019 年 12 月 31 日的所有者权益金额，如下所示：

2019 年 12 月 31 日的所有者权益＝450 000＋155 000＝605 000（美元）

1.4　经济业务和会计恒等式

月付账单，如每月 168 美元的通信费，会影响企业的财务状况，因为库存现金减少了。这种直接改变企业财务状况或经营绩效的经济事项称为**经济业务**（business transaction）。例如，购买一块价值 50 000 美元的土地就属于一项经济业务，相比之下，企业贷款利率的改变则不会直接影响现金或任何其他资产、负债、所有者权益的金额。

所有经济业务都可以表现为会计恒等式中要素的变化。经济业务是如何影响会计恒等式的？可以通过一些典型的经济业务来举例说明。我们以克里斯·克拉克管理的一家企业为例说明。

假设 2018 年 11 月 1 日，克里斯·克拉克创办了一家企业，名为网解公司。克里斯·克拉克商业计划的第一步是将网解公司定位成一家服务企业，帮助个人或者小型企业开发网页以及安装计算机软件等。克里斯·克拉克希望该阶段持续 1～2 年。在这期间，克里斯·克拉克计划收集客户对软件、硬件需求方面的信息。克里斯·克拉克商业计划的第二步，是将网解公司扩张成一家个性化的零售商，面向个人或小型企业销售软件和硬件。

下面是网解公司第一个月发生的所有经济业务，在每项经济业务后我们都将说明该项业务对会计恒等式的影响。

业务 a　2018 年 11 月 1 日，克里斯·克拉克将 25 000 美元存入网解公司的银行账户。

该笔业务增加了企业的现金资产（恒等式左边）25 000 美元。为了使等式仍然成立，企业的所有者权益（恒等式右边）也应增加相同的金额。所有者权益项目用所有者的"名字"和"资本"来表示，如"克里斯·克拉克，资本"。该笔交易对会计恒等式的影响如下所示：

	资产	=	所有者权益
	现金		克里斯·克拉克，资本
a	25 000	=	25 000

克里斯·克拉克是唯一的所有者，因此网解公司是一家独资企业。此外，上面会计恒等式中各要素的变动都是仅针对网解公司这个企业而言的，在企业主体概念下，克里斯·克拉克的个人资产，如住房或个人银行账户，以及个人负债并不计入上述恒等式。

业务 b　2018 年 11 月 5 日，网解公司花费 20 000 美元现金购得一块土地，作为未来建筑用地。

该块土地位于商业园区，交通便利。克里斯·克拉克计划首先租用办公室和设备，接下来在这块土地上建造办公楼和仓库。

购买土地改变了资产的构成，但是并没有改变总资产的金额，本业务对会计恒等式的影响如下所示，得到的新的金额称为余额：

	资产			=	所有者权益
	现金	+	土地	=	克里斯·克拉克，资本
余额	25 000				25 000
b	−20 000	+	20 000		
余额	5 000		20 000	=	25 000
		25 000			25 000

业务 c　2018 年 11 月 10 日，网解公司购买了 1 350 美元的物资，并承诺在近期支付欠款。

或许你也使用信用卡购买过衣服或其他商品。在这种类型的经济业务中，你收到了衣服，并承诺在未来偿还信用卡欠款。也就是，你获得了一项资产，同时产生了一项需要在未来偿还的负债。网解公司发生了一项类似的业务，它购买了 1 350 美元的物资，并承诺供应商在不久的将来支付欠款。我们称这类业务为赊购，通常表述为：赊购物资 1 350 美元。

因赊购而产生的负债称为**应付账款**（account payable）。企业将来会在业务中消耗的物资等项目，称为**预付费用**（prepaid expense），预付费用是一项资产。因此，该项经济业务增加了企业 1 350 美元的资产（物资）和负债（应付账款），如下所示：

	资产					=	负债	+	所有者权益
	现金		物资		土地	=	应付账款	+	克里斯·克拉克，资本
余额	5 000	+		+	20 000				25 000
c			+1 350				+1 350		
余额	5 000		1 350		20 000	=	1 350		25 000
		26 350					26 350		

业务 d　2018 年 11 月 18 日，网解公司向客户提供服务，收到客户支付的 7 500 美元的现金服务费。

或许你通过粉刷房屋或修剪草坪赚过钱，由于向客户提供服务你收到了钱。同样，一家企业也是通过向客户销售商品或者提供服务来赚钱，收到的这些钱就称为**收入**（revenue）。

投入运营的第一个月，网解公司因向客户提供服务，收到 7 500 美元现金。收到现金这一经济业务增加了企业的资产，也增加了克里斯·克拉克在企业的所有者权益。7 500 美元的收入记录在"克里斯·克拉克，资本"右边的劳务收入栏，该业务增加了 7 500 美元的现金和劳务收入，如下所示：

	资产			=	负债	+	所有者权益		
	现金	+ 物资	+ 土地	=	应付账款	+	克里斯·克拉克，资本	+	劳务收入
余额	5 000	1 350	20 000		1 350		25 000		
d	+7 500								+7 500
余额	12 500	1 350	20 000		1 350		25 000		7 500

33 850 = 33 850

各种类型的收入可以用不同的专业术语来表示，如前所述，提供服务获得的收入称为**劳务收入**（fee earned），销售商品获得的收入称为**销售收入**（sale）。其他收入还包括租金和利息，分别记录为**租金收入**（rent revenue）和**利息收入**（interest revenue）。

除在销售商品或提供服务的当时就收到现金外，企业还可能会接受延迟收取款项，这样的收入称为应收劳务收入或应收销售收入。例如，如果网解公司已经提供了服务，但并没有即时收到现金，那么，业务 d 应该这样描述：应收劳务收入 7 500 美元。

在这种情况下，企业有了一项称为**应收账款**（account receivable）的资产，这是一种对客户资产的索取权。出现应收劳务收入应当分别记为应收账款与劳务收入的增加。当客户支付欠款时，企业的现金增加，同时应收账款减少。

业务 e 2018 年 11 月 30 日，本月网解公司支付的各项费用包括：工资 2 125 美元，租金 800 美元，公共费用 450 美元，杂项费用 275 美元。

本月，网解公司为获得收入支出了现金或者耗用了其他资产。在获得收入的过程中消耗的资产称为**费用**（expense）。费用包括耗用的物资、员工的工资、公共费用和其他服务费用。

本月网解公司支付的费用包括：工资 2 125 美元，租金 800 美元，公共费用 450 美元，杂项费用 275 美元。杂项费用指的是小额支付项目，如邮寄费和报刊费等。费用的影响与收入相反，它会减少资产和所有者权益。与劳务收入一样，费用记录在"克里斯·克拉克，资本"的右栏。由于支付费用会使所有者权益减少，因此将费用以负数列示。如下所示：

	资产			=	负债	+	所有者权益					
	现金	+ 物资	+ 土地	=	应付账款	+	克里斯·克拉克，资本	+	劳务收入	− 工资费用	− 租赁费用	− 公共费用	− 杂项费用
余额	12 500	1 350	20 000		1 350		25 000		7 500				
e	−3 650									−2 125	−800	−450	−275
余额	8 850	1 350	20 000		1 350		25 000		7 500	−2 125	−800	−450	−275

30 200 = 30 200

企业通常在每一笔收入和费用发生时进行记录，然而，为简化起见，我们将网解公司本月的收入和费用都汇总在业务 d 和业务 e 中。

业务 f 2018 年 11 月 30 日，网解公司偿还债权人 950 美元的债务。

当你偿还信用卡欠款时，现金减少了，欠信用卡公司的金额也减少了。同样，当网解公司在本月偿还债权人 950 美元的债务时，其资产和负债也都减少了，如下所示：

	资产		=	负债 +		所有者权益				
现金 +	物资 +	土地	=	应付账款 +	克里斯·克拉克,资本 +	劳务收入 −	工资费用 −	租赁费用 −	公共费用 −	杂项费用
余额 8 850	1 350	20 000		1 350	25 000	7 500	−2 125	−800	−450	−275
f −950				−950						
余额 7 900	1 350	20 000		400	25 000	7 500	−2 125	−800	−450	−275

29 250 = 29 250

偿还欠款不同于支付费用，费用的支付会减少所有者权益，如业务 e 所示，而偿还欠款则是减少负债的金额。

业务 g 2018 年 11 月 30 日，克里斯·克拉克确定月末库存物资的成本为 550 美元。

月末，库存物资（未被使用）的成本是 550 美元，因此，本月已经使用的物资为 800 美元（1 350−550），这种物资的减少记录为一项费用。如下所示：

	资产		=	负债 +		所有者权益					
现金 +	物资 +	土地	=	应付账款 +	克里斯·克拉克,资本 +	劳务收入 −	工资费用 −	租赁费用 −	物资费用 −	公共费用 −	杂项费用
余额 7 900	1 350	20 000		400	25 000	7 500	−2 125	−800		−450	−275
g	−800								−800		
余额 7 900	550	20 000		400	25 000	7 500	−2 125	−800	−800	−450	−275

28 450 = 28 450

业务 h 2018 年 11 月 30 日，克里斯·克拉克因私人用途从公司提取了 2 000 美元现金。

月末，克里斯·克拉克从企业提取了 2 000 美元现金用于个人花销。该笔业务与所有者对企业的投资相反。所有者提款不能与产生费用相混淆。提款并不是指为赚得收入而使用资产或服务，而是所有者对资本的一种分配，所有者提款项目用所有者的"名字"和"提款"表示，例如，克里斯·克拉克的提款可以表示为"克里斯·克拉克，提款"，与费用一样，提款记录在"克里斯·克拉克，资本"的右栏。这项 2 000 美元提款业务的影响如下：

	资产		=	负债 +			所有者权益					
现金 +	物资 +	土地	=	应付账款 +	克里斯·克拉克,资本 −	克里斯·克拉克,提款 +	劳务收入 −	工资费用 −	租赁费用 −	物资费用 −	公共费用 −	杂项费用
余额 7 900	550	20 000		400	25 000		7 500	−2 125	−800	−800	−450	−275
h −2 000						−2 000						
余额 5 900	550	20 000		400	25 000	−2 000	7 500	−2 125	−800	−800	−450	−275

26 450 = 26 450

小结

网解公司的经济业务可汇总如图表 1-5 所示。每笔经济业务用一个字母表示，会计恒等式中各个要素的余额列示在每笔业务的后面。

应注意以下几点：

（1）每笔经济业务的影响都体现为一个或多个会计恒等式要素的增加或减少。

（2）会计恒等式的两边总是相等的。

（3）所有者投资时所有者权益增加，所有者提款时所有者权益减少；此外，获得收入时所有者权益增加，发生费用时所有者权益减少。

图表 1-5　网解公司经济业务汇总

	现金	+ 物资	+ 土地	= 应付账款	+ 克里斯·克拉克，资本	− 克里斯·克拉克，提款	+ 劳务收入	− 工资费用	− 租赁费用	− 物资费用	− 公共费用	− 杂项费用
a	+25 000				+25 000							
b	−20 000		+20 000									
余额	5 000		20 000		25 000							
c		+1 350		+1 350								
余额	5 000	+1 350	20 000	+1 350	25 000							
d	+7 500						+7 500					
余额	12 500	1 350	20 000	1 350	25 000		7 500					
e	−3 650							−2 125	−800		−450	−275
余额	8 850	1 350	20 000	1 350	25 000		7 500	−2 125	−800		−450	−275
f	−950			−950								
余额	7 900	1 350	20 000	400	25 000		7 500	−2 125	−800		−450	−275
g		−800								−800		
余额	7 900	550	20 000	400	25 000		7 500	−2 125	−800	−800	−450	−275
h	−2 000					−2 000						
余额	5 900	550	20 000	400	25 000	−2 000	7 500	−2 125	−800	−800	−450	−275

26 450　　　　　　　　　　　　26 450

影响所有者权益的四种业务类型如图表 1-6 所示。

图表 1-6　影响所有者权益的业务

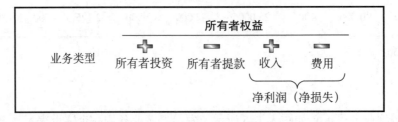

例 1-3　经济业务

萨尔沃快递公司是由乔尔·萨尔沃所有并经营的一家公司，下面是该公司 2 月份发生的业务。

（1）因所有者追加投资，收到现金 35 000 美元；

（2）偿还债权人 1 800 美元；

（3）因提供运输服务，应收客户 11 250 美元；

（4）收到客户拖欠的公司款项，现金 6 740 美元；

（5）支付所有者 1 000 美元现金，供其个人使用。

请指出每笔业务对会计恒等式中各要素（资产、负债、所有者权益、所有者提款、收入和费用）的影响，并指出各要素下被影响的具体科目。

解答：

（1）资产（现金）增加了 35 000 美元；所有者权益（乔尔·萨尔沃，资本）增加了 35 000 美元。

（2）资产（现金）减少了 1 800 美元；负债（应付账款）减少了 1 800 美元。

（3）资产（应收账款）增加了 11 250 美元；收入（运输劳务收入）增加了 11 250 美元。

（4）资产（现金）增加了 6 740 美元；资产（应收账款）减少了 6 740 美元。

（5）资产（现金）减少了 1 000 美元；所有者提款（乔尔·萨尔沃，提款）增加了 1 000 美元。

1.5　财务报表

记录和汇总经济业务之后，就可以为信息使用者编制报告了，提供该类信息的会计报告称为**财务报表**（financial statement）。独资企业的主要财务报表包括利润表、所有者权益变动表、资产负债表和现金流量表。各种财务报表的编制顺序和报表的性质，如图表 1-7 所示。

图表 1-7　财务报表

编制顺序	财务报表名称	报表描述
1	利润表	某一特定时期内，如一个月或一年内收入和费用的汇总
2	所有者权益变动表	某一特定时期内，如一个月或一年内发生的所有者权益变动汇总
3	资产负债表	某一特定日期，通常为一个月或一年的最后一天的资产、负债和所有者权益的金额列表
4	现金流量表	某一特定时期内，如一个月或一年内的现金收支汇总

上述四种财务报表和它们之间的相互关系如图表 1-8 所示，报表中的相关数据来自图表 1-5 网解公司经济业务汇总。

所有财务报表以企业名称、报表名称和特定日期或时期标识。利润表、所有者权益变动表和现金流量表中列示的是一段时间的数据，而资产负债表中则是某一特定日期的数据。

图表 1-8　网解公司的财务报表

网解公司 利润表 2018 年 11 月		
劳务收入		$ 7 500
费用：		
工资费用	$ 2 125	
租赁费用	800	
物资费用	800	
公共费用	450	
杂项费用	275	
费用合计		4 450
净利润		$ 3 050

网解公司 所有者权益变动表 2018 年 11 月		
克里斯·克拉克，资本，2018 年 11 月 1 日		$　0
2018 年 11 月 1 日投入资本	$ 25 000	
11 月的净利润	3 050	
所有者提款	（2 000）	
所有者权益增加		26 050
克里斯·克拉克，资本，2018 年 11 月 30 日		$ 26 050

网解公司 资产负债表 2018 年 11 月 30 日			
资产		负债	
现金	$ 5 900	应付账款	$　400
物资	550	所有者权益	
土地	20 000	克里斯·克拉克，资本	26 050
资产合计	$ 26 450	负债和所有者权益合计	$ 26 450

网解公司 现金流量表 2018 年 11 月		
经营活动产生的现金流量：		
向客户收取的现金	$ 7 500	
减：发生费用和向债权人支付的现金	（4 600）	
经营活动产生的现金流量净额		$ 2 900
投资活动产生的现金流量：		
购买土地支付的现金		（20 000）
筹资活动产生的现金流量：		
收到所有者投入的现金	$ 25 000	
减：所有者提款支付的现金	（2 000）	
筹资活动产生的现金流量净额		23 000
现金流量净增加额及 2018 年 11 月 30 日的现金余额		$ 5 900

利润表

利润表报告一段时间内的收入和费用情况，依据的是**配比原则**（matching concept），该原则用于匹配某一时期内产生的费用和该时期内费用创造的收入。如果收入超过费用，差额称为**净利润**（net income，net profit，earnings）；如果费用超过收入，差额则称为**净损失**（net loss）。

网解公司的收入和费用列示在会计恒等式中，体现为所有者权益的增减变动。某一时期内的净利润会增加该时期的所有者权益（资本），而净损失则会减少该时期的所有者权益（资本）。

网解公司的收入、费用和 3 050 美元的净利润都报告在图表 1-8 的利润表中。费用在利润表中的列示顺序因企业而异，大部分企业按金额大小列示，金额最大的项目列在最开始的位置，杂项费用则通常无论其金额大小都列示在最后。

例 1-4　利润表

截至 2019 年 4 月 30 日的会计年度，山雀旅行社发生的收入和费用项目如下：

劳务收入	$ 263 200
杂项费用	12 950
办公费用	63 000
工资费用	131 700

编制一张截至 2019 年 4 月 30 日的会计年度的利润表。

解答：

山雀旅行社 利润表 截至 2019 年 4 月 30 日的会计年度		
劳务收入		$ 263 200
费用：		
工资费用	$ 131 700	
办公费用	63 000	
杂项费用	12 950	
费用合计		207 650
净利润		$　55 550

所有者权益变动表

所有者权益变动表列示了一定时期内所有者权益的变化。因为当期的净利润或净损失也需要在所有者权益变动表中列示，所以该表一般在利润表之后编制。类似地，该表应当在资产负债表之前编制，因为当期期末的所有者权益金额应当披露在资产负债表中。因此，所有者权益变动表通常被视作利润表和资产负债表之间的纽带。

11 月，以下三类业务会影响网解公司的所有者权益：

（1）25 000 美元的初始投资；

（2）本月的 7 500 美元收入和 4 450 美元费用相减后产生的 3 050 美元净利润；

（3）2 000 美元的所有者提款。

以上信息都汇总在图表 1-8 的所有者权益变动表中。

例 1-5　所有者权益变动表

根据例 1-4 中山雀旅行社的利润表，编制一张截至 2019 年 4 月 30 日的会计年度的所有者权益变动表。所有者亚当·切利尼追加投资 50 000 美元，并且在这一年内提取 30 000 美元现金用于个人花销。在年初，即 2018 年 5 月 1 日，亚当·切利尼的初始投资资本为 80 000 美元。

解答：

山雀旅行社 所有者权益变动表 截至 2019 年 4 月 30 日的会计年度		
亚当·切利尼，资本，2018 年 5 月 1 日		$ 80 000
所有者追加投资	$ 50 000	
年度净利润	55 550	
所有者提款	（30 000）	
所有者权益增加		75 550
亚当·切利尼，资本，2019 年 4 月 30 日		$ 155 550

资产负债表

图表 1-8 中的资产负债表列示了网解公司 2018 年 11 月 30 日的资产、负债和所有者权益的金额。资产和负债的金额来自图表 1-5 经济业务汇总表的最后一行数据，2018 年 11 月 30 日的"克里斯·克拉克，资本"金额来自所有者权益变动表。图表 1-8 所示的资产负债表形式称为**账户式**（account form），这是因为它类似于会计恒等式的基本格式，资产在左边，负债和所有者权益在右边。

资产负债表中资产部分通常以资产的变现能力或者经营用途进行列示。第一项是现金，紧接着是应收账款、物资、预付保险费和其他资产，接下来是使用期限更长的资产，如土地、建筑物和设备。

图表 1-8 中资产负债表的负债部分只有应付账款是唯一一项负债。如果有两项或多项负债，应当分别列示各项负债的金额并列示负债总额，如下所示：

负债

应付账款	$ 12 900
应付职工薪酬	2 570
负债总额	$ 15 470

图表 1-9 为**报告式资产负债表**（report form of balance sheet）。它按资产、负债、所有者权益的顺序自上而下进行编制。报告式是资产负债表最常见的编制形式，因此在本书的其他章节中使用该种形式的表格。

图表 1-9　报告式资产负债表

网解公司 资产负债表 2018 年 11 月 30 日	
资产	
现金	$ 5 900
物资	550
土地	20 000
资产合计	$ 26 450
负债	
应付账款	$ 400
所有者权益	
克里斯·克拉克，资本	26 050
负债和所有者权益合计	$ 26 450

例 1-6　资产负债表

根据下面山雀旅行社的数据以及例 1-5 中所有者权益变动表中的数据，编制该公司 2019 年 4 月 30 日的资产负债表。

应付账款	$12 200
应收账款	31 350
现金	53 050
土地	80 000
物资	3 350

解答：

山雀旅行社 资产负债表 2019 年 4 月 30 日	
资产	
现金	$ 53 050
应收账款	31 350
物资	3 350
土地	80 000
资产合计	$ 167 750
负债	
应付账款	$ 12 200
所有者权益	
亚当·切利尼，资本	155 550
负债和所有者权益合计	$ 167 750

现金流量表

如图表 1-8 所示，现金流量表包括下列三个部分：

（1）经营活动；

（2）投资活动；

（3）筹资活动。

下面对每部分进行简要描述。

经营活动产生的现金流量

该部分列示了经营活动的现金收支。经营活动产生的现金流量净额通常与同一时期的净利润不一致。由图表 1-8 可知，网解公司的经营活动产生的现金流量净额为 2 900 美元，而净利润为 3 050 美元。之所以会产生该差异是因为记录收入和费用的时间与从客户手中收取现金或向债权人支付现金的时间不一致。

投资活动产生的现金流量

该部分列示了长期资产的现金收购和销售业务，长期资产包括土地、建筑物、设备等。图表 1-8 报告了网解公司 11 月因购买土地支付的 20 000 美元现金。

筹资活动产生的现金流量

该部分列示了与所有者现金投资、借款以及提款等相关的现金业务。图表 1-8 显示 11 月克里斯·克拉克向公司投资 25 000 美元，并提款 2 000 美元。

编制网解公司现金流量表

编制现金流量表要求将网解公司 11 月的各项现金业务分为三类，即经营活动、投资活动或筹资活动。根据之前编制的经济业务汇总表图表 1–5，对网解公司 11 月的各项现金业务分类如下。

业务	金额	现金流量活动
a	$ 25 000	筹资活动（克里斯·克拉克投资）
b	–20 000	投资活动（购买土地）
d	7 500	经营活动（劳务收入）
e	–3 650	经营活动（支付费用）
f	–950	经营活动（支付应付账款）
h	–2 000	筹资活动（克里斯·克拉克提款）

业务 c 和业务 g 不在上面列表中，因为它们不涉及现金的收入或支付。此外，业务 f 中支付应付账款被归为经营活动，这是因为该笔应付账款是购买经营活动所需的物资产生的。利用上述对 11 月现金业务的分类，我们编制了图表 1–8 中的现金流量表①。

现金流量表中列示的期末现金余额同样列示在期末的资产负债表中。例如，图表 1–8 中 11 月现金流量表披露的 5 900 美元的现金余额同样披露在 2018 年 11 月 30 日的资产负债表的现金项目中。

如图表 1–8 所示，由于 11 月是网解公司的第一个经营期间，所以 11 月的现金流量净额和 2018 年 11 月 30 日的现金余额相同，均为 5 900 美元。在之后的会计期间，网解公司将在其现金流量表中列示现金的期初余额、期间内的增减变动金额以及期末余额。例如，假定 12 月网解公司现金减少 3 835 美元，那么，网解公司 12 月现金流量表最后三行的内容如下所示：

现金减少	$（3 835）
2018 年 12 月 1 日现金余额	5 900
2018 年 12 月 31 日现金余额	2 065

例 1–7　现金流量表

截至 2019 年 4 月 30 日的会计年度，山雀旅行社现金流量的概况如下所示：

现金流入：	
向客户收取的现金	$ 251 000
收到所有者追加投资投入的现金	50 000
现金流出：	
发生费用支付的现金	210 000
购买土地支付的现金	80 000
所有者个人使用支出的现金	30 000

2018 年 5 月 1 日的现金余额是 72 050 美元。为山雀旅行社编制截至 2019 年 4 月 30 日的年度现金流量表。

解答：

---

① 这种现金流量表的编制方法称为"直接法"，现金流量表编制的"直接法"和"间接法"将在第 16 章详细讲述。

山雀旅行社 现金流量表 截至 2019 年 4 月 30 日的会计年度		
经营活动产生的现金流量：		
向客户收取的现金	$ 251 000	
发生费用支付的现金	（210 000）	
经营活动产生的现金流量净额		$　41 000
投资活动产生的现金流量：		
购买土地支付的现金		（80 000）
筹资活动产生的现金流量：		
收到所有者投入的现金	$　50 000	
所有者提款支付的现金	（30 000）	
筹资活动产生的现金流量净额		20 000
现金流量年度净减少额		$（19 000）
2018 年 5 月 1 日的现金余额		72 050
2019 年 4 月 30 日的现金余额		$　53 050

财务报表之间的勾稽关系

　　财务报表按照利润表、所有者权益变动表、资产负债表和现金流量表的顺序编制。由于财务报表之间存在相互关联性，因此这个顺序很重要。图表 1-8 中网解公司各报表之间的勾稽关系[①] 如图表 1-10 所示。

图表 1-10　财务报表的勾稽关系

财务报表	勾稽关系	网解公司示例
利润表和所有者权益变动表	利润表中的净利润或净损失，在所有者权益变动表中表现为期初所有者权益的增加（净利润）或减少（净损失）以及所有者在此期间的追加投资	网解公司 11 月的净利润 3 050 美元与所有者权益变动表中克里斯·克拉克的投资额 25 000 美元相加，得出新的投资额为 28 050 美元
所有者权益变动表和资产负债表	所有者权益变动表中报告的期末所有者资本，也披露在资产负债表的所有者资本项目中	2018 年 11 月 30 日，所有者权益变动表中"克里斯·克拉克，资本"26 050 美元也出现在 2018 年 11 月 30 日资产负债表中的"克里斯·克拉克，资本"项目
资产负债表和现金流量表	资产负债表中披露的现金项目也是现金流量表中的期末现金余额	2018 年 11 月 30 日，资产负债表中的现金项目 5 900 美元和 11 月现金流量表中的期末现金余额一致

　　以上这些勾稽关系在分析财务报表和经济业务对企业的影响时很重要。此外，这些关系还能帮助我们核对财务报表的编制是否正确。例如，如果现金流量表的期末现金余额和资产负债表中的现金项目金额不一致，那么报表的编制一定存在差错。

---

　　① 根据现金流量表中编制经营活动产生的现金流量的方法不同，净利润（或净亏损）也可能出现在现金流量表中。第 16 章详细解释了现金流量表与利润表这种勾稽关系以及该种现金流量表的编制方法，该方法称为"间接法"。

1.6 财务分析和解释：产权比率

本章描述的基本财务报表有助于银行、债权人、所有者和其他利益相关者分析和解释一个企业的经营绩效和财务状况。在本书中，我们将介绍各种被用来分析和解释企业经营绩效和财务状况的工具和技巧。我们首先要讨论的是一个可以用来分析企业偿债能力的工具。

负债和所有者权益的关系可以表达成负债与所有者权益的比率，称为**产权比率**（ratio of liabilities to owner's equity），公式如下：

$$产权比率 = \frac{负债总额}{所有者权益（或股东权益）总额}$$

网解公司 11 月末的产权比率为 0.015，计算过程如下：

$$产权比率 = \frac{400}{26\ 050} \approx 0.015$$

企业的所有者权益总额通常是指股东权益总额，因此在计算该比率时，股东权益总额可以替代所有者权益总额。

例如，Alphabet 公司和麦当劳公司的资产负债表数据如下所示（单位：百万美元）。

	本年	上年
Alphabet 公司		
负债总额	$ 22 083	$ 14 429
股东权益总额	71 715	58 145
麦当劳公司		
负债总额	$ 18 600	$ 17 341
股东权益总额	14 390	14 634

本年和上年 Alphabet 公司和麦当劳公司的产权比率计算过程如下（单位：百万美元）：

	本年	上年
Alphabet 公司		
负债总额	$ 22 083	$ 14 429
股东权益总额	71 715	58 145
产权比率	0.31	0.25
	（22 083/71 715）	（14 429/58 145）
麦当劳公司		
负债总额	$ 18 600	$ 17 341
股东权益总额	14 390	14 634
产权比率	1.29	1.18
	（18 600/14 390）	（17 341/14 634）

债权人对企业资产的索取权优先于所有者或者股东，所以，产权比率越低，企业在财务困境中的

承受能力就越强，越有能力偿还债权人的债务。

因为 Alphabet 公司的负债很少，所以其产权比率本年为 0.31，上年也较低为 0.25。相比之下，麦当劳公司的负债则多一些，其产权比率本年为 1.29，上年为 1.18。由于麦当劳公司的产权比率稍微提高了，其债权人在本年年末面临的风险较上年年末更大。同样，麦当劳公司的债权人比 Alphabet 公司的债权人面临的风险也更大。但是，两家公司作为行业巨头，其债权人都可以较好地抵御违约风险。

例 1-8　产权比率

下列数据来自霍桑公司的资产负债表：

	2019 年 12 月 31 日	2018 年 12 月 31 日
负债总额	$ 120 000	$ 105 000
所有者权益总额	80 000	75 000

a. 计算产权比率。

b. 从 2018 年 12 月 31 日到 2019 年 12 月 31 日，债权人的风险是增加还是减少了？

解答：

a.

	2019 年 12 月 31 日	2018 年 12 月 31 日
负债总额	$ 120 000	$ 105 000
所有者权益总额	80 000	75 000
产权比率	1.50	1.40
	（120 000/80 000）	（105 000/75 000）

b. 增加了。

练习题

EX 1-1　企业类型[*]

下列都是一些知名的大公司：

1. 美国铝业集团
2. 波音公司
3. 卡特彼勒公司
4. 花旗集团
5. 西维斯公司
6. 达美航空
7. eBay
8. 联邦快递
9. 福特汽车公司
10. 盖璞集团
11. H&R 布洛克税务公司
12. 希尔顿集团
13. 宝洁公司
14. 太阳信托
15. 沃尔玛

a. 指出这些公司中哪些是服务企业、商业企业、制造企业。如果对这些企业不熟悉，可以上网搜索公司主页或在雅虎财经（finance.yahoo.com）上寻找公司信息。

b. 上述哪个公司与会计恒等式相关？

[*]　每章的习题保留了原著中的序号，余同——译者

EX 1-3　企业主体概念

大天空体育公司出售狩猎和捕鱼装备，并且提供相关方面的指导。该公司由乔·弗兰诺雷拥有和经营。乔·弗兰诺雷是一个非常著名的运动爱好者，也是一名捕猎人。他的妻子帕姆则拥有并经营着一家名为"冰川精品店"的女装店。乔和帕姆建立了一个信托基金用于支持他们孩子的大学教育，并将信托基金以特里和布鲁克这两个孩子的名义委托卡利斯佩尔国家银行进行管理。

a. 分析以下的每笔交易，并指出下列哪个主体应该记录此笔交易。

	主体
G	冰川精品店
K	卡利斯佩尔国家银行
B	大天空体育公司
X	以上均不

1. 帕姆在卡利斯佩尔国家银行的信托基金里存入一张 2 000 美元的个人支票。

2. 为了春季大促，帕姆向圣路易斯设计师购买了 24 套春装。

3. 乔向一只英国施普林格西班牙猎犬的饲养员支付了费用。

4. 帕姆授权信托基金购买共同基金份额。

5. 乔向当地医生支付其年度体检费，而这类体检是大天空体育公司的员工补偿保险政策所要求的。

6. 乔为客户提供狩猎旅行向导服务，预收了一笔现金。

7. 帕姆向基督教女青年会支付会费。

8. 帕姆将仓库中部分服装捐赠给当地为女性收容所举办的慈善拍卖会。

9. 为庆祝结婚三十周年纪念日，乔为当日的晚餐和电影支付了一定的费用。

10. 乔向一家狩猎者杂志支付了广告费。

b. 什么是经济业务？

EX 1-5　会计恒等式

美元树公司和塔吉特公司的所有资产和负债情况如下所示（单位：百万美元）。

	美元树公司	塔吉特公司
资产	$ 3 567	$ 41 404
负债	1 782	27 407

计算上述两个公司各自的所有者权益。

EX 1-7　会计恒等式

安妮·拉斯马森是咨询公司 Go44 的所有者和经营者。截至 2018 年 12 月 31 日，即其会计期末，Go44 的资产为 720 000 美元，负债为 180 000 美元。请使用会计恒等式分别考虑下列业务，并计算对应的金额：

a. 2018 年 12 月 31 日，属于安妮·拉斯马森的资本。

b. 2019 年 12 月 31 日，属于安妮·拉斯马森的资本；假设 2019 年公司的资产和负债分别增加了

96 500 美元和 30 000 美元。

c. 2019 年 12 月 31 日，属于安妮·拉斯马森的资本；假设 2019 年公司的资产减少了 168 000 美元，负债增加了 15 000 美元。

d. 2019 年 12 月 31 日，属于安妮·拉斯马森的资本；假设 2019 年公司的资产增加了 175 000 美元，负债减少了 18 000 美元。

e. 如果截至 2019 年 12 月 31 日，公司的资产和负债分别为 880 000 美元和 220 000 美元，并且不存在额外的资本增加或减少，求 2019 年公司净利润（或净损失）。

EX 1-9　经济业务对会计恒等式的影响

描述下列经济业务如何影响会计恒等式中的三要素：

a. 向企业投入资金。

b. 支付企业的公共费用。

c. 使用现金购买物资。

d. 赊购物资。

e. 提供服务收到现金。

EX 1-11　经济业务对所有者权益的影响

指出下列经济业务是否增加或减少了所有者权益：

a. 支出。

b. 所有者投资。

c. 所有者提款。

d. 收入。

EX 1-13　经济业务性质

泰里·韦斯特经营自己的餐饮企业。7 月份企业的财务数据摘要以恒等式形式展示如下。每一行用数字来表示业务对会计恒等式的影响。除业务 5 以外，所有者权益的每次增减变动都会影响净利润。

	资产			=	负债	+	所有者权益			
	现金 +	物资 +	土地	=	应付账款	+	泰里·韦斯特，资本	− 泰里·韦斯特，提款	+ 劳务收入	− 费用
余额	40 000	3 000	82 000		7 500		117 500			
1	+71 800								+71 800	
2	−15 000		+15 000							
3	−47 500									−47 500
4		+1 100			+1 100					
5	−5 000							−5 000		
6	−4 000				−4 000					
7		−1 500								−1 500
余额	40 300	2 600	97 000		4 600		117 500	−5 000	71 800	−49 000

a. 描述每笔经济业务内容。

b. 本月现金净增加额是多少？

c. 本月所有者权益的净增加额是多少？

d. 本月净利润是多少？

e. 本月有多少净利润留存在企业？

EX 1-15　四家企业的净利润与所有者权益

木星、火星、土星和金星是四家不同的独资企业，其期初和期末的资产、负债数据完全一致。除所有者权益以外的相关数据可总结如下：

	总资产	总负债
年初	$ 550 000	$ 215 000
年末	844 000	320 000

基于上述数据以及以下补充信息，计算各企业本年的净利润（或净损失）。（提示：先计算全年所有者权益的增减变动金额。）

木星：企业所有者没有向企业增加投资也没有从企业提款。

火星：企业所有者不但没有向企业增加投资，还提款 36 000 美元。

土星：企业所有者向企业增加投资 60 000 美元，且没有提款。

金星：企业所有者向企业增加投资 60 000 美元的同时提款 36 000 美元。

EX 1-19　利润表

乳制品公司于 2019 年 8 月 1 日成立。以下是 8 月的收支交易摘要：

劳务收入	$ 783 000
工资费用	550 000
租赁费用	35 000
物资费用	8 500
杂项费用	11 400

编制该公司 8 月的利润表。

综合题

PR 1-1A　经济业务

本年 6 月 1 日，查德·威尔逊创办了一家租赁资产管理公司，并在 6 月发生了以下经济业务：

a. 申请开设一个企业银行账户，并从个人账户中提取 30 000 美元存入企业账户。

b. 赊购一些办公用品，合计金额为 1 800 美元。

c. 帮助客户管理租赁资产并获得 10 000 美元的现金收入。

d. 支付当月办公室及设备的租赁费用，合计 4 500 美元。

e. 应付债权人 1 250 美元。

f. 帮助客户管理租赁资产并就该项收入向其开具一张 16 800 美元的账单。

g. 支付当月的汽车费用（包括租赁费用）750 美元，及杂项费用 980 美元。

h. 支付办公人员薪酬，合计 4 000 美元。

i. 盘点确定现有库存物资成本合计 680 美元，因此已使用物资的成本为 1 120 美元。

j. 提取 7 500 美元现金用于个人花销。

要求：

1. 利用下面的表头分析每项经济业务的影响，并计算各项经济业务发生后各项目的余额。

资产		=	负债	+	所有者权益							
现金 +	应收账款 + 物资 =		应付账款 +		查德·威尔逊，资本 −	查德·威尔逊，提款 +	劳务收入 −	租赁费用 −	工资费用 −	物资费用 −	汽车费用 −	杂项费用

2. 简要解释为什么所有者投资和取得收入会增加所有者权益，而所有者提款会减少所有者权益。

3. 计算 6 月的净利润。

4. 6 月的经济业务使得查德·威尔逊的资本增加或减少了多少？

案例分析题

CP 1-1　道德行为

马尔科·布罗洛是拥有并经营全球进出口业务丝路合伙企业的三位合伙人之一，马尔科负责记录合伙企业的业务。一天，在上班的路上马尔科的车抛锚了。在维修店，马尔科得知汽车的引擎严重损坏，需要花费 2 000 多美元修理。他的银行账户里没有足够的钱来支付修理费，并且他的信用卡也已经透支了。这辆车是马尔科每天上下班的唯一交通工具。他没有使用他的汽车进行任何商务旅行。

考虑各种选择后，马尔科决定从合伙企业中提取 2 000 美元以支付修理费，并将其作为合伙企业的一笔费用进行记录。他认为这是合理的，因为他每天上班都需要这辆车。

1. 马尔科的行为合乎职业道德吗？为什么？

2. 马尔科的决定影响了谁？

3. 马尔科还有其他的选择吗？

第 **2** 章

分析经济业务

每天，我们都不停地收到大量来自亲友的邮件、订阅的邮件，甚至垃圾邮件。怎么来处理这么多的信息呢？你可以按照发送者、主题或者项目名称建立不同的文件夹来整理这些信息，也可以利用关键字搜索程序来处理，甚至可以利用某些规则自动过滤删除垃圾邮件或将来自亲友的邮件自动发送到某个特定的文件夹。总之不管在何种情况下，你都希望通过某些处理来简化检索信息的过程，并且方便理解、回复、参考。

与你处理电子邮件信息一样，企业需要一个有条不紊的程序来处理、记录以及汇总经济业务。例如，苹果公司有大量的经济业务，这些业务来自电脑、数字媒体（iTunes）、iPod、iPhone 以及 iPad 的销售。当苹果公司卖出一部 iPad，顾客可以选择很多的支付方式，如信用卡、借记卡或支票、苹果公司的礼品卡、分期付款或现金。为了分析与苹果公司的现金交易相关的信息，公司必须利用现金账户记录或者总结所有类似的销售业务。类似地，苹果公司要用不同的账户记录信用卡支付的交易以及赊销交易。

第 1 章我们利用会计恒等式（资产＝负债＋所有者权益）来分析和记录经济业务，本章将介绍更多实用和有效的方法来记录经济业务，大部分公司使用这些方法。此外，我们将讨论可能产生的会计差错，以及如何利用会计方法来发现和更正差错。

学习目标

1. 描述账户和会计科目表的特征。

2. 利用复式记账体系描述和说明经济业务的会计分录。

3. 描述并举例说明日记账以及过账。

4. 编制未经调整的试算平衡表并解释如何用它来发现差错。

5. 描述并举例说明水平分析在评估公司的经营业绩和财务状况中的应用。

2.1 利用账户记录业务

在第 1 章，我们利用会计恒等式的形式记录网解公司 11 月的经济业务（见图表 2-1）。但是，这种形式对于每天需要记录成千上万项经济业务的公司则不那么有效和实用。所以，需要设计一个会计系统来分别记录会计恒等式中各个要素的增减变动。这种会计系统就称为账户（account）。

举例来说，图表 2-1 中网解公司 11 月经济业务的现金栏记录的是现金的增加和减少。类似地，图表 2-1 中其他栏记录其他会计恒等式要素的增减变动。每一栏目的数据都能记录在一个单独的账户中。

最简洁的账户形式有以下三部分。

（1）标题，也即记录在该账户中会计恒等式要素的名称。

（2）记录要素金额增加的区域。

（3）记录要素金额减少的区域。

下面显示的账户形式叫作 **T 形账户**（T account），因为它和字母 T 相似。账户的左边称为借方，右边称为贷方。

名称

左边	右边
借方	贷方

图表 2-1 网解公司 11 月经济业务

	资产			=	负债	+			所有者权益				
	现金	+ 物资	+ 土地	=	应付账款	+	克里斯·克拉克，资本	- 克里斯·克拉克，提款	+ 劳务收入	- 工资费用	- 租赁费用	- 物资费用	- 公共费用	- 杂项费用
a	+25 000						+25 000							
b	-20 000		+20 000											
余额	5 000		20 000				25 000							
c		+1 350			+1 350									
余额	5 000	1 350	20 000		1 350		25 000							
d	+7 500								+7 500					
余额	12 500	1 350	20 000		1 350		25 000		7 500					
e	-3 650									-2 125	-800		-450	-275
余额	8 850	1 350	20 000		1 350		25 000		7 500	-2 125	-800		-450	-275
f	-950				-950									
余额	7 900	1 350	20 000		400		25 000		7 500	-2 125	-800		-450	-275
g		-800										-800		
余额	7 900	550	20 000		400		25 000		7 500	-2 125	-800	-800	-450	-275
h	-2000							-2 000						
余额	5 900	550	20 000		400		25 000	-2 000	7 500	-2 125	-800	-800	-450	-275

图表 2-1 中显示的现金余额变动可以记录到下面的现金账户中：

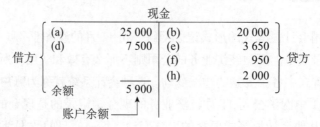

在账户中记录业务必须遵循某些规则。例如，资产的增加记录在账户的**借方**（debit）（左边）。类似地，资产的减少记录在账户的**贷方**（credit）（右边）。资产账户借方金额超过贷方金额的部分就是**账户余额**（balance of the account）。

举例来说，在业务（a）中收入（现金增加）25 000 美元列示在如上所示的现金账户的借方（左边），业务的字母编号或日期也应该记入账户。这样操作，就算之后出现相关的问题，我们也可以追溯到分录背后的业务数据。而在业务（b）中购买土地支付（现金减少）20 000 美元应该记入账户的贷方（右边）。

现金账户的余额 5 900 美元就是借方金额超过贷方金额的部分，如下所示。

借方（25 000+7 500）	$ 32 500
减：贷方（20 000+3 650+950+2 000）	26 600
2018 年 11 月 30 日现金余额	$ 5 900

现金账户的余额写在账户的借方栏目下边，这样可以直观判断出是借方余额。这个余额表示 2018 年 11 月 30 日网解公司的现金金额。该 5 900 美元的余额因此被披露在网解公司 2018 年 11 月 30 日的资产负债表中，如第 1 章的图表 1-8 所示。

在实际的会计系统中，T 形账户又被更加正式的账户形式取代。本章的后面，我们将会阐述四栏式账户。然而，设置 T 形账户仍然是说明业务对账户以及财务报表影响的一种简单方法。基于此，企业常常用 T 形账户来解释业务。

利用与图表 2-1 中处理现金栏目的相似方法，可以把每个栏目都转换成账户的形式。但是，如前所述，记录账户的增加或减少必须遵循某些规则。这些规则将在介绍会计科目表后再进行讨论。

会计科目表

我们把企业主体的一组账户称为**分类账**（ledger）。分类账中的账户列表称为**会计科目表**（chart of accounts）。会计科目通常是按照其在财务报表中的出现顺序列示。资产负债表中的会计科目列示在最前面，资产负债表内的科目又按照资产、负债、所有者权益的顺序列示。利润表中的会计科目随后按照收入、费用的顺序进行列示。

资产

资产（assets）是指企业主体拥有的资源。这些资源可能是有形的实物，如现金和物资，或者有价值的无形资产，包括专利权、版权和商标权。资产还包括应收账款、预付账款（如保险费）、建筑物、设备和土地等。

负债

负债（liabilities）是指欠外部人员（债权人）的款项。负债常以包含"应付"两字的名称列示在资产负债表中。负债包括应付账款、应付票据和应付职工薪酬等。在提供服务之前收到现金会使得企业产生一项提供服务的责任。这种未来提供服务的承诺常称为预收账款。出版社收取的杂志订阅费和大学在学期初收取的学费等都属于预收账款。

所有者权益

所有者权益（owner's equity）是指所有者对企业偿还全部债务后剩余资产的索取权。对一个独资企业来说，所有者权益由资产负债表中的所有者**资本账户**（capital account）体现。**提款**（drawing）账户表示所有者从企业提取的金额。

收入

收入（revenues）是指因为向客户销售产品或提供服务增加的资产和所有者权益金额。收入包括劳务收入、运输收入、佣金收入和租金收入等。

费用

费用（expenses）是指在产生收入的过程中消耗资产或消费服务形成的支出。费用包括工资费用、租赁费用、公共费用、物资费用和杂项费用等。

会计科目表的描述

会计科目表应该满足企业管理层和其他财务报表使用者的需求。我们对会计科目表中的科目都进行编号，为了使新科目的增加不影响其他科目的编号，企业通常会使用编号系统对各个科目进行编号。

图表 2-2 是本章要使用的网解公司的会计科目表。其他科目将在后续章节中再做介绍。在图表 2-2 中，每个科目的编号都有两位数字，第一个数字指的是科目在分类账中所在的账户组，以"1"开头的科目代表资产组，以"2"开头的科目代表负债组，以"3"开头的头目代表所有者权益组，以"4"开头的科目代表收入组，以"5"开头的科目代表费用组。会计科目编号的第二个数字指的是该科目在各自账户组中所处的位置。

图表 2-2　网解公司的会计科目表

资产负债表账户	利润表账户
1. 资产	4. 收入
11　现金	41　劳务收入
12　应收账款	5. 费用
14.　物资	51　工资费用
15　预付保险费	52　物资费用
17　土地	53　租赁费用
18　办公设备	54　公共费用
2. 负债	59　杂项费用
21　应付账款	
23　预收租金	
3. 所有者权益	
31　克里斯·克拉克，资本	
32　克里斯·克拉克，提款	

图表 2-1 中的每个栏目都对应图表 2-2 会计科目表中的一个科目编号。此外，图表 2-2 的会计科目表还增加了应收账款、预付保险费、办公设备和预收租金等科目。我们将用这些科目来记录网解公司 12 月份的经济业务。

2.2 复式记账体系

所有的企业都使用**复式记账体系**（double-entry accounting system）。这个体系是在会计恒等式的基础上成立的，要求：

（1）每笔经济业务至少记录在两个账户中。

（2）每笔经济业务记录的借方总金额应等于贷方总金额。

使用复式记账体系将经济业务记录到账户时也有具体的**借贷规则**（rules of debit and credit）。

资产负债表账户

资产负债表账户的借贷规则如下所示：

资产负债表账户

资产 资产账户		=	负债 负债账户		+	所有者权益 所有者权益账户	
借方 增加（＋）	贷方 减少（－）		借方 减少（－）	贷方 增加（＋）		借方 减少（－）	贷方 增加（＋）

利润表账户

利润表账户的借贷规则基于它们与所有者权益的关系。如前所述，所有者权益账户增加记入贷方，由于收入会增加所有者权益，所以收入的增加也记入贷方，减少记入借方。所有者权益账户减少记入借方，因此，费用账户增加记入借方，减少记入贷方。收入和费用账户的借贷规则如下所示：

利润表账户

收入账户		费用账户	
借方 减少（－）	贷方 增加（＋）	借方 增加（＋）	贷方 减少（－）

所有者提款业务

记录所有者提款的借贷规则基于其对所有者权益的影响。由于所有者提款减少所有者权益，所以所有者提款账户增加记入借方。类似地，所有者提款账户减少记入贷方。借贷规则如下所示：

所有者提款账户

借方 增加（＋）	贷方 减少（－）

正常余额

一个账户增加的总金额通常等于或者大于该账户减少的总金额。因此，**账户的正常余额**（normal

balance of an account）是在借方还是贷方取决于账户的增加记入借方还是贷方。例如，由于资产账户的增加记入借方，因此资产账户通常有借方余额。类似地，负债账户通常有贷方余额。

各账户的正常余额以及借贷规则概括在图表 2-3 中。借方和贷方分别缩写为借（Dr）和贷（Cr）。

图表 2-3　账户的正常余额及借贷规则

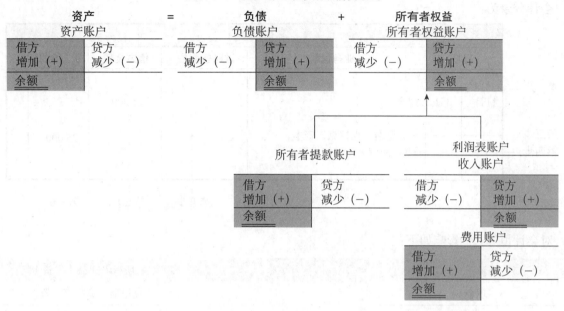

当一个账户的正常余额应该在借方却出现在贷方时，或者正常余额应该在贷方却出现在借方时，这说明可能有环节发生了错误或者存在异常业务。例如，"办公设备"账户若是出现贷方余额，这肯定是出现了错误，因为企业减少的办公设备不可能比增加的还多。又如，"应付账款"账户若是出现借方余额，则有可能是因为债务人超额偿付。

例 2-1　借贷规则和正常的账户余额

判断下列每个账户是（a）只有借方分录、（b）只有贷方分录，或者（c）借贷都有可能。然后，说明它的正常余额。

1. 安伯·桑德斯，提款　　　3. 现金存款　　　　5. 物资
2. 应付账款　　　　　　　4. 劳务收入　　　　6. 公共费用

解答：

1. 只有借方分录；正常借方余额　　　4. 只有贷方分录；正常贷方余额
2. 借贷分录；正常贷方余额　　　　　5. 借贷分录；正常借方余额
3. 借贷分录；正常借方余额　　　　　6. 只有借方分录；正常借方余额

日记账

根据借贷规则，经济业务首先应在**日记账**（journal）中记录。在这种情况下，日记账中记录了经

济业务发生的时间以及相关的信息。为举例说明，继续使用第 1 章中网解公司 11 月的经济业务数据。

业务 a　2018 年 11 月 1 日，克里斯·克拉克 将 25 000 美元存入网解公司的银行账户。

分析：这笔业务使得资产和所有者权益账户都增加。将其记录在日记账中体现为"现金"增加（借方），"克里斯·克拉克，资本"增加（贷方）。

会计分录为：

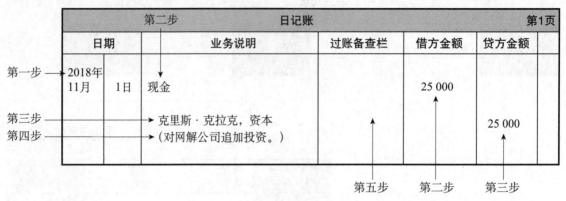

对会计恒等式的影响如下：

资产	=	负债	+	所有者权益（投资）
现金				克里斯·克拉克，资本
11 月 1 日　25 000				11 月 1 日　25 000

经济业务按照以下步骤记录在**两栏式日记账**（two-column journal）中：

第一步：将经济业务发生的日期记录在日期栏中。

第二步：借方账户的名称记录在业务说明栏下面的左边，借方金额记录在借方栏目中。

第三步：贷方账户的名称记录在借方账户的下边靠右，贷方金额记录在贷方栏目中。

第四步：在贷方账户下面可能有一个对该分录的简要描述。

第五步：过账备查栏在会计分录初始计量时保持空白，在本章的后面，当会计分录转入分类账中时会用到这一栏。

将经济业务记入日记账的过程叫作**记日记账**（journalizing）。日记账中的分录叫作**会计分录**（journal entry）。

下面是一些在分析和记录经济业务时可能用到的方法：

（1）仔细阅读业务的描述，确定该业务影响的是资产、负债、所有者权益、收入、费用还是所有者提款账户。

（2）对于每一个受到经济业务影响的账户，确定它的金额是增加还是减少。

（3）根据图表 2-3 所示的借贷规则确定每一个账户金额的增加或减少应该记入借方还是贷方。

（4）利用会计分录记录经济业务。

图表 2-4 总结了一些常见的经济业务术语以及相关的借贷账户。

图表 2-4　经济业务术语和相关会计分录账户

常见的经济业务术语	会计分录账户	
	借方	贷方
因提供服务收到现金	现金	劳务收入
提供服务但尚未收到款项	应收账款	劳务收入
收到应收未收款	现金	应收账款
赊购	资产账户	应付账款
偿还应付未付款	应付账款	银行存款
支付账款	资产或费用账户	银行存款
所有者投资	现金和 / 或其他资产	（所有者名字），资本
所有者提款	（所有者名字），提款	银行存款

网解公司 11 月剩余业务的分析和记录如下。

业务 b　11 月 5 日，网解公司支付 20 000 美元购得一块土地，作为未来的建筑用地。

分析：这笔业务使得一项资产账户增加，而另一项资产账户减少。将其记录在日记账中体现为"土地"增加（借方）20 000 美元，"现金"减少（贷方）20 000 美元。

会计分录：

11 月	5 日	土地		20 000	
		现金			20 000
		（购买土地作为建筑用地。）			

对会计恒等式的影响如下：

资产	=	负债	+	所有者权益

土地

11 月 5 日	20 000	

现金

	11 月 5 日	20 000

业务 c　11 月 10 日，网解公司购买了 1 350 美元的物资。

分析：这笔业务使得一个资产账户和一个负债账户的同时增加。将其记录在日记账中体现为"物资"增加（借方）1 350 美元，"应付账款"增加（贷方）1 350 美元。

会计分录：

11 月	10 日	物资		1 350	
		应付账款			1 350
		（赊购物资。）			

对会计恒等式的影响如下：

资产	=	负债	+	所有者权益
物资		应付账款		
11 月 10 日　1 350			11 月 10 日　1 350	

业务 d　11 月 18 日，网解公司向客户提供服务，收到客户支付的 7 500 美元服务费。

分析：这笔业务使得一个资产账户和一个收入账户同时增加。将其记录在日记账中体现为："现金"增加（借方）7 500 美元，"劳务收入"增加（贷方）7 500 美元。

会计分录：

11 月	18 日	现金		7 500	
		劳务收入			7 500
		（收到客户支付的费用。）			

对会计恒等式的影响如下：

资产	=	负债	+	所有者权益（收入）
现金				劳务收入
11 月 18 日　7 500				11 月 18 日　7 500

业务 e　11 月 30 日，本月网解公司支付的各项费用包括：工资 2 125 美元，租金 800 美元，公共费用 450 美元，杂项费用 275 美元。

分析：这些业务使得各项费用账户增加，资产账户（现金）减少。应当注意，在会计分录中，不论账户的数量有多少，借方账户的合计金额总是等于贷方账户的合计金额。将其记录在日记账中体现为：费用账户（工资费用 2 125 美元；租赁费用 800 美元；公共费用 450 美元；杂项费用 275 美元）增加（借方），"现金"减少（贷方）3 650 美元。

会计分录：

11 月	30 日	工资费用		2 125	
		租赁费用		800	
		公共费用		450	
		杂项费用		275	
		现金			3 650
		（支付费用。）			

对会计恒等式的影响如下：

资产	=	负债	+	所有者权益（费用）
现金				工资费用
	11 月 30 日　3 650		11 月 30 日　2 125	
				租赁费用
			11 月 30 日　800	

	公共费用	
11 月 30 日	450	

	杂项费用	
11 月 30 日	275	

业务 f 11 月 30 日，网解公司偿还债权人 950 美元的债务。

分析：这笔业务使得一个负债账户和一个资产账户同时减少。将其记录在日记账中体现为："应付账款"减少（借方）950 美元，"现金"减少（贷方）950 美元。

会计分录：

11 月	30 日	应付账款		950	
		现金			950
		（偿还债务。）			

对会计恒等式的影响如下：

资产	=	负债	+	所有者权益
现金		应付账款		
11 月 30 日　950		11 月 30 日　950		

业务 g 11 月 30 日，克里斯·克拉克盘点确定尚未耗用的物资成本是 550 美元。

分析：11 月 10 日，网解公司购买了 1 350 美元物资，因此 11 月已被使用的物资成本为 800 美元（1 350-550）。这笔业务在日记账中体现为："物资费用"增加（借方）800 美元，"物资"减少（贷方）800 美元。

会计分录：

11 月	30 日	物资费用		800	
		物资			800
		（11 月已耗物资。）			

对会计恒等式的影响如下：

资产	=	负债	+	所有者权益（费用）
物资				物资费用
11 月 30 日　800				11 月 30 日　800

业务 h 11 月 30 日，克里斯·克拉克从公司提取了 2 000 美元用于个人花销。

分析：这笔业务使得一个资产账户和一个所有者权益账户同时减少。将其记录在日记账中体现为："克里斯·克拉克，提款"增加（借方）2 000 美元，"现金"减少（贷方）2 000 美元。

会计分录：

日记账					第 2 页
日期		业务说明	过账备查栏	借方金额	贷方金额
2018 年 11 月	30 日	克里斯·克拉克，提款		2 000	
		现金			2 000
		（克里斯·克拉克提款用于个人花销。）			

对会计恒等式的影响如下：

资产	=	负债	+	所有者权益（提款）
现金				克里斯·克拉克，提款
11 月 30 日　2 000				11 月 30 日　2 000

例 2-2　购买资产的会计分录

6 月 3 日，购买一辆价值 42 500 美元的卡车，已支付 8 500 美元，剩余的账款未付，请为这笔业务编制会计分录。

解答：

6 月 3 日	借：卡车	42 500
	贷：现金	8 500
	应付账款	34 000

2.3 过 账

如前所述，经济业务首先记入日记账。会计分录会定期转入分类账中，将日记账中的借贷方金额转入分类账的过程称为**过账**（posting）。

我们用网解公司 12 月份发生的经济业务来说明如何将会计分录过入分类账。通过 12 月份的经济业务，我们回顾一下分析和记会计分录的过程。

业务 1　12 月 1 日，网解公司为一项关于债务、偷窃以及火灾的保险合同支付 2 400 美元的保险费，该合同的受益期为一年。

分析：预先支付的费用（如保险费）称为预付账款，预付账款是一项资产。对网解公司而言，支付现金购买该项资产换取的是未来 12 个月的保险保障。这笔业务记录为，"预付保险费"增加（借方）2 400 美元，"现金"减少（贷方）2 400 美元。

会计分录：

12 月	1 日	预付保险费		2 400	
		现金			2 400
		（支付一年的保险费。）			

对会计恒等式的影响如下：

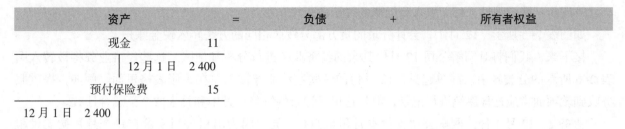

资产	=	负债	+	所有者权益
现金　　　　11				
12 月 1 日　2 400				
预付保险费　15				
12 月 1 日　2 400				

12 月 1 日发生的经济业务过账过程显示在图表 2–5 中。注意，图表 2–5 中我们并没有用到 T 形账户，在实务中，T 形账户常被类似图表 2–5 中所示的标准**四栏式账户**（four-column account）所取代。

图表 2–5　借方和贷方的记录与过账

日记账					第2页
日期	业务说明	过账备查栏	借方金额	贷方金额	
12 月　1 日	预付保险费　　　　　第四步→15　　2 400 　　　　现金　　　　　第四步→11 （支付一年的保险费。）			2 400	

第二步　　　　　　　　　　第二步

账户：预付保险费					账户编号：15	
日期	项目	过账备查栏	借方金额	贷方金额	余额	
					借方	贷方
第一步→12 月　1 日		2	2 400		2 400	

第三步

账户：现金					账户编号：11	
日期	项目	过账备查栏	借方金额	贷方金额	余额	
					借方	贷方
11 月　1 日		1	25 000		25 000	
12 月　30 日		2		2 000	5 900	
第一步→　　1 日		2		2 400	3 500	

第三步

每一个会计分录的借方和贷方项目都是按照其在日记账中发生的顺序进行过账，图表 2–5 中 12 月 1 日日记账分录的借方部分过入预付保险费的步骤如下：

第一步：会计分录的日期（12 月 1 日）填入预付保险费的日期栏中；

第二步：金额（2 400）填入预付保险费的借方金额栏；

第三步：日记账的页码（2）要填入预付保险费账户的过账备查栏；

第四步：账户编号（15）填入日记账的过账备查栏。

如图表2-5所示，12月1日会计分录的贷方部分按照相同的方法转入现金账户。

接下来，我们将对网解公司12月份其余的经济业务进行分析和记账，这些经济业务将被转入图表2-6所示的分类账中，简单起见，12月份的一些经济业务被汇总在一张表格里面。例如，提供服务收到款项通常应逐日逐笔进行记录，但是这里只记录网解公司月中和月末两个汇总合计数。

业务2 12月1日，网解公司支付本月租金800美元，因为出租公司要求在每个月月初支付租金，而不是在月末支付。

分析：预付的租金属于一项资产，这与前面某业务中预付的保险费类似，然而，与保险费的区别在于，这种预付的租金受益期为一个月。一项资产在购买之时就被预期将在短期内用完时，如一个月，一般而言就直接将其记入一项费用的借方。这样就免去了在月末把一项资产账户（预付租金）的余额转入费用账户（租赁费用）的工作。这笔业务记录为"租赁费用"增加（借方）800美元，"现金"减少（贷方）800美元。

会计分录：

12月	1日	租赁费用	53	800	
		现金	11		800
		（支付12月份的租金。）			

对会计恒等式的影响如下：

资产	=	负债	+	所有者权益（费用）
现金 11				租赁费用 53
12月1日 800				12月1日 800

业务3 12月1日，当地一家零售商想要租入网解公司11月5日购买的土地，同时网解公司收到其报价。该零售商计划将这块土地给员工和客户作为停车场使用。网解公司同意将土地租给该零售商，时间为3个月，并且要求对方提前支付租金，12月1日，网解公司收到该零售商支付的3个月的租金360美元。

分析：网解公司同意租出并收取了360美元的租金，该业务产生了一项对零售商的责任。这项责任就是提供这块土地给零售商使用3个月，并且网解公司不得干预其使用。在提供服务之前收取现金而产生的债务称为**预收账款**（unearned revenue）。随着时间的流逝，预收租金将会逐步减少并转化为真正的收入。因此，这笔业务导致"现金"增加（借方）360美元，"预收租金"增加（贷方）360美元。

会计分录：

12月	1日	现金	11	360	
		预收租金	23		360
		（收到预付3个月的土地租金。）			

对会计恒等式的影响如下：

	资产	=	负债	+	所有者权益
	现金	11	预收租金	23	
12 月 1 日 360			12 月 1 日 360		

业务 4 12 月 4 日，网解公司从办公用品公司赊购办公设备 1 800 美元。

分析：资产账户（办公设备）和负债账户（应付账款）同时增加。这笔业务应记录为，"办公设备"增加（借方）1 800 美元，"应付账款"增加（贷方）1 800 美元。

会计分录：

12 月	4 日	办公设备	18	1 800	
		应付账款	21		1 800
		（赊购办公设备。）			

对会计恒等式的影响如下：

	资产	=	负债	+	所有者权益
	办公设备	18	应付账款	21	
12 月 4 日 1 800			12 月 4 日 1 800		

业务 5 12 月 6 日，网解公司支付 180 美元的报纸广告费。

分析：一个费用账户增加的同时一个资产账户（现金）减少。金额较小的费用项目通常包含在杂项费用中，这笔业务记录为："杂项费用"增加（借方）180 美元，"现金"减少（贷方）180 美元。

会计分录：

12 月	6 日	杂项费用	59	180	
		现金	11		180
		（支付报纸广告费。）			

对会计恒等式的影响如下：

	资产	=	负债	+	所有者权益（费用）
	现金	11			杂项费用 59
	12 月 6 日 180				12 月 6 日 180

业务 6 12 月 11 日，网解公司偿还债权人 400 美元的债务。

分析：负债账户（办公设备）和资产账户（现金）同时减少。这笔业务使得"应付账款"减少（借方）400 美元，同时"现金"减少（贷方）400 美元。

会计分录：

12 月	11 日	应付账款	21	400	
		现金	11		400
		（偿还债权人债务。）			

对会计恒等式的影响如下：

资产		=	负债		+	所有者权益
现金	11		应付账款	21		
			12月11日 400			

（注：12月11日 400 记于现金栏下方）

业务 7 12月13日，网解公司支付一个接待员和一个兼职助理两周的工资950美元。

分析：这笔业务类似于12月6日的业务，费用账户增加，现金账户减少。这笔业务应记录为："工资费用"增加（借方）950美元，"现金"减少（贷方）950美元。

会计分录：

日记账					第3页
日期		业务说明	过账备查栏	借方金额	贷方金额
2018年12月	13日	工资费用	51	950	
		现金	11		950
		（支付两周的工资。）			

对会计恒等式的影响如下：

资产		=	负债	+	所有者权益（费用）	
现金	11				工资费用	51
12月13日 950					12月13日 950	

业务 8 12月16日，网解公司收到12月份上半月的劳务收入3 100美元。

分析：资产账户（现金）以及收入账户（劳务收入）同时增加。这笔业务应记录为："现金"增加（借方）3 100美元，"劳务收入"增加（贷方）3 100美元。

会计分录：

12月	16日	现金	11	3 100	
		劳务收入	41		3 100
		（收到客户支付的劳务费。）			

对会计恒等式的影响如下：

资产		=	负债	+	所有者权益（收入）	
现金	11				劳务收入	41
12月16日 3 100					12月16日 3 100	

业务 9 12月16日，12月份上半月累计应收未收的劳务收入有1 750美元。

分析：当企业同意客户在接受服务之后再支付价款时，就会产生**应收账款**（account receivable）。应收账款是一种对客户资产的索取权。应收账款属于资产，虽然暂时还没有收到款项，但是收入已经实现。因此，这笔业务应记录为："应收账款"增加（借方）1 750美元，"劳务收入"增加（贷方）1 750美元。

会计分录：

12 月	16 日	应收账款	12	1 750	
		劳务收入	41		1 750
		（记录应收未收的劳务收入。）			

对会计恒等式的影响如下：

资产		=	负债		+	所有者权益（收入）	
应收账款	12					劳务收入	41
12 月 16 日　1 750						12 月 16 日　1 750	

例 2-3　劳务收入的会计分录

8 月 7 日，应收劳务收入 115 000 美元，请为此编制会计分录。

解答：

8 月 7 日　借：应收账款　　　　　　　　　　　　　　　　　115 000

　　　　　　　贷：劳务收入　　　　　　　　　　　　　　　　　115 000

业务 10　12 月 20 日，网解公司向办公用品公司偿付了 12 月 4 日发生的赊购业务（负债 1 800 美元）的部分欠款，金额为 900 美元。

分析：这笔业务类似于 12 月 11 日的业务。应记录为："应付账款"减少（借方）900 美元，"现金"减少（贷方）900 美元。

会计分录：

12 月	20 日	应付账款	21	900	
		现金	11		900
		（偿还部分欠款。）			

对会计恒等式的影响如下：

资产		=	负债		+	所有者权益
现金	11		应付账款	21		
	12 月 20 日　900		12 月 20 日　900			

业务 11　12 月 21 日，网解公司收到 650 美元的客户欠款。

分析：当客户为他们先前接受的服务支付欠款时，网解公司的一项资产增加，另一项资产减少。这笔业务应记录为："现金"增加（借方）650 美元，"应收账款"减少（贷方）650 美元。

会计分录：

12 月	21 日	现金	11	650	
		应收账款	12		650
		（收到客户欠款。）			

对会计恒等式的影响如下：

资产			=	负债	+	所有者权益
现金		11				
12月21日 650						
应收账款		12				
12月21日 650						

业务12 12月23日，网解公司购买1 450美元物资。

分析：一个资产账户（物资）增加，另一个资产账户（现金）减少。这笔业务应记录为："物资"增加（借方）1 450美元，"现金"减少（贷方）1 450美元。

会计分录：

12月	23日	物资	14	1 450	
		现金	11		1 450
		（购买物资。）			

对会计恒等式的影响如下：

资产			=	负债	+	所有者权益
现金		11				
	12月23日 1 450					
物资		14				
12月23日 1 450						

业务13 12月27日，网解公司支付接待员和兼职助理两周的工资1 200美元。

分析：这笔业务类似于12月13日的业务。应记录为："工资费用"增加（借方）1 200美元，"现金"减少（贷方）1 200美元。

会计分录：

12月	27日	工资费用	51	1 200	
		现金	11		1 200
		（支付两周的工资。）			

对会计恒等式的影响如下：

资产			=	负债	+	所有者权益（费用）	
现金		11				工资费用	51
	12月27日 1 200					12月27日 1 200	

业务14 12月31日，网解公司支付本月通信费310美元。

分析：这笔业务类似于12月6日的业务。应记录为："公共费用"增加（借方）310美元，"现金"减少（贷方）310美元。

会计分录：

12 月	31 日	公共费用	54	310	
		现金	11		310
		（支付通信费。）			

对会计恒等式的影响如下：

资产		=	负债	+	所有者权益（费用）	
现金	11				公共费用	54
12 月 31 日	310				12 月 31 日	310

业务 15　12 月 31 日，网解公司支付本月电费（公共费用）225 美元。

分析：这笔业务与上一笔类似。应记录为："公共费用"增加（借方）225 美元，"现金"减少（贷方）225 美元。

	日记账				第 4 页
日期		业务说明	过账备查栏	借方金额	贷方金额
2018 年 12 月	31 日	公共费用	54	225	
		现金	11		225
		（支付电费。）			

对会计恒等式的影响如下：

资产		=	负债	+	所有者权益（费用）	
现金	11				公共费用	54
12 月 31 日	225				12 月 31 日	225

业务 16　12 月 31 日，网解公司收到 12 月份下半月的劳务收入 2 870 美元。

分析：这笔业务与 12 月 16 日的第一笔业务类似。应记录为："现金"增加（借方）2 870 美元，"劳务收入"增加（贷方）2 870 美元。

会计分录：

12 月	31 日	现金	11	2 870	
		劳务收入	41		2 870
		（收到客户支付的劳务费。）			

对会计恒等式的影响如下：

资产		=	负债	+	所有者权益（收入）	
现金	11				劳务收入	41
12 月 31 日　2 870					12 月 31 日　2 870	

业务 17　12 月 31 日，12 月份下半月累计应收未收的劳务收入有 1 120 美元。

分析：这笔业务与 12 月 16 日的第二笔业务类似。应记录为："应收账款"增加（借方）1 120 美元，"劳务收入"增加（贷方）1 120 美元。

会计分录：

12 月	31 日	应收账款	12	1 120	
		劳务收入	41		1 120
		（记录应收未收的劳务收入。）			

对会计恒等式的影响如下：

资产		=	负债	+	所有者权益（收入）	
应收账款	12				劳务收入	41
12 月 31 日	1 120				12 月 31 日	1 120

业务 18 12 月 31 日，克里斯·克拉克从公司提取 2 000 美元用于个人花销。

分析：这笔业务减少了所有者权益和资产，应记录为："克里斯·克拉克，提款"增加（借方）2 000 美元，"现金"减少（贷方）2 000 美元。

会计分录：

12 月	31 日	克里斯·克拉克，提款	32	2 000	
		现金	11		2 000
		（克里斯·克拉克提取私用款项。）			

对会计恒等式的影响如下：

资产		=	负债	+	所有者权益（提款）	
现金	11				克里斯·克拉克，提款	32
	12 月 31 日	2 000			12 月 31 日	2 000

例 2-4 所有者提款的会计分录

12 月 29 日，精英咨询公司的所有者多米尼克·沃尔什提取 12 000 美元用于个人花销，请编制会计分录。

解答：

12 月 29 日 借：多米尼克·沃尔什，提款   12 000
            贷：现金   12 000

例 2-5 账户缺失金额

3 月 1 日，现金账户的余额为 22 350 美元；3 月份，现金流入共计 241 880 美元；3 月 31 日，余额为 19 125 美元，求 3 月份现金流出的金额。

解答：

利用下面的 T 形账户，求出现金流出的金额。

	现金		
3 月 1 日余额	22 350	?	现金流出
现金流入	241 880		
3 月 31 日余额	19 125		

19 125＝22 350＋241 880－现金流出

现金流出＝22 350＋241 880－19 125＝245 105（美元）

图表 2-6 显示了网解公司 11 月和 12 月所有经济业务都过账以后，2018 年 12 月 31 日的分类账。

图表 2-6　2018 年 12 月 31 日网解公司的一般分类账

分类账						
账户：现金					账户编号：11	
日期	项目	过账备查栏	借方金额	贷方金额	余额	
					借方	贷方
2018 年						
11 月 1 日		1	25 000		25 000	
5 日		1		20 000	5 000	
18 日		1	7 500		12 500	
30 日		1		3 650	8 850	
30 日		1		950	7 900	
30 日		2		2 000	5 900	
12 月 1 日		2		2 400	3 500	
1 日		2		800	2 700	
1 日		2	360		3 060	
6 日		2		180	2 880	
11 日		2		400	2 480	
13 日		3		950	1 530	
16 日		3	3 100		4 630	
20 日		3		900	3 730	
21 日		3	650		4 380	
23 日		3		1 450	2 930	
27 日		3		1 200	1 730	
31 日		3		310	1 420	
31 日		4		225	1 195	
31 日		4	2 870		4 065	
31 日		4		2 000	2 065	

账户：应收账款					账户编号：12	
日期	项目	过账备查栏	借方金额	贷方金额	余额	
					借方	贷方
2018 年						
12 月 16 日		3	1 750		1 750	
21 日		3		650	1 100	
31 日		4	1 120		2 220	

账户：物资					账户编号：14	
日期	项目	过账备查栏	借方金额	贷方金额	余额	
					借方	贷方
2018 年						
11 月 10 日		1	1 350		1 350	
30 日		1		800	550	
12 月 23 日		3	1 450		2 000	

账户：预付保险费					账户编号：15	
日期	项目	过账备查栏	借方金额	贷方金额	余额	
					借方	贷方
2018 年						
12 月 1 日		2	2 400		2 400	

账户：土地					账户编号：17	
日期	项目	过账备查栏	借方金额	贷方金额	余额	
					借方	贷方
2018 年						
11 月 5 日		1	20 000		20 000	

账户：办公设备　　账户编号：18

日期	项目	过账备查栏	借方金额	贷方金额	余额借方	余额贷方
2018 年 12 月 4 日		2	1 800		1 800	

账户：应付账款　　账户编号：21

日期	项目	过账备查栏	借方金额	贷方金额	余额借方	余额贷方
2018 年 11 月 10 日		1		1 350		1 350
30 日		1	950			400
12 月 4 日		2		1 800		2 200
11 日		2	400			1 800
20 日		3	900			900

账户：预收租金　　账户编号：23

日期	项目	过账备查栏	借方金额	贷方金额	余额借方	余额贷方
2018 年 12 月 1 日		2		360		360

账户：克里斯·克拉克，资本　　账户编号：31

日期	项目	过账备查栏	借方金额	贷方金额	余额借方	余额贷方
2018 年 11 月 1 日		1		25 000		25 000

账户：克里斯·克拉克，提款　　账户编号：32

日期	项目	过账备查栏	借方金额	贷方金额	余额借方	余额贷方
2018 年 11 月 30 日		2	2 000		2 000	
12 月 31 日		4	2 000		4 000	

账户：劳务收入　　账户编号：41

日期	项目	过账备查栏	借方金额	贷方金额	余额借方	余额贷方
2018 年 11 月 18 日		1		7 500		7 500
12 月 16 日		3		3 100		10 600
16 日		3		1 750		12 350
31 日		4		2 870		15 220
31 日		4		1 120		16 340

账户：工资费用　　账户编号：51

日期	项目	过账备查栏	借方金额	贷方金额	余额借方	余额贷方
2018 年 11 月 30 日		1	2 125		2 125	
12 月 13 日		3	950		3 075	
27 日		3	1 200		4 275	

账户：物资费用　　账户编号：52

日期	项目	过账备查栏	借方金额	贷方金额	余额借方	余额贷方
2018 年 11 月 30 日		1	800		800	

账户：租赁费用　　账户编号：53

日期	项目	过账备查栏	借方金额	贷方金额	余额借方	余额贷方
2018 年 11 月 30 日		1	800		800	
12 月 1 日		2	800		1 600	

账户：公共费用　　账户编号：54

日期	项目	过账备查栏	借方金额	贷方金额	余额借方	余额贷方
2018 年 11 月 30 日		1	450		450	
12 月 31 日		3	310		760	
31 日		4	225		985	

账户：杂项费用　　账户编号：59

日期	项目	过账备查栏	借方金额	贷方金额	余额借方	余额贷方
2018 年 11 月 30 日		1	275		275	
12 月 6 日		2	180		455	

2.4　试算平衡表

我们在过账的时候可能会出现一些差错。编制**试算平衡表**（trial balance）就是一种检查差错的方法。复式记账法要求借方合计金额永远等于贷方合计金额。试算平衡表检验了这个等式。编制试算平衡表的时候遵循以下步骤：

第一步：列出公司的名字、试算平衡表的标题以及试算平衡表的编制日期。

第二步：列出分类账中的账户，并在试算平衡表中的借方余额和贷方余额栏目对应输入借贷方的余额。

第三步：分别计算出表中借贷方栏目的合计金额。

第四步：检验借方栏目的合计金额是否等于贷方栏目的合计金额。

网解公司 2018 年 12 月 31 日的试算平衡表如图表 2-7 所示，图表 2-7 中的账户余额数据来自图表 2-6 的分类账。编制试算平衡表之前，分类账中每个账户的余额都要确定下来，当使用图表 2-6 中的标准账户时，试算平衡表中的每个账户的余额都出现在与该账户的最后一次过账同行的余额栏里。

图表 2-7 中的试算平衡表称作**未经调整的试算平衡表**（unadjusted trial balance）。这是为了与之后章节的其他试算平衡表加以区别。其他试算平衡表包括调整后的试算平衡表以及结账后的试算平衡表。

图表 2-7　试算平衡表

	账户编号	借方余额	贷方余额
网解公司			
未经调整的试算平衡表			
2018年12月31日			
现金	11	2 065	
应收账款	12	2 220	
物资	14	2 000	
预付保险费	15	2 400	
土地	17	20 000	
办公设备	18	1 800	
应付账款	21		900
预收租金	23		360
克里斯·克拉克，资本	31		25 000
克里斯·克拉克，提款	32	4 000	
劳务收入	41		16 340
工资费用	51	4 275	
物资费用	52	800	
租赁费用	53	1 600	
公共费用	54	985	
杂项费用	59	455	
		42 600	42 600

第一步
第二步
第三～四步

影响试算平衡的差错

如果试算平衡表中的合计金额不相等，那么肯定有环节出现了差错，在这种情况下，差错肯定要被检查出来并且予以纠正。发现差错的有效方法如下：

（1）如果借贷栏合计金额相差10，100或1 000，那么可能是加总的时候出错了，这时，我们需要重新加总试算平衡栏目的合计金额。如果差错仍然存在，重新计算账户余额。

（2）如果借贷方合计金额之差能够被2整除，那么这个差错可能是由于借方余额误写入了贷方余额，或者贷方余额误写入了借方余额，在这种情况下，检查试算平衡表账户余额为借贷合计差额的1/2的项目，看看是不是被记入了错误的栏目。例如，如果借方栏目合计数为20 640美元，贷方栏目合计数为20 236美元，两者之差404美元（20 640-20 236）可能是由于贷方账户余额202美元被误记入了借方账户余额。

（3）如果借贷方合计金额之差能够被9整除，那么追溯到分类账去看账户余额是否正确地抄写到了试算平衡表中。两种常见的抄写错误分别是换位和滑位。**换位**（transposition）是指数字的顺序被错误地打乱，如将542美元误写成452美元或524美元。**滑位**（slide）是指数字的小数点被误向右或向左移动了一位或几位，如将542.00美元误写成54.20美元或者5 420.00美元。这两种情况下，试算平衡表的两个合计金额之差可以被9整除。

（4）如果借贷方合计金额之差既不能被2整除也不能被9整除，那么检查分类账，看看是否有账户余额从试算平衡表中遗漏了。如果还是没有发现差错，则检查会计分录在过入分类账的过程中是否有遗漏借方或贷方的情况。

（5）如果通过以上步骤差错仍未被找出，那么我们就需要追溯会计程序的各步骤，从最近的会计分录开始。

试算平衡并不能证明分类账是完全准确的，它只是证明了借方余额和贷方余额是相等的。但这个证据仍然很有价值，因为差错通常会导致借方和贷方金额不相等。

例 2-6   试算平衡差错

分别考虑下面的每一个差错，说明该差错是否造成试算平衡表的合计数不相等，如果造成合计数不相等，那么是借方还是贷方的合计数更高以及高多少。

a. 提取5 600美元现金，编制的分录和过账都是按照借记工资费用6 500美元，贷记现金6 500美元进行的。

b. 赚取2 850美元的劳务费，借记应收账款2 580美元，贷记劳务收入2 850美元。

c. 偿还债权人3 500美元欠款，过账的时候借记应付账款3 500美元，借记现金3 500美元。

解答：

a. 合计数相等，因为借贷方记录的都是6 500美元。

b. 合计数不相等，贷方合计数高出270美元（2 850-2 580）。

c. 合计数不相等，借方合计数高出7 000美元（3 500+3 500）。

不影响试算平衡的差错

有些差错虽然发生但是不会影响试算平衡的合计金额。这种差错可能在编制试算平衡表的时候被发现或者出现异常余额的时候显示出来。例如，土地账户出现贷方余额说明某些环节出现了差错，因为企业不可能有"负"土地，这种差错被发现之后要及时纠正，如果差错已经被记入日记账并过入分类账中，那么有必要编制一个**更正会计分录**（correcting journal entry）。

举例来说，假定 5 月 5 日，赊购 12 500 美元的办公设备，这笔业务被错误地记成：借记物资 12 500 美元，贷记应付账款 12 500 美元，并已经完成过账，这笔错误的分录显示在如下的 T 形账户中：

错误：

	物资			应付账款	
12 500					12 500

编制正确分录之前，我们应该先确定被记录的借贷方账户及金额，如下所示：

正确：

	办公设备			应付账款	
12 500					12 500

根据上面这两组 T 形账户我们可以知道，通过借记"办公设备"12 500 美元，贷记"物资"12 500 美元能够对错误记录进行更正。正确的会计分录和过账情况如下：

更正分录：

5 月	31 日	办公设备	18	12 500	
		物资	14		12 500
		（更正 5 月 5 日错误地借记物资。）			

例 2-7　更正分录

下列差错发生在记录会计分录和过账的过程中：

a. 公司的所有者谢丽·雷米提款 6 000 美元，被记录成：借记办公室工资费用 6 000 美元，贷记现金 6 000 美元。

b. 支付本月公共费用 4 500 美元，被记录成：借记杂项费用 4 500 美元，贷记应付账款 4 500 美元。

请编制分录更正这个差错。

解答：

a. 借：谢丽·雷米，提款　　　　　　　　　　　　　　　　　　　　　　　　　　6 000

　　贷：办公室工资费用　　　　　　　　　　　　　　　　　　　　　　　　　　　　6 000

b. 借：应付账款　　　　　　　　　　　　　　　　　　　　　　　　　　　　　　4 500

　　贷：杂项费用　　　　　　　　　　　　　　　　　　　　　　　　　　　　　　　4 500

　　借：公共费用　　　　　　　　　　　　　　　　　　　　　　　　　　　　　　4 500

　　贷：现金　　　　　　　　　　　　　　　　　　　　　　　　　　　　　　　　　4 500

注意，b 中的第一笔分录与错误分录刚好相反，第二笔则是正确的分录。这两笔分录也可以合并为一笔分录，但是，编制两笔分录有助于我们理解之前记录了什么，为什么要编制这笔分录。

2.5 财务分析和解释：水平分析

财务报表中的项目，如净利润，常被用来解释企业的经营绩效。然而，与前期报表进行比较会得到更有价值的财务报表信息。例如，比较当期的净利润与上期的净利润就可以说明该公司的经营绩效是否有所改善。

水平分析（horizontal analysis）是把当期财务报表中的每一个项目金额与早期报表中相同项目的金额进行比较，并把项目的增减金额和增减百分比也一同计算出来。当对两份财务报表进行比较时，早期的报表常被当作计算金额和百分比变动的基础。

下面我们举例说明，霍姆斯律师事务所两份利润表的水平分析如下所示。

霍姆斯律师事务所 利润表 截至各年 12 月 31 日的会计年度				
			增加（减少）	
	第 2 年	第 1 年	金额	百分比（%）
劳务收入	$ 187 500	$ 150 000	$ 37 500	25.0*
营业费用：				
工资费用	$ 60 000	$ 45 000	$ 15 000	33.3
租赁费用	15 000	12 000	3 000	25.0
公共费用	12 500	9 000	3 500	38.9
物资费用	2 700	3 000	（300）	（10.0）
杂项费用	2 300	1 800	500	27.8
营业费用合计	$ 92 500	$ 70 800	$ 21 700	30.6
净利润	$ 95 000	$ 79 200	$ 15 800	19.9

* 37 500 ÷ 150 000。

霍姆斯律师事务所采用的水平分析，不仅显示出了有利趋势也显示出了不利趋势。劳务收入的增加和物资费用的减少属于有利趋势，而工资费用、公共费用和杂项费用的增加属于不利趋势。这些费用的增加比例大于收入，总营业费用增加的百分比为30.6%。总体而言，净利润增加的金额为15 800美元，百分比为19.9%，属于有利趋势。

我们需要进一步调查各种显著增加或者减少的收入和费用项目，以便了解企业的经营状况是否可以得到进一步的改善。例如，公共费用增加38.9%是给一个兼职为公司提供辅助服务的法律专业学生租用额外办公空间导致的，因此租赁费用增加25.0%并且工资费用增加33.3%，而收入增加25.0%则是这项新的辅助服务产生的收入所致。

上述事例阐述了水平分析如何被用来解释和分析利润表，水平分析同样可以用于资产负债表、所有者权益变动表和现金流量表的分析。

举例来说，苹果公司近两年现金流量表的水平分析如下所示（单位：百万美元）。

苹果公司 现金流量表				
			增加（减少）	
	第 2 年	第 1 年	金额	百分比（%）
来自经营活动的现金流入	$ 50 856	$ 37 529	$ 13 327	35.5
用于投资活动的现金流出	（48 227）	（40 419）	（7 808）	（19.3）
来自筹资活动的现金流入	（1 698）	1 444	（3 142）	（217.6）
现金净增加额（减少额）	$ 931	$（1 446）	$ 2 377	164.4
期初现金余额	9 815	11 261	（1 446）	（12.8）
期末现金余额	$ 10 746	$ 9 815	$ 931	9.5

苹果公司现金流量表的水平分析显示来自经营活动的现金流入增加 35.5%，这是一个有利趋势。同时，用于投资活动的现金流出增加了 19.3%，来自筹资活动的现金流入减少了 217.6%。总体而言，苹果公司第 2 年现金流量增加了 164.4%，年底现金余额增加了 9.5%。相比之下，第 1 年期末现金余额（第 2 年期初现金余额）减少了 12.8%。

例 2-8　水平分析

麦考克尔公司两年的利润表中的相关数据如下所示：

麦考克尔公司 利润表 截至 12 月 31 日的会计年度		
	2019 年	2018 年
劳务收入	$ 210 000	$ 175 000
营业费用	172 500	150 000
净利润	$ 37 500	$ 25 000

对麦考克尔公司的利润表进行水平分析。

解答：

麦考克尔公司 利润表 截至 12 月 31 日的会计年度				
			增加（减少）	
	2019 年	2018 年	金额	百分比（%）
劳务收入	$ 210 000	$ 175 000	$ 35 000	20
营业费用	172 500	150 000	22 500	15
净利润	$ 37 500	$ 25 000	$ 12 500	50

练习题

EX 2-1　会计科目表

下列会计科目均出现在达美航空公司近期的财务报表上：

应付账款	飞行设备
设备预付款	飞行常客（义务）
空中交通负债	燃料存货
飞机燃油费	降落费（费用）
飞机维修（费用）	零件和物资
飞机租金（费用）	乘客佣金（费用）
货物收入	客运收入
现金	预付账款
安排承运商合同（费用）	应付税费

请分析这些会计科目中，哪些属于资产负债表科目，哪些属于利润表科目。对于属于资产负债表科目的，进一步区分它是属于资产、负债，还是所有者权益。对于属于利润表科目的，进一步区分它是属于收入还是属于费用。

EX 2-3　会计科目表

户外领导力学校是一家新成立的公司，教人们如何激励和影响他人。公司总账中要开设的科目清单如下：

应付账款	杂项费用
应收账款	预付保险费
现金	租赁费用
设备	物资
劳务收入	物资费用
洛丽·罗斯，资本	预收租金
洛丽·罗斯，提款	工资费用

将科目按在户外领导学校分类账中出现的顺序依次列出，并分配科目编号。每个编号都有两个数字：第一个数字表示主要分类（例如，资产为1），第二个数字表示每个主要分类中的具体科目（例如，现金为11）。

EX 2-5　账户的一般分录

一个月来，中西部实验室有限公司发生了一系列交易，这些交易影响了下列会计账户。请指出下列各账户是否可能：（a）只有借方分录，（b）只有贷方分录，（c）借方分录和贷方分录同时存在。

1. 应付账款　　　　　　5. 保险费用

2. 应收账款　　　　　　6. 杰里·霍尔特，提款

3. 现金　　　　　　　　7. 公共费用

4. 劳务收入

EX 2-7　经济业务

康克瑞特咨询公司在其分类账中有以下科目：现金；应收账款；物资；办公设备；应付账款；杰森·佩恩，资本；杰森·佩恩，提款；劳务收入；租赁费用；广告费用；公共费用；杂项费用。

在两栏式日记账中记录以下 2019 年 10 月的经济业务。日记账分录说明可以省略。

10 月 1 日，支付本月房租，3 600 美元；

3 日，支付广告费用，1 200 美元；

5 日，支付物资款项，750 美元；

6 日，赊购办公设备，8 000 美元；

10 日，收到客户应付未付的款项，14 800 美元；

15 日，向债权人偿还债务，7 110 美元；

27 日，支付杂项费用，400 美元；

30 日，支付本月的通信费（公共费用），250 美元；

31 日，收到本月的劳务收入，33 100 美元；

31 日，支付本月的电费（公共费用），1 050 美元；

31 日，提款供个人使用，2 500 美元。

EX 2-9　经济业务与 T 形账户

本年度 8 月完成了以下经济业务：

1. 向客户收取劳务收入，73 900 美元。

2. 赊购物资，1 960 美元。

3. 收到客户应付未付的款项，62 770 美元。

4. 向债权人偿还债务，820 美元。

a. 使用适当的编号将这些经济业务记录在两栏式日记账中。日记账分录说明可以省略。

b. 将 a 中编制的分录过入以下 T 形账户中：现金、物资、应收账款、应付账款、劳务收入。在账户中过账的每个金额的左侧添加适当的数字以标识业务。

c. 假设 8 月 31 日未经调整的试算平衡表显示应收账款的贷方余额。这个贷方余额是否意味着有差错？

EX 2-11　账户余额

a. 2 月，向债权人应付未付的款项 186 500 美元，赊购金额为 201 400 美元。假设 2 月 28 日应付账款账户余额为 59 900 美元，确定 2 月 1 日应付账款账户余额。

b. 10 月 1 日，应收账款账户余额为 115 800 美元。10 月，向客户收取了以前应收未收的款项 449 600 美元。假设 10 月 31 日应收账款账户余额为 130 770 美元，确定 10 月产生的应收未收款项。

c. 4 月 1 日，现金账户余额为 46 220 美元。4 月，现金收入总额为 248 600 美元，4 月 30 日的余额为 56 770 美元。确定 4 月支付的现金金额。

EX 2-13　标识经济业务

国家公园旅游公司是一家旅行社。该公司在 2019 年 5 月（其经营的第一个月）记录的 9 笔业务显示在以下 T 形账户中：

现金				设备		贝丝·沃利, 提款	
（1）	75 000	（2）	900	（3） 8 000		（9） 2 500	
（7）	8 150	（3）	1 600				
		（4）	6 280				
		（6）	2 700				
		（9）	2 500				

应收账款				应付账款			劳务收入	
（5）	12 300	（7）	8 150	（6） 2 700	（3） 6 400			（5） 12 300

物资				贝丝·沃利, 资本		营业费用	
（2）	900	（8）	660		（1） 75 000	（4）	6 280
						（8）	660

说明每个借方和每个贷方：（a）资产、负债、所有者权益、所有者提款、收入或费用账户是否受到影响，（b）账户金额是增加（＋）还是减少（－）。以下面的形式给出答案，以业务（1）为例：

业务	借记账户		贷记账户	
	类型	影响	类型	影响
（1）	资产	＋	所有者权益	＋

EX 2-15　试算平衡

基于 EX 2-13 的数据：（a）编制一个未经调整的试算平衡表，并按正确的顺序列示各个账户；（b）基于未经调整的试算平衡表计算净利润或净损失。

EX 2-17　差错对试算平衡表的影响

指出下列哪些差错会导致试算平衡表的合计数不相等：

a. 对于一项应向客户收取的 21 000 美元的劳务收入因未收到款项，既没有借记应收账款也没有贷记主营业务收入。

b. 收到 11 300 美元应收账款的经济业务被记录并过账为借记现金 11 300 美元，贷记劳务收入 11 300 美元。

c. 偿付债权人 4 950 美元的业务在过账时借记应付账款 4 950 美元，贷记现金 4 950 美元。

d. 因购买设备支付了 5 000 美元，过账时借记设备 500 美元，贷记现金 500 美元。

e. 所有者提款 19 000 美元，在登记日记账及过账时借记工资费用 1 900 美元，贷记现金 19 000 美元。

进一步指出以上哪些差错需要编制更正分录。

EX 2-19 差错对试算平衡表的影响

从两栏式日记账过账时发生以下差错：

1. 应付账款账户贷方的 6 000 美元未过账。

2. 借记应收账款和贷记劳务收入 5 300 美元的分录未过账。

3. 应付账款账户借方的 2 700 美元被作为贷方过账。

4. 物资账户借方的 480 美元过账了两次。

5. 现金账户借方的 3 600 美元过账到了杂项费用。

6. 现金账户贷方的 780 美元被过账为 870 美元。

7. 工资费用账户借方 12 620 美元被过账为 12260 美元。

单独考虑以上每一种情况（即假设没有产生其他差错）：（a）用"是"或"否"表明试算平衡表是否会失衡；（b）如果对（a）的回答为"是"，则指明试算平衡表的差异数额；（c）试算平衡表的借方或贷方是否产生更大的合计金额。答案应以下列形式呈现，以差错 1 为例：

差错	(a) 是否失衡	(b) 差异	(c) 更大的合计金额
1	是	$6 000	借方

综合题

PR 2-1A T 形账户和试算平衡表

康妮·扬是一名建筑师，她在 2019 年 10 月 1 日创建了一个工作室。工作室成立当月，她完成了以下与其工作有关的经济业务：

a. 从个人银行账户中提取 36 000 美元存入公司账户。

b. 支付当月办公室及工作室的租金，合计 2 440 美元。

c. 以 32 800 美元的价格购入一辆二手车，其中 7 800 美元以现金支付，剩余的金额用应付票据结算。

d. 赊购了一些办公用品和电脑，合计金额为 9 000 美元。

e. 购买物资，合计金额 2 150 美元。

f. 现付年度保险合同，合计金额 4 000 美元。

g. 为客户提供方案并获得了 12 200 美元的现金收入。

h. 用现金支付杂项费用，合计金额 815 美元。

i. 偿付债权人债务 4 500 美元。

j. 支付应付票据，合计金额 5 000 美元。

k. 收到图纸设计服务费应收票据，11 月到期，金额为 2 890 美元。

l. 因提供设计方案记录一笔劳务收入，对方将在 11 月付款，金额为 18 300 美元。

m. 支付助理的工资，合计 6 450 美元。

n. 支付 10 月使用汽车的相关费用，包括汽油及维修费，合计 1 020 美元。

要求：

1. 直接在 T 形账户上登记上述业务，不需要记日记账：现金；应收账款；物资；预付保险费；汽车；设备；应付票据；应付账款；康妮·扬，资本；劳务收入；租赁费用；工资费用；图纸设计费；汽车费用，杂项费用。在 T 形账户的左侧填入金额，并标记恰当的字母用于区分不同的业务。

2. 计算 T 形账户余额。所有只记录一笔分录的账户（如预付保险费）不需要计算余额。

3. 为建筑师康妮·扬编制 2019 年 10 月 31 日未经调整的试算平衡表。

4. 计算 10 月的净利润或净损失。

案例分析题

CP 2-1　道德行为

巴迪·杜普雷是准时极客公司的会计经理，这是一家为个人和小型企业提供技术支持的公司。编制公司的试算平衡表是巴迪工作的一部分。他的主管给他设定了一个"硬性截止日期"，即周五下午 5 点完成试算平衡表。不幸的是，巴迪无法在截止日期前使试算平衡表平衡。试算平衡表的贷方金额比借方金额多 3 000 美元。 为了赶在截止日期之前完成，巴迪决定在汽车账户余额中增加 3 000 美元的借方金额。因为在该账户中额外增加 3 000 美元不会对公司财务状况有显著影响。

1. 巴迪的行为是否合乎职业道德？为什么？

2. 巴迪的决定会影响谁？

3. 巴迪应该如何处理这种情况？

第 **3** 章

调整过程

你是否使用潘多拉等基于网页的音乐服务?潘多拉媒体公司使用播放列表生成算法,根据听众选择的初始音乐来预测听众的音乐偏好。潘多拉会播放它认为听众会喜欢的音乐,包括符合听众喜好的新艺术家的音乐。潘多拉还开发了类似的喜剧生成算法,将听众对喜剧的偏好与 1 000 多名喜剧演员进行匹配。

潘多拉的大部分服务都是免费的,其收入的 12.5% 来自订阅服务。那么,潘多拉的大部分收入来自哪里?

潘多拉 85% 以上的收入是广告收入。潘多拉通过分析其听众的行为活动来判断听众的年龄、性别、邮政编码和内容偏好。这些属性可以与广告商的需求和愿望相匹配。

潘多拉应该在什么时候记录来自其广告商和用户的收入?收入应当在被赚取时记录。广告收入在广告被展示时赚取,而用户收入在为听众提供服务时赚取。因此,像潘多拉这样的公司必须在编制财务报表之前更新如预收广告收入和订阅收入等的会计记录。

本章描述并说明了公司在编制财务报表之前更新其会计记录的过程。此讨论包括在会计期末对收入和费用账户的调整。

学习目标

1. 描述调整过程的性质。
2. 编制应计调整分录。
3. 编制递延调整分录。
4. 编制折旧调整分录。
5. 总结调整过程。
6. 编制调整后的试算平衡表。
7. 描述并举例说明垂直分析在评估公司的经营业绩和财务状况中的应用。

3.1 调整过程的性质

在第 2 章中，网解公司 11 月和 12 月的经济业务使用复式记账体系记录。经济业务被记录交易后，于 12 月 31 日编制了未经调整的试算平衡表以验证总借方余额是否等于总贷方余额。但是，在编制财务报表之前，必须调整未经调整的试算平衡表中的某些账户。这些调整是必要的，因为网解公司的经济业务是使用权责发生制记录的。

权责发生制和收付实现制

在**权责发生制**（accrual basis of accounting）下，收入及与其相关的费用在服务发生或者是产品交付时在利润表中报告，无论企业是否会收到客户的现金。比如，一个清洁公司会在其清扫了一栋办公楼后记录收入，即使收入在很多周后才被支付。权责发生制还要求费用在发生时记录，不一定在支付现金时记录。

尽管一般公认会计原则（GAAP）要求会计以权责发生制为基础，但大多数个人和一些企业仍使用收付实现制。在收付实现制下，在收到或支付现金时在利润表中报告。例如，当收到客户的现金时记录收入，在向员工支付现金时记录工资费用。净利润（或净亏损）是现金收入（收入）与现金支出（费用）的差额。

小型服务企业可以使用收付实现制，因为它们几乎没有应收款项和应付款项。例如，事务所、诊所和房地产代理商通常使用收付实现制。对它们来说，根据收付实现制编制的财务报表与使用权责发生制编制的财务报表很相似。然而，对大部分大型企业来说，收付实现制不能提供准确的可满足使用者需求的财务报表。基于这个原因，本书使用的是权责发生制。

收入和费用的确认

为了对决策有用，企业必须定期提供财务报表。因此，企业的经济年限被划分为多个时间段，如一个月、一个季度或一年。在权责发生制下，使用收入和费用确认原则报告一个时期的净利润。

根据**收入确认原则**（revenue recognition principle），企业在向客户提供服务或交付产品时记录收入。收入以收到的资产（如现金或应收账款）的价值计量。确认收入的过程称为**收入确认**（revenue recognition）。

根据**费用确认原则**（expense recognition principle），企业为产生收入而发生的费用必须与相关收入在同一期间报告，它也称为**匹配原则**（matching principle）。通过收入和费用的匹配，当期的净利润或净损失在利润表上得到适当的报告。编制调整分录的作用是恰当地匹配收入和费用。

调整过程

会计期末，编制未经调整的试算平衡表以验证总借方余额是否等于总贷方余额。分类账中的许多账户余额可以无须任何改变就直接报告在财务报表中。例如，现金和土地账户的余额正常来讲就等于报告在资产负债表中的金额。

但是，由于以下原因，未经调整的试算平衡表中的某些账户需要调整：

（1）某些收入和费用可能在会计期末未入账。例如，一家公司可能已经向客户提供了在会计期末尚未开具账单或记录的服务。同样地，即使员工在本期赚取了工资，公司也可能要到下一个会计期间才支付员工工资。

（2）有些费用并没有被逐日逐笔记录。例如，日常物资的耗用需要做大量小金额的分录。而库存物资的金额通常不需要逐日进行记录。

（3）有些收入和费用会随着时间的推移逐步形成，而不是来自独立的经济业务。例如，提前收到的租金（预收租金）随着时间推移变成真正的收入。同样地，预付保险费随着时间的推移转化为真正的费用。

期末，在编制财务报表之前对某些账户进行分析和更新的过程，称为**调整过程**（adjusting process）。在会计期末更新账户的会计分录称为**调整分录**（adjusting entry）。所有的调整分录至少影响一个利润表账户和一个资产负债表账户。因此，一个调整分录总会涉及一个收入或者费用账户以及一个资产或者负债账户。

例 3-1　要求调整的账户

下列哪些账户需要编制调整分录？

a. 现金　　　　　　　　　　　　　　d. 土地

b. 公共费用　　　　　　　　　　　　e. 应收账款

c. 工资费用　　　　　　　　　　　　f. 预收租金

解答：

a. 不需要　　　　　　　　　　　　　d. 不需要

b. 需要　　　　　　　　　　　　　　e. 需要

c. 需要　　　　　　　　　　　　　　f. 需要

需要调整的账户类型

两种需要编制调整分录的账户类型如下：

（1）应计；

（2）递延。

应计

当收入已获得或费用已产生但尚未记录时，就会产生**应计**（accrual）项目。如果是应计收入，则调整分录为借记资产（应收账款）账户并贷记收入账户。如果是应计费用，则调整分录为借记费用账户并贷记相关负债账户，如应付账款或应付职工薪酬。图表 3-1 总结了应计项目的会计处理。

图表 3-1　应计项目

应计收入			
原始记录		期末	
交易	日记账分录	调整金额	调整分录
已获得的收入	无	获得的收入	应收账款　××× 　收入　　　　×××
应计费用			
原始记录		期末	
交易	日记账分录	调整金额	调整分录
已产生的费用	无	产生的费用	费用　　　××× 　应付账款　　×××

递延

当与未来收入或费用相关的现金最初被记录为负债或资产时，就会产生**递延**（deferral）项目。如果收到的现金与未来收入有关，则最初将其记录为负债，称为**预收收入**（unearned revenue）。赚取收入期间的调整分录为借记预收收入账户并贷记收入账户。如果支付的现金与未来费用有关，则最初将其记录为称为**预付费用**（prepaid expense）的资产。费用发生期间的调整分录为借记费用账户，贷记预付费用（资产）账户。图表3-2总结了递延项目的会计处理。

图表3-2 递延项目

预收收入			
原始记录		**期末**	
交易	日记账分录	调整金额	调整分录
将在未来期间获得的收入对应的现金已收到	现金 ××× 　预收收入 ×××	获得的收入	预收收入 ××× 　收入 ×××
应计费用			
原始记录		**期末**	
交易	日记账分录	调整金额	调整分录
未来的费用对应的现金已经支付	预付费用 ××× 　现金 ×××	用于产生收入的预付费用	费用 ××× 　预付费用 ×××

例3-2 调整的账户类型

将下列项目分成四类：（1）预付费用；（2）预收收入；（3）应计费用；（4）应计收入。

a. 尚未支付的员工工资
b. 库存物资

c. 收到还未实现的收入
d. 已经实现但尚未收到的收入

解答：
a. 应计费用
b. 预付费用

c. 预收收入
d. 应计收入

3.2 应计调整分录

为了举例说明调整分录，我们使用2018年12月31日网解公司未经调整的试算平衡表，如图表3-3所示。图表3-4显示了网解公司扩展的会计科目表。本章中新补充的账户已用黑体字标注。我们采用第2章图表2-3所示的借贷规则记录调整分录。

图表 3-3　网解公司未经调整的试算平衡表

网解公司 未经调整的试算平衡表 2018 年 12 月 31 日			
	账户编号	借方余额	贷方余额
现金	11	2 065	
应收账款	12	2 220	
物资	14	2 000	
预付保险费	15	2 400	
土地	17	20 000	
办公设备	18	1 800	
应付账款	21		900
预收租金	23		360
克里斯·克拉克，资本	31		25 000
克里斯·克拉克，提款	32	4 000	
劳务收入	41		16 340
工资费用	51	4 275	
物资费用	52	800	
租赁费用	53	1 600	
公共费用	54	985	
杂项费用	59	455	
		42 600	42 600

图表 3-4　网解公司扩展的会计科目表

资产负债表账户	利润表账户
1. 资产	**4. 收入**
11. 现金	41. 劳务收入
12. 应收账款	**42. 租金收入**
14. 物资	**5. 费用**
15. 预付保险费	51. 工资费用
17. 土地	52. 物资费用
18. 办公设备	53. 租赁费用
19. 累计折旧——办公设备	54. 公共费用
2. 负债	**55. 保险费用**
21. 应付账款	**56. 折旧费用**
22. 应付职工薪酬	59. 杂项费用
23. 预收租金	
3. 所有者权益	
31. 克里斯·克拉克，资本	
32. 克里斯·克拉克，提款	

应计收入

在会计期间，某些收入仅在收到现金时才记录。因此，在会计期末，可能会有已取得但尚未记录的收入。在这种情况下，收入是通过增加（借记）资产账户（应收账款）和增加（贷记）收入账户（劳务收入）来记录的。

例如，假设网解公司于12月15日与丹克纳公司签署了协议，协议规定网解公司将向丹克纳公司的员工提供计算机方面的帮助。计费标准为在每月15日以每小时20美元的价格向丹克纳公司收取费用。截至12月31日，网解公司已向丹克纳公司提供了25小时的服务。这500美元（25小时 × 20美元）收入的账单将在1月15日被开具。但是，网解公司在12月已取得了收入。

向客户收取的500美元款项是一项应收账款（资产）。因此，应收账款账户增加（借方）500美元，劳务收入账户增加（贷方）500美元。调整分录和T形账如下所示：

调整分录：

12月	31日	应收账款	12	500	
		劳务收入	41		500
		（应计收入（25 × 20）。）			

对会计恒等式的影响：

资产		=	负债	+	所有者权益（收入）	
应收账款	12				劳务收入	41
余额	2 220				余额	16 340
12月31日	500				12月31日	500
调整后余额	2 720				调整后余额	16 840

如果未编制应计收入（500美元）的调整分录，则在利润表中，劳务收入和净利润将会被低估500美元。在资产负债表中，资产（应收账款）和所有者权益（克里斯·克拉克，资本）也将会被低估500美元。遗漏该项调整分录的影响如下所示：

	误述金额
利润表	
收入被低估	$(500)
正确的费用	×××
净利润被低估	$(500)
资产负债表	
资产被低估	$(500)
正确的负债	$×××
所有者权益被低估	(500)
负债与所有者权益总额被低估	$(500)

例3-3　应计收入的调整

本年年底，13 680美元的收入已经实现但尚未收到，要求编制调整分录记录应计收入。

解答：

借：应收账款　　　　　　　　　　　　　　　　　　　　　　　　13 680
　　贷：劳务收入　　　　　　　　　　　　　　　　　　　　　　　　13 680
（应计收入。）

应计费用

用于赚取收入的某些类型的服务是在结束后才获得相应的报酬。例如，工资费用是按小时产生的，但是要间隔一天、一周、两周或一个月才发放。在会计期末，这种应计但未支付项目的金额属于费用也属于负债。

例如，如果员工工资支付期的最后一天不是会计期间的最后一天，则必须通过调整分录记录应计费用（工资费用）和相关负债（应付职工薪酬）。做调整分录是必要的，这样费用才能在其产生的当期与收入合理配比。

举例来说，网解公司每两周向员工发放一次工资。12 月份网解公司发放了两笔工资，分别是 12 月 13 日发放了 950 美元，12 月 27 日发放了 1 200 美元，如图表 3-5 所示。

图表 3-5　应计工资

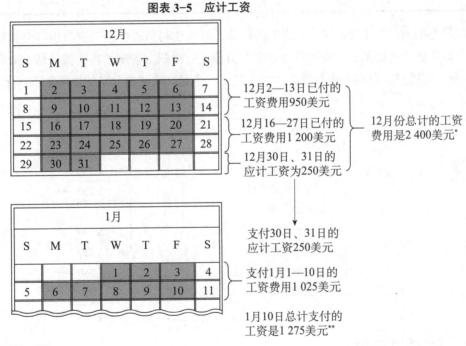

* 2 400 = 950 + 1 200 + 250；
** 1 275 = 250 + 1 025。

截至 12 月 31 日，网解公司尚欠员工 12 月 30 日和 31 日（周一和周二）250 美元的工资。因此，工资费用账户增加（借方）250 美元，应付职工薪酬账户增加（贷记）250 美元。调整分录和 T 形账如下：

调整分录：

12 月	31 日	工资费用	51	250	
		应付职工薪酬	22		250
		（应计工资。）			

对会计恒等式的影响：

资产		=	负债	+	所有者权益（费用）	
应付职工薪酬	22				工资费用	51
12 月 31 日	250				余额	4 275
					12 月 31 日	250
					调整后余额	4 525

调整分录被记录和过账以后，工资费用账户借方余额为 4 525 美元，4 525 美元就是 11 月和 12 月这两个月的工资费用，应付职工薪酬账户的贷方余额 250 美元是 12 月 31 日所欠的工资款。

如图表 3-5 所示，网解公司在 1 月 10 日发放工资 1 275 美元，这包括 12 月 31 日记录的应计工资 250 美元。因此，1 月 10 日应付职工薪酬账户减少（借方）250 美元，同样，工资费用账户增加（借方）1 025 美元（1 275-250），即 1 月 1—10 日的工资费用。最后，现金账户减少（贷方）1 275 美元。在 1 月 10 日发放工资时的会计分录如下所示。

1 月	10 日	工资费用	51	1 025	
		应付职工薪酬	22	250	
		现金	11		1 275

如果不编制工资（250 美元）的调整分录，那么在利润表中，工资费用将会被低估 250 美元，净利润会被高估 250 美元；在资产负债表中，负债（应付职工薪酬）将会被低估 250 美元，所有者权益（克里斯·克拉克，资本）将会被高估 250 美元。遗漏该项调整分录的影响如下所示：

	误述金额
利润表	
正确的收入	$ ×××
费用被低估	（250）
净利润被高估	$ 250
资产负债表	
正确的资产	$ ×××
负债被低估	$（250）
所有者权益被高估	250
正确的负债与所有者权益总额	$ ×××

例 3-4　应计费用的调整

桑瑞盖特房地产公司在每周五支付五天的工资 12 500 美元（周薪），假设会计期末是周四，请在会计期末编制必要的调整分录。

解答：

借：工资费用	10 000
贷：应付职工薪酬	10 000
（应计工资（12 500/5）×4。）	

3.3　递延调整分录

图表 3-3 中网解公司的未经调整的试算平衡表表明预收租金为 360 美元。此外，图表 3-3 表明网解公司已预付资产，包括 2 000 美元的物资和 2 400 美元的预付保险费。两者都需要编制递延调整分录。

预收收入

12 月 31 日，网解公司未经调整的试算平衡表显示预收租金账户有 360 美元余额。该余额代表在 12 月 1 日收取的 12 月、1 月、2 月三个月的租金收入。12 月末，一个月的租金收入已经实现。因此，预收租金账户减少（借方）120 美元，租金收入账户增加（贷方）120 美元。这 120 美元是一个月的租金收入（360/3），调整分录和 T 形账如下所示：

调整分录：

12 月	31 日	预收租金	23	120	
		租金收入	42		120
		（已实现的租金（360/3）。）			

对会计恒等式的影响：

资产			=	负债	+	所有者权益（费用）	
预收租金		23				租金收入	42
12 月 31 日　120	余额	360				12 月 31 日　120	
	调整后余额	240					

调整分录被记录和过账以后，预收租金账户有贷方余额 240 美元，这一余额是一项负债，未来将转化为一项收入。租金收入余额 120 美元就是本期的收入。

如果没有编制上述预收租金和租金收入的调整分录，那么 12 月 31 日编制的财务报表就可能发生误述。在利润表中，租金收入和净利润被低估 120 美元。在资产负债表中，负债（预收租金）会被高估 120 美元，而所有者权益（克里斯·克拉克，资本）账户则会被低估 120 美元。遗漏这些调整分录的影响如下所示：

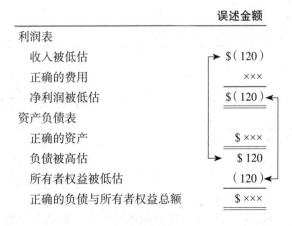

	误述金额
利润表	
收入被低估	$(120)
正确的费用	×××
净利润被低估	$(120)
资产负债表	
正确的资产	$×××
负债被高估	$120
所有者权益被低估	(120)
正确的负债与所有者权益总额	$×××

例 3-5　预收收入的调整

在年末调整之前，预收收入的余额为 44 900 美元，如果年底预收收入的金额为 12 300 美元，请编制调整分录。

解答：

借：预收收入	32 600
贷：劳务收入	32 600

（已经实现的劳务收入（44 900−12 300）。）

预付费用

2018 年 12 月 31 日，网解公司未经调整的试算平衡表显示物资账户余额为 2 000 美元，此外，预付保险费账户的余额为 2 400 美元，上述每个账户都需要编制调整分录。

物资

网解公司 12 月 31 日**物资**（supplies）账户的余额是 2 000 美元，一些物资（如纸张和信封）在 12 月份已经被耗用，另一些仍然在库（未被耗用）。如果一个金额已知，那么另一个也能被计算出来，正常来说，确定月末库存物资的成本比记录每天的物资耗用要容易。

假如 12 月 31 日库存物资的金额为 760 美元，则从资产账户转入费用账户的金额是 1 240 美元，计算过程如下所示：

12 月可用物资（账户期初余额）	2 000
12 月 31 日库存物资	760
已经耗用的物资（调整金额）	$ 1 240

12 月末物资费用账户增加（借方）1 240 美元，物资账户减少（贷方）1 240 美元。物资和物资费用的调整分录以及 T 形账如下所示：

调整分录：

日记账					第 2 页
日期		业务说明	过账备查栏	借方金额	贷方金额
2018 年 12 月	31 日	物资费用	52	1 240	
		物资	14		1 240
		（耗用的物资（2 000−760）。）			

对会计恒等式的影响：

资产				=	负债	+	所有者权益（费用）		
物资			14				物资费用		52
余额	2 000	12 月 31 日	1 240				余额	800	
调整后余额	760						12 月 31 日	1 240	
							调整后余额	2 040	

在 T 形账户中调整分录被标记出来以与其他业务区分开。调整分录被记录和过账以后，物资账户

有 760 美元借方余额，这个余额是一项资产，未来将转化为一项费用。

预付保险费

网解公司**预付保险费**（prepaid insurance）账户借方余额 2 400 美元是 12 月 1 日支付的 12 个月的保险费。12 月末，保险费用账户增加（借方）200 美元，预付保险费账户减少（贷方）200 美元，这 200 美元就是一个月的保险费，预付保险费和保险费用的调整分录以及 T 形账如下所示：

调整分录：

12 月	31 日	保险费用	55	200	
		预付保险费	15		200
		（到期的保险费（2 400/12）。）			

对会计恒等式的影响：

资产		=	负债	+	所有者权益（费用）	
预付保险费	15				保险费用	55

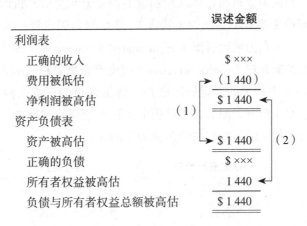

| 余额 | 2 400 | 12 月 31 日 | 200 | | 12 月 31 日 | 200 |
| 调整后余额 | 2 200 | | | | | |

调整分录被记录和过账以后，预付保险费账户有借方余额 2 200 美元，这个余额是一项资产，未来将转化为一项费用。保险费用账户借方余额 200 美元就是本期的一项费用。

如果没有编制上述物资（1 240 美元）和保险费用（200 美元）的调整分录，那么 12 月 31 日编制的财务报表就可能发生误述。在利润表中，物资费用和保险费用合计被低估 1 440 美元（1 240+200），净利润因此会被高估 1 440 美元。在资产负债表中，物资和预计保险费合计也会被高估 1 440 美元。因为净利润会导致所有者权益增加，所以资产负债表中"克里斯·克拉克，资本"账户同样会被高估 1 440 美元。遗漏这些调整分录的影响如下所示：

	误述金额	
利润表		
正确的收入	$ ×××	
费用被低估	（1 440）	
净利润被高估	$ 1 440	(1)
资产负债表		
资产被高估	$ 1 440	(2)
正确的负债	$ ×××	
所有者权益被高估	1 440	
负债与所有者权益总额被高估	$ 1 440	

箭头（1）显示的是低估的费用对资产的影响，箭头（2）显示的是高估的净利润对所有者权益的影响。

预付费用的支付有时在其被完全使用或者消耗的期初进行。举例来说，下面是网解公司 12 月 1 日的业务。

12 月 1 日，网解公司支付本月租金 800 美元。

12 月 1 日，支付的 800 美元租金表示预付租金，然而，预付租金每天都在被使用，而且在 12 月末这项资产将不会有剩余。在这种情况下，支付的 800 美元租金记录为租金费用，而不是预付租金。这样，期末也就不再需要编制调整分录。

例 3-6   预付费用的调整

预付保险费账户期初余额 2 400 美元，本年度又借记 3 600 美元。请在年末编制调整分录，假设未到期的保险费金额为 3 250 美元。

解答：

借：保险费用	2 750
贷：预付保险费	2 750

（到期的保险费（2 400＋3 600－3 250）。）

3.4   折旧调整分录

固定资产（fixed assets）或**厂房设备资产**（plant assets）是一家企业所拥有并使用的有形资源，通常具有很长的寿命，如土地、建筑物和设备。在某种意义上，固定资产是长期预付费用的一种类型，然而，因为其通常具有较高的价值和很长的寿命，所以把它们从预付费用中单独拿出来讨论。

用于获取收入的办公设备与同样用于获取收入的物资很相似。然而，与物资不同的是，办公设备的数量没有有形的损耗和减少，而是随着时间的推移失去提供有用服务的能力，有用性的减少称为**折旧**（depreciation）。

除了土地，所有固定资产的有用性都会消失，也就是发生折旧。一项固定资产的折旧，即其成本的一部分应该被记为一项费用，这种周期性费用就称为**折旧费用**（depreciation expense）。

用来记录折旧费用的调整分录与记录耗用物资的调整分录类似，折旧费用账户增加（借方）折旧的金额，然而，固定资产账户并不会减少（贷方），这是因为固定资产的初始成本和记录的折旧都被报告在资产负债表中。一个名为**累计折旧**（accumulated depreciation）的账户会增加（贷方）金额。

累计折旧账户称为**备抵账户**（contra accounts）或**资产备抵账户**（contra asset accounts），因为累计折旧账户抵减资产负债表中相关的固定资产账户。备抵账户的正常余额与被抵减的账户余额方向相反，固定资产的正常余额在借方，那么，累计折旧的正常余额就在贷方。

固定资产账户和与之相关的备抵账户的名称如下所示：

固定资产账户	备抵账户
土地	无，土地不计提折旧
建筑物	累计折旧——建筑物
仓储设备	累计折旧——仓储设备
办公设备	累计折旧——办公设备

2018 年 12 月 31 日，网解公司未经调整的试算平衡表（见图表 3-3）显示网解公司拥有两项固定资产：土地和办公设备。土地不计提折旧，因此没有对应的备抵账户或者调整分录。然而，办公设备会发生折旧，需要编制调整分录。假设办公设备在 12 月份折旧 50 美元，则折旧费用账户增加（借方）50 美元，累计折旧——办公设备账户增加（贷方）50 美元。调整分录和 T 形账如下所示：

调整分录：

12 月	31 日	折旧费用	56	50	
		累计折旧——办公设备	19		50
		（对办公设备计提折旧。）			

对会计恒等式的影响：

资产		=	负债	+	所有者权益（费用）	
办公设备	18				折旧费用	56
余额	1 800				12 月 31 日	50
累计折旧——办公设备	19					
12 月 31 日	50					

　　调整分录被记录和过账以后，办公设备账户仍然有 1 800 美元的借方余额，这是 12 月 4 日购买的办公设备的初始成本。累计折旧——办公设备账户有 50 美元的贷方余额。这两者之差就是还未计提折旧的办公设备的成本，这个金额称为资产的**账面价值**（book value）或**账面净值**（net book value），计算过程如下所示：

　　　　资产的账面价值＝资产的成本–资产的累计折旧

　　因此，网解公司 12 月底的办公设备的账面价值是 1 750 美元（1 800–50）。办公设备和与其相关的累计折旧在 2018 年 12 月 31 日的资产负债表中报告如下：

办公设备		$1 800
累计折旧	(50)	$1 750

　　一项固定资产的市场价值通常不同于账面价值，这是因为折旧是一种分摊方式，而不是一种估值方式。也就是说，折旧是将固定资产的成本在预计寿命期间分摊到费用，折旧不衡量固定资产每年市场价值的变化。因此，2018 年 12 月 31 日，网解公司办公设备的市场价值可能高于 1 750 美元，也可能低于 1 750 美元。

　　如果不编制折旧（50 美元）的调整分录，那么利润表中的折旧费用将会被低估 50 美元，而净利润将会被高估 50 美元；在资产负债表中，办公设备的账面价值以及"克里斯·克拉克，资本"账户都将会被高估 50 美元。遗漏折旧调整分录的影响如下所示：

	误述金额
利润表	
正确的收入	$ ××
费用被低估	（50）
净利润被高估	$ 50
资产负债表	
资产被高估	$ 50
正确的负债	$ ××
所有者权益被高估	50
负债与所有者权益总额被高估	$ 50

例 3-7　折旧的调整

本年度估计的设备折旧金额是 4 250 美元，请编制调整分录记录折旧。

解答：

借：折旧费用	4 250
贷：累计折旧——设备	4 250

（计提设备的折旧。）

3.5　调整过程总结

　　调整分录的基本类型汇总在图表 3-6 中，网解公司的调整分录显示在图表 3-7 中，调整分录的时间截至某一会计期间的最后一天，然而，因为收集调整数据需要时间，这些分录通常在往后的日期才被记录，每一个调整分录通常都包含一个对该分录的解释。

　　网解公司的调整分录都已过入分类账，如图表 3-8 所示。我们在图表 3-8 中用"调整"二字标注调整分录，以与其他业务区分。

图表 3-6　调整分录总结

举例	调整原因	调整分录	网解公司的例子	若没有调整分录，对财务报表会产生什么样的影响
应计收入				
已向客户提供服务但尚未收到的款项，将要收取的利息	已向客户提供服务但未收到也未记录款项。利息已实现，但未收到也未记录	借：资产 　贷：收入	借：应收账款　　500 　贷：劳务收入　　500	利润表： 　收入被低估 　费用无影响 　净利润被低估 资产负债表： 　资产被低估 　负债无影响 　所有者权益被低估
应计费用				
已经产生但尚未支付的工资或薪水，已经产生但尚未支付的利息费用	费用已经产生但是未支付也未记录	借：费用 　贷：负债	借：工资费用　　250 　贷：应付职工薪酬　250	利润表： 　收入无影响 　费用被低估 　净利润被高估 资产负债表： 　资产无影响 　负债被低估 　所有者权益被高估

续

举例	调整原因	调整分录	网解公司的例子	若没有调整分录，对财务报表会产生什么样的影响
		预收收入		
预收租金，提前收到的杂志订阅费，提前收到的劳务费	在提供服务之前收到的现金被记录成一项负债。而有些服务在会计期末之前已经提供给客户	借：负债 　　贷：收入	借：预收租金　　120 　　贷：租金收入　　120	利润表： 　收入被低估 　费用无影响 　净利润被低估 资产负债表： 　资产无影响 　负债被高估 　所有者权益被低估
		预付费用		
物资，预付保险费	预付费用（资产）在经营活动进行的过程中已经被使用或消耗	借：费用 　　贷：资产	借：物资费用　　1 240 　　贷：物资　　　　1 240 借：保险费用　　200 　　贷：预付保险费　200	利润表： 　收入无影响 　费用被低估 　净利润被高估 资产负债表： 　资产被高估 　负债无影响 　所有者权益被高估
		折旧		
设备和建筑物的折旧	固定资产随着经营活动的进行逐渐被耗用或者消耗而产生折旧	借：费用 　　贷：资产备抵	借：折旧费用　　　50 　　贷：累计折旧—— 　　　　办公设备　　50	利润表： 　收入无影响 　费用被低估 　净利润被高估 资产负债表： 　资产被高估 　负债无影响 　所有者权益被高估

图表 3-7　网解公司调整分录

日记账				第 5 页	
日期		业务说明	过账备查栏	借方金额	贷方金额
2018 年		调整分录			
12 月	31 日	应收账款	12	500	
		劳务收入	41		500
		（应计收入 （25×20）。）			
	31 日	工资费用	51	250	
		应付职工薪酬	22		250
		（应计工资。）			
	31 日	预收租金	23	120	
		租金收入	42		120
		（已实现的租金 （360/3）。）			

日记账				第 5 页	
日期		业务说明	过账备查栏	借方金额	贷方金额
	31 日	物资费用	52	1 240	
		物资	14		1 240
		（耗用的物资 （2 000-760）。）			
	31 日	保险费用	55	200	
		预付保险费	15		200
		（到期保险费 （2 400/12）。）			
	31 日	折旧费用	56	50	
		累计折旧—— 办公设备	19		50
		（对办公设备计 提折旧。）			

图表 3-8　网解公司有调整分录的分类账

账户：现金　　　　　　　　　　　　　　　账户编号：11

日期	项目	过账备查栏	借方金额	贷方金额	余额 借方	余额 贷方
2018 年						
11 月 1 日		1	25 000		25 000	
5 日		1		20 000	5 000	
18 日		1	7 500		12 500	
30 日		1		3 650	8 850	
30 日		1		950	7 900	
30 日		2		2 000	5 900	
12 月 1 日		2		2 400	3 500	
1 日		2		800	2 700	
1 日		2	360		3 060	
6 日		2		180	2 880	
11 日		2		400	2 480	
13 日		3		950	1 530	
16 日		3	3 100		4 630	
20 日		3		900	3 730	
21 日		3	650		4 380	
23 日		3		1 450	2 930	
27 日		3		1 200	1 730	
31 日		3		310	1 420	
31 日		4		225	1 195	
31 日		4	2 870		4 065	
31 日		4		2 000	2 065	

账户：应收账款　　　　　　　　　　　　　账户编号：12

日期	项目	过账备查栏	借方金额	贷方金额	余额 借方	余额 贷方
2018 年						
12 月 16 日		3	1 750		1 750	
21 日		3		650	1 100	
31 日		4	1 120		2 220	
31 日	调整	5	500		2 720	

账户：物资　　　　　　　　　　　　　　　账户编号：14

日期	项目	过账备查栏	借方金额	贷方金额	余额 借方	余额 贷方
2018 年						
11 月 10 日		1	1 350		1 350	
30 日		1		800	550	
12 月 23 日		3	1 450		2 000	
31 日	调整	5		1 240	760	

账户：预付保险费　　　　　　　　　　　　账户编号：15

日期	项目	过账备查栏	借方金额	贷方金额	余额 借方	余额 贷方
2018 年						
12 月 1 日		2	2 400		2 400	
31 日	调整	5		200	2 200	

账户：土地　　　　　　　　　　　　　　　账户编号：17

日期	项目	过账备查栏	借方金额	贷方金额	余额 借方	余额 贷方
2018 年						
11 月 5 日		1	20 000		20 000	

账户：办公设备　　　　　　　　　　　　　账户编号：18

日期	项目	过账备查栏	借方金额	贷方金额	余额 借方	余额 贷方
2018 年						
12 月 4 日		2	1 800		1 800	

账户：累计折旧——办公设备　　　　　　　账户编号：19

日期	项目	过账备查栏	借方金额	贷方金额	余额 借方	余额 贷方
2018 年						
12 月 31 日	调整	5		50		50

账户：应付账款　　　　　　　　　　　　　账户编号：21

日期	项目	过账备查栏	借方金额	贷方金额	余额 借方	余额 贷方
2018 年						
11 月 10 日		1		1 350		1 350
30 日		1	950			400
12 月 4 日		2		1 800		2 200
11 日		2	400			1 800
20 日		3	900			900

账户：应付职工薪酬　　　　　　　　　　　账户编号：22

日期	项目	过账备查栏	借方金额	贷方金额	余额 借方	余额 贷方
2018 年						
12 月 31 日	调整	5		250		250

账户：预收租金　　　　　　　　　　　　　账户编号：23

日期	项目	过账备查栏	借方金额	贷方金额	余额 借方	余额 贷方
2018 年						
12 月 1 日		2		360		360
31 日	调整	5	120			240

账户：克里斯·克拉克，资本　　　账户编号：31

日期	项目	过账备查栏	借方金额	贷方金额	余额 借方	余额 贷方
2018 年						
11 月 1 日		1		25 000		25 000

账户：克里斯·克拉克，提款　　　账户编号：32

日期	项目	过账备查栏	借方金额	贷方金额	余额 借方	余额 贷方
2018 年						
11 月 30 日		2	2 000		2 000	
12 月 31 日		4	2 000		4 000	

账户：劳务收入　　　账户编号：41

日期	项目	过账备查栏	借方金额	贷方金额	余额 借方	余额 贷方
2018 年						
11 月 18 日		1		7 500		7 500
12 月 16 日		3		3 100		10 600
16 日		3		1 750		12 350
31 日		4		2 870		15 220
31 日		4		1 120		16 340
31 日	调整	5		500		16 840

账户：租金收入　　　账户编号：42

日期	项目	过账备查栏	借方金额	贷方金额	余额 借方	余额 贷方
2018 年						
12 月 31 日	调整	5		120		120

账户：工资费用　　　账户编号：51

日期	项目	过账备查栏	借方金额	贷方金额	余额 借方	余额 贷方
2018 年						
11 月 30 日		1	2 125		2 125	
12 月 13 日		3	950		3 075	
27 日		3	1 200		4 275	
31 日	调整	5	250		4 525	

账户：物资费用　　　账户编号：52

日期	项目	过账备查栏	借方金额	贷方金额	余额 借方	余额 贷方
2018 年						
11 月 30 日		1	800		800	
12 月 31 日	调整	5	1 240		2 040	

账户：租金费用　　　账户编号：53

日期	项目	过账备查栏	借方金额	贷方金额	余额 借方	余额 贷方
2018 年						
11 月 30 日		1	800		800	
12 月 1 日		2	800		1 600	

账户：公共费用　　　账户编号：54

日期	项目	过账备查栏	借方金额	贷方金额	余额 借方	余额 贷方
2018 年						
11 月 30 日		1	450		450	
12 月 31 日		3	310		760	
31 日		4	225		985	

账户：保险费用　　　账户编号：55

日期	项目	过账备查栏	借方金额	贷方金额	余额 借方	余额 贷方
2018 年						
12 月 31 日	调整	5	200		200	

账户：折旧费用　　　账户编号：56

日期	项目	过账备查栏	借方金额	贷方金额	余额 借方	余额 贷方
2018 年						
12 月 31 日	调整	5	50		50	

账户：杂项费用　　　账户编号：59

日期	项目	过账备查栏	借方金额	贷方金额	余额 借方	余额 贷方
2018 年						
11 月 30 日		1	275		275	
12 月 6 日		2	180		455	

例 3-8 **遗漏调整分录的影响**

在截至 2019 年 12 月 31 日的会计年度中，曼恩医疗公司忽略了编制以下业务的调整分录：（1）8 600 美元预收收入已实现；（2）12 500 美元未结算的收入；（3）2 900 美元应计工资。指出以上错误对（a）收入；（b）费用；（c）截至 2019 年 12 月 31 日会计年度的净利润的综合影响。

解答：

（a）收入被低估 21 100 美元（8 600+12 500）。

（b）费用被低估 2 900 美元。

（c）净利润被低估 18 200 美元（8 600+12 500-2 900）。

3.6 调整后的试算平衡表

在调整分录被过账以后，就需要编制一份**调整后的试算平衡表**（adjusted trial balance）。调整后的试算平衡表验证了在编制财务报表前总借方余额与总贷方余额是否平衡。如果调整后的试算平衡表的借贷方余额不能保持平衡，那么肯定有环节出现了差错。然而，正如第 2 章中提到的，就算调整后的试算平衡表合计数一致，仍然有可能存在差错，例如，某个调整分录被遗漏了，调整后的试算平衡表的借贷方余额合计数仍然可以保持一致。

图表 3-9 显示了 2018 年 12 月 31 日网解公司调整后的试算平衡表。第 4 章我们会讨论财务报表，包括分类资产负债表，是如何根据调整后的试算平衡表编制的。

图表 3-9 调整后的试算平衡表

网解公司 调整后的试算平衡表 2018 年 12 月 31 日			
	账户编号	借方余额	贷方余额
现金	11	2 065	
应收账款	12	2 720	
物资	14	760	
预付保险费	15	2 200	
土地	17	20 000	
办公设备	18	1 800	
累计折旧——办公设备	19		50
应付账款	21		900
应付职工薪酬	22		250
预收租金	23		240
克里斯·克拉克，资本	31		25 000
克里斯·克拉克，提款	32	4 000	
劳务收入	41		16 840
租金收入	42		120
工资费用	51	4 525	

续

网解公司 调整后的试算平衡表 2018 年 12 月 31 日			
	账户编号	借方余额	贷方余额
物资费用	52	2 040	
租赁费用	53	1 600	
公共费用	54	985	
保险费用	55	200	
折旧费用	56	50	
杂项费用	59	455	
		43 400	43 400

例 3-9　会计差错对调整后的试算平衡表的影响

分别考虑下面每一个差错，说明该差错是否会造成调整后的试算平衡表中的借贷方余额合计数不相等。如果合计数不相等，说明借方余额合计数高还是贷方余额合计数高，高多少。

a. 对 5 340 美元的应计收入的调整分录记成：借记应付账款 5 340 美元，贷记劳务收入 5 340 美元。

b. 对 3 260 美元折旧的调整分录记成：借记折旧费用 3 620 美元，贷记累计折旧 3 260 美元。

解答：

a. 合计数相等，但是应借记应收账款，而不是应付账款。

b. 合计数不相等，借方余额合计数比贷方余额合计数高 360 美元（3 620-3 260）。

3.7　财务分析和解释：垂直分析

将财务报表中每个项目的金额与报表中的一个合计金额进行比较，有利于分析财务报表内各项目之间的关系，**垂直分析**（vertical analysis）就是一个用来进行这种比较的方法。

在资产负债表的垂直分析中，每个资产项目以占总资产的百分比表示。每个负债项目和所有者权益项目以占负债和所有者权益总额的百分比表示。在利润表的垂直分析中，每个项目以占营业收入或劳务收入的百分比表示。

垂直分析也用于分析不同时期财务报表中各项目的变化，举例来说，对霍姆斯律师事务所两年的利润表的垂直分析如下所示。

霍姆斯律师事务所 利润表 截至 12 月 31 日的会计年度				
	第 2 年		第 1 年	
	金额	百分比 * （%）	金额	百分比 * （%）
劳务收入	$ 187 500	100.0	$ 150 000	100.0
营业费用				
工资费用	60 000	32.0	45 000	30.0

续

霍姆斯律师事务所 利润表 截至 12 月 31 日的会计年度				
	第 2 年		第 1 年	
	金额	百分比 *（%）	金额	百分比 *（%）
租赁费用	15 000	8.0	12 000	8.0
公共费用	12 500	6.7	9 000	6.0
物资费用	2 700	1.4	3 000	2.0
杂项费用	2 300	1.2	1 800	1.2
营业费用合计	$ 92 500	49.3	$ 70 800	47.2
净利润	$ 95 000	50.7	$ 79 200	52.8

* 保留一位小数。

　　以上垂直分析表明影响霍姆斯律师事务所利润表的既有有利趋势，也有不利趋势，工资费用增加 2%（32.0%–30.0%）和公共费用增加 0.7%（6.7%–6.0%）属于不利趋势；物资费用减少 0.6%（2.0%–1.4%）则是一项有利趋势；租赁费用和杂项费用与劳务收入的百分比保持不变，以上这些趋势的综合结果是净利润占劳务收入的百分比下降了，从 52.8% 到 50.7%。

　　也可以将根据霍姆斯律师事务所利润表分析的各种百分比与行业平均数进行比较，贸易协会和财务信息服务公司会公布这些平均数，任何与行业平均数存在大额差异的项目都应该被进一步调查。

　　对潘多拉媒体公司近两年利润表的营业利润的垂直分析如下所示（单位：千美元）。

潘多拉媒体公司 利润表 截至 12 月 31 日的会计年度				
	第 2 年		第 1 年	
	金额	百分比 *（%）	金额	百分比 *（%）
收入：				
广告收入	$ 732 338	79.5	$ 489 340	81.5
订阅收入	188 464	20.5	110 893	18.5
收入合计	$ 920 802	100.0	$ 600 233	100.0
费用：				
成本	$ 508 004	55.2	$ 357 083	59.5
销售和营销费用	277 330	30.1	169 005	28.2
一般和管理费用	112 443	12.2	69 300	11.5
产品开发费用	53 153	5.8	31 294	5.2
费用合计	$ 950 930	103.3	$ 626 682	104.4
营业利润（损失）	$ (30 128)	(3.3)	$ (26 449)	(4.4)

* 保留一位小数。

上面显示了垂直分析的有用性。由于第 2 年的收入明显高于第 1 年的收入，因此很难仅使用金额来比较运营结果。然而，垂直分析提供了相对比较。分析显示，营业损失占收入的百分比从 4.4% 下降到 -3.3%。这种改善是费用占收入百分比的净变化的结果。成本占收入的比例从 59.5% 下降到 55.2%，而销售和营销费用、一般和管理费用以及产品开发费用占收入的比例均有所增加，但费用增加的百分比小于成本减少的百分比。因此，总费用占收入的百分比从 104.4% 下降到 103.3%。

例 3-10　垂直分析

福特森公司两年的利润表数据如下所示：

福特森公司 利润表 截至 2019 年 12 月 31 日和 2018 年 12 月 31 日的会计年度		
	2019 年	**2018 年**
劳务收入	$ 425 000	$ 375 000
营业费用	263 500	210 000
营业利润	$ 161 500	$ 165 000

a. 编制福特森公司利润表的垂直分析表。

b. 垂直分析显示的是有利趋势还是不利趋势？

解答：

a.

福特森公司 利润表 截至 2019 年 12 月 31 日和 2018 年的 12 月 31 日会计年度				
	2019 年		**2018 年**	
	金额	百分比（%）	金额	百分比（%）
劳务收入	$ 425 000	100	$ 375 000	100
营业费用	263 500	62	210 000	56
营业利润	$ 161 500	38	$ 165 000	44

b. 不利趋势，因为营业费用增加，营业利润减少。

练习题

EX 3-1　调整分录类型

将下列项目区分为以下几类：（a）应计收入；（b）应计费用；（c）预收收入；（d）预付费用。

1. 上个月在当地报纸上刊登广告的账单。

2. 已收到但尚未实现的收入。

3. 已实现但尚未收到的收入。

4. 对一年保单支付的保费。

5. 预收办公场地租金。

6. 库存物资。

7. 预付租金。

8. 欠下但应在下一期间支付的工资。

EX 3–3　应计收入调整分录

在本年年底，应收未收 59 500 美元的收入。

a. 编制应计收入调整分录。

b. 如果使用收付实现制而不是权责发生制，是否需要编制调整分录？请解释。

EX 3–5　应计工资调整分录

格雷西亚房地产公司周五时向在当天结束为期 5 天的工作的员工支付了 17 250 美元的周薪水。如果是在（a）周三或（b）周四结束工作周，请编制调整分录。

EX 3–7　遗漏调整分录的影响

在编制截至 10 月 31 日的会计年度的财务报表时，未考虑 10 月 30 日和 31 日欠员工的应计工资。那么在（a）年度利润表和（b）10 月 31 日的资产负债表中，哪些项目会被误述？指出被误述的项目的金额是会被高估还是低估。

EX 3–9　预收收入调整分录

在年底调整前，预收收入账户的余额为 18 000 美元，而年底实际预收收入金额为 3 600 美元，请编制调整分录。

EX 3–11　物资调整分录

在年底调整前，物资账户的余额为 4 850 美元，而年底实际库存物资金额为 880 美元，请编制调整分录。

EX 3–13　遗漏调整分录的影响

8 月 31 日，即企业运营的第一个月月末，如果会计人员没有编制一般性调整分录将到期的预付保险费转入费用账户中。那么（a）8 月的利润表和（b）8 月 31 日的资产负债表中的哪些项目会被误述？并指出被误述项目的金额是会被高估还是低估。

EX 3–15　预付保险费调整分录

预付保险费账户年初余额为 3 000 美元。本年该账户借记 32 500 美元，用于支付当年购买的保单的保费，包括（a）未来期间到期的保险金额 4 800 美元和（b）年内到期的保险金额 30 700 美元，请编制调整分录。

EX 3–17　预付税款和应计税款的调整分录

A–Z 建筑公司成立于本年的 5 月 1 日。5 月 2 日，A–Z 建筑公司向市政府预付了 18 480 美元的未来 12 个月的税款（执照费），并借记预付税款账户。A–Z 建筑公司还需要在 1 月份为当前日历年缴纳

45 000 美元的年度税（财产税）。

　　a. 为截至本年 12 月 31 日受两种税收影响的账户编制两个调整分录。

　　b. 本年度的税费支出是多少？

EX 3-19　确定固定资产的账面价值

设备账户余额为 3 150 000 美元，累计折旧账户余额为 2 075 000 美元。

　　a. 设备的账面价值是多少？

　　b. 累计折旧账户余额是否意味着设备的价值损失为 2 075 000 美元？请解释。

综合题

PR 3-1A　调整分录

12 月 31 日，贝灵汉房地产公司为了编制调整分录收集了以下资料：

· 12 月 31 日物资账户余额为 1 375 美元，而 12 月 31 日的实际库存物资为 280 美元。

· 12 月 31 日预收租金账户余额为 9 000 美元，这是在 12 月 1 日预收的 4 个月租金。

· 12 月 31 日应计未付的工资为 3 220 美元。

· 12 月 31 日应计未收的劳务收入为 18 750 美元。

· 办公设备折旧费用为 2 900 美元。

要求：

1. 编制 12 月 31 日的调整分录。

2. 简要解释调整分录与用于更改会计差错的分录之间的区别。

案例分析题

CP 3-1　道德行为

　　克里斯·P. 培根是大型制造公司 CV 工业的首席会计师。公司除了正常的经营活动外，还有多余的仓库可出租给当地企业。由于承租人是小型企业，CV 工业要求承租人在签订租约之日支付租赁期的全部租赁款，因此，CV 工业通常会在其资产负债表上报告大量预收租金。

　　在对本年度的业务做了调整分录后，克里斯编制了调整后的试算平衡表，注意到公司的收益将大幅下降，他向公司的首席财务官（CFO）安东尼奥·贝尔金展示了调整后的试算平衡表。贝尔金表示也担心收益下降，但他也注意到了大量的预收租金余额，因此提议编制期末调整分录，将全部的预收租金余额确认为当期收入。克里斯表示反对并提醒贝尔金，预收租金的调整分录已经编制完成。贝尔金向克里斯保证他的提议是可以接受的，并提醒克里斯"因为我们已经收到现金，我们有权确认当期收入"。他指示克里斯编制附加调整日记账分录。克里斯犹豫不决，但他对公司的盈利增长很担忧，因此按照指示编制了调整分录。

　　1. 克里斯的行为是否合乎职业道德？为什么？

　　2. 谁受克里斯决定的影响？

第 **4** 章

完成会计循环

星佳公司（Zynga）是领先的社交游戏供应商，其所推出产品平台月活跃用户超过 2.4 亿。星佳公司的 CityVille、FarmVille、CastleVille 和 Café World 等游戏可以在脸书、谷歌的安卓和苹果的 iOS 等多个系统中运行。

星佳公司成立于 2007 年，以 CEO 马克·平卡斯的狗的名字命名。这只狗的品种是美国斗牛犬，因其行为像人类而出名，如坐在椅子上在桌子旁边吃东西。因为它顽皮、忠诚、可爱，故被认为是公司的精神象征。

星佳公司的游戏开发周期是从最初设想游戏理念、开发程序到测试和调试错误。类似地，企业也有一个会计活动的周期，从记录交易到编制财务报表，以及做好会计记录以便记录下一个时期的交易。

在第 1 章，网解公司的会计循环始于 2018 年 11 月 1 日克里斯·克拉克对企业的投资，并随着 11 月和 12 月各项业务的发生不断持续记录，正如我们在第 1 和第 2 章中讨论和说明的。在第 3 章，会计循环围绕编制截至 2018 年 12 月 31 日的两个月的调整分录继续推进。在本章，我们将编制财务报表，并为记录下一时期的交易做好准备，网解公司的整个会计循环结束。

学习目标

1. 描述从未经调整的试算平衡表到调整后的试算平衡表再到财务报表的会计信息流。

2. 根据调整后的账户余额编制财务报表。

3. 编制结账分录。

4. 描述会计循环。

5. 举例说明某期间内的会计循环。

6. 解释会计年度和自然营业年度的定义。

7. 描述并举例说明营运资本和流动比率在评估公司财务状况时所起的作用。

4.1　会计信息流

调整账户并编制财务报表是会计活动中重要的程序之一。利用第 1~3 章网解公司的案例以及期末的试算表，图表 4-1 列示了调整账户以及编制财务报表过程中的会计数据流。

图表 4-1 中期末试算表的编制始于未经调整的试算平衡表。未经调整的试算平衡表检验借方余额合计数是否等于贷方余额合计数。如果试算平衡表中的借贷方余额合计数不相等，那么肯定有环节出错了。在期末进行其他程序之前所有的错误都要被找出来并予以纠正。

第 3 章网解公司的调整金额显示在试算表的调整栏中，相互对照（用字母标识）每个调整分录的借贷方金额有利于检查调整金额对未调整账户余额的影响。调整金额按照数据被收集的顺序输入表中。如果需要调整的账户名称没有出现在未经调整的试算平衡表中，那么，我们应按照合适的顺序将该账户插入账户名称栏中。调整栏的合计数检验了调整分录的借方余额合计数是否等于贷方余额合计数，两者必须相等。

试算表中未经调整的试算平衡栏的金额加上或者减去调整数，就可以得到调整后的试算平衡栏的金额。试算表中调整后的试算平衡栏说明了调整分录对未调整账户的影响。调整后的试算平衡栏金额检验了借贷方余额合计数在调整后是否仍然相等。

图表 4-1 说明了账户数据从调整后的试算平衡表转入财务报表的流程，具体如下：

（1）收入和费用账户（试算表的第 20~28 行）数据转入利润表中。

（2）所有者资本账户"克里斯·克拉克，资本"（第 18 行）数据以及所有者提款账户"克里斯·克拉克，提款"（第 19 行）数据转入所有者权益变动表。7 105 美元的净利润也从利润表转入所有者权益变动表。

（3）资产和负债账户（第 8~17 行）数据转入资产负债表。期末所有者权益账户（"克里斯·克拉克，资本"的 28 105 美元实收资本）数据从所有者权益变动表转入资产负债表。

总体来说，图表 4-1 阐释了账户调整的过程，也说明了账户调整数据是如何转入财务报表的。网解公司的财务报表可以直接根据图表 4-1 编制出来。

编制图表 4-1 中的试算表并不是必需的，然而，大部分的会计师还是会编制这样的一张表，有时候我们也将其称为工作底稿，以作为期末程序的一部分，这样做最主要的好处是它可以让管理人员和会计师看到调整金额对财务报表的影响。这对于依靠估计做出的调整尤为重要。这种估计和其对财务报表的影响我们将在之后的章节中进行讨论。[1]

例 4-1　转入财务报表的账户

下面的账户余额出现在期末试算表中的调整后的试算平衡栏。请说明下面账户数据分别应该转入利润表、所有者权益变动表，还是资产负债表。

1. 办公设备
2. 公共费用
3. 累计折旧——办公设备
4. 预收租金

5. 劳务收入
6. 道格·约翰逊，提款
7. 租金收入
8. 物资

---

[1]　本章的附录 1 描述并说明了如何编制包含财务报表列的期末试算表。

图表 4-1 网解公司期末试算表和会计数据流

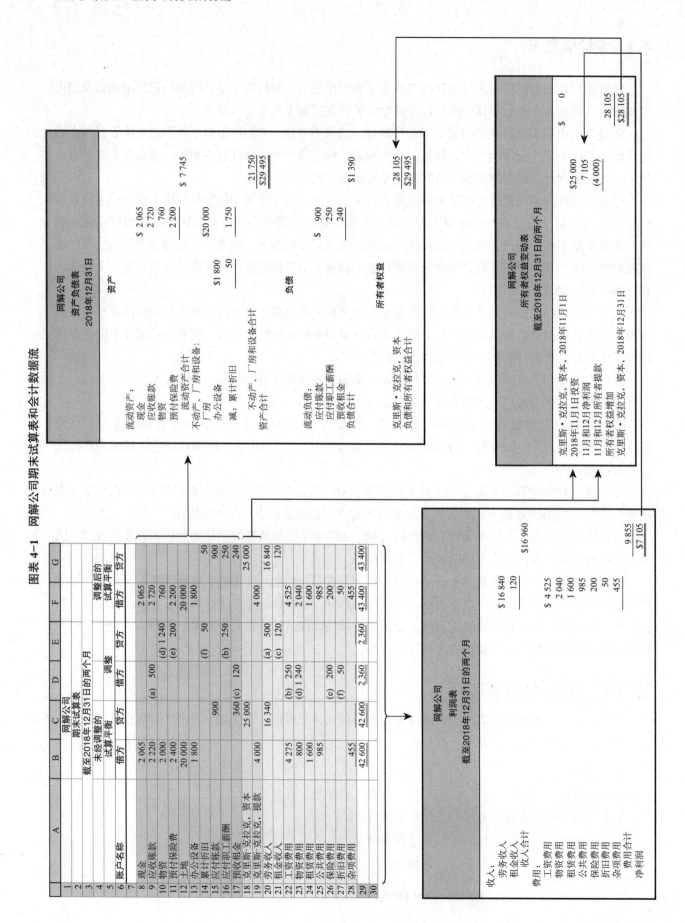

解答：

1. 资产负债表
2. 利润表
3. 资产负债表
4. 资产负债表

5. 利润表
6. 所有者权益变动表
7. 利润表
8. 资产负债表

4.2 财务报表

利用图表 4-1 中调整后的试算平衡表，我们可以编制网解公司的财务报表。其利润表、所有者权益变动表以及资产负债表如图表 4-2 所示。

利润表

利润表直接根据图表 4-1 中试算表的调整后的试算平衡栏编制，排在最前面的是劳务收入 16 840美元。利润表中的各项费用按照由大到小的顺序列示，金额最大的项目放在第一位，而杂项费用则无论其金额大小都列示在最后，如图表 4-2 所示。

图表 4-2 网解公司财务报表

网解公司 利润表 截至 2018 年 12 月 31 日的两个月		
收入：		
劳务收入	$ 16 840	
租金收入	120	
收入合计		$ 16 960
费用：		
工资费用	$ 4 525	
物资费用	2 040	
租赁费用	1 600	
公共费用	985	
保险费用	200	
折旧费用	50	
杂项费用	455	
费用合计		9 855
净利润		$ 7 105

网解公司 所有者权益变动表 截至 2018 年 12 月 31 日的两个月		
克里斯·克拉克，资本，2018 年 11 月 1 日		$ 0
2018 年 11 月 1 日投资	$ 25 000	
11 月和 12 月净利润	7 105	

续

网解公司	
所有者权益变动表	
截至 2018 年 12 月 31 日的两个月	
11 月和 12 月所有者提款	（4 000）
所有者权益增加	28 105
克里斯·克拉克，资本，2018 年 12 月 31 日	$ 28 105

网解公司
资产负债表
2018 年 12 月 31 日

资产			负债	
流动资产：			流动负债：	
现金	$ 2 065		应付账款	$ 900
应收账款	2 720		应付职工薪酬	250
物资	760		预收租金	240
预付保险费	2 200		负债合计	$ 1 390
流动资产合计		$ 7 745		
不动产、厂房和设备：			**所有者权益**	
土地	$ 20 000			
办公设备	$ 1 800			
减：累计折旧	50	1 750	克里斯·克拉克，资本	28 105
不动产、厂房和设备合计		21 750		
资产合计		$ 29 495	负债和所有者权益合计	$ 29 495

所有者权益变动表

所有者权益变动表中列示的第一个项目是所有者资本账户期初余额，然而，试算表中的所有者资本金额并不总是等于期初余额，期间内，所有者可能会追加投资，对于期初余额和追加投资，我们有必要参考分类账中的所有者资本账户，这些金额和净利润（或净损失）以及所有者提款账户余额一起，被用来确定所有者资本账户期末余额。

图表 4–2 是所有者权益变动表的基本形式，对于网解公司来说，所有者提款的金额小于净利润，如果所有者提款的金额超过了净利润，那么这两个项目的差额将从所有者资本账户的期初余额中扣除。其他因素，如追加投资或产生净损失，也会改变所有者权益变动表的构成，如下所示：

艾伦·约翰逊，资本，2018 年 1 月 1 日		$ 39 000
年度追加投资	$ 6 000	
年度净损失	（5 600）	
所有者提款	（9 500）	
所有者权益减少		（9 100）
艾伦·约翰逊，资本，2018 年 12 月 31 日		$ 29 900

扎克·盖迪斯是盖迪斯就业服务公司的所有者和经营者。2018 年 1 月 1 日，扎克·盖迪斯资本账户期初余额为 186 000 美元，本年度扎克·盖迪斯追加投资 40 000 美元，提款 25 000 美元。2018 年 12 月 31 日，盖迪斯就业服务公司报告净利润 18 750 美元。请编制截至 2018 年 12 月 31 日的会计年度的所有者权益变动表。

解答：

盖迪斯就业服务公司 所有者权益变动表 截至 2018 年 12 月 31 日的会计年度		
扎克·盖迪斯，资本，2018 年 1 月 1 日		$ 186 000
2018 年度追加投资	$ 40 000	
净利润	18 750	
所有者提款	（25 000）	
所有者权益增加		33 750
扎克·盖迪斯，资本，2018 年 12 月 31 日		$ 219 750

资产负债表

资产负债表直接根据图表 4-1 中试算表的调整后的试算平衡栏编制，排在最前面的是现金 2 065 美元，资产和负债金额都来自试算表，但是，所有者权益金额来自所有者权益变动表，如图表 4-2 所示。

图表 4-2 中的资产负债表显示了资产和负债的子项目，这种资产负债表称为分类资产负债表，这些子项目的介绍如下。

资产

资产负债表中的资产通常分为两部分：（1）流动资产；（2）不动产、厂房和设备。

现金以及通过企业正常的经营活动预期在一年或一年以内变现、出售或者耗尽的其他资产称为**流动资产**（current assets）。除现金外，流动资产还包括应收票据、应收账款、物资以及其他预付费用。

应收票据（notes receivable）是客户拖欠的金额，也是支付票面金额和利息的书面承诺金额。应收账款也是客户的欠款，但是没有应收票据正式。应收账款通常是通过提供服务或赊销商品产生的。应收票据和应收账款属于流动资产，因为它们通常能在一年或一年以内变现。

不动产、厂房和设备也称为**固定资产**（fixed assets, plant assets）。这些资产包括设备、机器、建筑物和土地。正如第 3 章中所讨论的，除了土地以外，其他的固定资产在一定期间内都会折旧，每项主要固定资产的初始成本、累计折旧和账面价值通常都报告在资产负债表或财务报表附注中。

负债

负债是企业欠债权人的金额。资产负债表中负债通常被分为两部分：（1）流动负债；（2）长期负债。

将以流动资产偿还的、在短期（一年或一年以内）到期的负债称为**流动负债**（current liabilities）。最常见的流动负债包括应付票据和应付账款。其他流动负债包括应付职工薪酬、应付利息、应交税费和预收收入。

在较长时期（一年以上）到期的负债称为**长期负债**（long-term liabilities）。如果网解公司有长期负债，那么它将被列示在流动负债的下面。随着长期负债到期日逐渐接近，直到在未来一年内就会偿还时，这些长期负债应报告为流动负债。如果它们被展期而不是偿还，则应继续报告为长期负债。当一项负债有资产为其做安全保证时，这种负债可称为应付抵押票据或应付抵押款。

所有者权益

所有者对企业资产的索取权被列示在资产负债表中负债的下面，所有者权益总额加上负债总额的合计数必须与资产合计数相等。

例 4-3   分类资产负债表

下面的账户出现在赫德赛特咨询公司调整后的试算平衡表中，请指出各个账户应该被报告在 2018 年 12 月 31 日赫德赛特咨询公司资产负债表中的：（a）流动资产；（b）不动产、厂房和设备；（c）流动负债；（d）长期负债；（e）所有者权益部分。

1. 杰森·科宾，资本   5. 现金
2. 应收票据（6 个月后到期）   6. 预收租金（3 个月）
3. 应付票据（10 年后到期）   7. 累计折旧——设备
4. 土地   8. 应付账款

解答：

1. 所有者权益   5. 流动资产
2. 流动资产   6. 流动负债
3. 长期负债   7. 不动产、厂房和设备
4. 不动产、厂房和设备   8. 流动负债

4.3   结账分录

正如第 3 章中所讨论的，会计期末调整分录被记录在日记账中，网解公司的调整分录列示在图表 3-7 中。调整分录被过入网解公司的分类账后（见表 3-6），分类账中的数据就与财务报表中列示的数据一致。

报告在资产负债表中的账户余额可以结转到下一年，因为它们是相对永恒的，这些账户称为**永久性账户**（permanent accounts）或**实账户**（real accounts）。例如，现金、应收账款、设备、累计折旧、应付账款以及所有者资本等都是永久性账户。

报告在利润表中的账户余额不能结转到下一年，同样地，报告在所有者权益变动表中的所有者提款账户余额也不能结转到下一年，因为这些账户报告的金额仅仅针对一个期间而言，它们称为**临时性账户**（temporary accounts）或**虚账户**（nominal accounts）。临时性账户不会结转因为它们仅仅与一个期间相关，例如，图表 4-2 中网解公司 16 840 美元的劳务收入和 4 525 美元的工资费用是截至 2018 年 12 月 31 日前两个月的数据，不应该结转到 2019 年。

在下一个期间开始时，临时性账户应该没有余额。为了实现下期期初临时性账户零余额，在会计期末我们将临时性账户的余额都转入永久性账户。结转这些余额的会计分录称为**结账分录**（closing entries）。结转过程称为**结账过程**（closing process），有时候也称为**结账**（closing the books）。

结账过程涉及以下两个结账分录。

第一个结账分录：收入账户和费用账户的余额转入所有者资本账户。

第二个结账分录：所有者提款账户的余额转入所有者资本账户。

图表 4-3 描述了结账过程。

图表 4-3　结账过程

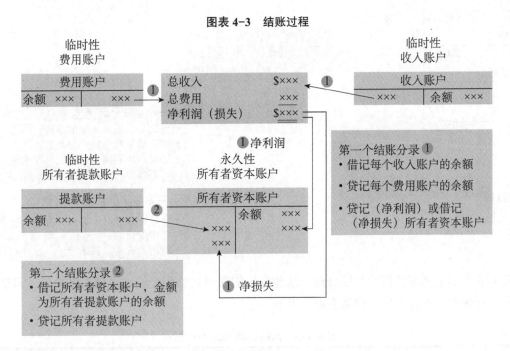

在结账过程中要求编制的两个结账分录如下所示[①]：

（1）借记每个收入账户的余额，贷记每个费用账户的余额，贷记（净利润）或借记（净损失）所有者资本账户。

（2）借记所有者资本账户，金额为所有者提款账户的余额，贷记所有者提款账户。

结账分录记录在日记账中，日期是会计期间的最后一天。在日记账中，结账分录紧随在调整分录后记录。结账分录的标题通常插在结账分录的前面，以便与调整分录区分开来。

编制结账分录并过账

图表 4-4 列示了编制网解公司两个结账分录的流程图。账户的余额显示在图表 4-1 中试算表的调整后的试算平衡栏中。

---

① 可以使用结算账户，如收入汇总、收入和费用汇总或损益汇总来结清临时收入和费用账户。在这种情况下，需要编制四个结账分录。第一笔分录将收入账户余额结转到收入汇总账户中，第二笔分录将费用账户余额结转到收入汇总账户中，第三笔分录将收入汇总账户余额结转到所有者权益账户中，第四笔分录将所有者提款账户余额结转到所有者权益账户中。

图表 4-4 网解公司结账分录流程图

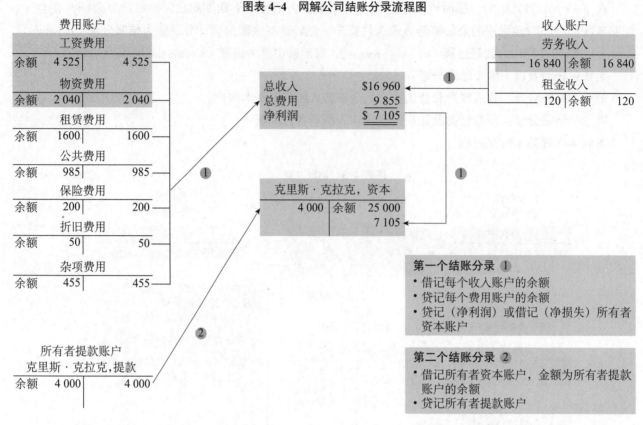

图表 4-5 列示了网解公司的结账分录，这些分录的账户名称和余额来自期末试算表、调整后的试算平衡表、利润表、所有者权益变动表或分类账。

图表 4-5 网解公司的结账分录

日记账					第 6 页
日期		业务说明	过账备查栏	借方金额	贷方金额
2018 年		结账分录			
12 月	31 日	劳务收入	41	16 840	
		租金收入	42	120	
		工资费用	51		4 525
		物资费用	52		2 040
		租赁费用	53		1 600
		公共费用	54		985
		保险费用	55	5855	200
		折旧费用	56		50
		杂项费用	59		455
		克里斯·克拉克，资本	31		7 105
	31 日	克里斯·克拉克，资本	31	4 000	
		克里斯·克拉克，提款	32		4 000

结账分录过入网解公司分类账的结果如图表 4-6 所示，网解公司分类账有以下特征：

（1）"克里斯·克拉克，资本"账户的余额 28 105 美元，与所有者权益变动表和资产负债表中报告的金额一致。

（2）收入、费用和所有者提款账户将出现零余额。

图表 4-6　网解公司分类账

分类账						
账户：现金				账户编号：11		
日期	项目	过账备查栏	借方金额	贷方金额	余额借方	余额贷方
2018 年						
11 月 1 日		1	25 000		25 000	
5 日		1		20 000	5 000	
18 日		1	7 500		12 500	
30 日		1		3 650	8 850	
30 日		1		950	7 900	
30 日		2		2 000	5 900	
12 月 1 日		2		2 400	3 500	
1 日		2		800	2 700	
1 日		2	360		3 060	
6 日		2		180	2 880	
11 日		2		400	2 480	
13 日		3		950	1 530	
16 日		3	3 100		4 630	
20 日		3		900	3 730	
21 日		3	650		4 380	
23 日		3		1 450	2 930	
27 日		3		1 200	1 730	
31 日		3		310	1 420	
31 日		4		225	1 195	
31 日		4	2 870		4 065	
31 日		4		2 000	2 065	

账户：应收账款				账户编号：12		
日期	项目	过账备查栏	借方金额	贷方金额	余额借方	余额贷方
2018 年						
12 月 16 日		3	1 750		1 750	
21 日		3		650	1 100	
31 日		4	1 120		2 220	
31 日	调整	5	500		2 720	

账户：物资				账户编号：14		
日期	项目	过账备查栏	借方金额	贷方金额	余额借方	余额贷方
2018 年						
11 月 10 日		1	1 350		1 350	
30 日		1		800	550	
12 月 23 日		3	1 450		2 000	
31 日	调整	5		1240	760	

账户：预付保险费				账户编号：15		
日期	项目	过账备查栏	借方金额	贷方金额	余额借方	余额贷方
2018 年						
12 月 1 日		2	2 400		2 400	
31 日	调整	5		200	2 200	

账户：土地				账户编号：17		
日期	项目	过账备查栏	借方金额	贷方金额	余额借方	余额贷方
2018 年						
11 月 5 日		1	20 000		20 000	

账户：办公设备				账户编号：18		
日期	项目	过账备查栏	借方金额	贷方金额	余额借方	余额贷方
2018 年						
12 月 4 日		2	1 800		1 800	

账户：累计折旧				账户编号：19		
日期	项目	过账备查栏	借方金额	贷方金额	余额借方	余额贷方
2018 年						
12 月 31 日	调整	5		50		50

账户：应付账款				账户编号：21		
日期	项目	过账备查栏	借方金额	贷方金额	余额借方	余额贷方
2018 年						
11 月 10 日		1		1 350		1 350
30 日		1	950			400
12 月 4 日		2		1 800		2 200
11 日		2	400			1 800
20 日		3	900			900

账户：应付职工薪酬				账户编号：22		
日期	项目	过账备查栏	借方金额	贷方金额	余额借方	余额贷方
2018 年						
12 月 31 日	调整	5		250		250

账户：预收租金				账户编号：23		
日期	项目	过账备查栏	借方金额	贷方金额	余额借方	余额贷方
2018 年						
12 月 1 日		2		360		360
31 日	调整	5	120			240

账户：克里斯·克拉克，资本　　账户编号：31

日期	项目	过账备查栏	借方金额	贷方金额	余额借方	余额贷方
2018年						
11月1日		1		25 000		25 000
12月31日	结账	6		7 105		32 105
31日	结账	6	4 000			28 105

账户：克里斯·克拉克，提款　　账户编号：32

日期	项目	过账备查栏	借方金额	贷方金额	余额借方	余额贷方
2018年						
11月30日		2	2 000		2 000	
12月31日		4	2 000		4 000	
31日	结账	6		4 000	—	—

账户：劳务收入　　账户编号：41

日期	项目	过账备查栏	借方金额	贷方金额	余额借方	余额贷方
2018年						
11月18日		1		7 500		7 500
12月16日		3		3 100		10 600
16日		3		1 750		12 350
31日		4		2 870		15 220
31日		4		1 120		16 340
31日	调整	5		500		16 840
31日	结账	6	16 840		—	—

账户：租金收入　　账户编号：42

日期	项目	过账备查栏	借方金额	贷方金额	余额借方	余额贷方
2018年						
12月31日	调整	5		120		120
31日	结账	6	120		—	—

账户：工资费用　　账户编号：51

日期	项目	过账备查栏	借方金额	贷方金额	余额借方	余额贷方
2018年						
11月30日		1	2 125		2 125	
12月13日		3	950		3 075	
27日		3	1 200		4 275	
31日	调整	5	250		4 525	
31日	结账	6		4 525	—	—

账户：物资费用　　账户编号：52

日期	项目	过账备查栏	借方金额	贷方金额	余额借方	余额贷方
2018年						
11月30日		1	800		800	
12月31日	调整	5	1 240		2 040	
31日	结账	6		2 040	—	—

账户：租赁费用　　账户编号：53

日期	项目	过账备查栏	借方金额	贷方金额	余额借方	余额贷方
2018年						
11月30日		1	800		800	
12月1日		2	800		1 600	
31日	结账	6		1 600	—	—

账户：公共费用　　账户编号：54

日期	项目	过账备查栏	借方金额	贷方金额	余额借方	余额贷方
2018年						
11月30日		1	450		450	
12月31日		3	310		760	
31日		4	225		985	
31日	结账	6		985	—	—

账户：保险费用　　账户编号：55

日期	项目	过账备查栏	借方金额	贷方金额	余额借方	余额贷方
2018年						
12月31日	调整	5	200		200	
31日	结账	6		200	—	—

账户：折旧费用　　账户编号：56

日期	项目	过账备查栏	借方金额	贷方金额	余额借方	余额贷方
2018年						
12月31日	调整	5	50		50	
31日	结账	6		50	—	—

账户：杂项费用　　账户编号：59

日期	项目	过账备查栏	借方金额	贷方金额	余额借方	余额贷方
2018年						
11月30日		1	275		275	
12月6日		2	180		455	
31日	结账	6		455	—	—

如图表 4-6 所示，结账分录在分类账中通常有"结账"二字，另外，结账分录过账以后，通常应在两个余额栏内插入一条线，将下一期的收入、费用和提款业务与本期的分离开来。下一期的经济业务将直接记在结账分录的下面。

例 4-4　结账分录

在会计期末 7 月 31 日各账户被调整以后，篷式汽车服务公司分类账的账户及其余额如下：

特里·伦贝特，资本	$ 615 850
特里·伦贝特，提款	25 000
劳务收入	380 450
工资费用	250 000
租赁费用	65 000
物资费用	18 250
杂项费用	6 200

请编制两个结账分录。

解答：

7 月 31 日	借：劳务收入	380 450
	贷：工资费用	250 000
	租赁费用	65 000
	物资费用	18 250
	杂项费用	6 200
	特里·伦贝特，资本	41 000
31 日	借：特里·伦贝特，资本	25 000
	贷：特里·伦贝特，提款	25 000

结账后的试算平衡表

结账分录过账以后我们需要编制结账后的试算平衡表。编制结账后的试算平衡表的目的是检验下期期初的分类账的借贷方余额是否相等。账户和金额应该与列示在期末资产负债表中的账户和金额完全相同。网解公司结账后的试算平衡表如图表 4-7 所示。

图表 4-7　网解公司结账后的试算平衡表

网解公司 结账后的试算平衡表 2018 年 12 月 31 日			
	账户编号	借方余额	贷方余额
现金	11	2 065	
应收账款	12	2 720	
物资	14	760	

续

网解公司 结账后的试算平衡表 2018 年 12 月 31 日			
	账户编号	借方余额	贷方余额
预付保险费	15	2 200	
土地	17	20 000	
办公设备	18	1 800	
累计折旧	19		50
应付账款	21		900
应付职工薪酬	22		250
预收租金	23		240
克里斯·克拉克，资本	31		28 105
		29 545	29 545

4.4 会计循环

始于分析经济业务、编制日记账，终于编制结账后的试算平衡表的会计过程称为**会计循环**（accounting cycle），会计循环的步骤如下所示：

第一步：分析经济业务并将其记录在日记账中。

第二步：将日记账分录过入分类账。

第三步：编制未经调整的试算平衡表。

第四步：收集并分析调整数据。

第五步：（可选择）编制期末试算表。

第六步：编制调整分录并过账。

第七步：编制调整后的试算平衡表。

第八步：编制财务报表。

第九步：编制结账分录并过账。

第十步：编制结账后的试算平衡表。①

图表 4-8 以图表形式解释说明了会计循环。我们也能从图表中了解到经济业务的原始数据如何，流经会计系统，最终形成财务报表的会计循环。

① 有些会计人员将“转回分录”的日记账和过账作为会计循环的最后一步。因为本章不要求掌握转回分录，所以将在本章的附录 2 中对它们进行描述和说明。

图表 4-8　会计循环

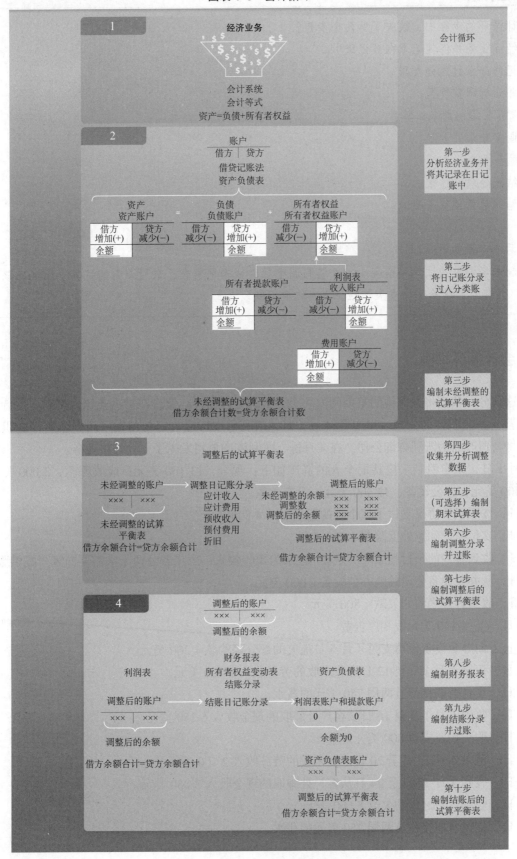

例 4-5　会计循环

下列会计循环的步骤中，缺失了哪两个步骤？

a. 分析经济业务并将其记录在日记账中。

b. 将日记账分录过入分类账。

c. 收集并分析调整数据。

d.（可选择）编制期末试算表。

e. 编制调整分录并过账。

f. 编制财务报表。

g. 编制结账分录并过账。

h. 编制结账后的试算平衡表。

解答：

缺失的两个步骤如下：

（1）编制未经调整的试算平衡表。（2）编制调整后的试算平衡表。未经调整的试算平衡表应该在步骤 b 之后编制，调整后的试算平衡表应该在步骤 e 之后编制。

4.5　会计循环举例

在这部分，我们将举例说明某期间内一个完整的会计循环。假设在过去几年，凯利·皮特尼一直在家经营一家兼职咨询公司。2019 年 4 月 1 日，凯利·皮特尼决定新租赁一间办公室，全职经营公司，并将公司改名为凯利咨询公司。在 4 月份，凯利咨询公司发生了下列经济业务。

4 月 1 日，来自凯利·皮特尼个人的资产如下：现金，13 100 美元；应收账款，3 000 美元；物资，1 400 美元；办公设备，12 500 美元。没有负债。

1 日，按照租赁协议支付了三个月的租金，共 4 800 美元。

2 日，支付财产和意外保险费 1 800 美元。

4 日，收到客户的预付款 5 000 美元，记录为预收收入，意味着公司未来需要向客户提供服务。

5 日，从办公设备公司赊购办公设备 2 000 美元。

6 日，收到客户之前的欠款 1 800 美元。

10 日，支付 120 美元报刊广告费。

12 日，向办公设备公司支付 4 月 5 日拖欠的部分赊购款 1 200 美元。

12 日，记录 4 月 1 日至 12 日应收未收的劳务收入 4 200 美元。

14 日，支付兼职接待员两周 750 美元的薪水。

17 日，收到 4 月 1 日至 16 日从客户处赚取的现金收入 6 250 美元。

18 日，购买物资支付 800 美元现金。

20 日，记录 4 月 13 日至 20 日应收未收的劳务收入 2 100 美元。

24 日，收到 4 月 17 日至 24 日从客户处赚取的现金收入 3 850 美元。

26 日，收到客户之前的欠款 5 600 美元。

27 日，支付兼职接待员两周 750 美元的薪水。

29 日，支付 4 月份 130 美元的通信费。

30 日，支付 4 月份 200 美元的电费。

30 日，收到 4 月 25 日至 30 日从客户处赚取的现金收入 3 050 美元。

30 日，记录 4 月份剩余的应收未收劳务收入 1 500 美元。

30 日，凯利·皮特尼提款 6 000 美元用于个人花销。

第一步，分析经济业务并将其记录在日记账中

会计循环的第一步是分析经济业务并利用复式记账体系将其记录在日记账中。正如第 2 章中所描述的，我们利用如下步骤分析经济业务并编制会计分录。

（1）仔细阅读对经济业务的描述，从而确定经济业务影响的是资产、负债、所有者权益、收入、费用还是所有者提款账户。

（2）对于每个受到经济业务影响的账户，确定其金额是增加还是减少。

（3）确定每个账户金额的增加或减少应该记入借方还是贷方，第 2 章图表 2-3 显示了借贷规则。

（4）利用日记账分录记录经济业务。

公司的会计科目表可用于确定哪些账户受经济业务的影响，凯利咨询公司的会计科目表如图表 4-9 所示：

图表 4-9 凯利咨询公司的会计科目表

11. 现金	31. 凯利·皮特尼，资本
12. 应收账款	32. 凯利·皮特尼，提款
14. 物资	41. 劳务收入
15. 预付租金	51. 工资费用
16. 预付保险费	52. 租赁费用
18. 办公设备	53. 物资费用
19. 累计折旧	54. 折旧费用
21. 应付账款	55. 保险费用
22. 应付职工薪酬	59. 杂项费用
23. 预收收入	

在分析完凯利咨询公司 4 月份的每笔经济业务之后，记录的日记账如图表 4-10 所示。

图表 4-10 凯利咨询公司 4 月份的日记账分录

日记账					第 1 页
日期		业务说明	过账备查栏	借方金额	贷方金额
2019 年 4 月	1 日	现金	11	13 100	
		应收账款	12	3 000	
		物资	14	1 400	
		办公设备	18	12 500	
		凯利·皮特尼，资本	31		30 000
	1 日	预付租金	15	4 800	

续

日记账					第 1 页
日期		业务说明	过账备查栏	借方金额	贷方金额
		现金	11		4 800
	2 日	预付保险费	16	1 800	
		现金	11		1 800
	4 日	现金	11	5 000	
		预收收入	23		5 000
	5 日	办公设备	18	2 000	
		应付账款	21		2 000
	6 日	现金	11	1 800	
		应收账款	12		1 800
	10 日	杂项费用	59	120	
		现金	11		120
	12 日	应付账款	21	1 200	
		现金	11		1 200
	12 日	应收账款	12	4 200	
		劳务收入	41		4 200
	14 日	工资费用	51	750	
		现金	11		750

日记账					第 2 页
日期		业务说明	过账备查栏	借方金额	贷方金额
2019 年 4 月	17 日	现金	11	6 250	
		劳务收入	41		6 250
	18 日	物资	14	800	
		现金	11		800
	20 日	应收账款	12	2 100	
		劳务收入	41		2 100
	24 日	现金	11	3 850	
		劳务收入	41		3 850
	26 日	现金	11	5 600	
		应收账款	12		5 600
	27 日	工资费用	51	750	
		现金	11		750
	29 日	杂项费用	59	130	
		现金	11		130

续

日记账					第 2 页
日期		业务说明	过账备查栏	借方金额	贷方金额
30 日		杂项费用	59	200	
		现金	11		200
30 日		现金	11	3 050	
		劳务收入	41		3 050
30 日		应收账款	12	1 500	
		劳务收入	41		1 500
30 日		凯利·皮特尼，提款	32	6 000	
		现金	11		6 000

第二步，将日记账分录过入分类账

记录在日记账中的经济业务定期地过入分类账中，每个会计分录的借贷方金额按照发生的顺序过入分类账相应的账户，如第 2 章和第 3 章所示，日记账分录利用以下四步过入分类账。

（1）将会计分录的编制日期记入账户日期栏。

（2）金额对应填入账户的借方金额栏和贷方金额栏。

（3）日记账页面编号填入分类账过账备查栏。

（4）分类账的账户编号记入日记账的过账备查栏。

凯利咨询公司的日记账分录已经过入分类账中，如后面的图表 4-18 所示。

第三步，编制未经调整的试算平衡表

编制未经调整的试算平衡表可用来确定过账过程中是否发生了差错，图表 4-11 所示的未经调整的试算平衡表并不能完全保证分类账的准确性，它仅仅表明借方余额与贷方余额相等。但是，它还是有价值的，因为差错一般会影响借方金额与贷方金额的平衡。如果两个合计数不相等，那么必定有环节发生了差错，必须将其找出来并予以纠正。

图表 4-11 中所示的未经调整的试算平衡表余额，来自图表 4-18 所示的凯利咨询公司未过入任何调整分录之前的分类账。

图表 4-11 凯利咨询公司未经调整的试算平衡表

凯利咨询公司 未经调整的试算平衡表 2019 年 4 月 30 日			
	账户编号	借方余额	贷方余额
现金	11	22 100	
应收账款	12	3 400	
物资	14	2 200	
预付租金	15	4 800	

续

凯利咨询公司 未经调整的试算平衡表 2019 年 4 月 30 日			
	账户编号	借方余额	贷方余额
预付保险费	16	1 800	
办公设备	18	14 500	
累计折旧	19		0
应付账款	21		800
应付职工薪酬	22		0
预收收入	23		5 000
凯利·皮特尼，资本	31		30 000
凯利·皮特尼，提款	32	6 000	
劳务收入	41		20 950
工资费用	51	1 500	
租赁费用	52	0	
物资费用	53	0	
折旧费用	54	0	
保险费用	55	0	
杂项费用	59	450	
		56 750	56 750

第四步，收集并分析调整数据

编制财务报表之前，账户必须更新调整。通常有四种类型的账户需要调整（更新），包括预付费用、预收收入、应计收入和应计费用。此外，折旧费用记录除土地以外的固定资产的折旧，下面汇集了 2019 年 4 月 30 日凯利咨询公司可能需要调整的数据。

a. 4 月份到期的保险费 300 美元。

b. 4 月 30 日库存物资 1 350 美元。

c. 办公设备 4 月份的折旧费 330 美元。

d. 4 月 30 日应计接待员的工资 120 美元。

e. 4 月份到期的租金 1 600 美元。

f. 4 月 30 日预收收入 2 500 美元。

第五步，（可选择）编制期末试算表

虽然编制期末试算表并不是必需的，但是，试算表可显示会计信息流从未经调整的试算平衡表到调整后的试算平衡表的过程。此外，期末试算表有助于分析调整项目对财务报表的影响。凯利咨询公司期末试算表如图表 4-12 所示。

图表 4-12　凯利咨询公司期末试算表

	A	B	C	D	E	F	G
1				凯利咨询公司			
2				期末试算表			
3				截至2019年4月30日			
4		未经调整的		调整		调整后的	
5		试算平衡				试算平衡	
6	账户名称	借方	贷方	借方	贷方	借方	贷方
7							
8	现金	22 100				22 100	
9	应收账款	3 400				3 400	
10	物资	2 200			(b) 850	1 350	
11	预付租金	4 800			(e) 1 600	3 200	
12	预付保险费	1 800			(a) 300	1 500	
13	办公设备	14 500				14 500	
14	累计折旧				(c) 330		330
15	应付账款		800				800
16	应付职工薪酬				(d) 120		120
17	预收收入		5 000	(f) 2 500			2 500
18	凯利·皮特尼，资本		30 000				30 000
19	凯利·皮特尼，提款	6 000				6 000	
20	劳务收入		20 950		(f) 2 500		23 450
21	工资费用	1 500		(d) 120		1 620	
22	租赁费用			(e) 1 600		1 600	
23	物资费用			(b) 850		850	
24	折旧费用			(c) 330		330	
25	保险费用			(a) 300		300	
26	杂项费用	450				450	
27		56 750	56 750	5 700	5 700	57 200	57 200
28							

第六步，编制调整分录并过账

基于第四步的调整数据，凯利咨询公司的调整分录编制结果如图表 4-13 所示，每个调整分录至少影响一个利润表账户和一个资产负债表账户。每个调整分录通常都包括对每项调整的解释以及相应的计算。

图表 4-13　凯利咨询公司的调整分录

日记账					第 3 页
日期		业务说明	过账备查栏	借方金额	贷方金额
		调整分录			
2019 年 4 月	30 日	保险费用	55	300	
		预付保险费	16		300
		（到期保险费。）			
	30 日	物资费用	53	850	
		物资	14		850
		（已耗用的物资（2 200−1 350）。）			
	30 日	折旧费用	54	330	
		累计折旧	19		330
		（办公设备折旧。）			
	30 日	工资费用	51	120	
		应付职工薪酬	22		120
		（应计工资。）			

续

日记账					第 3 页
日期		业务说明	过账备查栏	借方金额	贷方金额
30 日		租赁费用	52	1 600	
		预付租金	15		1 600
		（4 月份到期的租金。）			
30 日		预收收入	23	2 500	
		劳务收入	41		2 500
		（劳务收入（5 000－2 500）。）			

　　图表 4-13 中每项调整分录都要过入凯利咨询公司分类账中，如图表 4-18 所示，分类账中调整分录标有"调整"二字以便识别。

第七步，编制调整后的试算平衡表

　　编制调整分录并过账后，我们需要编制调整后的试算平衡表来检验借方和贷方余额合计数是否相等，这是编制财务报表前的最后一步。如果调整后的试算平衡表没有平衡，那么肯定有环节出现了差错，我们必须找出来并予以纠正。2019 年 4 月 30 日凯利咨询公司调整后的试算平衡表如图表 4-14 所示。

图表 4-14　凯利咨询公司调整后的试算平衡表

凯利咨询公司 调整后的试算平衡表 2019 年 4 月 30 日			
	账户编号	借方余额	贷方余额
现金	11	22 100	
应收账款	12	3 400	
物资	14	1 350	
预付租金	15	3 200	
预付保险费	16	1 500	
办公设备	18	14 500	
累计折旧	19		330
应付账款	21		800
应付职工薪酬	22		120
预收收入	23		2 500
凯利·皮特尼，资本	31		30 000
凯利·皮特尼，提款	32	6 000	
劳务收入	41		23 450
工资费用	51	1 620	

续

凯利咨询公司 调整后的试算平衡表 2019 年 4 月 30 日			
	账户编号	借方余额	贷方余额
租赁费用	52	1 600	
物资费用	53	850	
折旧费用	54	330	
保险费用	55	300	
杂项费用	59	450	
		57 200	57 200

第八步，编制财务报表

会计循环最重要的结果是财务报表。应最先编制利润表，然后是所有者权益变动表，最后是资产负债表。报表可以直接根据调整后的试算平衡表、期末试算表或者分类账编制。利润表中的净利润或者净损失和追加投资、所有者提款都要报告在所有者权益变动表中。期末所有者权益报告在资产负债表中，它与负债的合计金额等于总资产。

凯利咨询公司的财务报表如图表 4-15 所示，凯利咨询公司 4 月份实现的净利润为 18 300 美元。截至 2019 年 4 月 30 日，凯利咨询公司的总资产为 45 720 美元，总负债为 3 420 美元，所有者权益合计为 42 300 美元。

图表 4-15　凯利咨询公司财务报表

凯利咨询公司 利润表 2019 年 4 月		
劳务收入		$ 23 450
费用：		
工资费用	$ 1 620	
租赁费用	1 600	
物资费用	850	
折旧费用	330	
保险费用	300	
杂项费用	450	
费用合计		5 150
净利润		$ 18 300

续

凯利咨询公司 所有者权益变动表 2019 年 4 月		
凯利·皮特尼，资本，2019 年 4 月 1 日		$ 0
本月投资额	$ 30 000	
本月净利润	18 300	
所有者提款	（6 000）	
所有者权益增加		42 300
凯利·皮特尼，资本，2019 年 4 月 30 日		$ 42 300

凯利咨询公司 资产负债表 2019 年 4 月 30 日			
资产		**负债**	
流动资产：		流动负债：	
现金	$ 22 100	应付账款	$ 800
应收账款	3 400	应付职工薪酬	120
物资	1 350	预收收入	2 500
预付租金	3 200	负债合计	$ 3 420
预付保险费	1 500		
流动资产合计	$ 31 550		
不动产、厂房和设备：			
办公设备	$ 14 500		
减：累计折旧	330	**所有者权益**	
不动产、厂房和设备合计	14 170	凯利·皮特尼，资本	42 300
资产合计	$ 45 720	负债与所有者权益合计	$ 45 720

第九步，编制结账分录并过账

正如本章前面所描述的，在会计期末我们需要编制两个结账分录。这两个结账分录如下所示。

第一个结账分录：借记每个收入账户的余额，贷记每个费用账户的余额，贷记（净利润）或借记（净损失）记入所有者资本账户。

第二个结账分录：借记所有者资本账户，金额为所有者提款账户的余额，贷记所有者提款账户。

凯利咨询公司两个结账分录如图表 4-16 所示，结账分录过入凯利咨询公司分类账如图表 4-18 所示。结账分录被过账以后，凯利咨询公司的分类账有如下特征。

（1）"凯利·皮特尼，资本"账户的余额为 42 300 美元，与所有者权益变动表和资产负债表中报告的金额相等。

（2）收入、费用和所有者提款账户将出现零余额。

结账分录在分类账中通常标有"结账"二字，此外，结账分录过账以后，通常应在两个余额栏内插入一条线，将下一期的收入、费用和提款业务与本期的分离开来。

图表 4-16　凯利咨询公司的结账分录

日记账					第 4 页
日期		业务说明	过账备查栏	借方金额	贷方金额
		结账分录			
2019 年 4 月	30 日	劳务收入	41	23 450	
		工资费用	51		1 620
		租赁费用	52		1 600
		物资费用	53		850
		折旧费用	54		330
		保险费用	55		300
		杂项费用	59		450
		凯利·皮特尼，资本	31		18 300
	30 日	凯利·皮特尼，资本	31	6 000	
		凯利·皮特尼，提款	32		6 000

第十步，编制结账后的试算平衡表

结账分录过账以后，接下来编制结账后的试算平衡表。编制结账后的试算平衡表的目的是检验分类账下一期的期初余额是否平衡。结账后的试算平衡表的账户和金额应该与列示于期末资产负债表中的账户和金额完全相同。

凯利咨询公司结账后的试算平衡表如图表 4-17 所示，结账后的试算平衡表中的余额来自图表 4-18 分类账中的期末余额。这些余额与图表 4-15 所示的凯利咨询公司资产负债表中的金额是一致的。

图表 4-17　凯利咨询公司结账后的试算平衡表

凯利咨询公司 结账后的试算平衡表 2019 年 4 月 30 日			
	账户编号	借方余额	贷方余额
现金	11	22 100	
应收账款	12	3 400	
物资	14	1 350	
预付租金	15	3 200	
预付保险费	16	1 500	
办公设备	18	14 500	
累计折旧	19		330
应付账款	21		800
应付职工薪酬	22		120
预收收入	23		2 500
凯利·皮特尼，资本	31		42 300
		46 050	46 050

图表 4-18　凯利咨询公司分类账

分类账						
账户：现金					账户编号：11	
日期	项目	过账备查栏	借方金额	贷方金额	余额 借方	余额 贷方
2019 年						
4 月 1 日		1	13 100		13 100	
1 日		1		4 800	8 300	
2 日		1		1 800	6 500	
4 日		1	5 000		11 500	
6 日		1	1 800		13 300	
10 日		1		120	13 180	
12 日		1		1 200	11 980	
14 日		1		750	11 230	
17 日		2	6 250		17 480	
18 日		2		800	16 680	
24 日		2	3 850		20 530	
26 日		2	5 600		26 130	
27 日		2		750	25 380	
29 日		2		130	25 250	
30 日		2		200	25 050	
30 日		2	3 050		28 100	
30 日		2		6 000	22 100	

账户：应收账款					账户编号：12	
日期	项目	过账备查栏	借方金额	贷方金额	余额 借方	余额 贷方
2019 年						
4 月 1 日		1	3 000		3 000	
6 日		1		1 800	1 200	
12 日		1	4 200		5 400	
20 日		2	2 100		7 500	
26 日		2		5 600	1 900	
30 日		2	1 500		3 400	

账户：物资					账户编号：14	
日期	项目	过账备查栏	借方金额	贷方金额	余额 借方	余额 贷方
2019 年						
4 月 1 日		1	1 400		1 400	
18 日		2	800		2 200	
30 日	调整	3		850	1 350	

账户：预付租金					账户编号：15	
日期	项目	过账备查栏	借方金额	贷方金额	余额 借方	余额 贷方
2019 年						
4 月 1 日		1	4 800		4 800	
30 日	调整	3		1 600	3 200	

账户：预付保险费					账户编号：16	
日期	项目	过账备查栏	借方金额	贷方金额	余额 借方	余额 贷方
2019 年						
4 月 2 日		1	1 800		1 800	
30 日	调整	3		300	1 500	

账户：办公设备					账户编号：18	
日期	项目	过账备查栏	借方金额	贷方金额	余额 借方	余额 贷方
2019 年						
4 月 1 日		1	12 500		12 500	
5 日		1	2 000		14 500	

账户：累计折旧					账户编号：19	
日期	项目	过账备查栏	借方金额	贷方金额	余额 借方	余额 贷方
2019 年						
4 月 30 日	调整	3		330		330

账户：应付账款					账户编号：21	
日期	项目	过账备查栏	借方金额	贷方金额	余额 借方	余额 贷方
2019 年						
4 月 5 日		1		2 000		2 000
12 日		1	1 200			800

账户：应付职工薪酬					账户编号：22	
日期	项目	过账备查栏	借方金额	贷方金额	余额 借方	余额 贷方
2019 年						
4 月 30 日	调整	3		120		120

账户：预收收入　　　　　　　账户编号：23

日期	项目	过账备查栏	借方金额	贷方金额	余额借方	余额贷方
2019 年						
4 月 4 日		1		5 000		5 000
30 日	调整	3	2 500			2 500

账户：凯利·皮特尼，资本　　　账户编号：31

日期	项目	过账备查栏	借方金额	贷方金额	余额借方	余额贷方
2019 年						
4 月 1 日		1		30 000		30 000
30 日	结账	4		18 300		48 300
30 日	结账	4	6 000			42 300

账户：凯利·皮特尼，提款　　　账户编号：32

日期	项目	过账备查栏	借方金额	贷方金额	余额借方	余额贷方
2019 年						
4 月 30 日		2	6 000		6 000	
30 日	结账	4		6 000	—	—

账户：劳务收入　　　　　　　账户编号：41

日期	项目	过账备查栏	借方金额	贷方金额	余额借方	余额贷方
2019 年						
4 月 12 日		1		4 200		4 200
17 日		2		6 250		10 450
20 日		2		2 100		12 550
24 日		2		3 850		16 400
30 日		2		3 050		19 450
30 日		2		1 500		20 950
30 日	调整	3		2 500		23 450
30 日	结账	4	23 450		—	—

账户：工资费用　　　　　　　账户编号：51

日期	项目	过账备查栏	借方金额	贷方金额	余额借方	余额贷方
2019 年						
4 月 14 日		1	750		750	
27 日		2	750		1 500	
30 日	调整	3	120		1 620	
30 日	结账	4		1 620	—	—

账户：租赁费用　　　　　　　账户编号：52

日期	项目	过账备查栏	借方金额	贷方金额	余额借方	余额贷方
2019 年						
4 月 30 日	调整	3	1 600		1 600	
30 日	结账	4		1 600	—	—

账户：物资费用　　　　　　　账户编号：53

日期	项目	过账备查栏	借方金额	贷方金额	余额借方	余额贷方
2019 年						
4 月 30 日	调整	3	850		850	
30 日	结账	4		850	—	—

账户：折旧费用　　　　　　　账户编号：54

日期	项目	过账备查栏	借方金额	贷方金额	余额借方	余额贷方
2019 年						
4 月 30 日	调整	3	330		330	
30 日	结账	4		330	—	—

账户：保险费用　　　　　　　账户编号：55

日期	项目	过账备查栏	借方金额	贷方金额	余额借方	余额贷方
2019 年						
4 月 30 日	调整	3	300		300	
30 日	结账	4		300	—	—

账户：杂项费用　　　　　　　账户编号：59

日期	项目	过账备查栏	借方金额	贷方金额	余额借方	余额贷方
2019 年						
4 月 10 日		1	120		120	
29 日		2	130		250	
30 日		2	200		450	
30 日	结账	4		450	—	—

4.6 会计年度

一家企业采用的年度会计期间称为**会计年度**（fiscal year）。会计年度从某个月的第一天开始，到接下来的第 12 个月的最后一天结束，最常见的是日历年，其他会计年度也并不罕见，尤其是对公司来说。例如，一家公司可能采用一个结束于年度经营循环中商业活动最少的时候的会计年度，这样的会计年度称为**自然营业年度**（natural business year）。在经营活动最少的时候，企业有更多的时间来分析经营结果以及编制财务报表。

使用了会计年度的企业通常有高度季节性的经营活动，所以，投资者和其他信息使用者在解释这种企业的年中报告时应该相当谨慎，即应该要预测到这些企业的经营结果在一个会计年度内可能会有显著变化。

几个会计年度的一系列资产负债表和利润表可以显示一家企业的财务历史，如果企业的寿命用一条从左到右的线来表示，那么，一系列资产负债表和利润表可以列示成如图表 4-19 所示的形式。

图表 4-19　公司的会计年度

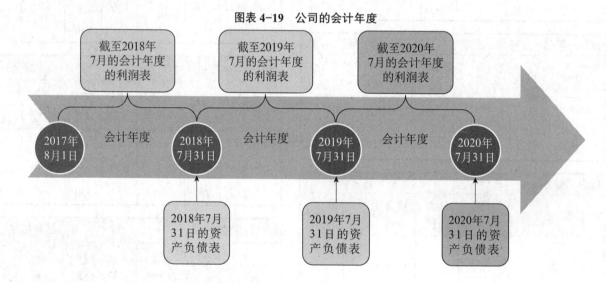

4.7 财务分析和解释：营运资本和流动比率

资产的变现能力称为**流动性**（liquidity），而一家企业偿还其债务的能力称为**偿债能力**（solvency）。衡量企业短期流动性和偿债能力的两个财务指标是营运资本和流动比率。

营运资本（working capital）是一家企业流动资产超过其流动负债的部分，如下所示：

营运资本＝流动资产－流动负债

流动资产的流动性比长期资产更高，因此，流动资产的增加能提高或改善企业的流动性。从这个意义上看，因为存在偿还流动负债以外的额外流动资产，所以营运资本的增加也能提高或改善企业的流动性。

正营运资本意味着公司有能力偿还其流动负债，有偿债能力，因此，营运资本的增加提高了公司的短期偿债能力。

举例说明，网解公司 2018 年年末的营运资本有 6 355 美元，计算过程如下所示：

$$营运资本 = 流动资产 - 流动负债$$
$$= 7\,745 - 1\,390$$
$$= 6\,355（美元）$$

这一营运资本金额意味着网解公司有能力偿还其流动负债。

流动比率（current ratio）是另一个表示流动资产与流动负债之间关系的指标。流动比率通过流动资产除以流动负债得到，计算公式如下所示：

$$流动比率 = 流动资产 / 流动负债$$

举例说明，2018 年年末网解公司的流动比率是 5.6，计算过程如下所示：

$$流动比率 = 流动资产 / 流动负债$$
$$= 7\,745 / 1\,390$$
$$\approx 5.6$$

当公司与公司之间、公司与行业平均水平之间进行比较时，流动比率比营运资本这一指标更有用。举例来说，下面的数据来自艺电公司、Take-Two 公司和星佳公司最近两年的财务报表（单位：百万美元）。

	艺电公司		Take-Two 公司		星佳公司	
	第 2 年	第 1 年	第 2 年	第 1 年	第 2 年	第 1 年
流动资产	$ 3 720	$ 3 138	$ 1 781	$ 1 399	$ 1 112	$ 1 083
流动负债	2 747	2 390	966	475	236	369
营运资本	$ 973	$ 748	$ 815	$ 924	$ 876	$ 714
流动比率 *	1.35	1.31	1.84	2.95	4.71	2.93

* 四舍五入保留两位小数。

第 2 年艺电公司和 Take-Two 公司的流动比率分别为 1.35 和 1.84，星佳公司的流动性最强，流动比率为 4.71。此外，星佳公司的流动比率从第 1 年的 2.93 上升至第 2 年的 4.71，艺电公司的流动比率从第 1 年的 1.31 小幅上升至第 2 年的 1.35，Take-Two 公司的流动比率从第 1 年的 2.95 下降到第 2 年的 1.84。总的来说，这三家公司的流动比率都超过了 1，因此，对于短期债权人来说，公司不偿还其流动负债的风险很小。

例 4-6　营运资本和流动比率

福特森公司的流动资产和流动负债如下所示：

	2019 年	2018 年
流动资产	$ 310 500	$ 262 500
流动负债	172 500	150 000

a. 确定 2019 年和 2018 年的营运资本、流动比率。

b. 从 2018 年到 2019 年流动比率的变化显示的是有利趋势还是不利趋势？

解答：

a.

	2019 年	2018 年
流动资产	$ 310 500	$ 262 500
流动负债	172 500	150 000
营运资本	$ 138 000	$ 112 500
流动比率	1.80	1.75
	（310 500/172 500）	（262 500/150 000）

b. 流动比率从 1.75 增长到 1.80，该变化是一个有利趋势。

附录 1：期末试算表

会计人员通常利用试算表来分析和汇总数据。相对于会计科目表、日记账和分类账等这些会计系统的必需部分而言，试算表并不是正式的会计记录。我们通常利用计算机程序编制试算表，如微软的 Excel 软件。

图表 4-1 是一个用来汇总调整分录并显示其对会计账户影响的期末试算表，正如本章所述，网解公司的财务报表可以直接根据试算表中调整后的试算平衡栏编制。

有些会计人员喜欢将期末试算表进行扩展，使其包括财务报表栏，如图表 4-1 所示，图表 4-20 至图表 4-24 阐释了编制这种扩展试算表的每个步骤，我们仍使用网解公司的案例。

第一步，输入标题

在试算表中最先输入下列数据：
（1）公司名称：网解公司。
（2）试算表类型：期末试算表。
（3）期间：截至 2018 年 12 月 31 日的两个月。
将上面这些数据输入网解公司的试算表中，如图表 4-20 所示。

第二步，输入未经调整的试算平衡数据

将未经调整的试算平衡数据输入表格，图表 4-20 的试算表显示了网解公司 2018 年 12 月 31 日未经调整的试算平衡余额。

第三步，输入调整数

将第 3 章中网解公司的调整项目输入调整栏，如图表 4-21 所示，相互对照（通过字母标识）每项调整分录的借方和贷方有利于检查试算表，也有助于识别需要记录在日记账中的调整分录，这种相互对照的过程有时称为键控调整。

调整项目通常按照数据汇集的先后顺序被输入表格，如果需要调整的账户名称没有出现在未经调整的试算平衡栏中，那么，应按照合适的顺序将该账户插入账户名称栏中。

图表 4-20 只包含未经调整的试算平衡数据的试算表

	A	B	C	D	E	F	G	H	I	J	K
1				网解公司							
2				期末试算表							
3				截至2018年12月31日的两个月							
4		未经调整的				调整后的					
5		试算平衡		调整		试算平衡		利润表		资产负债表	
6	账户名称	借方	贷方	借方	贷方	借方	贷方	借方	贷方	借方	贷方
7											
8	现金	2 065									
9	应收账款	2 220									
10	物资	2 000									
11	预付保险费	2 400									
12	土地	20 000									
13	办公设备	1 800									
14	累计折旧										
15	应付账款		900								
16	应付职工薪酬										
17	预收租金		360								
18	克里斯·克拉克,资本		25 000								
19	克里斯·克拉克,提款	4 000									
20	劳务收入		16 340								
21	租金收入										
22	工资费用	4 275									
23	物资费用	800									
24	租赁费用	1 600									
25	公共费用	985									
26	保险费用										
27	折旧费用										
28	杂项费用	455									
29		42 600	42 600								
30											
31											
32											

> 试算表(工作底稿)用来汇总调整分录的影响,它也有助于编制财务报表

图表 4-21 包含未经调整的和调整后的试算平衡数据的试算表

	A	B	C	D	E	F	G	H	I	J	K
1				网解公司							
2				期末试算表							
3				截至2018年12月31日的两个月							
4		未经调整的				调整后的					
5		试算平衡		调整		试算平衡		利润表		资产负债表	
6	账户名称	借方	贷方	借方	贷方	借方	贷方	借方	贷方	借方	贷方
7											
8	现金	2 065									
9	应收账款	2 220		(a) 500							
10	物资	2 000			(d)1 240						
11	预付保险费	2 400			(e) 200						
12	土地	20 000									
13	办公设备	1 800									
14	累计折旧				(f) 50						
15	应付账款		900								
16	应付职工薪酬				(b) 250						
17	预收租金		360	(c) 120							
18	克里斯·克拉克,资本		25 000								
19	克里斯·克拉克,提款	4 000									
20	劳务收入		16 340		(a) 500						
21	租金收入				(c) 120						
22	工资费用	4 275		(b) 250							
23	物资费用	800		(d)1 240							
24	租赁费用	1 600									
25	公共费用	985									
26	保险费用			(e) 200							
27	折旧费用			(f) 50							
28	杂项费用	455									
29		42 600	42 600	2 360	2 360						
30											
31											
32											

> 试算表中的调整金额用来编制调整分录

网解公司被输入调整栏的调整分录如下所示：

（a）应计收入。12月末应计未计的收入总共有500美元，这一金额会引起资产和收入的增加，应在：（1）应收账款账户对应的借方调整栏记录500美元；（2）劳务收入账户对应的贷方调整栏记录500美元。

（b）工资。12月末应付未付的工资总共有250美元，这一金额会导致费用和负债都增加，应在：（1）工资费用账户对应的借方调整栏记录250美元；（2）应付职工薪酬账户对应的贷方调整栏记录250美元。

（c）预收租金。预收租金期初贷方余额为360美元，该余额代表的是收到12月份及之后两个月的租金，因此，12月份的租金收入有120美元（360/3），该调整事项应该在：（1）预收租金账户对应的借方调整栏记录120美元；（2）租金收入账户对应的贷方调整栏记录120美元。

（d）物资。物资账户有2 000美元借方余额，期末库存物资成本为760美元，12月份物资费用则为两者的差额1 240美元（2 000–760），该调整事项应该在：（1）物资费用账户对应的借方调整栏记录1 240美元；（2）物资账户对应的贷方调整栏记录1 240美元。

（e）预付保险费。预付保险费账户期初借方余额为2 400美元，该余额表示预付了12月1日之后的12个月的保险费，因此，12月份的保险费用为200美元（2 400/12），该调整事项应该在：（1）保险费用账户对应的借方调整栏记录200美元；（2）预付保险费账户对应的贷方调整栏记录200美元。

（f）折旧。12月份办公设备的折旧额为50美元，该项调整事项应在：（1）折旧费用账户对应的借方调整栏记录50美元；（2）累计折旧账户对应的贷方调整栏记录50美元。

输入各项调整项目后，调整栏需要算出合计数以检验借贷方余额是否相等，借方栏合计数必须等于贷方栏的合计数。

第四步，输入调整后的试算平衡数据

结合每一账户的调整数和未经调整的余额数，可以计算出调整后的试算平衡数，然后，将调整后的金额输入调整后的试算平衡栏，如图表4–22所示。

举例来说，因为没有调整项目影响现金账户，所以现金2 065美元直接输入调整后的试算平衡借方栏；应收账款初始余额为2 220美元，借方调整数为500美元，因此，应收账款调整后的试算平衡栏借方应输入2 720美元（2 220+500），下面的账户均采用同样的方法进行调整。

账户和相应的调整数填写到调整后的试算平衡栏后，需要将其加总起来以检验借贷方余额是否相等，借方栏的合计数必须等于贷方栏的合计数。

第五步，将数据输入利润表和资产负债表栏

将调整后的试算平衡数据延伸到利润表和资产负债表栏，其中收入和费用数据输入利润表栏，资产、负债、所有者资本和所有者提款数据输入资产负债表栏。①

列示在调整后的试算平衡栏的第一个账户是现金，借方余额2 065美元。现金是一项资产，应列示在资产负债表中，有借方余额，因此，2 065美元直接填入资产负债表借方栏。劳务收入账户余额16 840美元则输入利润表的贷方栏，下面的账户采用相同的方法进行调整，如图表4–23所示。

---

① 所有者提款账户的余额被输入资产负债表栏，因为试算表中没有单独的所有者权益栏。

图表 4-22 包含未经调整的试算平衡数据、调整数据和调整后的试算平衡数据的试算表

	A	B	C	D	E	F	G	H	I	J	K
1				网解公司							
2				期末试算表							
3				截至2018年12月31日的两个月							
4		未经调整的				调整后的		利润表		资产负债表	
5		试算平衡		调整		试算平衡					
6	账户名称	借方	贷方	借方	贷方	借方	贷方	借方	贷方	借方	贷方
7											
8	现金	2 065				2 065					
9	应收账款	2 220		(a) 500		2 720					
10	物资	2 000			(d)1 240	760					
11	预付保险费	2 400			(e) 200	2 200					
12	土地	20 000				20 000					
13	办公设备	1 800				1 800					
14	累计折旧				(f) 50		50				
15	应付账款		900				900				
16	应付职工薪酬				(b) 250		250				
17	预收租金		360	(c) 120			240				
18	克里斯·克拉克，资本		25 000				25 000				
19	克里斯·克拉克，提款	4 000				4 000					
20	劳务收入		16 340		(a) 500		16 840				
21	租金收入				(c) 120		120				
22	工资费用	4 275		(b) 250		4 525					
23	物资费用	800		(d)1 240		2 040					
24	租赁费用	1 600				1 600					
25	公共费用	985				985					
26	保险费用			(e) 200		200					
27	折旧费用			(f) 50		50					
28	杂项费用	455				455					
29		42 600	42 600	2 360	2 360	43 400	43 400				
30											
31											
32											

调整后的试算平衡金额是根据未经调整的试算平衡金额加上或者减去调整金额得到的，例如，工资费用账户借记4 525美元等于未经调整的试算平衡金额4 275美元加上调整金额250美元

第六步，加总利润表和资产负债表栏，计算净利润或净损失，并完成试算表

我们将账户余额分别输入相应的利润表栏和资产负债表栏，然后分别加总借方栏和贷方栏，利润表两个栏目合计数之差为本期净利润或净损失的金额，资产负债表的两个栏目合计数之差也等于该差额（净利润或净损失）。

如果利润表的贷方栏合计数（总收入）大于其借方栏合计数（总费用），两者之差为净利润。如果利润表的借方栏合计数大于贷方栏合计数，则两者之差为净损失。

正如图表 4-24 所示，利润表的贷方栏合计数为 16 960 美元，借方栏合计数为 9 855 美元，因此，网解公司的净利润为 7 105 美元，如下所示：

利润表贷方栏合计数（收入）	$ 16 960
利润表借方栏合计数（费用）	9 855
净利润（收入超过费用的部分）	7 105

7 105 美元的净利润应输入利润表的借方栏和资产负债表的贷方栏，并且在账户名称栏中加上"净利润"，将 7 105 美元的净利润输入资产负债表的贷方栏等同于将收入和费用的差额转入所有者资

图表 4-23　已将数据输入利润表和资产负债表栏的试算表

	A	B	C	D	E	F	G	H	I	J	K
1					网解公司						
2					期末试算表						
3					截至2018年12月31日的两个月						
4		未经调整的				调整后的					
5		试算平衡		调整		试算平衡		利润表		资产负债表	
6	账户名称	借方	贷方	借方	贷方	借方	贷方	借方	贷方	借方	贷方
7											
8	现金	2 065				2 065				2 065	
9	应收账款	2 220		(a) 500		2 720				2 720	
10	物资	2 000			(d) 1 240	760				760	
11	预付保险费	2 400			(e) 200	2 200				2 200	
12	土地	20 000				20 000				20 000	
13	办公设备	1 800				1 800				1 800	
14	累计折旧				(f) 50		50				50
15	应付账款		900				900				900
16	应付职工薪酬				(b) 250		250				250
17	预收租金		360	(c) 120			240				240
18	克里斯·克拉克，资本		25 000				25 000				25 000
19	克里斯·克拉克，提款	4 000				4 000				4 000	
20	劳务收入		16 340		(a) 500		16 840		16 840		
21	租金收入				(c) 120		120		120		
22	工资费用	4 275		(b) 250		4 525		4 525			
23	物资费用	800		(d) 1 240		2 040		2 040			
24	租赁费用	1 600				1 600		1 600			
25	公共费用	985				985		985			
26	保险费用			(e) 200		200		200			
27	折旧费用			(f) 50		50		50			
28	杂项费用	455				455		455			
29		42 600	42 600	2 360	2 360	43 400	43 400				
30											

收入和费用金额被延伸到（输入）利润表栏

资产、负债、所有者资本以及所有者提款金额被延伸到（输入）资产负债表栏

本账户。

如果得到的是净损失而不是净利润，净损失的金额应输入利润表的贷方栏和资产负债表的借方栏，并且在账户名称栏中加上"净损失"。

当净利润或净损失被输入试算表后，利润表和资产负债表栏必须分别加总。利润表的两个栏目合计数必须相等，资产负债表的两个栏目合计数也应当相等。

根据试算表编制财务报表

我们可以根据试算表来编制利润表、所有者权益变动表以及资产负债表，如图表 4-2 所示。利润表通常可以直接根据试算表编制，利润表中的费用按照金额由大到小的顺序列示，金额较大的项目放在前面，杂项费用则无论金额大小都放在最后。

所有者权益变动表中列示的第一个项目通常是所有者资本账户的期初余额，但是，试算表中的所有者资本金额不总是等于期初余额，所有者可能会追加投资，因此，对于期初余额和追加投资，我们有必要参考分类账中的所有者资本账户，这些金额和净利润（或净损失）以及所有者提款账户余额一起，被用来确定所有者资本账户的期末余额。

除了所有者资本账户期末余额以外，资产负债表可以直接根据试算表编制，因为所有者资本账户期末余额来自所有者权益变动表。

图表 4-24　包含净利润的完整的试算表

	A	B	C	D	E	F	G	H	I	J	K
1					网解公司						
2					期末试算表						
3					截至2018年12月31日的两个月						
4		未经调整的				调整后的					
5		试算平衡		调整		试算平衡		利润表		资产负债表	
6	账户名称	借方	贷方	借方	贷方	借方	贷方	借方	贷方	借方	贷方
7											
8	现金	2 065				2 065				2 065	
9	应收账款	2 220		(a) 500		2 720				2 720	
10	物资	2 000			(d)1 240	760				760	
11	预付保险费	2 400			(e) 200	2 200				2 200	
12	土地	20 000				20 000				20 000	
13	办公设备	1 800				1 800				1 800	
14	累计折旧				(f) 50		50				50
15	应付账款		900				900				900
16	应付职工薪酬				(b) 250		250				250
17	预收租金		360	(c) 120			240				240
18	克里斯·克拉克，资本		25 000				25 000				25 000
19	克里斯·克拉克，提款	4 000				4 000				4 000	
20	劳务收入		16 340		(a) 500		16 840		16 840		
21	租金收入				(c) 120		120		120		
22	工资费用	4 275		(b) 250		4 525		4 525			
23	物资费用	800		(d)1 240		2 040		2 040			
24	租赁费用	1 600				1 600		1 600			
25	公共费用	985				985		985			
26	保险费用			(e) 200		200		200			
27	折旧费用			(f) 50		50		50			
28	杂项费用	455				455		455			
29		42 600	42 600	2 360	2 360	43 400	43 400	9 855	16 960	33 545	264 40
30	净利润							7 105			7 105
31								16 960	16 960	33 545	33 545
32											

利润表栏的两个合计数之差7 105美元等于本期的净利润。资产负债表栏的两个合计数之差7 105美元也是本期的净利润

我们在使用试算表时，通常直到试算表和财务报表都编制完成以后才编制调整及结账分录，并进行相应的过账，调整分录的金额来自试算表中的调整栏。前两个结账分录的金额来自利润表栏，第三个结账分录的金额来自试算表底部显示的净利润或净损失，第四个结账分录的金额是所有者提款账户余额，它出现在资产负债表的借方栏。

附录 2：转回分录

一些在会计期末编制的调整分录会影响下一个会计期间的交易记录。基于此，一些公司在会计循环中增加了一个步骤，即在下一期间的第一天记录与上一期间最后一天的相关调整分录完全相反的日记账分录。这些日记账分录称为**转回分录**（reversing entry）。

为了说明这一点，本节使用第 3 章的网解公司的应计工资数据。这些数据汇总在图表 4-25 中。

根据图表 4-25，12 月 30 日和 31 日的应计工资 250 美元用以下调整分录记录：

2018 年 12 月	31 日	工资费用	51	250	
		应付职工薪酬	22		250

图表 4-26 展示了在调整分录中已经记录并过账后的应付职工薪酬和工资费用的分类账，应付职

工薪酬账户贷方余额为 250 美元，工资费用账户借方余额为 4 525 美元。

图表 4-25　应计工资

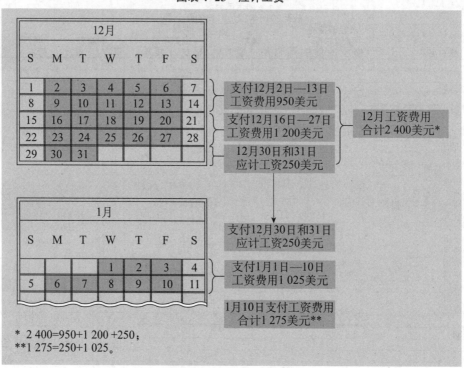

图表 4-26　工资费用和应付职工薪酬调整后的分类账

账户：应付职工薪酬						账户编号：22
日期	项目	过账备查栏	借方金额	贷方金额	余额	
					借方	贷方
2018 年 12 月 31 日	调整	5		250		250

账户：工资费用						账户编号：51
日期	项目	过账备查栏	借方金额	贷方金额	余额	
					借方	贷方
2018 年						
11 月 30 日		1	2 125		2 125	
12 月 13 日		3	950		3 075	
27 日		3	1 200		4 275	
31 日	调整	5	250		4 525	

编制结账分录后，工资费用账户的余额为 0。应付职工薪酬是一个负债类账户，不需要结转，因此，截至 2019 年 1 月 1 日，应付职工薪酬账户贷方余额为 250 美元。

2019 年 1 月 10 日，网解公司支付 1 275 美元的工资费用。发放工资的一般分录如下：

1 月	10 日	工资费用	51	1 275	
		现金	11		1 275

但是，上面的分录是不正确的。具体来说，应借记应付职工薪酬账户 250 美元，1 月 1 日—10 日的工资是 1 025 美元（1 275 - 250），而不是 1 275 美元。因此，1 月 10 日发放工资费用的正确分录如下：

1 月	10 日	应付职工薪酬	22	250	
		工资费用	51	1 025	
		现金	11		1 275

因为正确的分录不同于一般的日记账分录，应付职工薪酬账户有可能被忽略从而出错。为了避免这种情况，并简化下一时期的交易记录，许多公司编制转回分录。

转回分录与与之相关的调整分录相反，并在下一会计期间的第一天记录，因此，转回分录冲回了上期调整分录的影响。例如，网解公司应付职工薪酬的转回分录如下：

1 月	1 日	应付职工薪酬	22	250	
		工资费用	51		250
		（转回分录。）			

转回分录在下一会计期间的第一天编制。图表 4-27 展示了编制转回分录并过账后的应付职工薪酬账户和工资费用账户。

图表 4-27 表明，在 1 月 1 日，应付职工薪酬账户余额为 0，而工资费用账户有 250 美元的贷方余额。工资费用账户的贷方余额 250 美元只是暂时的，只要 1 月 10 日支付了第一笔工资，工资费用账户就会有借方余额。

图表 4-27　工资费用和应付职工薪酬编制转回分录后的分类账

账户：应付职工薪酬					账户编号：22	
日期	项目	过账备查栏	借方金额	贷方金额	余额	
					借方	贷方
2018 年 12 月 31 日	调整	5		250		250
2019 年 1 月 1 日	转回	7	250		—	—

账户：工资费用					账户编号：51	
日期	项目	过账备查栏	借方金额	贷方金额	余额	
					借方	贷方
2018 年 11 月 30 日		1	2 125	250	2 125	

续

账户：工资费用						账户编号：51
日期	项目	过账 备查栏	借方金额	贷方金额	余额	
					借方	贷方
12 月 13 日		3	950		3 075	
27 日		3	1 200		4 275	
31 日	调整	5	250		4 525	
31 日	结账	6		4 525	—	—
2019 年						
1 月 1 日	转回	7		250		250

为说明这一点，1 月 10 日支付 1 275 美元的工资将按一般方式记录如下：

1 月	10 日	工资费用	51	1 275	
		现金	11		1 275

上面的分录被过账后，工资费用账户将有 1 025 美元（1 275-250）借方余额，这是 1 月 1 日—10 日正确的工资费用。

转回分录的使用是可选择的。然而，在会计电算化系统中，日常交易是按标准方式处理的。在这种情况下，转回分录有助于避免误差和简化以后期间交易的记录。

练习题

EX 4–1　账户余额流向财务报表

以下账户的余额出现在期末试算表的调整栏中。说明每个账户的余额是流入利润表、所有者权益变动表还是资产负债表。

1. 应付账款　　　　　　　　6. 物资
2. 应收账款　　　　　　　　7. 预收租金
3. 现金　　　　　　　　　　8. 公共费用
4. 埃迪·罗斯伍德，提款　　9. 工资费用
5. 劳务收入　　　　　　　　10. 应付职工薪酬

EX 4–3　根据期末试算表编制财务报表

竹子咨询公司是由利萨·古奇拥有和经营的一家咨询公司。下表是公司编制的截至 2019 年 7 月 31 日的会计年度的期末试算表。

	A	B	C	D	E	F	G
1		竹子咨询公司					
2		期末试算表					
3		2019 年 12 月 31 日					
4		未经调整的				调整后的	
5		试算平衡		调整		试算平衡	
6	账户名称	借方	贷方	借方	贷方	借方	贷方
7							
8	现金	58 000				58 000	
9	应收账款	106 200				106 200	
10	物资	11 900			（a）7 500	4 400	
11	办公设备	515 000				515 000	
12	累计折旧		28 000		（b）5 600		33 600
13	应付账款		20 500				20 500
14	应付职工薪酬				（c）2 500		2 500
15	利萨·古奇，资本		516 700				516 700
16	利萨·古奇，提款	25 000				25 000	
17	劳务收入		348 500				348 500
18	工资费用	186 500		（c）2 500		189 000	
19	物资费用			（a）7 500		7 500	
20	折旧费用			（b）5 600		5 600	
21	杂项费用	11 100				11 100	
22		913 700	913 700	15 600	15 600	921 800	921 800

基于上述试算表，为竹子咨询公司编制利润表、所有者权益变动表和资产负债表。

EX 4–5　利润表

以下账户余额取自拉色快递服务公司调整后的试算平衡表，会计年度截至 2019 年 4 月 30 日。

折旧费用	$　8 650
劳务收入	674 000
保险费用	1 500
杂项费用	3 650
租赁费用	60 000
工资费用	336 900
物资费用	4 100
公共费用	41 200

请根据以上内容编制利润表。

EX 4-7　利润表

联邦快递公司本年的会计年度终于 5 月 31 日，其中收入和费用账户余额如下（单位：百万美元）。

折旧费用	$ 2 611
燃油费用	3 720
维护与修缮费用	2 099
其他费用（收入）净额	9 121
预提所得税	577
运输费用	8 483
租金及着陆费用	2 682
营业收入	47 453
薪酬及员工福利费用	17 110

请根据以上内容编制利润表。

EX 4-9　所有者权益变动表以及净亏损

精选复原艺术公司截至 2019 年 4 月 30 日的会计年度的分类账中的部分账户如下：

道格·斯通，资本				道格·斯通，提款			
4 月 30 日	31 200	5 月 1 日（2018 年）	475 500	7 月 31 日	1 250	4 月 30 日	5 000
30 日	5 000			10 月 31 日	1 250		
				1 月 31 日	1 250		
				4 月 30 日	1 250		

请编制年度所有者权益变动表。

EX 4-11　在资产负债表中的分类

在资产负债表日，企业有 375 000 美元的应付抵押票据，该票据的条款规定每月需支付 1 250 美元。

请说明该负债在资产负债表中应如何分类。

EX 4-13　资产负债表

指出下列资产负债表中的错误并编制正确的资产负债表。

雷贝瑞斯服务公司 资产负债表 截至 2019 年 8 月 31 日的会计年度	
资产	
流动资产：	
现金	$ 18 500
应付账款	31 300

续

雷贝瑞斯服务公司 资产负债表 截至 2019 年 8 月 31 日的会计年度		
物资	6 500	
预付保险费	16 600	
土地	225 000	
流动资产合计		$ 297 900
不动产、厂房和设备：		
建筑物	$ 400 000	
设备	97 000	
不动产、厂房和设备合计		635 400
资产合计		$ 933 300
负债		
流动负债：		
应收账款	$ 41 400	
累计折旧——建筑物	155 000	
累计折旧——设备	25 000	
净利润	118 200	
负债合计		$ 339 600
所有者权益		
应付职工薪酬	$ 6 500	
鲁本·丹尼尔，资本	587 200	
所有者权益合计		593 700
负债和所有者权益合计		$ 933 300

EX 4-15　结账分录

结账之前，总收入为 12 840 000 美元，总费用为 9 975 000 美元。在这一年里，所有者没有进行任何额外的投资并提取了 630 000 美元。结账后，所有者资本账户金额变化了多少？

EX 4-17　净损失结账分录

设计师服务公司致力于向那些希望提升个人形象的客户提供服务。在会计年度末，即 7 月 31 日，所有账户均经过了调整，下列账户余额提取自设计师服务公司的分类账：

玛莲娜·芬顿，资本	$ 1 060 000
玛莲娜·芬顿，提款	75 000
劳务收入	618 200
工资费用	388 400
租赁费用	60 000

物资费用	19 500
杂项费用	6 150

请编制结账时所需的两笔分录。

EX 4-19　结账后的试算平衡表

会计人员编制了以下结账后的试算平衡表。

La Casa 服务公司 结账后的试算平衡表 2019 年 3 月 31 日		
	借方余额	贷方余额
现金	46 540	
应收账款	122 260	
物资		4 000
设备		127 200
累计折旧——设备	33 600	
应付账款	52 100	
应付职工薪酬		6 400
预收租金	9 000	
索尼·弗林 , 资本	198 900	
	462 400	137 600

请编制正确的结账后的试算平衡表。假设所有账户都有正常的余额且金额正确。

综合题

PR 4-1A　财务报表与结账分录

灯塔信号公司负责维护和修理无线电塔和灯塔上的警示灯。该公司于当年会计年度的截止日 2019 年 12 月 31 日编制了期末试算表，如下所示。

	A	B	C	D	E	F	G
1		灯塔信号公司					
2		期末试算表					
3		**2019 年 12 月 31 日**					
4		未经调整的 试算平衡				调整后的 试算平衡	
5				调整			
6	账户名称	借方	贷方	借方	贷方	借方	贷方
7							
8	现金	13 000				13 000	

续

		借	贷	借	贷	借	贷
9	应收账款	40 500		(a) 12 500		53 000	
10	预付保险费	4 200			(b) 3 000	1 200	
11	物资	3 000			(c) 2 250	750	
12	土地	98 000				98 000	
13	建筑物	500 000				500 000	
14	累计折旧——建筑物		255 300		(d) 9 000		264 300
15	设备	121 900				121 900	
16	累计折旧——设备		100 100		(e) 4 500		104 600
17	应付账款		15 700				15 700
18	应付职工薪酬				(f) 4 900		4 900
19	预收租金		2 100	(g) 1 300			800
20	萨拉·柯林,资本		238 100				238 100
21	萨拉·柯林,提款	10 000				10 000	
22	劳务收入		388 700		(a) 12 500		401 200
23	租金收入				(g) 1 300		1 300
24	工资支出	163 100		(f) 4 900		168 000	
25	广告费用	21 700				21 700	
26	公共费用	11 400				11 400	
27	折旧费用——建筑物			(d) 9 000		9 000	
28	维修费用	8 850				8 850	
29	折旧费用——设备			(e) 4 500		4 500	
30	保险费用			(b) 3 000		3 000	
31	物资费用			(c) 2 250		2 250	
32	杂项费用	4 350				4 350	
33		1 000 000	1 000 000	37 450	37 450	1 030 900	1 030 900

要求:

1. 编制截至 2019 年 12 月 31 日的会计年度的利润表。

2. 假设企业当年没有接受投资者额外的投资,编制截至 2019 年 12 月 31 日的会计年度的所有者权益变动表。

3. 编制 2019 年 12 月 31 日的资产负债表。

4. 基于上述期末试算表,编制结账分录。

5. 编制结账后的试算平衡表。

案例分析题

CP 4-1　道德行为

新潮影像是一家图像设计公司，该公司使用日历年编制财务报表。公司的财务主管兼财务副总裁曼尼·肯恩负责编制 12 月 31 日的分类资产负债表。1 月份，公司将这张资产负债表连同贷款申请表提交给了第一人民社区银行以申请贷款。资产负债表中的部分数据如下：

现金	$ 25 000
应收账款	85 000
……	
资产合计	$ 250 000

其中，应收账款账户余额中包括公司向总裁汤姆·莫罗提供的 56 000 美元的贷款。18 个月之前，汤姆从公司借了这笔钱用来支付新房的首付款。汤姆向曼尼口头保证他将在明年还款。因为汤姆是公司总裁，所以曼尼将这笔款项视为应收账款的一部分。此外，曼尼也知道，银行更加关注申请贷款公司的应收账款账户余额，而不是向个人提供的大额贷款。曼尼在上年的资产负债表中以同样的方式报告了这 56 000 美元。

1. 曼尼将这笔给汤姆的贷款报告为应收账款是否符合职业道德？为什么？
2. 谁会受到曼尼所做决定的影响？

第**5**章

会计系统

在日常生活中，你可能接触过会计系统。例如，银行对账单就是会计系统中的一种。当你存款时，银行登记现金增加；当你取款时，银行登记现金减少。这种简单的会计系统非常适合每月只有几笔交易的主体。但是，随着时间的推移，你可能会发现你的财务事务变得更加复杂，并涉及许多不同类型的交易，包括投资和贷款的偿付。这时，仅仅依靠银行对账单可能不足以满足管理财务事务的需求。当财务事务变得更加复杂时，个人财务规划软件，如财捷公司的 Quicken，将会很有用。

如果你决定创办一家小型企业，又会发生什么呢？交易会扩展到涉及客户、供应商和员工。因此，会计系统需要进行调整以适应这种复杂性，许多小型企业使用小型企业会计软件，如财捷公司的 QuickBooks，作为它们的第一个会计系统。随着公司逐渐壮大，将需要能处理更复杂任务的会计系统，思爱普、甲骨文、微软和赛捷公司等可以提供会计系统解决方案。

无论是大型企业还是小型企业运用的会计系统都遵循之前我们讨论过的会计循环基本原理，这些会计系统的特点在于它们能简化记录和汇总过程。在本章，我们将讨论这些简化程序在手工和电算化会计系统中的应用。

学习目标

1. 定义并描述会计系统。
2. 在手工会计系统中运用明细分类账和特种日记账编制会计分录并过账。
3. 描述并举例说明如何使用电算化会计系统。
4. 描述电子商务的基本特征。
5. 描述并举例说明利用分部分析评估企业的经营绩效。

5.1　基本会计系统

在前4章中，我们描述和说明了网解公司的会计系统。**会计系统**（accounting system）是收集、分类、汇总、报告企业财务和经营信息的方法和程序。然而，大多数会计系统都要比网解公司的更复杂，例如，美国西南航空公司的会计系统不仅要记录基本的交易数据，还要记录机票预订、信用卡收款、常客飞行里程表和飞机维护等条目信息。

随着企业的成长和变化，其会计系统也按照三个步骤发生变化。这三个步骤如下所示：

第一步：分析使用者的信息需求。

第二步：设计系统以满足使用者需求。

第三步：运行系统。

对于网解公司而言，根据分析得知克里斯·克拉克需要新业务的财务报表（第一步）。在前4章中，我们设计了包括会计科目表、两栏式日记账和总账的基本手工会计系统（第二步）。最后，我们运行系统，记录交易并编制财务报表（第三步）。

一旦会计系统开始运行，用户的反馈将被用来分析和改进系统。例如，在后续的章节中网解公司扩充了其会计科目表以记录更复杂的业务。

会计系统的设计包括：

（1）内部控制；

（2）信息处理方法。

内部控制（internal controls）是防止资产被误用、确保业务信息正确、确保企业遵循法律法规的一些规定和程序。内部控制将在第8章讨论。

信息处理方法是会计系统收集、汇总和报告会计信息的途径和方法，这些方法可以是手工的也可以是电算化的。下面将介绍和说明使用特种日记账和明细分类账的手工会计系统，随后介绍电算化会计系统。

5.2　手工会计系统

会计系统可以是手工的也可以是电算化的，对手工会计系统的理解有助于认识会计数据与财务报告的关系。而且，大部分电算化会计系统遵循手工会计系统的设计原则。

在前4章中，网解公司的所有经济业务均是手工记录在通用（两栏式）日记账中。随后逐条将日记账分录过入分类账中。在业务量较少时，这种系统使用简单，易于理解。然而，当企业有大量类似的交易时，使用通用日记账是低效且没有实际意义的。在这种情况下，使用明细分类账和特种日记账就十分有用。

明细分类账

大量具有相同性质的单个账户可以归入一个名为**明细分类账**（subsidiary ledger）的独立账户中。包括所有资产负债表账户和利润表账户的主要账户称为**总账**（general ledger），各明细分类账通过一个名为**控制账户**（controlling ledger）的汇总账户在总账中反映。明细分类账中每个账户的合计余额必须等于对应控制账户的余额。因此，明细分类账是支持总账中控制账户的二级账户。

两种最常见的明细分类账如下所示：

（1）应收账款明细账；

（2）应付账款明细账。

应收账款明细账（accounts receivable subsidiary ledger），也称为客户分类账，按照字母顺序列示各客户账户。总账中用于汇总各客户账户借贷方余额的控制账户则是"应收账款"。

应付账款明细账（accounts payable subsidiary ledger），也称为债权人分类账，按照字母顺序列示各债权人账户。总账中的相关控制账户则是"应付账款"。

总账、应收账款明细账和应付账款明细账之间的关系如图表 5-1 所示。

图表 5-1　总账和明细分类账

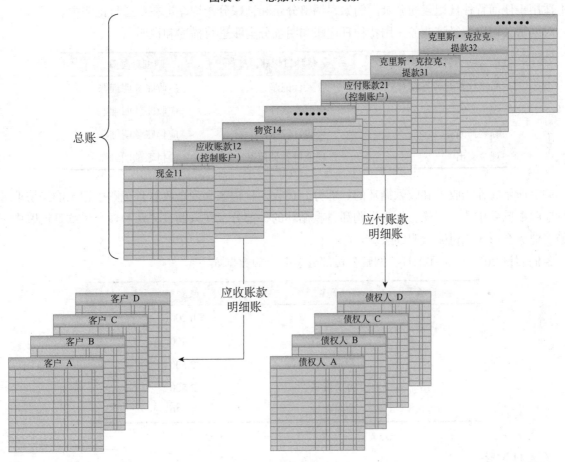

除应收账款明细账和应付账款明细账以外，很多公司对其他账户也设置明细分类账。例如，公司通常利用设备明细分类账来追踪每项购入的设备，包括其成本、安放地点和其他数据等。此外，商业企业和制造企业设置其他类型的专属的明细分类账。我们通过服务企业的会计系统来说明。

特种日记账

在手工会计系统中更有效地处理经济业务的一种方法是使用特种日记账。**特种日记账**（special journals）是为了登记某类常见业务而专门设计的。例如，多数企业常发生许多现金支付业务，因此它们很可能会采用特种日记账来登记现金支付。类似地，它们可以采用另外一个特种日记账来登记现金收款业务。

企业使用特种日记账的形式和数量取决于企业性质。小型服务企业常见的交易类型及其对应的特种日记账如下所示：

以赊销方式提供服务	记入 ⟹	收入日记账
从任何来源收到现金	记入 ⟹	现金收款日记账
赊购各项商品	记入 ⟹	采购日记账
基于任何目的支付现金	记入 ⟹	现金付款日记账

通用的两栏式日记账，也称**普通日记账**（general journal）或简称**日记账**（journal），可以用来登记不适用于任何特种日记账的分录。例如，调整分录和结账分录均登记在普通日记账中。

对网解公司以下经济业务，用特种日记账和明细分类账进行描述和说明。

经济业务	特种日记账	明细分类账
尚未收款的劳务收入	收入日记账	应收账款明细账
现金收入	现金收款日记账	应收账款明细账
赊购商品	采购日记账	应付账款明细账
现金支出	现金付款日记账	应付账款明细账

如上所示，作为收入和收款循环的一部分，在收入日记账和现金收款日记账中记录的经济业务会影响应收账款明细账。同样，作为采购和付款循环的一部分，在采购日记账和现金付款日记账中记录的经济业务会影响应付账款明细账。

我们假设 2019 年 3 月 1 日，网解公司部分总账余额数据如下：

账户编号	账户	余额
11	现金	$ 6 200
12	应收账款	3 400
14	物资	2 500
18	办公设备	2 500
21	应付账款	1 230

收入日记账

收入日记账（revenue journal）登记应收劳务收入，而现金收款日记账登记现金劳务收入。

下面以网解公司为例，说明收入日记账的使用所带来的效率的提升。假设网解公司 3 月在其普通日记账中记录了以下四笔劳务收入：

日期		业务说明	过账备查栏	借方金额	贷方金额
2019 年 3 月	2 日	应收账款——克莱尔配件公司	12/ √	2 200	
		劳务收入	41		2 200

续

日期		业务说明	过账备查栏	借方金额	贷方金额
6 日		应收账款——拉普佐恩公司	12/ ✓	1 750	
		劳务收入	41		1 750
18 日		应收账款——坎蒂纳网络公司	12/ ✓	2 650	
		劳务收入	41		2 650
27 日		应收账款——克莱尔配件公司	12/ ✓	3 000	
		劳务收入	41		3 000

　　网解公司为编制上述分录登记了 8 个账户和 8 个金额并进行了 12 次过账——4 次过入总账中的应收账款账户，4 次过入应收账款明细分类账（如各确认标记所示），4 次过入总账中的劳务收入账户。

　　如图表 5-2 所示，如果将上述收入交易记录在收入日记账中会更有效率。对于每笔收入业务，借记应收账款账户的金额等于贷记劳务收入账户的金额，因此，只需要设置单一金额栏。而每笔交易的日期、发票编号、客户名称和金额则单独填写。

　　当公司给客户开发票时，一般就可以在收入日记账中登记收入。**发票**（invoice）是公司给客户开具的票据。发票按照顺序进行编号以备将来查阅。

　　为了说明这一点，假设网解公司在 3 月 2 日就 2 200 美元的劳务收入向克莱尔配件公司开具发票，编号为 615。通过输入以下项目将此项交易记录在收入日记账中，如图表 5-2 所示。

　　（1）日期栏：3 月 2 日；

　　（2）发票编号栏：615；

　　（3）借记账户栏：克莱尔配件公司；

　　（4）应收账款借记 / 劳务收入贷记栏：2 200。

图表 5-2　收入日记账

收入日记账					第 35 页
日期		发票编号	借记账户	过账备查栏	应收账款借记 / 劳务收入贷记
2019 年					
3 月	2 日	615	克莱尔配件公司		2 200
	6 日	616	拉普佐恩公司		1 750
	18 日	617	坎蒂纳网络公司		2 650
	27 日	618	克莱尔配件公司		3 000
	31 日				9 600

　　如图表 5-3 所示，从收入日记账中过账的过程如下。

　　第一步：定期将每笔交易分别过入应收账款明细账下对应的客户账户中。这样，各客户账户将显示当前余额。

　　举例来说，图表 5-3 显示将借记的 2 200 美元过入应收账款明细账中的克莱尔配件公司账户中。过账后，克莱尔配件公司账户的借方余额为 2 200 美元。

图表 5-3　收入日记账和过账

日期	发票编号	借记账户	过账备查栏	应收账款借记/劳务收入贷记
2019年				第一步
3月 2日	615	克莱尔配件公司	√	2 200
6日	616	拉普佐恩公司	√	1 750
18日	617	坎蒂纳网络公司	√	2 650
27日	618	克莱尔配件公司	√	3 000
31日			第三步	9 600
				(12) (41)

总账

账户：应收账款　　　　　　　账户编号：12

日期	项目	过账备查栏	借方金额	贷方金额	余额 借方	余额 贷方
2019年						
3月 1日	余额	√			3 400	
31日		R35	9600		13 000	

第四步

账户：劳务收入　　　　　　　账户编号：41

日期	项目	过账备查栏	借方金额	贷方金额	余额 借方	余额 贷方
2019年						
3月 31日		R35		9 600		9 600

应收账款明细账

名称：克莱尔配件公司

日期	项目	过账备查栏	借方金额	贷方金额	余额
2019年					第一步
3月 2日		R35	2 200		2 200
27日		R35	3 000		5 200

第二步

名称：拉普佐恩公司

日期	项目	过账备查栏	借方金额	贷方金额	余额
2019年					
3月 6日		R35	1 750		1 750

名称：坎蒂纳网络公司

日期	项目	过账备查栏	借方金额	贷方金额	余额
2019年					
3月 1日	余额	√			3 400
18日		R35	2 650		6 050

第二步：为了追踪过入明细分类账和总账中的会计分录，可以在各账户的过账备查栏中标记字母 R（代表收入日记账）及对应的收入日记账页码来标记分录来源。

举例来说，图表 5-3 中显示在 2 200 美元过入克莱尔配件公司账户后，还应在过账备查栏中填入 R35。

第三步：为了说明交易已经过入应收账款明细账，收入日记账的过账备查栏中应该标记核对符号 "√"。

举例来说，图表 5-3 显示在收入日记账中，克莱尔配件公司账户旁边的过账备查栏标记了一个核对符号 "√"，表示 2 200 美元已过账。

第四步：月末的应收账款借记或劳务收入贷记栏合计数应分别过入总账的应收账款账户和劳务收入账户中。该合计数与明细分类账中各账户当月借方合计数相等。如图表 5-3 所示，合计数在过入总账时，应借记应收账款账户，贷记劳务收入账户。在收入日记账合计数的下方填写应收账款账户编号（12）和劳务收入账户编号（41），表示过账已经完成。

举例来说，图表 5-3 显示本月合计有 9 600 美元已经过入应收账款账户（12）的借方和劳务收入账户（41）的贷方。

图表 5-3 说明了使用收入日记账而非普通日记账所提高的效率。尤其是使用收入日记账后，当月所有交易的劳务收入只需在月末一次性过入总账中。

例 5-1　收入日记账

某公司在 12 月份发生了下列收入业务：

12 月 5 日，向巴特勒公司提供 5 000 美元的赊销服务并开具发票，编号为 302。

9 日，向周周公司提供 2 100 美元的赊销服务并开具发票，编号为 303。

15 日，向萨利纳斯公司提供 3 250 美元的赊销服务并开具发票，编号为 304。

在图表 5-2 所示的收入日记账中登记上述业务。

解答：

收入日记账

日期		发票编号	借记账户	过账备查栏	应收账款借记 / 劳务收入贷记
12 月	5 日	302	巴特勒公司		5 000
	9 日	303	周周公司		2 100
	15 日	304	萨利纳斯公司		3 250

现金收款日记账

现金收款日记账（cash receipts journal）登记所有涉及现金收款的业务。网解公司现金收款日记账如图表 5-4 所示。

该日记账中有一个现金借记栏。而其他栏的名称由收现业务的类型及其发生频率决定。例如，网解公司经常收到客户支付的欠款，因此，图表 5-4 中的现金收款日记账有一个应收账款贷记栏。

例如，3 月 19 日，坎蒂纳网络公司支付其前期欠款 3 400 美元。通过填写下列项目，此交易被登记在现金收款日记账中：

（1）日期栏：3 月 19 日；

（2）账户贷记栏：坎蒂纳网络公司；

（3）应收账款贷记栏：3 400；

（4）现金借记栏：3 400。

其他账户贷记栏用来登记没有设置专门贷方栏的账户，例如，3 月 1 日，网解公司收到租金收入，因为没有专门登记租金收入的贷方栏，所以，网解公司就将"租金收入"填入其他账户贷记栏中。因此，通过填写下列项目，将这笔业务登记在现金收款日记账中：

（1）日期栏：3 月 1 日；

（2）贷记账户栏：租金收入；

（3）其他账户贷记栏：400；

（4）现金借记栏：400。

如图表 5-4 所示，从现金收款日记账中过账的过程如下。

第一步：定期将每笔收款业务分别过入应收账款明细账下对应的客户账户中。这样，各客户账户将显示当期余额。

图表 5-4 现金收款日记账和过账

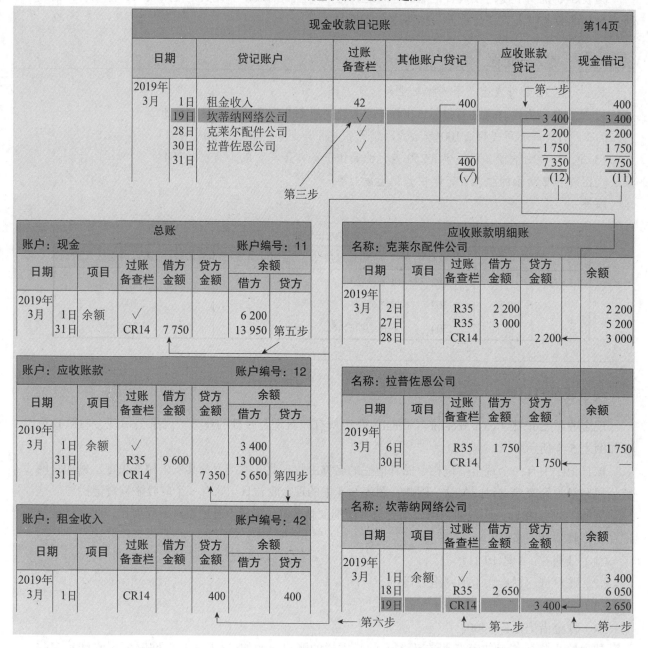

举例来说，网解公司在 3 月 19 日收到坎蒂纳网络公司的现金还款 3 400 美元，图表 5-4 显示了将贷记的 3 400 美元过入应收账款明细账下坎蒂纳网络公司账户的过程。过账后，坎蒂纳网络公司账户借方余额为 2 650 美元。

第二步：为了追踪过入明细分类账中的会计分录，可以在各账户的过账备查栏中标记字母 CR（代表现金收款日记账）及对应的现金收款日记账的页码来标记分录来源。

举例来说，图表 5-4 显示将 3 400 美元过入坎蒂纳网络公司的应收账款明细账后，还应在过账备查栏中填入 CR14。

第三步：为了说明交易已经过入应收账款明细账中，现金收款日记账的过账备查栏中应该标记核对符号 "√"。

举例来说，图表 5-4 显示坎蒂纳网络公司账户旁边的过账备查栏中标记了一个核对符号"√"，表示 3 400 美元已过账。

第四步：月末的应收账款贷记栏合计数应过入总账的应收账款账户中。它是收到的现金还款总数，且作为应收账款的贷方过账。在应收账款贷记栏的下方填写应收账款账户编号（12），表示过账已经完成。

举例来说，图表 5-4 显示月末 7 350 美元的合计金额已经过入应收账款账户（12）的贷方。

第五步：月末的现金借记栏合计数应过入总账的现金账户中。它是当月合计现金收入，且作为现金的借方过账。在现金借记栏的下方填写现金账户编号（11），表示过账已经完成。

举例来说，图表 5-4 显示月末 7 750 美元的合计金额已经过入现金账户（11）的借方。

第六步：列示在其他账户贷记栏的账户应定期过入各对应账户的贷方，并在过账备查栏中填入账户编号说明过账已经完成。在其他账户贷记栏的各账户需要分开过账，月末应将核对符号"√"标记在合计数的下方，表示不需要进一步的操作。

举例来说，图表 5-4 显示将 400 美元过入总账的租金收入账户的贷方以后，还应在现金收款日记账的过账备查栏中填入租金收入账户编号（42）。同样地，核对符号"√"也标记在其他账户贷记栏月末合计数的下方，表示不需要进一步的操作。

应收账款控制账户和明细分类账

本月所有过账都完成之后，应加总各应收账款明细账的余额。这一合计数可以在一张单独的客户账户余额表中汇总。合计数应与总账中的应收账款控制账户的余额进行比较。如果控制账户与明细分类账的合计数不一致，则说明产生了误差，必须找出并更正该误差。

网解公司应收账款客户账户余额合计数是 5 650 美元，这与 2019 年 3 月 31 日应收账款控制账户的余额相等，具体如下：

应收账款 （控制账户）		网解公司 应收账款客户账户余额 2019 年 3 月 31 日	
2019 年 3 月 1 日余额	$ 3 400	克莱尔配件公司	$ 3 000
借方金额合计（收入日记账）	9 600	拉普佐恩公司	0
贷方金额合计（现金收款日记账）	（7 350）	坎蒂纳网络公司	2 650
2019 年 3 月 31 日余额	$ 5 650	应收账款合计数	$ 5 650

借方余额相等

例 5-2 应收账款明细账

两笔交易的借方金额和贷方金额如下列客户账户所示：

名称：甜甜糖果公司 地址：伦巴底大街 1212 号					
日期	项目	过账备查栏	借方金额	贷方金额	余额
7 月 1 日	余额	√			625
7 日	35 号发票	R12	86		711
31 日	31 号发票	CR4		122	589

描述每笔交易以及每笔过账的来源。

解答：

7 月 7 日，以赊销方式为甜甜糖果公司提供 86 美元的服务，相关业务信息见编号为 35 的发票，该金额转自收入日记账的第 12 页。

7 月 31 日，收到甜甜糖果公司的现金还款 122 美元（发票编号为 31），该金额转自现金收款日记账的第 4 页。

采购日记账

采购日记账（purchases journal）用于记录所有赊购交易。现金采购则应在现金付款日记账中登记。图表 5-5 展示了网解公司的采购日记账。

赊购的金额应在采购日记账的应付账款贷记栏登记。而其他栏的名称由主要的赊购项目决定。例如，网解公司经常赊购物资。因此，图表 5-5 中展示的采购日记账中有物资借记栏。

举例而言，3 月 3 日网解公司从霍华德公司赊购 600 美元物资，如图表 5-5 所示，通过填写以下项目，将这笔交易登记在采购日记账中。

（1）日期栏：3 月 3 日；

（2）贷记账户栏：霍华德公司；

（3）应付账款贷记栏：600；

（4）物资借记栏：600。

图表 5-5 中的其他账户借记栏用于登记没有专门借记栏的赊购账户。借记账户名称填入其他账户借记栏中，对应的金额填入金额栏。

在月末，所有金额列都会汇总。借方金额必须等于贷方金额。如果借方金额不等于贷方金额，那么肯定存在误差，必须找到并予以纠正。

如图表 5-5 所示，从采购日记账中过账的过程如下。

第一步：定期将每笔赊购交易分别过入应付账款明细账的贷方账户。这样，贷方账户将显示当前余额。

举例来说，网解公司在 3 月 3 日从霍华德公司赊购了 600 美元物资，图表 5-5 显示了将 600 美元的贷记金额过入应付账款明细账下霍华德公司账户的过程。过账后，霍华德公司账户有贷方余额 600 美元。

第二步：为了追踪过入明细分类账和总账中的会计分录，可以在各账户的过账备查栏中标记字母 P（表示采购日记账）和相应的采购日记账的页码来标注分录来源。

举例来说，图表 5-5 显示将 600 美元过入霍华德公司账户后，还应在过账备查栏中填入 P11。

第三步：为了说明交易已过入应付账款明细账，采购日记账的过账备查栏中应该标记核对符号"√"。

举例来说，图表 5-5 显示霍华德公司账户旁边的过账备查栏中标记了一个核对符号"√"，说明 600 美元已过账。

第四步：月末的应付账款贷记栏的合计数应过入总账的应付账款账户中。这一数额代表当月赊购总金额，并应作为贷记项目过入应付账款。在应付账款贷记栏的下方填写应付账款账户编号（21），表示过账已经完成。

举例来说，图表 5-5 显示月末合计数 6 230 美元已经过入应付账款账户（21）的贷方。

图表 5-5　采购日记账和过账

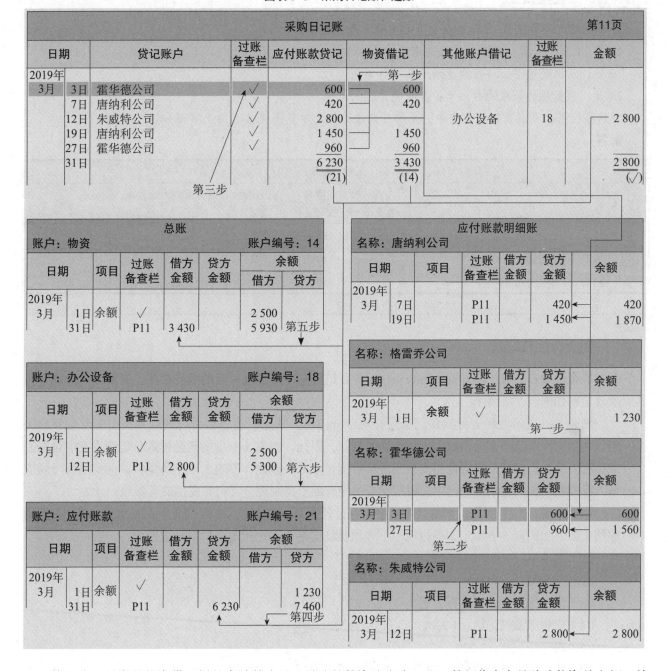

第五步：月末的物资借记栏的合计数应过入总账的物资账户中。这一数额代表本月赊购物资总金额，并应作为借记项目过入物资账户。在物资借记栏的下方填写物资账户编号（14），表示过账已经完成。

举例来说，图表 5-5 显示月末合计数 3 430 美元已经过入物资账户（14）的借方。

第六步：列示在其他账户借记栏的账户应定期过入各对应账户的借方，并在过账备查栏中填入账户编号说明过账已经完成。其他账户借记栏的各账户需要分开过账，月末应将核对符号"√"标记在合计栏的下方，说明不需要进行其他操作。

举例来说，图表 5-5 显示 2 800 美元已过入总账的办公设备账户，并在采购日记账的过账备查栏中填入办公设备账户编号（18）。同样地，月末在金额栏的下方标记核对符号"√"，说明不需要进行其他操作。

例 5-3　采购日记账

好帮手清洁公司在 10 月份发生了下列采购业务：

10 月 11 日，从综合物资公司赊购清洁用品 235 美元。

19 日，从谦逊物资公司赊购清洁用品 110 美元。

24 日，从货栈公司赊购办公设备 850 美元。

将这些交易记录到采购日记账中，采购日记账的形式参见图表 5-5 的上半部分。

解答：

采购日记账							
日期	贷记账户	过账备查栏	应付账款贷记	清洁用品借记	其他账户借记	过账备查栏	金额
10 月 11 日	综合物资公司		235	235			
19 日	谦逊物资公司		110	110			
24 日	货栈公司		850		办公设备		850

现金付款日记账

现金付款日记账（cash payments journal）登记所有涉及现金付款的经济业务。网解公司的现金付款日记账如图表 5-6 所示。

图表 5-6 所示的现金付款日记账设有现金贷记栏。其他栏的名称由付现业务类型和发生频率决定。例如，网解公司常向债权人支付前期赊购款，因此，图表 5-6 中的现金付款日记账设有应付账款借记栏。又如，网解公司常使用支票完成所有支付业务，因此，图表 5-6 中每笔付款的支票编号均应填入日期栏右侧的支票编号栏中。填写支票编号有助于控制现金支付并提供交叉参照。

举例来说，3 月 15 日，网解公司给格雷乔公司开具一张编号为 151 的支票用于支付 1 230 美元的前期欠款。如图表 5-6 所示，通过填写下列项目将这笔业务记入现金付款日记账中。

（1）日期栏：3 月 15 日。

（2）支票编号：151。

（3）借记账户栏：格雷乔公司。

（4）应付账款借记栏：1 230。

（5）现金贷记栏：1 230。

图表 5-6 中其他账户借记栏用于记录没有设置专门借方栏的账户。例如，网解公司在 3 月 2 日开具了一张编号为 150 的支票用于支付 3 月份的 1 600 美元租金。如图表 5-6 所示，通过填写下列项目将这笔经济业务记录在现金付款日记账中。

（1）日期栏：3 月 2 日。

（2）支票编号：150。

（3）借记账户栏：租赁费用。

（4）其他账户借记栏：1 600。

（5）现金贷记栏：1 600。

如图表 5-6 所示，从现金付款日记账中过账的过程如下。

图表 5-6 现金付款日记账和过账

现金付款日记账						第7页
日期	支票编号	借记账户	过账备查栏	其他账户借记	应付账款借记	现金贷记
2019年3月 2日	150	租赁费用	52	1 600	第一步	1 600
15日	151	格雷乔公司	√		1 230	1 230
21日	152	朱威特公司	√		2 800	2 800
22日	153	唐纳利公司	√		420	420
30日	154	公共费用	54	1 050		1 050
31日	155	霍华德公司	√		600	600
31日				2 650	5 050	7 700
				(√)	(21)	(11)

第三步

总账

账户：现金　　账户编号：11

日期	项目	过账备查栏	借方金额	贷方金额	余额借方	余额贷方
2019年3月 1日	余额	√				6 200
31日		CR14	7 750			13 950
31日		CP7		7 700		6 250

第五步

账户：应付账款　　账户编号：21

日期	项目	过账备查栏	借方金额	贷方金额	余额借方	余额贷方
2019年3月 1日	余额	√				1 230
31日		P11		6 230		7 460
31日		CP7	5 050			2 410

第四步

账户：租赁费用　　账户编号：52

日期	项目	过账备查栏	借方金额	贷方金额	余额借方	余额贷方
2019年3月 2日		CP7	1 600		1 600	

第六步

账户：公共费用　　账户编号：54

日期	项目	过账备查栏	借方金额	贷方金额	余额借方	余额贷方
2019年3月 30日		CP7	1 050		1 050	

应付账款明细账

名称：唐纳利公司

日期	项目	过账备查栏	借方金额	贷方金额	余额
2019年3月 7日		P11		420	420
19日		P11		1 450	1 870
22日		CP7	420		1 450

名称：格雷乔公司

日期	项目	过账备查栏	借方金额	贷方金额	余额
2019年3月 1日	余额	√	第一步		1 230
15日		CP7	1 230		

第二步

名称：霍华德公司

日期	项目	过账备查栏	借方金额	贷方金额	余额
2019年3月 3日		P11		600	600
27日		P11		960	1 560
31日		CP7	600		960

名称：朱威特公司

日期	项目	过账备查栏	借方金额	贷方金额	余额
2019年3月 21日		P11		2 800	2 800
		CP7	2 800		

第一步：定期将每笔现金支付业务分别过入应付账款明细账下对应的债权人账户中。这样，各债权人账户将显示当期余额。

举例来说，网解公司在 3 月 15 日偿还格雷乔公司 1 230 美元的欠款，图表 5-6 显示了将 1 230 美元借记金额过入应付账款明细账下格雷乔公司账户的过程。过账后，格雷乔公司账户余额为零。

第二步：为了追踪过入明细分类账和总账中的会计分录，可以在各账户的过账备查栏中标记字母 CP（代表现金付款日记账）及对应的现金付款日记账的页码来标记分录来源。

举例来说，图表 5-6 显示将 1 230 美元过入格雷乔公司账户后，还应在账户过账备查栏填入 CP7。

第三步：为了说明交易已过入应付账款明细账，现金付款日记账的过账备查栏中应该标记核对符号"√"。

举例来说，图表 5-6 显示格雷乔公司账户旁边的过账备查栏中标记了一个核对符号"√"，表示 1 230 美元已过账。

第四步：月末的应付账款借记栏合计数应过入总账的应付账款账户中。它是合计现付的前期欠款，且作为借方项目过入应付账款账户。在应付账款借记栏的下方填写应付账款账户编号（21），表示过账已经完成。

举例来说，图表 5-6 显示月末 5 050 美元的合计金额已经过入应收账款账户（21）的借方。

第五步：月末的现金贷记栏合计数应过入总账的现金账户中。它是当月合计现金支出额，并作为贷方项目过入现金账户。在现金贷记栏的下方填写现金账户编号（11），表示过账已经完成。

举例来说，图表 5-6 显示月末 7 700 美元的合计金额已经过入现金账户（11）的贷方。

第六步：列示在其他账户借记栏的账户应定期过入各对应账户的借方，并在过账备查栏中填入账户编号说明过账已经完成。其他账户借记栏的各账户需要分开过账，月末应将核对符号"√"标记在合计数的下方，表示不需要进一步的操作。

举例来说，图表 5-6 显示 1 600 美元已过入总账的租赁费用账户的借方，1 050 美元应过入总账的公共费用账户的借方。在现金收款日记账的过账备查栏中还应填入账户编号（分别是 52 和 54）。同样地，月末在其他账户借记栏合计数的下方也标记核对符号"√"，表示不需要进一步的操作。

应付账款控制账户和明细分类账

本月所有的过账程序均完成后，应加总应付账款各明细分类账的余额。合计金额可以在一张单独的债权人账户余额表中汇总。随后，应比较上述合计数与总账中应付账款控制账户的余额。如果控制账户与明细分类账的金额不一致，那么肯定存在误差，必须找出并纠正这些误差。

网解公司应付账款债权人账户余额合计数为 2 410 美元。如下所示，这一合计金额与 2019 年 3 月 31 日应付账款控制账户的余额是一致的。

应付账款 （控制账户）		网解公司 应付账款债权人账户余额 2019 年 3 月 31 日	
2019 年 3 月 1 日余额	$ 1 230	唐纳利公司	$ 1 450
贷方金额合计（来自采购日记账）	6 230	格雷乔公司	0
		霍华德公司	960
借方金额合计（来自现金付款日记账）	（5 050）	朱威特公司	0
2019 年 3 月 31 日余额	$ 2 410	应付账款合计数	$ 2 410
		借方余额相等	

例 5-4　应付账款明细账

两笔经济业务的借方金额和贷方金额如下列债权人的（物资）账户所示：

| 名称：拉塞特服务公司 | | | | | |
| 地址：博纳旺蒂尔大街 301 号 | | | | | |
日期	项目	过账备查栏	借方金额	贷方金额	余额
8 月 1 日	余额	√			320
12 日	101 号发票	CP36	200		120
22 日	106 号发票	P16		140	260

描述每笔经济业务以及每笔过账的来源。

解答：

8 月 12 日，向拉塞特服务公司偿还 200 美元欠款（发票编号为 101），过账金额来自现金付款日记账第 36 页。

8 月 22 日，从拉塞特服务公司赊购 140 美元的服务，开具的发票编号为 106，过账金额来自采购日记账第 16 页。

5.3　电算化会计系统

电算化会计系统在企业中被广泛使用，甚至包括那些规模很小的公司。与手工会计系统相比，电算化会计系统有三大主要优势：

（1）在电子日记账或表格中登记业务的同时将其自动过入总账和明细分类账中，电算化会计系统简化了记账过程。

（2）一般而言，电算化会计系统比手工会计系统更加精确。

（3）在电算化会计系统中，交易发生时账户结余就生成了，因此电算化会计系统可以为管理者提供当下的账户余额信息，以帮助管理者做出管理决策。

我们将运用一个适合中小企业的会计软件——QuickBooks 来阐释网解公司的电算化会计系统。为了简化，我们只以网解公司的收入和收款循环为例进行说明。图表 5-7 展示了网解公司利用 QuickBooks 记录交易的过程，具体步骤如下：

第一步：通过填写电子发票记录劳务收入，同时把发票发送给客户（打印邮寄或者发送电子邮件）。

采用填写电子发票的形式在计算机中登记销售业务。电子发票和纸质发票相似，有用来填写交易数据的框格。数据框格可能设有下拉列表以便于输入数据。电子发票填写完成之后，可以将其打印出来邮寄或者直接以电子邮件的形式发送给客户。

例如，3 月 2 日，网解公司向克莱尔配件公司赊销服务获得 2 200 美元收入。如图表 5-7 所示，公司使用 QuickBooks 系统生成 615 号电子发票。电子发票一经递交，QuickBooks 系统自动借记克莱尔配件公司的应收账款账户，贷记劳务收入账户。电子发票既可以打印出来邮寄给克莱尔配件公司也可以直接通过电子邮件发送。

图表 5-7 QuickBooks 系统中的收入和收款循环

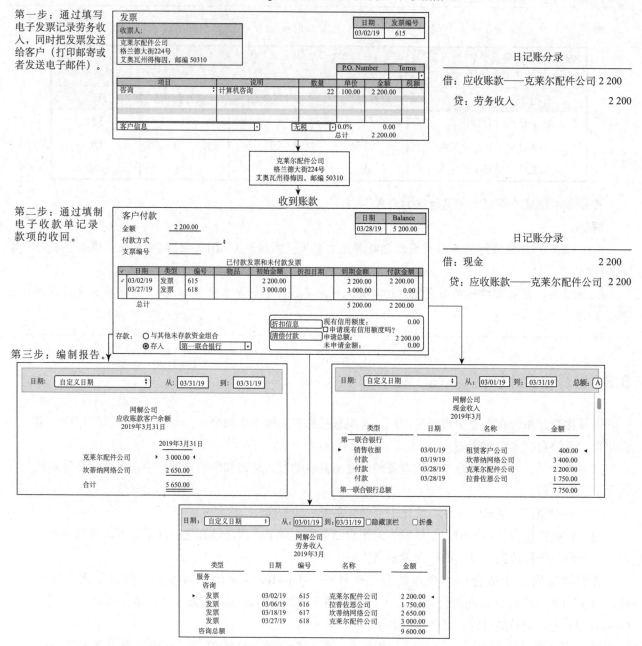

第一步：通过填写电子发票记录劳务收入，同时把发票发送给客户（打印邮寄或者发送电子邮件）。

第二步：通过填制电子收款单记录款项的收回。

第三步：编制报告。

第二步：通过填制电子收款单记录款项的收回。

一旦从客户处收回款项，会计人员将立即打开并填制电子收款单。与电子发票的填制相似，数据可通过下拉列表直接填入相应的空格。

例如，3 月 28 日，网解公司收到克莱尔配件公司支付的 2 200 美元的款项。如图表 5-7 所示，3 月 2 日的那笔交易旁的 "√" 符号显示，这笔款项对应公司开具的 615 号电子发票，而 3 月 27 日发生的 3 000 美元的款项依旧没有收回。在完成该页面的填制之后，系统将自动借记现金账户 2 200 美元，贷记应收账款克莱尔配件公司账户 2 200 美元。这将使得网解公司对克莱尔配件公司的应收账款余额从 5 200 美元减少到 3 000 美元。

第三步：编制报告。

管理者可以随时从软件中获取报告，这些报告包括以下三种。

（1）应收账款客户账户余额明细表，其列示了某个特定日期对各客户应收账款的余额。

例如，网解公司在 2019 年 3 月 31 日的应收账款客户账户余额明细表如图表 5-7 所示。客户的应收账款余额总计为 5 650 美元，该金额与我们之前在图表 5-4 中采用手工会计系统得到的应收账款账户余额一致。

（2）劳务收入汇总表，其列示了当月从客户处获取的收入。该表可根据第一步中的电子发票得出。

例如，网解公司在 2019 年 3 月的劳务收入汇总表如图表 5-7 所示。9 600 美元的总劳务收入与图表 5-2 和图表 5-3 所示的网解公司手工会计系统中的收入日记账合计金额一致。

（3）现金收款表，其列示了当月的现金收入。

例如，网解公司在 2019 年 3 月的现金收款表如图表 5-7 所示。7 750 美元的现金收入与图表 5-4 所示的网解公司手工会计系统中的现金借记栏的合计金额一致。

QuickBooks 与其他电算化会计系统都使用电子表格。一些电算化会计系统也设置了电子特种日记账。此类日记账的设计与本书中所示的日记账相似。此外，在所有电算化会计系统中都可以找到电子总账。

在使用这些工具时，电算化程序可以提示总借方账户余额不等于总贷方账户余额的交易。在这种情况下，屏幕会报错并通知用户更正数据输入。因此，使用这些软件不会出现过账或计算错误。

在本节，我们采用 QuickBooks 会计软件介绍了网解公司的收入和收款循环过程。采购和付款循环的工作原理也是类似的。对电算化会计系统的完整阐述不在本书的讨论范围之内，但是本章为会计人员在手工和电算化系统中应用会计系统概念提供了坚实的基础。

5.4　电子商务

利用互联网进行商业交易称为**电子商务**（e-commerce）。如果交易发生在企业和客户之间，则称为 B2C（企业对客户）电子商务。采用 B2C 模式的电子商务公司包括亚马逊公司、普利斯林公司和苹果公司。B2C 模式使客户能够足不出户购买和获取商品。例如，苹果公司允许客户在其官网挑选和购买产品并提供直接邮寄到家服务。

当交易发生在两家企业之间时，称为 B2B（企业对企业）电子商务。采用 B2B 模式的电子商务公司包括思科系统公司（一家互联网设备制造商）和联合太平洋公司（一家铁路公司）。例如，联合太平洋公司允许其商业客户从其网站订购货运服务。

互联网为提高交易速度和效率创造了机会。如前所述，许多公司意识到使用电子商务所带来的这些好处。出于商业目的互联网被运用于如下三个领域。

（1）**供应链管理**（supply chain management，SCM）：运用互联网来规划供需并与供应商协调。

（2）**客户关系管理**（customer relationship management，CRM）：运用互联网来计划和协调营销及销售业务。

（3）**产品生命周期管理**（product life-cycle management，PLM）：运用互联网来计划和协调产品研发和设计过程。

许多网页应用程序会在发生经济业务时生成会计交易记录。例如，电子商务网站上的购物车交易帮助卖家生成会计收入交易记录。

互联网逐渐成为开展业务的首选阵地，新的应用程序也将被开发。随着交易信息在企业内外部的流动，许多应用程序将与会计系统相关联。

5.5 财务分析和解释：分部分析

会计系统经常按照不同的形式利用计算机收集、分类、汇总、报告财务和经营信息。其中，包括按照公司不同的分部来报告收入。企业可能按照地域、产品、服务或客户类型来划分分部。分部收入根据在会计系统中录入的发票金额确定。

例如，财捷公司利用会计系统中的发票信息分别确定不同产品和服务的收入，分部分析法是指利用水平和垂直比较来分析不同分部对公司整体经营绩效的贡献程度。举例来说，财捷公司最近两个会计年度的财务报表附注中列示的某些特定产品和劳务收入信息如下所示（单位：百万美元）。

分部	本年度	上年度
小企业	$ 2 108	$ 2 158
消费税	1 800	1 663
专业税	284	422
总收入	$ 4 192	$ 4 243

以上年度为基准年，可利用这些分部信息进行水平分析，如下所示：

分部	本年度	上年度	增加（减少）金额	增加（减少）百分比（%）
小企业	$ 2 108	$ 2 158	$（50）	（2.3）
消费税	1 800	1 663	137	8.2
专业税	284	422	（138）	（32.7）
总收入	$ 4 192	$ 4 243	$（51）	（1.2）

财捷公司的总收入在两年间下降了 1% 以上。这种下降是由于小企业和专业税分部收入下降的幅度超过了消费税分部收入增长的幅度。

此外，根据各分部披露的信息，还可以进行垂直分析，具体如下所示：

分部	本年度金额	本年度百分比（%）	上年度金额	上年度百分比（%）
小企业	$ 2 108	50.3	$ 2 158	50.9
消费税	1 800	42.9	1 663	39.2
专业税	284	6.8	422	9.9
总收入	$ 4 192	100.0	$ 4 243	100.0

上述分析表明，两年间，消费税分部收入占总收入的百分比有所增加，小企业和专业税分部收入占总收入的百分比下降。

两项分析共同表明，财捷公司在这两年间的收入下降，主要是由于其最小分部专业税收入的下降。消费税分部收入有所增长，并且占总收入的比例也在增加。然而，这种增长不足以抵消小企业和专业税分部收入的下降。

例 5-5　分部分析

莫斯公司在两个地区开展业务，分别为东部和西部。从会计系统电子发票中获取的年度收入数据如下。

分部	20Y6 年	20Y5 年
东部	$ 25 000	$ 20 000
西部	50 000	60 000
总收入	$ 75 000	$ 80 000

对各分部进行水平分析和垂直分析。四舍五入保留一位小数。

解答：

水平分析：

分部	20Y6 年	20Y5 年	增加（减少）金额	增加（减少）百分比（%）
东部	$ 25 000	$ 20 000	$　5 000	25.0
西部	50 000	60 000	（10 000）	（16.7）
总收入	$ 75 000	$ 80 000	$（5 000）	（6.3）

垂直分析：

分部	20Y6 年 金额	20Y6 年 百分比（%）	20Y5 年 金额	20Y5 年 百分比（%）
东部	$ 25 000	33.3	$ 20 000	25.0
西部	50 000	66.7	60 000	75.0
总收入	$ 75 000	100.0	$ 80 000	100.0

练习题

EX 5-1　识别收入日记账中的过账

阅读伯曼清洁公司的以下收入日记账，请指出其中用字母表示的过账备查标志分别代表过入总账还是过入明细分类账。

收入日记账				
日期	发票编号	借记账户	过账备查栏	应收账款借记 / 劳务收入贷记
20Y3 年				
3 月　1 日	112	海兹马特安保公司	（a）	$ 2 050
10 日	113	马斯科公司	（b）	980

续

收入日记账				
日期	发票编号	借记账户	过账备查栏	应收账款借记 / 劳务收入贷记
20 日	114	阿尔法根公司	（c）	2 800
27 日	115	蒂尔曼公司	（d）	1 240
31 日				$ 7 070
				（e）

EX 5–3　识别日记账类型

假设使用本章所示的两栏式（通用）总账、收入日记账和现金收款日记账，请指明以下各项交易应记录的日记账类型。

a. 收到多缴税款的现金退款。

b. 为在年底记录应计工资编制调整分录。

c. 提供服务暂未收款。

d. 所有者对企业追加现金投资。

e. 从客户处收取现金。

f. 收到租金收入。

g. 收到出售办公设备的现金。

h. 以成本价向邻近企业出售二手办公设备。

i. 年底所有者提款账户结账。

j. 提供现金服务。

EX 5–5　识别应收账款明细账中的交易

三项关联交易的借方金额和贷方金额列示在以下客户账户的应收账款明细账中：

名称：米森设计
地址：榆树街 1319 号

日期		项目	过账备查栏	借记金额	贷记金额	余额
20Y7 年						
4 月	3 日		R44	740		740
	6 日		J11		60	680
	24 日		CR81		680	—

描述每笔经济业务以及每笔过账的来源。

EX 5-7 结转收入日记账

萨普林咨询公司的收入日记账如下。应收账款控制账户在 20Y2 年 7 月 1 日的余额为 625 美元，其中包括应收阿拉丁公司的款项。7 月份没有收款。

收入日记账					第 12 页
日期		发票编号	借记账户	过账备查栏	应收账款借记 / 劳务收入贷记
20Y2 年					
7 月	4 日	355	科利尔马克公司		1 890
	9 日	356	生命之星公司		3 410
	18 日	357	萨普林公司		950
	22 日	359	科利尔马克公司		3 660
	31 日				9 910

a. 为应收账款客户账户编制一个 T 形账户。

b. 将交易从收入日记账过入客户账户并确定其期末余额。

c. 为应收账款账户和劳务收入账户编制 T 形账户。将控制账户合计数过入这两个账户，并确定它们的期末余额。

d. 编制应收账款客户账户余额明细表，以验证应收账款客户账户余额合计数与应收账款控制账户余额是否相等。

e. 在记录收入交易时，使用电算化会计系统与手工编制收入日记账有何不同？

EX 5-9 收入日记账和现金收款日记账

西卡莫公司在 20Y8 年 3 月完成的与收入和现金收款相关的交易如下。

3 月 2 日，向桑托里尼公司开具 512 号发票，金额为 905 美元。

4 日，收到来自 CMI 公司的现金，金额为 205 美元。

8 日，向加布里尔公司开具 513 号发票，金额为 220 美元。

12 日，向雅内尔公司开具 514 号发票，金额为 845 美元。

19 日，收到之前向雅内尔公司提供服务的现金，金额为 555 美元。

20 日，向伊莱克中心公司开具 515 号发票，金额为 195 美元。

28 日，收到向马歇尔公司提供服务的现金，金额为 160 美元。

29 日，收到 3 月 2 日向桑托里尼公司开具的 512 号发票上所示的现金。

31 日，收到向麦克利尔公司提供服务的现金，金额为 85 美元。

编制单栏式收入日记账和现金收款日记账来记录这些交易。现金收款日记账应包括以下标题：劳务收入贷记、应收账款贷记和现金借记。在过账备查栏中标记 "√"，以表明应收账款明细账已过账。

EX 5-11 识别采购日记账中的过账

使用以下采购日记账，请指出过账备查栏中的字母分别代表：（1）过入总账；（2）过入明细分类账；（3）无须过账。

采购日记账									第49页
日期		贷记账户	过账备查栏	应付账款贷记	物资借记	办公用品借记	其他账户借记	过账备查栏	金额
20Y9年1月	4日	科斯培尔公司	（a）	5 325			仓储设备	（g）	5 325
	6日	阿罗公司	（b）	4 000		4 000			
	9日	瓦利公司	（c）	1 875	1 600	275			
	14日	货栈公司	（d）	2 200			办公设备	（h）	2 200
	20日	货栈公司	（e）	6 000			店铺设备	（i）	6 000
	25日	麦特罗公司	（f）	2 740	2 740				
	31日			22 140	4 340	4 275			13 525
				（j）	（k）	（l）			（m）

EX 5–13　识别应付账款明细账中的交易

下列债权人账户摘自应收账款总账，该账户列示了三笔相关业务的借贷情况。

名称：阿派克斯公司 地址：斯特拉福西大街101号						
日期		项目	过账备查栏	借方金额	贷方金额	余额
20Y7年6月	6日		P44		12 000	12 000
	14日		J12	150		11 850
	16日		CP23	11 850		—

描述每笔经济业务以及每笔过账的来源。

EX 5–15　结转采购日记账

纽马克公司的采购日记账如下。20Y2年3月1日应付账款账户的余额为580美元，这是欠耐斯利公司的款项。3月份，公司未对债权人开具的发票支付任何款项。

采购日记账								第16页
日期		贷记账户	过账备查栏	应付账款贷记	清洁用品借记	其他账户借记	过账备查栏	金额
20Y2年3月	4日	英威罗–沃什公司		690	690			
	15日	耐斯利公司		325	325			
	20日	奥菲斯梅特公司		3 860		办公设备		3 860
	26日	英威罗–沃什公司		385	385			
	31日			5 260	1 400			3 860

a. 为各应付账款债权人账户编制 T 形账户。

b. 将交易从采购日记账过入债权人账户并确定其期末余额。

c. 为应付账款控制账户和清洁用品账户编制 T 形账户。将控制账户合计数过入这两个账户并确定它们的期末余额。清洁用品账户月初余额为零。

d. 编制应收账款债权人账户余额明细表，以验证应付账款债权人账户余额合计数与应付账款控制账户余额是否相等。

e. 在记录采购交易时，使用电算化会计系统与手工编制采购日记账有何不同？

EX 5–17　采购日记账和现金付款日记账

威斯克厄威清洁服务公司在 20Y5 年 5 月份发生的与采购和现金付款相关的交易如下。

5 月 1 日，向拜奥安全用品公司开具一张金额为 345 美元的支票，用于支付前期拖欠的赊购货款，支票编号为 57。

3 日，从布莱特思赛产品公司赊购清洁用品，金额为 200 美元。

8 日，向卡森设备销售公司开具一张金额为 2 860 美元的支票，用于购买设备，支票编号为 58。

12 日，从波特产品公司购买清洁用品，金额为 360 美元。

15 日，向伯曼电力服务公司开具一张金额为 145 美元的支票，用于支付前期拖欠的赊购货款，支票编号为 59。

18 日，从拜奥安全用品公司购买物资，金额为 240 美元。

20 日，以赊购方式从伯曼电力服务公司购买电气维修服务，金额为 110 美元。

26 日，向布莱特思赛产品公司开具支票，以支付 5 月 3 日的欠款，支票编号为 60。

31 日，开具一张金额为 5 600 美元的支票，用以支付员工薪酬，支票编号为 61。

请为上述交易编制采购日记账和现金付款日记账。日记账的形式与本章中所示的相似。当应付账款明细账需要过账时，请在过账备查栏中标记核对符号"√"。威斯克厄威清洁服务公司使用以下账户：

现金	11
清洁用品	14
设备	18
应付账款	21
工资支出	51
电力服务支出	53

EX 5–19　应付账款明细账中的错误

邦克希尔检测服务公司在完成本年度（20Y4 年）3 月份的过账工作后，以下应付账款分类账余额合计数与应付账款控制账户余额合计数 36 600 美元不一致。

名称：格里尔父子公司 地址：第十大街 972 号						
日期		项目	过账备查栏	借方金额	贷方金额	余额
20Y4 年 3 月	17 日		P30		3 750	3 750
	27 日		P31		12 000	15 750

名称：煤炭制品公司						
地址：马蒂斯大道 1170 号						
日期		项目	过账备查栏	借方金额	贷方金额	余额
20Y4 年						
3 月	1 日	余额	√			8 300
	9 日		P30		7 000	14 000
	12 日		J7	300		13 700
	20 日		CP23	5 800		7 900

名称：卡尔特和珀威尔公司						
地址：榆树街 717 号						
日期		项目	过账备查栏	借方金额	贷方金额	余额
20Y4 年						
3 月	1 日	余额	√			6 100
	18 日		CP23	6 100		—
	29 日		P31		7 800	7 800

名称：哈德逊湾矿业公司						
地址：曼恩大街 1240 号						
日期		项目	过账备查栏	借方金额	贷方金额	余额
20Y4 年						
3 月	1 日	余额	√			4 750
	10 日		CP22	4 750		—
	17 日		P30		3 700	3 700
	25 日		J7	3 000		1 700

名称：山谷能源公司						
地址：胡桃大街 915 号						
日期		项目	过账备查栏	借方金额	贷方金额	余额
20Y4 年						
3 月	5 日		P30		3 150	3 150

　　假设应付账款控制账户余额（36 600 美元）被证实是正确的，则（a）请找出上述账户中的错误；（b）根据更正后的应付账款明细账编制应付账款债权人账户余额明细表。

综合题

PR 5-1A 收入日记账;应收账款明细账和总账

萨奇学习中心成立于 7 月 20 日,主要业务为提供教学服务。公司在成立当月提供了以下服务。

7 月 21 日,为 J. Dunlop 的赊账开具发票,发票金额为 115 美元,发票编号为 1。

22 日,为 K. Tisdale 的赊账开具发票,发票金额为 350 美元,发票编号为 2。

24 日,为 T. Quinn 的赊账开具发票,发票金额为 85 美元,发票编号为 3。

25 日,向 K. Tisdale 提供价值 300 美元的教学服务以交换教学设备。

27 日,为 F. Mintz 的赊账开具发票,发票金额为 225 美元,发票编号为 4。

30 日,为 D. Chase 的赊账开具发票,发票金额为 170 美元,发票编号为 5。

30 日,为 K. Tisdale 的赊账开具发票,发票金额为 120 美元,发票编号为 6。

31 日,为 T. Quinn 的赊账开具发票,发票金额为 105 美元,发票编号为 7。

要求:

1. 采用单栏式收入日记账和两栏式普通日记账记录 7 月份的所有经济业务,并过入应收账款分类账中下列各客户账户中:D. Chase, J. Dunlop, F. Mintz, T. Quinn 和 K. Tisdale。在每笔分录过账后立即计算新的余额。

2. 将收入日记账和普通日记账过入总账的下述账户中。在最后一笔业务过账后重新计算账户余额。

12	应收账款
13	物资
41	劳务收入

3. a. 7 月 31 日应收账款明细账中各客户账户余额的合计数是多少?

b. 7 月 31 日应收账款控制账户的余额是多少?

4. 假设萨奇学习中心准备从 8 月 1 日起采用电算化会计系统记录相关经济业务。请问相较手工会计系统,电算化会计系统的优势在哪里?

案例分析题

CP 5-1 道德行为

网本公司为互联网上的商业客户提供按月订阅的会计应用程序。客户在互联网上运行各自的会计系统,因此,业务数据和会计软件会暂存在网本公司的服务器上。网本公司的高管认为,一旦客户开始使用程序,就很难取消该服务。也就是说,客户被"锁定",因为即使客户拥有自己的数据,也很难将业务数据从网本公司的系统中转移到另一个会计应用程序上。因此,网本公司决定以低月度价格吸引客户,第一年的服务价格是正常月费率的一半;一年后,再将价格恢复为正常的月费率。网本公司的管理层认为,客户将不得不接受全价,因为客户在使用该服务一年后将被"锁定"。

a. 讨论半价报价是否符合商业道德惯例。

b. 讨论"锁定"客户是不是一种合乎道德的商业行为。

第 **6** 章

商业企业会计核算

如果你想购买聚会用品、家居用品或者其他消费品，但是又没有很多资金，你会怎么办？很多人都会选择去美元树百货公司购物，它是美国最大的"1元店"，所有商品均售价1美元，该商店已经遍布美国48个州，拥有超过4000家门店。美元树百货公司仍在努力运作，为客户和自己创造新的财富。

虽然美元树百货公司的定价简单，所有的商品均卖1美元，但是它的会计核算比服务企业复杂得多。这是因为服务企业只提供服务，没有存货。而美元树百货公司的会计信息系统针对不同的门店、不同的产品，不仅要记录商品的销售，还要记录商品的库存和存放地。同时，美元树百货公司需要分别核算不同门店的成本和收益。另外，会计信息系统还要记录运输费用、销售折扣、销售退回等信息。

本章重点讨论商业企业的会计原理和基本概念，并明晰商业企业与服务企业之间的区别、商业企业的财务报表和商品交易特性。

学习目标

1. 区分商业企业与服务企业的经营活动和财务报表。
2. 描述并举例说明商品交易的会计处理。
3. 描述并举例说明商业企业的调账过程。
4. 描述并举例说明商业企业的财务报表。
5. 描述并举例说明总资产周转率在评估企业经营绩效时的应用。

6.1　商业企业的本质

服务企业的经营活动不同于商业企业，这些区别体现在服务和商品的经营循环以及它们在财务报表中的体现方式上。

经营循环

经营循环是指企业支付现金、产生收入、最后收到现金（在确认收入的同时收到现金或以收回应收账款的方式收回现金）的过程。服务企业和商业企业的经营循环不同，因为商业企业必须购买商品以销售给客户。商业企业的经营循环如图表 6-1 所示。

图表 6-1　商业企业的经营循环

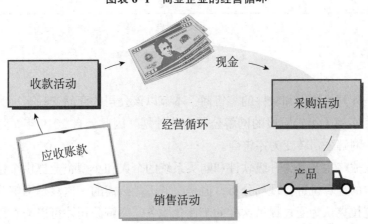

不同企业的经营循环周期差异很大。由于商品的性质，杂货店的经营循环周期通常较短。例如，许多杂货（如牛奶）必须在 1～2 周的保质期内出售。相比之下，珠宝店出售昂贵的商品，而这些商品通常需要几个月的时间才能出售给客户，因此珠宝店的经营循环周期较长。

财务报表

服务企业和商业企业之间的差异也反映在财务报表中。例如，这些差异我们用简明利润表进行阐述：

服务企业		商业企业	
劳务收入	$×× ×	销售收入	$×× ×
营业费用	(×× ×)	商品销售成本	(×× ×)
净利润	$×× ×	毛利润	$×× ×
		营业费用	(×× ×)
		净利润	$×× ×

服务企业通过向客户提供服务获得收入，其收入列示为劳务收入，劳务收入减去为提供服务而产生的营业费用为净利润。

与之相对应，商业企业通过购买和销售商品取得收入。商业企业首先从供应商处购买原材料，再将最终商品卖给消费者取得收入。当发生销售行为时，商品收入称为**销售收入**（sales），商品成本确认为费用，称为**商品销售成本**（cost of merchandise sold）。销售收入减去商品销售成本为毛利润，之所以称为毛利润是因为该部分利润还没有扣除营业费用。

会计期末未销售的商品称为**存货**（merchandise inventory）。存货在资产负债表中作为流动资产列报。

例 6-1　毛利润

本年度，公司销售商品取得的收入由两部分构成：一部分是 250 000 美元的现金，一部分是 975 000 美元的应收账款。商品销售成本为 735 000 美元，请问毛利润为多少？

解答：

毛利润为 490 000 美元（250 000+975 000-735 000）。

6.2　商品交易

假定网解公司是计算机硬件和软件的零售商，本节以该公司的商品交易事项为例进行说明。2018年，克里斯·克拉克实施了第二阶段的网解公司商业计划。因此，自 2019 年 7 月 1 日起，网解公司不再提供咨询服务。网解公司转变为零售商。

网解公司的发展战略主要是为升级软件和购买系统的个人和小型企业提供个性化服务。这些个性化服务主要是对客户的计算机进行现场分析，但是服务不是必需的，这只是网解公司提高客户满意度的方式。克里斯·克拉克认为通过提供这样的个性化服务，网解公司才可以与百思买、欧迪办公或戴尔等大型零售商竞争。

商业企业会计科目表

根据第 2 章的借贷记账规则，网解公司的商品交易被记录在账户中，由于商业企业不同于服务企业，网解公司新的会计科目表如图表 6-2 所示，其中与商品交易有关的科目用加粗字标识。

图表 6-2　商业企业网解公司的会计科目表

资产负债表账户		利润表账户	
100	资产	400	收入
110	现金	**410**	**销售收入**
112	应收账款		
115	**存货**	500	成本与费用
116	**预计退回存货**	**510**	**商品销售成本**
117	办公用品	520	销售人员工资费用
118	预付保险费	521	广告费用
120	土地	522	折旧费用——仓储设备
123	仓储设备	**523**	**运输费用**
124	累计折旧——仓储设备	529	其他销售费用
125	办公设备	530	办公人员工资费用
126	累计折旧——办公设备	531	租赁费用
		532	折旧费用——办公设备
200	负债	533	保险费用

续

	资产负债表账户		利润表账户
210	应付账款	534	办公用品费用
211	应付职工薪酬	539	其他管理费用
212	预收租金		
213	**应付客户退货款**	600	其他收入
215	应付票据	610	租金收入
300	所有者权益	700	其他费用
310	克里斯·克拉克，资本	710	利息费用
311	克里斯·克拉克，提款		

如图表 6-2 所示，网解公司的会计科目编号由三个数字组成。第一个数字表示财务报表中的大类（如 1 表示资产，2 表示负债等）。第二个数字表示财务报表大类中的子类（如 11 表示流动资产，12 表示非流动资产）。第三个数字明确具体的科目（如 110 表示现金，123 表示仓储设备）。

大部分商业企业都使用电算化会计系统出具报告，其类似于第 5 章中说明的特种日记账和明细分类账。例如，商业会计系统通常会生成销售和库存报告。但是，为简单起见，本章中的交易将使用两栏式普通日记账进行说明。

采购业务

有两种处理商品交易的会计制度：永续盘存制和定期盘存制。在**永续盘存制**（perpetual inventory system）下，商品的采购和销售记录在存货账户和其他明细账中。这种处理方式可使商品的销售量和库存量能够实时更新，每时每刻都可以在存货账户中进行反映。在**定期盘存制**（periodic inventory system）下，商品的销售量和库存量不通过存货账户反映，而是采用会计期末的盘点表反映，这时的库存量又称为**实际库存**（physical inventory），并根据实际库存量计算期末存货的价值和商品销售成本。

大部分商业企业采用了会计电算化，电算化软件通常可以通过条形码或者无线频率来识别不同的商品。企业可以用扫描器和无线频率识别器来获取存货销售和库存的信息。

因为在实务中，会计电算化下的永续盘存制被广泛使用，因此我们主要探讨永续盘存制，对于定期盘存制的介绍放在本章的附录中。

在永续盘存制下，用现金采购商品这一业务的会计处理如下。

日记账					第 24 页
日期		业务说明	过账备查栏	借方金额	贷方金额
2020 年 1 月	3 日	存货		2 510	
		现金			2 510
		（从博文公司采购存货。）			

赊购商品的会计处理如下：

1 月	4 日	存货		9 250	
		应付账款——托马斯公司			9 250
		（赊购存货。）			

赊购条款通常写在销售方向购买方开具的**发票**（invoice）或账单上，阿尔法技术公司开具给网解公司的发票如图表 6-3 所示。

图表 6-3　发票

阿尔法技术公司 矩阵大街 1000 号 加利福尼亚州圣何塞 95116-1000			
发票编号 106-8			美国
客户信息	**订单编号**		**订单日期**
网解公司 华盛顿大街 5101 号 俄亥俄州辛辛那提 45227-5101	412		2020 年 1 月 3 日
起运日 2020 年 1 月 5 日	**承运人** 美国快递货运公司	**信用政策** 2/10，n/30	**开票日期** 2020 年 1 月 5 日
起始地 圣何塞	**装运地** 辛辛那提		
数量 20	**产品信息** HC9 打印机 / 传真 / 图文	**单价** 150.00	**金额** 3 000.00

买卖双方关于付款时间的规定称为**信用政策**（credit terms）。如果购买方需要在交货时支付现金，则条款就是以现金或现金等价物支付。如果购买方可以在交货后一段时间内支付货款，则该期间称为**信用期**（credit period）。信用期的开始日期一般就是开票日期。

如果货款在交货 30 天内支付，则信用期为 30 天，通常表示为 "n/30"。如果货款必须在月末前进行支付，通常表示为 "n/ 月末"。

采购折扣

为了鼓励购买方在信用期内尽早付款，销售方可能会提供一定的折扣。例如，假定信用期为 30 天，购买方如果在开票后 10 天内付款，则可以享受 2% 的折扣，在 10～30 天内付款将不享受采购折扣。这样的信用政策通常表示为 "2/10，n/30"，含义是 "开票后 10 天内付款享受 2% 的采购折扣，30 天内支付全部款项"，图表 6-4 使用图表 6-1 发票中的信息总结了 "2/10，n/30" 的信用政策。

购买方因提前付款而享受的折扣称为**采购折扣**（purchases discounts），采购折扣可以降低购买方的购货成本。采购折扣一般高于同期的银行借款利息，所以公司甚至可以从银行借钱提前还款，以享受更多的折扣。因此，很多的会计信息系统已经可以自动帮助企业决策，选择合适的付款时间享受采购折扣。

为了进一步说明这个问题，我们接着使用图表 6-3 发票中的信息。享受折扣最晚的支付时间是 1 月 15 日（开票日期 1 月 5 日加上 10 天）。假定公司为了在 1 月 15 日还款，向银行借款 2 940 美元，即 3 000 美元减去 60 美元（3 000×2%）的折扣。每年有 360 天，银行年借款利率是 6%，则剩余 20 天的贷款（2 940 美元）利息为 9.80 美元（2 940×6%×20/360）。

网解公司享受折扣所带来净节省金额为 50.20 美元，计算如下：

获得 3 000 美元的 2% 的采购折扣	$ 60.00
以 6% 的利率借入 2 940 美元，支付 20 天的利息	9.80
享受折扣带来的收益	$ 50.20

享受折扣带来的收益也可以通过比较采购折扣率和借款利率算出。在前面例子中，网解公司提前

还款带来的 20 天采购折扣率为 2%，则年采购折扣率为：

$$2\% \times 360/20 = 2\% \times 18 = 36\%$$

网解公司以 6% 的利率借入 2 940 美元提前支付货款来获得采购折扣。如果公司不享受该折扣，就意味着它将为 20 天内使用 2 940 美元的资金支付 36% 的利息。因此，通常情况下，购买方都会尽可能地享受采购折扣。

在永续盘存制下，购买方按照发票上的金额借记存货账户。如果公司在信用期内享受了采购折扣，则需要按照折扣额贷记存货账户。所以存货账户的金额是前面两项的差额，反映了公司购买商品的实际成本。

例如，网解公司在收到阿尔法技术公司的发票时，以及在折扣期支付货款时的会计分录如下：

1 月	5 日	存货		2 940	
		应付账款——阿尔法技术公司			2 940
	15 日	应付账款——阿尔法技术公司		2 940	
		现金			2 940

如果货款未在折扣期内支付，则全部折扣优惠到期，未享受的折扣金额应记入存货。例如，假设网解公司在 2 月 4 日支付货款，没有享受采购折扣，则其会计分录如下：

2 月	4 日	存货		60	
		应付账款——阿尔法技术公司		2 940	
		现金			3 000

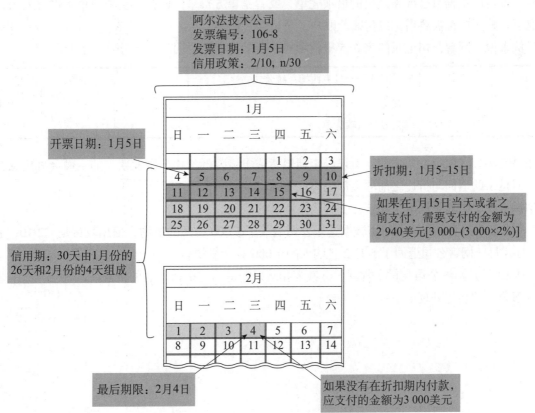

图表 6-4 信用政策

采购退回与折让

产品损坏或质量有问题，购买方可能会要求退回商品（采购退回）或者降低价格（采购折让）。从购买方角度来说，这种退回和折让称为**采购退回与折让**（purchases returns and allowances）。在这两种情况下，购买方通常会给销售方提供一份借项通知单，告知销售方自己想退货的原因（采购退回），或者要求降低价格的原因（采购折让）。

借项通知单（debit memorandum）通常称为**借项凭单**（debit memo），如图表 6-5 所示。借项凭单表示购买方想借记应付账款账户。凭单中还会包含退货的原因，或者降低价格的要求。

图表 6-5　借项凭单

网解公司 华盛顿大街 5101 号 俄亥俄州辛辛那提 45227-5101		编号：18
借项凭单		
致	日期	
马克希姆系统公司	2020 年 3 月 7 日	
东威尔森大街 7519 号		
华盛顿州西雅图 98101-7519		
我们因以下原因借记您的账户余额：		
10　服务器网络接口卡，您的第 7291 号发票已经		
随同包裹邮寄退回，我们的订单编号为 825X。	@ 90.00	900.00

购买方可以根据自己准备发出的借项凭单，或者销售方寄来的回执（贷项凭单）进行入账。这两种情况下，购买方都需要借记应付账款账户，贷记存货账户。

举例来说，网解公司记录图表 6-5 中借项凭单所示的商品退回的会计分录如下所示：

3 月	7 日	应付账款——马克西姆系统公司		900	
		存货			900
		（第 18 号借项凭单。）			

如果购买方在取得发票之前，就已经申请退货或申请降低价格，则发票上的金额会直接减去这一部分。但是采购退回与折让之前的金额也应该单独记录。

举例来说，下面是网解公司 5 月 2 日购买商品的信息：

5 月 2 日，网解公司从德尔塔数据连接公司购买了 5 000 美元的货物，信用政策是"2/10，n/30"。

5 月 4 日，网解公司退回了 5 月 2 日购入的 1 000 美元货物。

5 月 12 日，网解公司支付了货款，金额为扣减采购退回与折让之后的金额。

网解公司的会计处理如下：

5月	2 日	存货		4 900	
		应付账款——德尔塔数据连接公司			4 900
		（公司采购商品。）			
		[5 000-（5 000×2%）]			
	4 日	应付账款——德尔塔数据连接公司		980	
		存货			980
		（退回一部分采购的商品。）			
		[1 000-（1 000×2%）]			
	12 日	应付账款——德尔塔数据连接公司		3 920	
		现金			3 920
		（4 900-980）			

例 6-2　采购业务

罗弗莱公司从一家供应商处赊购了 11 500 美元商品，信用政策为 "2/10，n/30"。后来罗弗莱公司退回了其中价值 2 500 美元的商品，并享受了全部的采购折扣。

a. 如果罗弗莱公司在折扣期内支付了发票上的款项，则应支付的现金为多少？

b. 在永续盘存制下，为记录采购退回，罗弗莱公司应该贷记哪个账户？

解答：

a. 8 820 美元，即 11 270 美元 [11 500-（11 500×2%）] 减去 2 450 美元 [2 500-（2 500×2%）] 退回商品的采购折扣。

b. 存货账户。

销售业务

销售商品获得的收入通常称为销售收入，有的企业也将其称为商品销售收入。

现金销售

有的商业活动是一手交钱，一手交货。现金销售涉及现金并将其记录在账户中。假设 3 月 3 日，网解公司销售 1 800 美元的商品，这一现金销售的会计分录如下：

日记账					第 25 页
日期		业务说明	过账备查栏	借方金额	贷方金额
2020 年 3 月	3 日	现金		1 800	
		销售收入			1 800
		（记录现金销售。）			

在永续盘存制下，需要记录商品销售成本，以及商品存货的减少。这样存货账户的余额就可以表示为期末实际留存的存货成本（未销售的存货成本）。

举例来说，假设 3 月 3 日的商品销售成本为 1 200 美元，那么记录商品销售成本和存货减少的会计分录如下所示：

3月	3日	商品销售成本		1 200	
		存货			1 200
		（记录已销售商品的成本。）			

购买方使用信用卡，如万事达卡或维萨卡进行货款的支付，也属于现金销售。因为这种交易发生后，资金清算中心会通知购买方的银行直接向销售方的银行账户付款，之后银行会通过电子银行转账将资金转入销售方的银行账户，一般销售方会在交易完成几天内收到货款。

购买方使用万事达卡进行货款的支付时，销售方的会计处理同上面3月3日的会计处理一致。在此交易中，向资金清算中心或者银行支付的费用直接计入当期费用，一般通过利润表中的管理费用披露。举例来说，假设网解公司在3月31日核算出本月使用信用卡支付产生的费用为4 150美元，会计分录如下：

3月	31日	信用卡支付产生的费用		4 150	
		现金			4 150
		（记录本月使用信用卡的服务费。）			

赊销

企业有时也会通过赊销的方式获取收入。当企业发生赊销业务时，应借记应收账款账户，贷记销售收入账户，例如，网解公司的赊销收入为6 000美元，商品销售成本为3 500美元，其会计分录如下：

3月	10日	应收账款——琼斯咨询公司		6 000	
		销售收入			6 000
		（发票编号为7172。）			
	10日	商品销售成本		3 500	
		存货			3 500
		（发票编号为7172的商品销售成本。）			

客户折扣

销售方可以给予客户各种折扣，这称为**客户折扣**（customer discounts），是鼓励客户按照有利于销售方的方式行事的奖励。例如，销售方可能会为客户提供折扣以鼓励客户批量购买或尽早订购。

一种常见的折扣方式称为**销售折扣**（sales discount），目的是鼓励客户提前支付款项。例如，销售方可以提供"2/10，n/30"的信用政策，如果在10天内支付货款，则提供2%的销售折扣；如果未在10天内付款，则应在30天内付清全部货款。

为了说明销售折扣的会计处理，假设网解公司在3月10日向数码技术公司出售了18 000美元的商品，信用政策为"2/10，n/30"。所售商品的成本为10 800美元。3月10日销售商品的会计记录如下：

3月	10日	应收账款——数码技术公司		17 640	
		销售收入 [18 000-（18 000×2%）]			17 640
	10日	商品销售成本		10 800	
		存货			10 800

　　网解公司将从数码技术公司获取的销售收入记录为 17 640 美元，即发票金额 18 000 美元减去 360 美元（18 000×2%）的销售折扣。

　　3 月 19 日网解公司收到数码技术公司支付的款项，会计分录如下：

| 3 月 | 19 日 | 现金 | | 17 640 | |
| | | 应收账款——数码技术公司 | | | 17 640 |

　　如果数码技术公司未在折扣期内付款，网解公司将收到 18 000 美元，并且折扣金额记入销售收入账户的贷方。例如，假设数码技术公司于 4 月 9 日向网解公司付款，则网解公司应进行的会计处理如下：

4 月	9 日	现金		18 000	
		应收账款——数码技术公司			17 640
		销售收入			360

现金退款与客户折让

　　购买方可能会收到有缺陷、在运输过程中已损坏或不符合期望的商品。在这些情况下，销售方应向购买方进行**现金退款**（cash refund）或给予**客户折让**（customer allowance），这样会减少原始售价的应收账款。

　　如果向购买方支付退款，则销售方借记应付客户退货款账户并贷记现金账户。例如，假设在 3 月 4 日，网解公司向 Jones & Hunt 公司支付了 400 美元的退款，用于赔偿在运输过程中损坏的商品。Jones & Hunt 公司已同意保留商品并进行一些必要的维修工作。网解公司进行退款的会计处理如下：

| 3 月 | 4 日 | 应付客户退货款 | | 400 | |
| | | 现金 | | | 400 |

　　应付客户退货款（customer refunds payable）是未来估计将支付给客户的退款或授予客户的折让，属于一项负债，在期末作为调整项记录。本章后面将说明应付客户退货款的调整分录。

　　在某些情况下，企业应付退货款的客户有未结的应收账款余额。销售方可以不支付现金退款，而是抵减对客户的应收账款。完成此操作后，销售方向购买方发送贷项通知单或贷项凭单，表明其打算贷记对客户的应收账款。

　　为了说明这一点，假设网解公司给予了布莱克父子公司 900 美元的折让，用于抵减其未清偿的应付账款。网解公司通过出具图表 6-6 中所示的贷项凭单通知布莱克父子公司。

　　贷项凭单表明网解公司打算将对布莱克父子公司的应收账款减少 900 美元，原因是商品在运输过程中被损坏。网解公司给予客户折让的会计处理如下：

| 3 月 | 4 日 | 应付客户退货款 | | 900 | |
| | | 应收账款——布莱克父子公司 | | | 900 |

图表 6-6　贷项凭单

网解公司
华盛顿大街 5101 号
俄亥俄州辛辛那提 45227-5101

贷项凭单	
致	日期
布莱克父子公司	2020 年 3 月 4 日
麦尔登大街 7608 号	
加利福尼亚州洛杉矶 90025-3942	
我们因以下原因借记您的账户余额：	
货物在运输过程中损坏的折让	900

客户退货

在前面的示例中，布莱克父子公司没有退回商品。当客户退回商品以获得现金退款或折让时，必须记录额外分录。该分录应借记存货账户并按照退回商品的原始成本贷记预计退货成本账户。

为了说明这一点，假设鲍曼公司于 1 月 15 日退回了售价为 3 000 美元的商品并要求现金退款。这些商品的采购成本 2 100 美元。网解公司将使用以下两笔分录记录现金退款和退货：

1 月	15 日	应付客户退货款		3 000	
		现金			3 000
	15 日	存货		2 100	
		预计退回存货			2 100

第一笔分录记录了支付 3 000 美元的现金退款。第二笔分录通过借记存货账户和贷记预计退回存货账户，记录收到的 2 100 美元的退回商品成本。

预计退回存货（estimated returns inventory）是在资产负债表上的存货之后报告的流动资产。它代表客户将退回的商品成本的估计值。作为调整过程的一部分，它在会计期末记录。本章后面将说明预计退回存货的调整分录。

如果网解公司在 1 月 15 日对鲍曼公司有未清偿的应收账款余额，则可以向鲍曼公司出具 3 000 美元的贷项凭单。在这种情况下，网解公司会贷记应收账款——鲍曼公司账户，而不是现金账户。

用于记录客户退款、折让和退货的日记账分录如图表 6-7 所示。

图表 6-7　记录客户退款、折让和退货的分录

	现金退款		出具贷款凭单	
客户不退回商品	借：应付客户退货款	×××	借：应付客户退货款	×××
	贷：现金	×××	贷：应收账款	×××
客户退回商品	借：应付客户退货款	×××	借：应付客户退货款	×××
	贷：现金	×××	贷：应收账款	×××
	借：存货	×××	借：存货	×××
	贷：预计退回存货	×××	贷：预计退回存货	×××

例 6-3　销售业务

为下列商品交易业务编制分录：

a. 向史密斯公司赊销 7 500 美元商品，信用政策为 "2/10，n/30"，商品销售成本为 5 625 美元。

b. 收到的是减去折扣额后的销售款项。

c. 为 4 000 美元的退回商品向威尔逊公司开具贷项凭单，信用政策为 "n/30"。退货商品成本是 2 275 美元。

解答：

a. 借：应收账款——史密斯公司 [7 500−（7 500×2%）]	7 350	
贷：销售收入		7 350
借：商品销售成本	5 625	
贷：存货		5 625
b. 借：现金	7 350	
贷：应收账款——史密斯公司		7 350
c. 借：应付客户退货款	4 000	
贷：应收账款——威尔逊公司		4 000
借：存货	2 275	
贷：预计退回存货		2 275

运输费用

购买和销售商品通常都会涉及运输费用。销售条款中注明了货物的所有权从销售方转移到购买方的时间。所有权转移的时间点也决定着运输费用该由购买方支付还是销售方支付。

当销售条款明确指出，在销售方将货物移交运输公司时，商品的所有权发生改变，这种条款称为**装运地交货**（FOB（free on board）shipping point），意味着购买方需要支付从装运地到目的地的运输费用。这部分运输费用是购买方采购成本的一部分，应借记存货账户，从而增加存货的入账价值。

举例来说，假设网解公司 6 月 10 日的商品采购行为如下：

· 6 月 10 日，从马格纳数据公司购买 900 美元的商品，货款未付，采用装运地交货方式。

· 10 日，支付运输费用 50 美元。

网解公司的会计处理如下：

6 月	10 日	存货		900	
		应收账款——马格纳数据公司			900
		（以装运地交货方式购买商品。）			
	10 日	存货		50	
		现金			50
		（支付运输费用。）			

当销售条款明确指出，在购买方收到货款时，商品的所有权才发生转移，这种条款称为**目的地交货**（FOB（free on board）destination），意味着销售方需要支付从装运地到目的地的运输费用。销售方支付运输费用时，应借记运输费用账户。运输费用在利润表的销售费用中列示。

举例来说，假设网解公司发生的销售业务如下：

· 6月15日，向柯纳兹公司销售700美元商品，货款未收，采用目的地交货方式，商品的销售成本是480美元。

· 15日，网解公司支付运输费用40美元。

网解公司销售收入、商品销售成本和运输费用的核算如下：

6月	15日	应收账款——柯纳兹公司		700	
		销售收入			700
		（采用目的地交货方式销售商品。）			
	15日	商品销售成本		480	
		存货			480
		（向柯纳兹公司销售商品的成本。）			
	15日	运输费用		40	
		现金			40
		（支付的运输费用。）			

为了方便购买方，销售方有时在采用装运地交货方式时也会垫付运输费用。销售方会将运输费用加入商品销售的发票金额中。当购买方按照发票金额记录存货成本时，已经考虑了其中的运输费用。运输费用不适用前述的销售退回与折让等。

举例来说，假设网解公司的销售商品业务如下：

· 6月20日，向普兰德公司赊销800美元的商品，采用装运地交货方式，网解公司垫付45美元的运输费用，该项金额加入商品销售的发票金额中。商品销售成本为360美元。

6月	20日	应收账款——普兰德公司		800	
		销售收入			800
		（采用装运地交货方式销售商品。）			
	20日	商品销售成本		360	
		存货			360
		（向普兰德公司销售商品的成本。）			
	20日	应收账款——普兰德公司		45	
		现金			45
		（支付销售商品的运输费用。）			

图表6-8总结了运输条款、所有权转移标志、购买方还是销售方支付运输费用问题等。

图表 6-8　运输条款

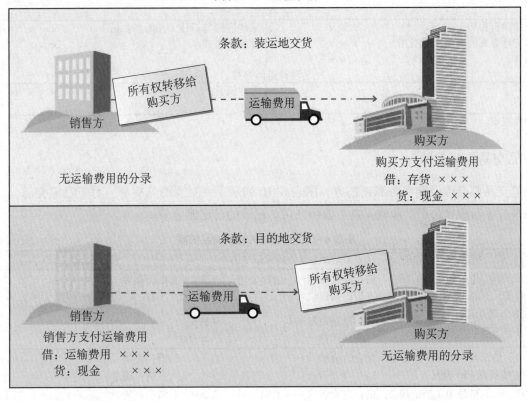

例 6-4　运输条款

a 和 b 两张发票中的部分信息如下所示，假设销售方允许客户在付款前退货，并且货款都在折扣期内支付，计算购买方需要支付的全部费用。

商品	销售方支付的运输费用	运输条款	销售退回与折让
a. $ 4 500	$ 200	装运地交货，"1/10, n/30"	$ 800
b. $ 5 000	$ 60	目的地交货，"2/10, n/30"	2 500

解答：

a. 3 863 美元，购买价款 4 500 美元减去退回的 800 美元商品款，再减去 37 美元 [（4 500－800）×1%] 的折扣，再加上 200 美元的运输费用。

b. 2 450 美元，购买价款 5 000 美元减去退回的 2 500 美元商品款，再减去 50 美元 [（5 000－2 500）× 2%] 的折扣。

总结：存货交易的记录

在前面，我们已经探讨了永续盘存制下企业存货账户的核算与记录。涉及存货的业务包括采购、采购退回与折让、运输费用、商品销售成本及客户退货等。图表 6-9 用 T 形账户汇总了这些业务的记录。

图表 6-9 存货交易的记录

存货				
采购（扣除折扣后）	×× ×	采购退回与折让（扣除折扣后）		×× ×
装运地交货方式的商品运输费用	×× ×	商品销售成本		×× ×
客户退货	×× ×			

预计退回存货			
	客户退货		×× ×
商品销售成本			
商品销售成本	×× ×		

商品交易的双重性

每笔交易都会涉及购买方和销售方。图表 6-10 列示了一系列商品交易。对于每笔交易，均显示应由销售方（斯库里公司）和购买方（伯顿公司）记录的日记账分录。

图表 6-10 买卖双方存货交易说明

业务	斯库里公司（销售方）		伯顿公司（购买方）	
7 月 1 日，斯库里公司卖给伯顿公司 7 500 美元商品，货款未付，采用装运地交货方式，"n/45"，商品销售成本为 4 500 美元	借：应收账款——伯顿公司 　贷：销售收入 借：商品销售成本 　贷：存货	7 500 　　7 500 4 500 　　4 500	借：存货 　贷：应付账款——斯库里公司	7 500 7 500
7 月 2 日，伯顿公司支付 7 月 1 日发生的运输费用 150 美元	无会计分录		借：存货 　贷：现金	150 150
7 月 5 日，斯库里公司卖给伯顿公司 5 000 美元商品，货款未付，采用目的地交货方式，"n/15"，商品销售成本为 3 500 美元	借：应收账款——伯顿公司 　贷：销售收入 借：商品销售成本 　贷：存货	5 000 　　5 000 3 500 　　3 500	借：存货 　贷：应付账款——斯库里公司	5 000 5 000
7 月 7 日，斯库里公司支付 7 月 5 日的商品运输费用 250 美元	借：运输费用 　贷：现金	250 　　250	无会计分录	
7 月 15 日，斯库里公司收到伯顿公司 7 月 5 日的货款	借：现金 　贷：应收账款——伯顿公司	5 000 　　5 000	借：应付账款——斯库里公司 　贷：现金	5 000 5 000
7 月 18 日，斯库里公司卖给伯顿公司 12 000 美元商品，采用装运地交货方式，"2/10，n/月末"。斯库里公司预付了 500 美元运输费用，并将金额加入发票金额，商品销售成本为 7 200 美元	借：应收账款——伯顿公司 　贷：销售收入 借：应收账款——伯顿公司 　贷：现金 借：商品销售成本 　贷：存货	11 760 　　11 760 500 　　500 7 200 　　7 200	借：存货 　贷：应付账款——斯库里公司	12 260 12 260
7 月 22 日，因 7 月 5 日购买的商品损坏，斯库里公司向伯顿公司支付了 750 美元的退款。伯顿公司保留了商品	借：应付客户退货款 　贷：现金	750 　　750	借：现金 　贷：存货	750 750
7 月 28 日，斯库里公司收到伯顿公司 7 月 18 日的货款	借：现金 　贷：应收账款——伯顿公司	12 260 　　12 260	借：应付账款——斯库里公司 　贷：现金	12 260 12 260
7 月 31 日，伯顿公司 7 月 1 日购买的商品退货，斯库里公司给予了伯顿公司 2 500 美元的客户折让（开具贷项凭单）。退回商品的成本为 1 500 美元	借：应付客户退货款 　贷：应收账款 借：存货 　贷：预计退回存货	2 500 　　2 500 1 500 　　1 500	借：应付账款——斯库里公司 　贷：存货	2 500 2 500

例 6-5　买卖双方的业务

西维特公司销售给布雷公司 11 500 美元的商品，交易当日货款未付，信用政策为"2/15，n/30"，商品销售成本为 6 900 美元，假设在折扣期内结清款项，请分别编制西维特公司和布雷公司在货款付清前后的会计分录。

解答：

西维特公司的会计分录：

借：应收账款 [11 500-（11 500×2%）]	11 270
贷：销售收入	11 270
借：商品销售成本	6 900
贷：存货	6 900
借：现金	11 270
贷：应收账款——布雷公司	11 270

布雷公司的会计分录：

借：存货 [11 500-（11 500×2%）]	11 270
贷：应付账款	11 270
借：应付账款——西威特公司	11 270
贷：现金	11 270

销售税和商业折扣

商品的销售经常会涉及销售税。此外，销售方也可能会给购买方提供商业折扣。

销售税

美国几乎所有的州都对商品销售行为征收相关税费，当销售行为发生时，公司也就承担了纳税的义务，形成了公司对政府的负债。

在现金交易中，销售方直接以现金形式代扣代缴销售税。在赊销交易中，销售方先代替购买方垫付销售税，从而增加了对购买方的应收账款。代缴税金时，销售方的会计分录为借记应收账款账户，贷记应交销售税账户，金额为销售收入的一定百分比。例如，销售方销售 100 美元的商品，假定销售税的税率为 6%，货款未付，则销售方销售商品时的会计分录如下：

8 月	12 日	应收账款——雷蒙公司	106	
		销售收入		100
		应交销售税		6
		（第 339 号发票。）		

通常销售方会定期将代收的销售税交给税务机关，支付税金时，销售方的会计处理如下：

9 月	15 日	应交销售税	2 900	
		现金		2 900
		（缴纳 8 月份收取的销售税。）		

商业折扣

批发商（wholesalers）一般将商品销售给下游的零售商，而不是直接销售给最终的消费者。批发商一般都会印制批发商品的价目表。批发商会改变价目表中商品的价格，如在促销情况下，但不会经常改变价目表中的商品信息。有时大型的折扣会使购买方以远低于价目表中的价格取得商品。另外，批发商会给予大批量采购的政府和企业更多的优惠。这种类型的折扣称为**商业折扣**（trade discounts）。

通常销售方和购买方都不会将价目表上的原价与商业折扣分别入账。假定某件商品在价目表上的原价是 1 000 美元，折扣为 40%，那么销售方会直接记录销售收入 600 美元（1 000 美元原价减去商业折扣 400 美元（1 000×40%）），而不是分开核算。同样，购买方入账的采购价格也为 600 美元。

6.3 调账过程

到目前为止，前面的内容已经描述并举例说明了商业企业的会计科目表和交易记录。接下来，我们将描述和说明商业企业的调账过程。本节讨论的重点是商业企业与服务企业不同的调整分录：

（1）存货损耗；

（2）客户退货和折让。

存货损耗的调整分录

在永续盘存制下，存货账户会根据采购和销售业务进行实时的更新。因此，理论上任何时点资产负债表中的存货量就是实际的库存量。但实际上销售方的存货会因为入室行窃、员工偷盗、误差等，有一定程度的减少。因此，仓库存货的实际库存量一般会少于会计系统中的账面数。存货账面数与实际数的差异称为**存货损耗**（inventory shrinkage）或**存货短缺**（inventory shortage）。

举例来说，2020 年 12 月 31 日，网解公司在存货盘点表中的记录如下所示：

存货账面余额	$ 63 950
存货实际数	62 150
存货损耗	$ 1 800

期末根据盘点表编制的调整分录如下：

		调整分录			
12 月	31 日	商品销售成本		1 800	
		存货			1 800
		（存货损耗（63 950 - 62 150）。）			

编制完成这一调整分录后，存货的账面数与实际数就一致了。因为存货的损耗一般都是不可预计的，故通常将其作为营业费用。但是如果存货损耗的金额过大，则需要在利润表中单独列示，即在利润表中增加存货损耗损失这一项目。

例 6-6　存货损耗

普马瑞公司采用永续盘存制管理存货，会计资料显示，2019 年 3 月 31 日存货的账面金额为 382 800 美元，但当日实际盘点金额为 371 250 美元，假定该存货损耗为正常损耗，编制普马瑞公司 2019 年 3 月 31 日的存货调整分录。

解答：

3 月 31 日	借：商品销售成本		11 550
	贷：存货		11 550

（存货损耗（382 800－371 250）。）

客户退款、折让和退货的调整分录

销售方应在会计期末估计退货和折让金额，并编制两个调整分录：

（1）第一个调整分录为减少销售收入，并将未来给予客户的估计的退款和折让金额记入应付客户退货款账户（计入负债）。

（2）第二个调整分录为将预计退货商品成本记入预计退回存货账户，并减少已售商品的成本。

为说明这一点，在进行调整之前，假设网解公司在 2020 年 12 月 31 日的销售情况如下：

	2020 年 12 月 31 日未调整余额	
	借方	贷方
销售收入	$ 715 409	
商品销售成本		$ 523 505
预计退回存货	300	
应付客户退货款		800
预计退货商品成本（2020 年）	$　5 000	
预计退货率（2020 年）	1%	

在 2020 年 12 月 31 日，网解公司编制了以下两个调整分录：

12 月	31 日	销售收入（1%×715 409）		7 154	
		应付客户退货款			7 154
	31 日	预计退回存货		5 000	
		商品销售成本			5 000

第一个调整分录是将 2020 年的销售收入减去 2021 年可能发生的预计退货款金额。由于预计销售收入的 1% 将被退回，因此借记销售收入 7 154 美元（1%×715 409）。此外，将预计的 2021 年客户退货款记入应付客户退货款账户，这是一项负债，金额为 7 154 美元。

第二个调整分录借记预计退回存货账户，目的是减去预计的 2021 年退货商品的成本，金额为 5 000 美元。记入借方的是预计退回存货账户而不是存货账户，是因为只有在退货实际发生时，才能知道退货的商品类型。

在调整分录过账后，预计退回存货账户将有调整余额 5 300 美元（300＋5 000），应付客户退货款账户将有余额 7 954 美元（800＋7 154）。在图表 6-14 中，作为位列存货之后的流动资产，预计退回存货为 5 300 美元；作为位列应付账款之后的流动负债，应付客户退货款为 7 954 美元。编制调整分录的目的是确保当期销售收入与利润表上与销售相关的成本相匹配。

例 6-7　客户折让及退货

假设以下是比格霍恩公司在年末进行账户调整前的数据：

	未调整余额	
	借方	贷方
销售收入		$ 18 440 000
商品销售成本	$ 10 000 000	
预计退回存货	9 000	
应付客户退货款		17 200
预计退货商品成本（下年）	$　128 100	
预计退货率（当年）	1.5%	

写出如下事项的调整分录：

a. 估计的客户退款和折让；

b. 估计的客户退货。

解答：

a. 借：销售收入（18 440 000×1.5%）　　　　　　　　　　276 600

　　　贷：应付客户退货款　　　　　　　　　　　　　　　　276 600

b. 借：预计退回存货　　　　　　　　　　　　　　　　　128 100

　　　贷：商品销售成本　　　　　　　　　　　　　　　　128 100

6.4　商业企业的财务报表

企业销售商品会直接影响资产负债表中的存货项目，但其实该笔业务最先影响的是利润表中的项目。商业企业的利润表分为两种，包括多步式利润表和单步式利润表。

多步式利润表

图表 6-11 是网解公司 2020 年的利润表。这种类型的利润表称为**多步式利润表**（multiple-step income statement），该表由各项目大类、项目子类和合计数组成。

图表 6-11　多步式利润表

网解公司 利润表 截至 2020 年 12 月 31 日的会计年度	
销售收入	$ 708 255
商品销售成本	520 305
毛利润	$ 187 950
营业费用：	
销售费用：	
销售人员工资费用	$ 53 430

续

网解公司利润表截至 2020 年 12 月 31 日的会计年度			
广告费用	10 860		
折旧费用——仓储设备	3 100		
运输费用	2 800		
其他销售费用	630		
销售费用合计		$ 70 820	
管理费用：			
办公人员工资费用	$ 21 020		
租赁费用	8 100		
折旧费用——办公设备	2 490		
保险费用	1 910		
办公用品费用	610		
其他管理费用	760		
管理费用合计		34 890	
营业费用合计			105 710
营业利润			$ 82 240
其他收入和费用			
租金收入	$　600		
利息费用	（2 440）		（1 840）
净利润			$ 80 400

销售收入

向客户销售商品获取的现金和赊账总额在销售收入项目中报告。网解公司截至 2020 年 12 月 31 日的会计年度的销售收入为 708 255 美元。

商品销售成本

如图表 6-11 所示，网解公司 2020 年的商品销售成本为 520 305 美元。该项目反映向客户销售的商品的成本。商品销售成本也称已售商品成本或销售成本。

毛利润

销售收入减去商品销售成本就是毛利润。如图表 6-11 所示，网解公司 2020 年的毛利润为 187 950 美元。

营业利润

营业利润（income from operations）有时也称经营利润，是毛利润与营业费用的差额，其中营业费用可以分成销售费用和管理费用。

销售费用（selling expenses），是指在销售商品过程中直接发生的相关费用，包括销售人员工资费用、仓储费用、运输费用和广告费用等。

管理费用（administrative expenses，general expenses），是指在管理和经营过程中发生的相关费用，包括管理人员工资费用、办公设备折旧费用和办公用品费用等。

销售费用和管理费用可以如图表 6-11 所示的那样进行分项披露，有的公司会直接披露销售、管理、营业费用的合计数，而不单独列示每一项，如下所示：

毛利润		$ 187 950
营业费用：		
销售费用	$ 70 820	
管理费用	34 890	
营业费用合计		105 710
营业利润		$ 82 240

其他收入和费用

其他收入和费用项目列示与公司主营业务无关的业务。**其他收入**（other income）是指与公司主营业务无关的收入，包括利息收入、租金收入和出售固定资产的利得。**其他费用**（other expenses）是指与公司主营业务无关的费用，包括利息费用和处置固定资产的损失等。

利润表中披露的是其他收入和其他费用的净额。如果其他收入总额超过其他费用总额，则将差额计入营业利润，进而增加净利润；反之，则减少营业利润，降低净利润。图表 6-11 中披露的网解公司的其他收入和费用项目如下所示：

营业利润		$ 82 240
其他收入和费用：		
租金收入	$ 600	
利息费用	（2 440）	（1 840）
净利润		$ 80 400

单步式利润表

还有一种利润表是**单步式利润表**（single-step income statement）。如图表 6-12 所示，将网解公司的全部费用从全部收入中扣除的利润表，称为单步式利润表。

单步式利润表重点关注总收入和总费用的概念，不能为报表使用者提供毛利润和营业利润等信息。

图表 6-12 单步式利润表

网解公司 利润表 截至 2020 年 12 月 31 日的会计年度		
收入：		
销售收入		$ 708 255
租金收入		600
总收入		$ 708 855
费用：		
商品销售成本	$ 520 305	
销售费用	70 820	
管理费用	34 890	
利息费用	2 440	
总费用		628 455
净利润		$ 80 400

所有者权益变动表

网解公司的所有者权益变动表如图表 6-13 所示，该表编制的方法与前面服务企业所有者权益变动表的编制方法类似。

图表 6-13　商业企业的所有者权益变动表

网解公司 所有者权益变动表 截至 2020 年 12 月 31 日的会计年度		
克里斯·克拉克，资本，2020 年 1 月 1 日		$ 153 800
本年净利润	$ 80 400	
提款	（18 000）	
所有者权益增加		62 400
克里斯·克拉克，资本，2020 年 12 月 31 日		$ 216 200

资产负债表

网解公司的资产负债表如图表 6-14 所示。在图表 6-14 中，62 150 美元的存货和 5 300 美元的预计退回存货为流动资产，5 000 美元的应付票据的流动部分为流动负债。

图表 6-14　商业企业的资产负债表

网解公司 资产负债表 2020 年 12 月 31 日		
资产		
流动资产：		
现金		$ 52 650
应收账款		91 080
存货		62 150
预计退回存货		5 300
办公用品		480
预付保险费		2 650
流动资产合计		$ 214 310
不动产、厂房和设备：		
土地		$ 20 000
仓储设备	$ 27 100	
减：累计折旧	5 700	21 400
办公设备	$ 15 570	
减：累计折旧	4 720	10 850
不动产、厂房和设备合计		52 250
资产合计		$ 266 560
负债		
流动负债：		
应付账款		$ 14 466
应付客户退货款		7 954
应付票据（流动部分）		5 000

续

网解公司		
资产负债表		
2020 年 12 月 31 日		
应付职工薪酬	1 140	
预收租金	1 800	
流动负债合计		$ 30 360
长期负债：		
应付票据（10 年内支付）		20 000
负债合计		$ 50 360
所有者权益		
克里斯·克拉克，资本		216 200
负债和所有者权益合计		$ 266 560

结账过程

商业企业与服务企业的结账分录类似，商业企业的两个结账分录如下：

（1）借记每个收入账户的余额，贷记每个费用账户的余额，差额为净利润，记入所有者资本账户的贷方；差额为净损失，记入所有者资本账户的借方。商品销售成本是一个临时账户，结转时与费用账户的处理方法类似。

（2）借记所有者资本账户，贷记所有者提款账户。

网解公司的两个结账分录如下：

日记账					第 29 页
日期		项目	过账备查栏	借方金额	贷方金额
2020 年		结账分录			
12 月	31 日	销售收入	410	708 255	
		租金收入	610	600	
		商品销售成本	510		520 305
		销售人员工资费用	520		53 430
		广告费用	521		10 860
		折旧费用——仓储设备	522		3 100
		运输费用	523		2 800
		其他销售费用	529		630
		办公人员工资费用	530		21 020
		租赁费用	531		8 100
		折旧费用——办公设备	532		2 490
		保险费用	533		1 910
		办公用品费用	534		610
		其他管理费用	539		760
		利息费用	710		2 440
		克里斯·克拉克，资本	310		80 400
	31 日	克里斯·克拉克，资本	310	18 000	
		克里斯·克拉克，提款	311		18 000

结转分录过账之后需要编制结账后的试算平衡表。在结账后的试算平衡表上出现的内容包括资产、备抵资产、负债以及所有者权益账户及其余额。这些账户及其余额数据应与期末资产负债表中的

数据相同。如果试算平衡栏的借贷方余额合计数不相等，则应找出并纠正这些误差。

6.5 财务分析和解释：总资产周转率

总资产周转率（asset turnover，ratio of sales to assets）可以用来衡量企业用资产创造收入的能力。该指标值越高，则说明企业利用资产的效率越高。[①]

计算公式如下：

$$总资产周转率 = \frac{销售收入}{平均总资产}$$

下面我们用美元树公司年度报告中的数据来计算总资产周转率（单位：百万美元）：

	第 2 年	第 1 年
总收入（销售收入）	$ 8 602	$ 7 840
总资产：		
年初	2 772	2 752
年末	3 567	2 772

两年的总资产周转率计算过程如下：

	第 2 年	第 1 年
总资产周转率 *	2.71	2.84
	8 602/[（2 772+3 567）/2]	7 840/[（2 752+2 772）/2]

* 四舍五入保留两位小数。

根据上面的计算，我们得出美元树公司的总资产周转率从第 1 年的 2.84 下降到了第 2 年的 2.71，说明第 2 年该公司对资产的利用效率有所降低。

将美元树公司的总资产周转率与竞争者和行业平均数进行比较，可以有效解释美元树公司的资产利用率，例如，下列数据来自达乐公司最近年度报告（单位：百万美元）。

	第 2 年
总收入（销售收入）	$ 18 910
总资产：	
年初	10 868
年末	11 224

达乐公司的总资产周转率计算过程如下：

	第 2 年
总资产周转率 *	1.71
	18 910/[（10 868+11 224）/2]

* 四舍五入保留两位小数。

---

① 公式中的资产，可以简单地使用期末总资产的账面数，也可以用年初与年末总资产的均值，还可以用每个月总资产的均值。在本书中，我们采用年初与年末总资产的均值表示公式中的平均总资产。

达乐公司第 2 年的总资产周转率为 1.71，美元树公司为 2.71，比较可知美元树公司对资产的利用效率比达乐公司高。

<hr>

例 6-8   总资产周转率

下面是吉尔伯特公司截至 2019 年 12 月 31 日和 2018 年 12 月 31 日的财务报表数据：

	2019 年	2018 年
销售收入	$1 305 000	$962 500
总资产：		
年初	840 000	700 000
年末	900 000	840 000

a. 计算 2019 年和 2018 年的总资产周转率。

b. 根据上一问的计算结果，判断公司从 2018 年到 2019 年的发展趋势是有利的还是不利的。

解答：

a.

	2019 年	2018 年
总资产周转率 *	1.50	1.25
	1 305 000/[（ 840 000＋900 000 ）/2]	962 500/[（ 700 000＋840 000 ）/2]

* 四舍五入保留两位小数。

b. 总资产周转率从 1.25 到 1.50 的变化是一个有利趋势，说明该公司利用资产产生销售收入的效率提高了。

<hr>

附录：定期盘存制

在本章的前面，我们假设企业采用永续盘存制记录商品的采购和销售。但实际中不是所有的企业都采用永续盘存制，还有一些企业采用定期盘存制。例如，一个小型的软件零售商因为规模比较小，可能采用手工记账的形式，不使用会计信息系统。永续盘存制耗时费力，成本太高，所以公司很有可能采用定期盘存制。

在定期盘存制下，采购金额通常按发票金额入账。如果款项是在折扣期内支付的，商品折扣金额将被记录在一个单独的账户中，称为采购折扣账户。同样地，商品退货也被记录在一个单独的账户，称为采购退回与折让账户。

定期盘存制下的会计科目表

定期盘存制下的会计科目表如图表 6-15 所示。在定期盘存制下用于记录商品交易的相关科目以黑体字标识。

图表 6-15　定期盘存制下的会计科目表

资产负债表账户		利润表账户	
100	资产	400	收入
	110　现金		410　销售收入
	112　应收账款	500	成本与费用
	115　存货		**510　采购**
	116　预计退回存货		**511　采购退回与折让**
	117　办公用品		**512　采购折扣**
	118　预付保险费		**513　运输费用**
	120　土地		520　销售人员工资费用
	123　仓储设备		521　广告费用
	124　累计折旧——仓储设备		522　折旧费用——仓储设备
	125　办公设备		523　运输费用
	126　累计折旧——办公设备		529　其他销售费用
200	负债		530　办公人员工资费用
	210　应付账款		531　租赁费用
	211　应付职工薪酬		532　折旧费用——办公设备
	212　预收租金		533　保险费用
	213　应付客户退货款		534　办公用品费用
	215　应付票据		539　其他管理费用
300	所有者权益	600	其他收入
	310　克里斯·克拉克，资本		610　租金收入
	311　克里斯·克拉克，提款	700	其他费用
			710　利息费用

在定期盘存制下记录商品交易

在定期盘存制下，存货的采购不是记录在存货账户中，而是利用采购、采购折扣以及采购退回与折让等账户进行核算。另外，商品的销售也不是记录在存货账户中，因此，我们不能每时每刻了解存货的信息，而是在期末通过实地盘存的方式，获得期末存货的实际信息，这种用实物计数确定已售商品成本的方法，后面将进行说明。

下面介绍采购、采购折扣、采购退回与折让以及运输费用账户的使用。

采购

存货的采购不是直接记入存货账户，而是先记入采购账户，借记采购发票上的金额。

采购折扣

购货所享受到的折扣一般不直接记入采购账户，而是记入采购账户的备抵账户（抵销账户）单独进行核算，企业最终披露的采购账户的账面数需要采购金额减去采购折扣金额。

采购退回与折让

采购退回与折让账户与采购折扣账户的核算相似，也是作为采购账户的备抵账户（抵销账户）单独进行核算，企业最终披露的采购账户的账面数也要减去采购退回与折让的金额。

运输费用

采用装运地交货方式进行采购时，由购买方支付运输费用。在定期盘存制下采用装运地交货方式，需要借记运输费用账户。

我们用下表来归纳上述定期盘存制下会计账户的使用，并指出各账户金额的变动对采购成本的影响：

账户	记录增加的方向	正常余额的方向	对采购成本的影响
采购	借方	借方	增加
采购折扣	贷方	贷方	减少
采购退回与折让	贷方	贷方	减少
运输费用	借方	借方	增加

图表6-16举例说明了如何在定期盘存制下编制各项经济业务的会计分录。

图表6-16　使用定期盘存制记录业务

业务	定期盘存制	
6月5日，购买30 000美元的货物，货款未付，信用政策为"2/10，n/30"	借：采购 　　贷：应付账款	30 000 30 000
6月8日，退回6月5日赊购的价值500美元的商品	借：应付账款 　　贷：采购退回与折让	500 500
6月15日，支付6月5日的采购款项，其扣减了退货的500美元以及590美元（（30 000−500）×2%）的折扣	借：应付账款 　　贷：现金 　　　　采购折扣	29 500 28 910 590
6月18日，销售12 500美元的商品，货款未收，信用政策为"1/10，n/30"，商品销售成本为9 000美元	借：应收账款 [12 500−（12 500×1%）] 　　贷：销售收入	12 375 12 375
6月22日，以装运地交货方式，采购15 000美元的商品，信用政策为"2/15，n/30"，销售方预付的750美元运输费用已加入发票金额	借：采购 　　运输费用 　　贷：应付账款	15 000 750 15 750
6月28日，收到6月18日的赊销款	借：现金 　　贷：应收账款	12 375 12 375
6月29日，现金销售19 600美元商品，商品销售成本为13 800美元	借：现金 　　贷：销售收入	19 600 19 600

定期盘存制下的调账过程

如果不存在存货损耗和客户退款与折让，定期盘存制和永续盘存制下的调账过程一致。在这两种方式下，期末存货账面金额都是实际盘点后的库存数。

在永续盘存制下，需要对比存货的账面余额与实际盘存的库存数，两者的差额就是存货损耗的金额，一般盘存都是盘亏，在盘亏的条件下，账务处理是借记商品销售成本账户，贷记存货账户。

在定期盘存制度下，存货的账面金额不是根据购销实时更新的，因此，没有办法直接计算存货的损耗量。正如图表 6-17 所示，存货损耗已经直接反映在了商品销售成本中。在定期盘存制下没有办法单独核算存货损耗，这也是这种方法最大的弊端。

与永续盘存制一样，在定期盘存制下也需要编制调整分录，借记销售收入账户，贷记客户退款与折让的应付客户退货款账户，金额为 7 154 美元。但是，它没有对预计退回存货做调整分录。因此，在定期盘存制下，商品销售成本是当年预计退货前的商品销售成本减去预计退回存货。网解公司 2020 年所销售商品的预计退货成本为 5 000 美元，从预计退货前的商品销售成本 525 305 美元中减去该金额，得出图表 6-17 中所示的商品销售成本为 520 305 美元。

定期盘存制下的财务报表

定期盘存制和永续盘存制下财务报表的编制是类似的。当使用多步式利润表时，商品销售成本按照图表 6-17 所示进行披露。

图表 6-17　定期盘存制下商品销售成本的计算

2020 年 1 月 1 日的存货		$ 59 700
采购成本：		
采购	$ 521 980	
采购退回与折让	（9 100）	
采购折扣	（2 525）	
净采购	$ 510 355	
运输费用	17 400	
总采购成本		527 755
可供销售的存货		$ 587 455
2020 年 12 月 31 日的存货		（62 150）
预计退货前的商品销售成本		$ 525 305
预计退回存货的增加		（5 000）
商品销售成本		$ 520 305

定期盘存制下的结账分录

在定期盘存制下，采购、采购折扣、采购退回与折让，以及运输费用账户都结转至"克里斯·克拉克，资本"账户。此外，在结账过程中，存货账户会根据期末实物盘点情况进行调整。预计退回存货账户也根据当期预计的退货情况进行调整。

定期盘存制下的两个结账分录如下：

（1）a. 借记存货的期末余额（以实物库存为基础计算）。

b. 借记预计退回存货，金额为当期销售的预计退货成本。

c. 借记每个收入账户和下列临时定期盘存账户的余额。

· 采购折扣；

· 采购退回与折让。

d. 贷记本期期初存货余额。

e. 贷记每个费用账户和下列临时定期盘存账户的余额。

·采购；

·运输费用。

f. 将净利润记入所有者资本账户（克里斯·克拉克，资本）的贷方，将净损失记入所有者资本账户的借方。

（2）借记所有者资本账户（克里斯·克拉克，资本）的余额，贷记所有者提款账户（克里斯·克拉克，提款）的余额。

网解公司在定期盘存制下的两个结账分录见图表 6-18。

在第一个结账分录中，借记存货 62 150 美元，该金额也是 2020 年 12 月 31 日的期末实地盘点数额。此外，2020 年销售的商品预计退货成本记入预计退回存货的借方，为 5 000 美元。2020 年 1 月 1 日存货余额为 59 700 美元。如图表 6-17 所示，结账分录反映了期初和期末存货对销售成本金额的影响。结账分录编制完成后，存货的账面余额为 62 150 美元，预计退回存货的账面余额为 5 300 美元，这也是在 2020 年 12 月 31 日的资产负债表上列报的金额。

在图表 6-18 中，定期盘存账户被加粗显示。在永续盘存制下，加粗显示的定期盘存账户被已售商品成本账户所取代。

图表 6-18　定期盘存制下的结账分录

日记账					
日期		项目	过账备查栏	借方金额	贷方金额
		结账分录			
2020 年 12 月	31 日	**存货（2020 年 12 月 31 日）**	**115**	**62 150**	
		预计退回存货	116	5 000	
		销售收入	410	708 255	
		采购退回与折让	**511**	**9 100**	
		采购折扣	**512**	**2 525**	
		租金收入	610	600	
		存货（2020 年 1 月 1 日）	**115**		**59 700**
		采购	**510**		**521 980**
		运输费用	**513**		**17 400**
		销售人员工资费用	520		53 430
		广告费用	521		10 860
		折旧费用——仓储设备	522		3 100
		运输费用	523		2 800
		其他销售费用	529		630
		办公人员工资费用	530		21 020
		租赁费用	531		8 100
		折旧费用——办公设备	532		2 490
		保险费用	533		1 910
		办公用品费用	534		610
		其他管理费用	539		760
		利息费用	710		2 440
		克里斯·克拉克，资本	310		80 400
	31 日	克里斯·克拉克，资本	310	18 000	
		克里斯·克拉克，提款	311		18 000

练习题

EX 6-1　计算毛利润

某公司本年度商品销售收入为 31 850 000 美元，商品销售成本为 24 206 000 美元。

a. 计算商品的毛利润。

b. 计算毛利率（用毛利润除以销售收入）。

c. 利润表是否必须列报净利润金额？请解释。

EX 6-3　会计科目表

莫奈涂料公司是一家新成立的公司，其账户科目如下：

应付账款	存货
应收账款	其他管理费用
累计折旧——办公设备	其他销售费用
累计折旧——仓储设备	应付票据
广告费用	办公设备
现金	办公人员工资费用
商品销售成本	办公用品
应付客户退货款	办公用品费用
运输费用	预付保险费用
累计折旧——办公设备	租赁费用
累计折旧——仓储设备	应付职工薪酬
预计退回存货	销售收入
保险费用	销售人员工资费用
利息费用	仓储设备
凯利·加纳，资本	仓储用品
凯利·加纳，提款	仓储用品费用
土地	

构建会计科目表，按照图表 6-2 的格式设置科目编码并按资产负债表和利润表的编制顺序排列科目。每个科目编码包含三个数字：第一个数字代表科目类别（如 1 代表资产）；第二个数字代表子分类（如 11 代表流动资产）；第三个数字代表特定科目（如 110 代表现金，112 代表应收账款，114 代表存货等）。

EX 6-5　与采购相关的业务

一家零售商正在考虑从两家供应商中挑选一家购买 500 件特定商品。它们的报价如下：

第一家：40 美元 / 件，总计 20 000 美元，信用政策为 "1/10，n/30"，不收取运费。

第二家：39 美元 / 件，总计 19 500 美元，信用政策为 "2/10，n/30"，收取 500 美元运费。

请问哪一家供应商的采购成本更低？

EX 6-7　与采购相关的业务

沃未克公司是一家经营女装的公司，其从供应商处购买了 75 000 美元的商品，采用目的地交货方式，信用政策为"2/10，n/30"。公司退掉了价值 9 000 美元的商品，收到了红字发票，并在折扣期内付款。请编制该公司的：（a）采购分录；（b）退货分录；（c）付款时的分录。

EX 6-9　与采购相关的业务，包括使用信用卡

编制如下交易事项的会计分录：

a. 销售商品收取 116 300 美元现金。商品销售成本为 72 000 美元。

b. 以赊销方式销售 755 000 美元的商品，商品销售成本为 400 000 美元。

c. 向使用万事达卡和维萨卡的客户出售 1 950 000 美元的商品，商品销售成本为 1 250 000 美元。

d. 向使用美国运通卡的客户销售 330 000 美元的商品，商品销售成本为 230 000 美元。

e. 向资金清算中心支付 81 500 美元，作为使用万事达卡、维萨卡和美国运通卡的服务费。

EX 6-11　与销售相关的业务

销售额为 15 000 美元，信用政策为"1/10，n/30"的四个相关的借贷分录在下列 T 形账中列示，试描述各项经济业务。

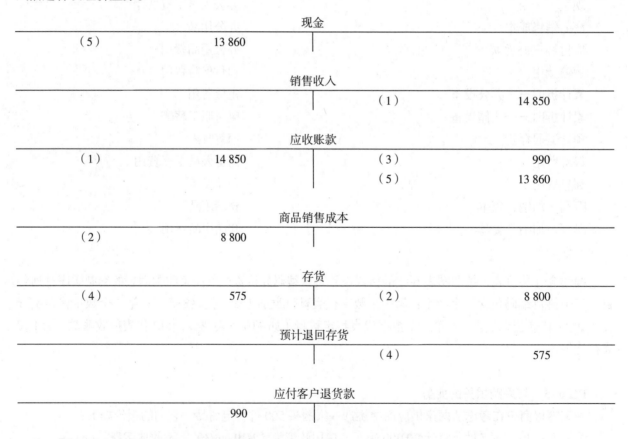

EX 6-13　计算发票上应支付的金额

确定以下业务在结算时应支付的金额，假设客户退回与折让在付款之前完成，并且所有金额都在折扣期内支付：

	商品	由销售方支付的运费		客户退回与折让
a.	$ 14 000	—	目的地交货方式，"n/30"	$ 3 250
b.	21 200	$ 380	装运地交货方式，"2/10，n/30"	4 000
c.	16 400	—	装运地交货方式，"1/10，n/30"	900
d.	7 500	250	装运地交货方式，"2/10，n/30"	1 200
e.	28 800	—	目的地交货方式，"1/10，n/30"	—

EX 6-17　销售税交易

编制以下相关交易事项的会计分录：

a. 赊销 62 800 美元的商品，销售税税率为 5%，商品销售成本为 37 500 美元。

b. 向州税务局支付 39 650 美元的税金。

EX 6-19　存货损耗调整分录

完美轮胎公司永续盘存记录显示，截至 2019 年 3 月 31 日，存货的账面价值为 2 780 000 美元。实地盘点库存表明，存货实际价值为 2 734 800 美元。编制完美轮胎公司截至 2019 年 3 月 31 日存货损耗的调整分录。

综合题

PR 6-1A　永续盘存制下的采购相关业务

卡珀斯公司本年 10 月发生了如下业务：

10 月 1 日，从英国进口公司购入商品，目的地交货价格为 14 448 美元，采购折扣信用政策为"n/30"。

3 日，从宏格公司购入商品，装运地交货价格为 9 950 美元，采购折扣信用政策为"2/10，n/月末"。220 美元的预付运费已计入发票金额中。

4 日，从塔寇公司购入商品，目的地交货价格为 13 650 美元，采购折扣信用政策为"2/10，n/30"。

6 日，就 10 月 4 日购入商品中的退回部分向塔寇公司开具借项凭单，金额为 4 550 美元。

13 日，向宏格公司支付 10 月 3 日购货款。

14 日，向塔寇公司支付扣除 10 月 6 日借项凭单上的金额后的 10 月 4 日购货款。

19 日，从唯珍公司购入商品，装运地交货价格为 27 300 美元，采购折扣信用政策为"n/月末"。

19 日，向从唯珍公司购入的商品支付运费，金额为 400 美元。

20 日，从凯撒沙拉公司购入商品，目的地交货价格为 22 000 美元，采购折扣信用政策为"1/10，n/30"。

30 日，向凯撒沙拉公司支付 10 月 20 日购货款。

31 日，向英国进口公司支付 10 月 1 日购货款。

31 日，向唯珍公司支付 10 月 19 日购货款。

要求：

为卡珀斯公司的上述经济业务编制相关分录。

案例分析题

CP 6-1 道德行为

玛吉·约翰逊是工具和设备制造商图尔克斯公司的会计人员。该公司目前正面临投资者要求增加收益的压力，公司总裁希望会计部门能够实现这一目标。玛吉的上司同时也是她的导师担心如果收益不增加，他就会被公司解雇。

会计年度结束后不久，公司开始对存货进行实物盘点。当玛吉将实物盘点的金额与库存账户的余额进行比较时，发现有大量的存货损耗。该金额非常大，会导致本期收益大幅下降。玛吉的上司让她不要在本期做调整分录。他向玛吉保证，当本期的盈利目标达到之后，下期一定会调整这次损耗。玛吉的上司恳求她帮他这一次。

在这种情况下玛吉应该怎样做？为什么？

第7章

存 货

　　假定 9 月份你从百思买公司购买了一台索尼高清电视，还购买了价值 599.99 美元的天龙环绕音响系统。你很喜欢这款音响的环绕立体声，所以在 11 月份又买了一套安装在卧室，此时该音响的市场价格已经下跌到 549.99 美元。在度过一个愉快的假期后，你准备搬进新的公寓，但是在收拾行李的时候发现，有一套天龙环绕音响系统丢了。幸运的是，你签订的租房保险可以赔偿这部分损失，但是保险公司首先要知道这套音响系统的成本。

　　你购买的两套音响系统是完全一样的，但是由于购买时的价格不一样，所以你必须确定丢失的是第一次花费 599.99 美元购买的，还是第二次花费 549.99 美元购买的。你的答案将决定你从保险公司获得的赔偿金额。

　　当以不同的成本购买相同的商品时，百思买等商品销售公司也需要做出类似的判断。假定百思买公司在上年购买了大量的天龙环绕音响系统。期末时，这些天龙环绕音响系统有的已经出售了，有的还在仓库里。那么已出售商品的成本根据哪个时间段的成本计算，存货又根据哪个时间段的成本列示？百思买公司的存货涉及金额巨大，不同的成本核算方法将会对财务报表产生重大影响。例如，百思买公司最近一年的存货期末金额为 57.31 亿美元，净亏损为 12.31 亿美元。

　　本章我们就来探讨如何确定存货的期末价值和商品销售成本。我们首先来讨论一下存货管理的重要性。

学习目标

1. 描述存货管理的重要性。
2. 描述三种存货成本计量方法，并论述它们分别如何影响利润表和资产负债表。
3. 在永续盘存制下，分别运用先进先出法、后进先出法和加权平均成本法来计算存货成本。

4. 在定期盘存制下，分别运用先进先出法、后进先出法和加权平均成本法来计算存货成本。

5. 比较三种存货成本计量方法的使用。

6. 描述并举例说明商品存货在财务报表中的列报。

7. 描述并举例说明如何利用存货周转率和存货周转天数分析存货管理的效率和效果。

7.1 存货管理

存货管理主要有两个目的：

（1）保护存货的安全，以防止被损坏或被盗；

（2）在财务报表中正确披露存货信息。

存货的安全管理

成功订购存货后，就要开始着手存货的安全管理。在存货安全管理中，常涉及以下文件：

（1）购货单；

（2）验收单；

（3）从供应商处取得的发票。

购货单（purchase order）是从指定的供应商处购买存货的凭证。存货一旦收到，验收单也就形成了。**验收单**（receiving report）是存货初始的记录。为了确保收到的货物就是需要购买的货物，我们需要将购货单与验收单进行对比，还需要将购货单与验收单中的货物的单价、数量和商品信息与供应商开具的发票进行对比。只有当购货单、验收单和从供应商处取得的发票上的信息都一致，才能将存货入账。如果有偏差，就需要找出出错的原因，并进行修改。

用永续盘存制记录存货账面价值也是存货安全管理的有效方法，存货的数量可以在**存货明细账**（subsidiary inventory ledger）中得到，这有利于合理地控制库存数量。例如，企业可以通过设定最高库存量和最低库存量有效及时地进行存货的采购，并避免过度采购。

存货的安全管理还包括制定相关的安全措施，来防止存货的损坏，并防范客户和员工的偷窃行为。常见的安全措施如下：

（1）只有被授权的员工才能出入库房重地。

（2）将高价值的存货放进保险箱。

（3）使用双向镜、摄像头、防盗标签和警卫人员。

存货列报

为确保财务报表中的存货项目列报金额是准确的，企业应该在接近年底的时候进行存货的实地盘存（或称存货盘点）。当存货数量确定以后，就要确定存货在财务报表中披露的金额。大多数企业选择三种存货成本计量方法中的一种来进行存货计价。如果存货无法进行实地盘存，或者存货的购销记录无法获得，我们可以用本章附录介绍的方法进行存货价值的评估。

7.2 存货成本计量方法

当商品在不同时期的进价不同时，关于存货的会计核算问题就出现了。在这种情况下，我们需要明确特定商品销售时应该采用什么样的成本，这就涉及了存货成本计量的假设和方法。

为了方便理解，我们来举例说明。假定 5 月份，某公司购买了三批一样的商品，采购信息如下：

		数量	单价
5 月 10 日	购买	1	$ 9
18 日	购买	1	13
24 日	购买	1	14
总计		3	$ 36
平均每单位成本			$ 12（$ 36/3）

假定该公司在 5 月 30 日卖出 1 单位的商品，售价为 20 美元。售出商品的购买批次不同，得到的毛利润的差异较大，单位毛利润区间为 6～11 美元。

	5 月 10 日 购入的商品被售出	5 月 18 日 购入的商品被售出	5 月 24 日 购入的商品被售出
销售收入	$ 20	$ 20	$ 20
商品销售成本	9	13	14
毛利润	$ 11	$ 7	$ 6
期末存货	$ 27	$ 23	$ 22
	（13+14）	（9+14）	（9+13）

分批认定法（specific identification inventory cost flow method）是指企业能确定特定销售商品的购买批次时使用的方法。期末的存货也就是尚未销售商品的成本。商品销售的毛利润、销售成本和期末存货的核算如上述所示。例如，假定卖出的商品是 5 月 18 日采购的，那么销售成本就是 13 美元，毛利润为 7 美元，期末存货的价值为 23 美元。

分批认定法在实务中并不常见，因为这种方法的运用有着很强的局限性，要求商品必须可以单独进行标记，从而可以确定每次销售商品的购买批次。例如，汽车经销商就可以采用分批认定法，因为每辆汽车都有自己独特的序列号。但是大多数公司不能将每一单位的产品分开单独核算。在这种情况下，就需要采用下列的成本核算方法了。关于存货成本计量的三种常用假设和方法如图表 7-1 所示。

图表 7-1 存货成本计量的假设和方法

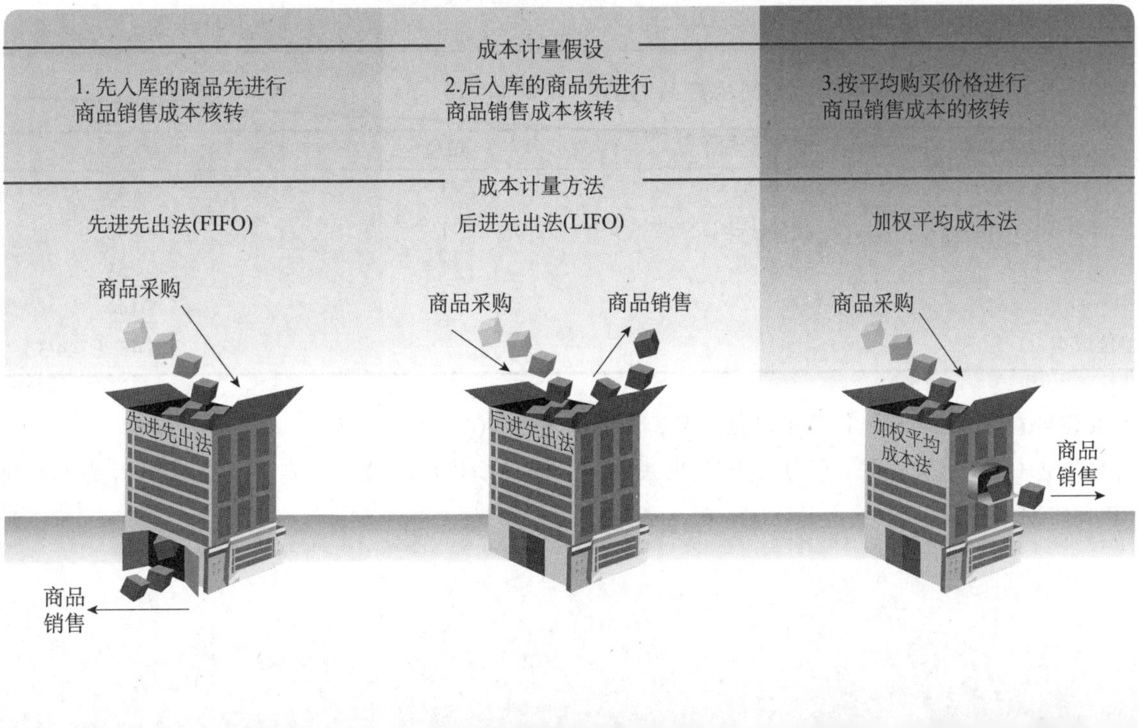

在**先进先出法**（first-in, first-out（FIFO）inventory cost flow method）下，假定先购买的商品先卖出，公司期末的存货都是最近购进的商品。在前面的例子中，假定5月10日采购的商品最先被卖出，由此得到的毛利润为11美元（20-9），期末存货为27美元（13+14）。

在**后进先出法**（last-in, first-out（LIFO）inventory cost flow method）下，假定后购买的商品先卖出，公司期末的存货都是较早购进的商品。在前面的例子中，假定5月24日采购的商品最先被卖出，由此得到的毛利润是6美元（20-14），期末存货为22美元（9+13）。

加权平均成本法（weighted average inventory cost flow method）有时也称为平均成本法，商品销售的成本和期末存货的成本是根据加权平均的单位成本进行核算的。之所以称为加权平均是因为要将每一次购买的数量作为权重，进行加权。在前面的例子中，商品的销售成本为12美元（36/3），由此得到的毛利润为8美元（20-12），期末存货为24美元（12×2）。在这个例子中，因为每次的采购量（1单位）都是相等的，所以成本为等额加权。

先进先出法、后进先出法以及加权平均成本法在图表7-2中列示。使用最多的是先进先出法，其次是后进先出法和加权平均成本法。

图表 7-2　存货成本计量方法的应用

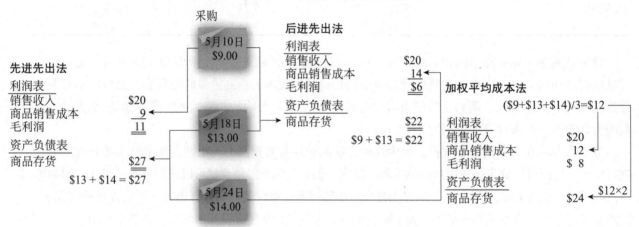

例 7-1　存货成本计量方法

假定某公司在2月份采购了三批相同的产品QBM，采购信息如下：

	商品 QBM	单位	成本
2 月 8 日	购买	1	$ 45
15 日	购买	1	48
26 日	购买	1	51
总计		3	$ 144
平均每单位成本			$ 48 （144/3）

假定该公司在2月27日销售了1单位产品，单位售价为70美元。

分别运用（a）先进先出法；（b）后进先出法；（c）加权平均成本法，确定公司2月份的销售毛利润和2月28日的期末存货。

解答:

	毛利润	期末存货
a. 先进先出法	$ 25（70−45）	$ 99（48+51）
b. 后进先出法	$ 19（70−51）	$ 93（45+48）
c. 加权平均成本法	$ 22（70−48）	$ 96（48×2）

7.3 永续盘存制下存货成本的核算

在前面的论述中，我们已经知道当分批以不同的价格购买商品，公司在成本核算的时候，需要选用特定的存货成本计量方法，这与公司是选择永续盘存制还是定期盘存制没有关系。

在这一节，我们讨论永续盘存制下先进先出法、后进先出法和加权平均成本法的使用。为了更好地阐述这一部分的内容，我们假定商品 127B 的采购信息如下:

日期	商品 127B	数量	单价
1 月 1 日	期初存货	1 000	$ 20.00
4 日	以单价 30 美元销售	700	
10 日	购入	500	22.40
22 日	以单价 30 美元销售	360	
28 日	以单价 30 美元销售	240	
30 日	购入	600	23.30

先进先出法

当我们使用先进先出法时，商品销售成本的核算顺序与购买顺序是一致的，也与商品实际的流转过程一致。所以对于很多企业而言，采用先进先出法与分批认定法核算的结果是相同的。例如，小型超市会将牛奶和其他保质期短的商品按保质期由短到长的顺序排列，即将到期日早的商品放在前面。也就是说，先购进的商品会先卖出。

举例来说，图表 7-3 展示了永续盘存制下先进先出法的应用。商品 127B 购销涉及的会计分录和存货明细账的相关信息如下:

图表 7-3 永续盘存制下的会计分录和存货明细账（先进先出法）

会计分录	商品 127B									
		采购			商品销售成本			存货		
	日期	数量	单位成本	总成本	数量	单位成本	总成本	数量	单位成本	总成本
1 月 4 日 借:应收账款 21 000 　贷:销售收入 21 000 4 日 借:商品销售成本 14 000 　贷:商品存货 14 000	1 月 1 日							1 000	20.00	20 000
	4 日				700	20.00	14 000	300	20.00	6 000
10 日 借:商品存货 11 200 　贷:应收账款 11 200								300	20.00	6 000
	10 日	500	22.40	11 200				500	22.40	11 200
22 日 借:应收账款 10 800 　贷:销售收入 10 800 22 日 借:商品销售成本 7 344 　贷:商品存货 7 344	22 日				300	20.00	6 000			
					60	22.40	1 344	440	22.40	9 856
28 日 借:应收账款 7 200 　贷:销售收入 7 200 28 日 借:商品销售成本 5 376 　贷:商品存货 5 376	28 日				240	22.40	5 376	200	22.40	4 480
								200	22.40	4 480
30 日 借:商品存货 13 980 　贷:应收账款 13 980	30 日	600	23.30	13 980				600	23.30	13 980
	31 日	余额					26 720			18 460

商品销售成本　　　1 月 31 日的期末存货

（1）1月1日存货的期初余额为20 000美元（数量为1 000单位，单位成本为20美元）。

（2）1月4日销售商品700单位，销售单价为30美元，总销售收入为21 000美元（700×30），总销售成本为14 000美元（数量为700单位，单位成本为20美元）。销售后，存货的账面价值为6 000美元（数量为300单位，单位成本为20美元）。

（3）1月10日购进商品500单位，单位成本为22.40美元，存货购进的总成本为11 200美元。购进后，存货列报的信息就变成了两行，一行是存货的期初价值6 000美元（数量为300单位，单位成本为20.00美元），一行是1月10日购入存货的价值11 200美元（数量为500单位，单位成本为22.40美元）。

（4）1月22日销售商品360单位，销售单价为30美元，总销售收入为10 800美元（360×30）。在先进先出法下，存货的销售成本为7 344美元，其中6 000美元为期初的存货（数量为300单位，单位成本为20.00美元），1 344美元为1月10日购入的存货（数量为60单位，单位成本为22.40美元）。销售后，存货的账面价值为9 856美元（数量为440单位，单位成本为22.40美元）。

（5）1月28日的销售业务和1月30日的采购业务的会计处理方法与上面的类似。

（6）1月31日存货的期末余额为18 460美元，如下所示，期末存货由下面两批存货构成：

	采购日期	数量	单位成本	总成本
批次1	1月10日	200	$ 22.40	$ 4 480
批次2	1月30日	600	23.30	13 980
合计		800		$ 18 460

例7-2　永续盘存制下的先进先出法

商品ER27存货的期初余额、采购和销售信息如下：

11月1日	存货	40单位，单位成本为5美元
5日	销售	30单位
11日	购进	70单位，单位成本为7美元
21日	销售	36单位

假定公司采用永续盘存制和先进先出法进行存货的核算和管理，计算：（a）11月21日商品销售成本；（b）11月30日存货的期末余额。

解答：

a. 商品销售成本（11月21日）：10单位，单位成本为5美元	$ 50
26单位，单位成本为7美元	182
36单位	$ 232

b. 11月30日存货的期末余额：308美元（44×7）

后进先出法

永续盘存制下的后进先出法，是指存货的销售成本为最近购进商品的成本。后进先出法往往用于特殊的情况，在这些特殊情况下，企业后购进的商品被先发出。后进先出法的节税功能将在本章后面进行介绍。

举例来说，图表 7-4 展示了永续盘存制下后进先出法的应用。商品 127B 购销涉及的会计分录和存货明细账的相关信息如下：

图表 7-4　永续盘存制下的会计分录和存货明细账（后进先出法）

会计分录：

日期	分录	借方	贷方
1月4日	借：应收账款	21 000	
	贷：销售收入		21 000
4 日	借：商品销售成本	14 000	
	贷：商品存货		14 000
10 日	借：商品存货	11 200	
	贷：应收账款		11 200
22 日	借：应收账款	10 800	
	贷：销售收入		10 800
22 日	借：商品销售成本	8 064	
	贷：商品存货		8 064
28 日	借：应收账款	7 200	
	贷：销售收入		7 200
28 日	借：商品销售成本	5 136	
	贷：商品存货		5 136
30 日	借：商品存货	13 980	
	贷：应付账款		13 980

商品 127B

日期	采购 数量	采购 单位成本	采购 总成本	商品销售成本 数量	商品销售成本 单位成本	商品销售成本 总成本	存货 数量	存货 单位成本	存货 总成本
1月1日							1 000	20.00	20 000
4 日				700	20.00	14 000	300	20.00	6 000
10 日	500	22.40	11 200				300	20.00	6 000
							500	22.40	11 200
22 日				360	22.40	8 064	300	20.00	6 000
							140	22.40	3 136
28 日				140	22.40	3 136			
				100	20.00	2 000	200	20.00	4 000
30 日	600	23.30	13 980				200	20.00	4 000
						———	600	23.30	13 980
31 日	余额					27 200			17 980

商品销售成本 → 27 200　　　1 月 31 日的期末存货 → 17 980

（1）1 月 1 日存货的期初余额为 20 000 美元（数量为 1 000 单位，单位成本为 20 美元）。

（2）1 月 4 日销售商品 700 单位，销售单价为 30 美元，总销售收入为 21 000 美元（700×30），总销售成本为 14 000 美元（数量为 700 单位，单位成本为 20 美元）。销售后，存货的账面价值为 6 000 美元（数量为 300 单位，单位成本为 20 美元）。

（3）1 月 10 日购进商品 500 单位，单位成本为 22.40 美元，存货购进的总成本为 11 200 美元。购进后，存货列报的信息就变成了两行，一行是存货的期初价值 6 000 美元（数量为 300 单位，单位成本为 20.00 美元），一行是 1 月 10 日购入存货的价值 11 200 美元（数量为 500 单位，单位成本为 22.40 美元）。

（4）1 月 22 日销售商品 360 单位，销售单价为 30 美元，总销售收入为 10 800 美元（360×30）。在后进先出法下，存货的销售成本为 8 064 美元，由 1 月 10 日购入的存货构成（数量为 360 单位，单位成本为 22.40 美元）。销售后，存货价值 9 136 美元由两部分组成，其中 6 000 美元为期初的存货（数量为 300 单位，单位成本为 20 美元），3 136 美元为 1 月 10 日购入的存货（数量为 140 单位，单位成本为 22.40 美元）。

（5）1 月 28 日的销售业务和 1 月 30 日的采购业务的会计处理方法与上面的类似。

（6）1 月 31 日存货的期末余额为 17 980 美元，如下所示，期末存货由下面两批存货构成：

	采购日期	数量	单位成本	总成本
批次 1	1 月 1 日（期初存货）	200	$20.00	$ 4 000
批次 2	1 月 30 日	600	23.30	13 980
合计		800		$ 17 980

在使用后进先出法时，有的公司在存货明细账中只记录存货数量，在期末编制财务报表时才将数量转化为金额。

例7-3　永续盘存制下的后进先出法

商品 ER27 存货的期初余额、采购和销售信息如下：

11 月 1 日	存货	40 单位，单位成本为 5 美元
5 日	销售	30 单位
11 日	购进	70 单位，单位成本为 7 美元
21 日	销售	36 单位

假定公司采用永续盘存制和后进先出法进行存货的核算和管理，计算：（a）11 月 21 日商品销售成本；（b）11 月 30 日存货的期末余额。

解答：

a. 商品销售成本（11 月 21 日）：252 美元（36×7）。

b. 11 月 30 日存货的期末余额：

10 单位，单位成本为 5 美元		$ 50
34 单位，单位成本为 7 美元		238
44 单位		$ 288

加权平均成本法

永续盘存制下的加权平均成本法是指根据所有存货的加权平均价格进行存货成本的核算。销售成本由前期购买的平均成本决定，在每一次采购后都需要计算新的平均价格，所以这种方法又称为移动加权平均法。

举例来说，图表 7-5 展示了永续盘存制下加权平均成本法的应用。商品 127B 购销涉及的会计分录和存货明细账的相关信息如下：

图表 7-5　永续盘存制下的会计分录和存货明细账（加权平均成本法）

1月4日	借：应收账款	21 000
	贷：销售收入	21 000
4 日	借：商品销售成本	14 000
	贷：商品存货	14 000
10 日	借：商品存货	11 200
	贷：应收账款	11 200
22 日	借：应收账款	10 800
	贷：销售收入	10 800
22 日	借：商品销售成本	7 740
	贷：商品存货	7 740
28 日	借：应收账款	7 200
	贷：销售收入	7 200
28 日	借：商品销售成本	5 160
	贷：商品存货	5 160
30 日	借：商品存货	13 980
	贷：应付账款	13 980

商品 127B

	采购			商品销售成本			存货		
日期	数量	单位成本	总成本	数量	单位成本	总成本	数量	单位成本	总成本
1月1日							1 000	20.00	20 000
4 日				700	20.00	14 000	300	20.00	6 000
10 日	500	22.40	11 200				800	21.50	17 200
22 日				360	21.50	7 740	440	21.50	9 460
28 日				240	21.50	5 160	200	21.50	4 300
30 日	600	23.30	13 980				800	22.85	18 280
31 日	余额					26 900	800	22.85	18 280

商品销售成本　　　　　　　　1 月 31 日的期末存货

（1）1 月 1 日存货的期初余额为 20 000 美元（数量为 1 000 单位，单位成本为 20 美元）。

（2）1 月 4 日销售商品 700 单位，销售单价为 30 美元，总销售收入为 21 000 美元（700×30），总销售成本为 14 000 美元（数量为 700 单位，单位成本为 20 美元）。销售后，存货的账面价值为

6 000 美元（数量为 300 单位，单位成本为 20 美元）。

（3）1 月 10 日购进商品 500 单位，单位成本为 22.40 美元，存货购进的总成本为 11 200 美元。购进后，存货的加权平均单位成本为 21.50 美元，是由未销售的存货总成本 17 200 美元（6 000＋11 200）与未销售的存货总数量 800 单位（300＋500）相除得到的。因此，销售后，存货的数量为 800 单位，单位成本为 21.50 美元，总成本为 17 200 美元。

（4）1 月 22 日销售商品 360 单位，销售单价为 30 美元，总销售收入为 10 800 美元（360×30）。在加权平均成本法下，存货的销售成本为 7 740 美元（360 单位×21.50 美元/单位）。销售后，存货的账面价值为 9 460 美元（440 单位×21.50 美元/单位）。

（5）1 月 28 日的销售业务和 1 月 30 日的采购业务的会计处理方法与上面的类似。

（6）1 月 31 日存货的期末余额为 18 280 美元（800 单位×22.85 美元/单位）。

例 7-4　永续盘存制下的加权平均成本法

商品 ER27 存货的期初余额、采购和销售信息如下：

11 月 1 日	存货	40 单位，单位成本为 5 美元
5 日	销售	30 单位
11 日	购进	70 单位，单位成本为 7 美元
21 日	销售	36 单位

假定公司采用永续盘存制和加权平均成本法进行存货的核算和管理，计算：（a）11 月 11 日采购之后的加权平均成本；（b）11 月 21 日商品销售成本；（c）11 月 30 日存货的期末余额。

解答：

a. 加权平均单位成本：6.75 美元。

11 月 11 日采购后，存货的总成本为：10 单位，单位成本为 5 美元	$ 50
70 单位，单位成本为 7 美元	490
80 单位	$ 540

加权平均单位成本＝6.75 美元（540/80）

b. 商品销售成本（11 月 21 日）：243 美元（36×6.75）。

c. 11 月 30 日存货的期末余额：297 美元（44×6.75）。

7.4　定期盘存制下存货成本的核算

在定期盘存制下，对于每一次商品的销售，只记录收入，不记录销售成本。在期末对货物进行实地盘存后，再核算存货的销售成本和期末余额。

同永续盘存制一样，公司在核算成本时需要选用特定的存货成本计量方法，包括先进先出法、后进先出法和加权平均成本法。

先进先出法

为了更好地阐述在定期盘存制下先进先出法的运用，我们继续使用永续盘存制下商品 127B 的数据，商品 127B 的采购信息如下：

1月1日	存货	1 000 单位	$ 20.00/ 单位	$ 20 000
10 日	购入	500 单位	22.40/ 单位	11 200
30 日	购入	600 单位	23.30/ 单位	13 980
本月可供销售的存货		2 100 单位		$ 45 180

1月 31 日实地盘存的结果显示，尚未销售的存货为 800 单位。根据先进先出法，存货期末的价值由最近采购的存货成本组成。期末 1 月 31 日 800 单位商品的成本记录如下：

最近一次采购成本，1 月 30 日采购	600 单位	$ 23.30/ 单位	$ 13 980
前一次采购成本，1 月 10 日采购	200 单位	22.40/ 单位	4 480
1 月 31 日的存货期末余额	800 单位		$ 18 460

用本月可供销售的商品成本 45 180 美元减去 1 月 31 日存货期末余额 18 460 美元，可以得到商品销售成本为 26 720 美元，具体计算过程如下所示：

1 月 1 日存货期初余额	$ 20 000
购入（11 200+13 980）	25 180
1 月份可供销售的商品成本	$ 45 180
减：1 月 31 日存货期末余额	18 460
商品销售成本	$ 26 720

1 月 31 日的存货期末余额为 18 460 美元，由最近采购的存货成本构成。商品销售成本 26 720 美元则是根据最先购进的存货成本得出的。图表 7-6 显示了 1 月份商品销售成本与 1 月 31 日存货期末余额的关系。

图表 7-6 先进先出法的成本流转

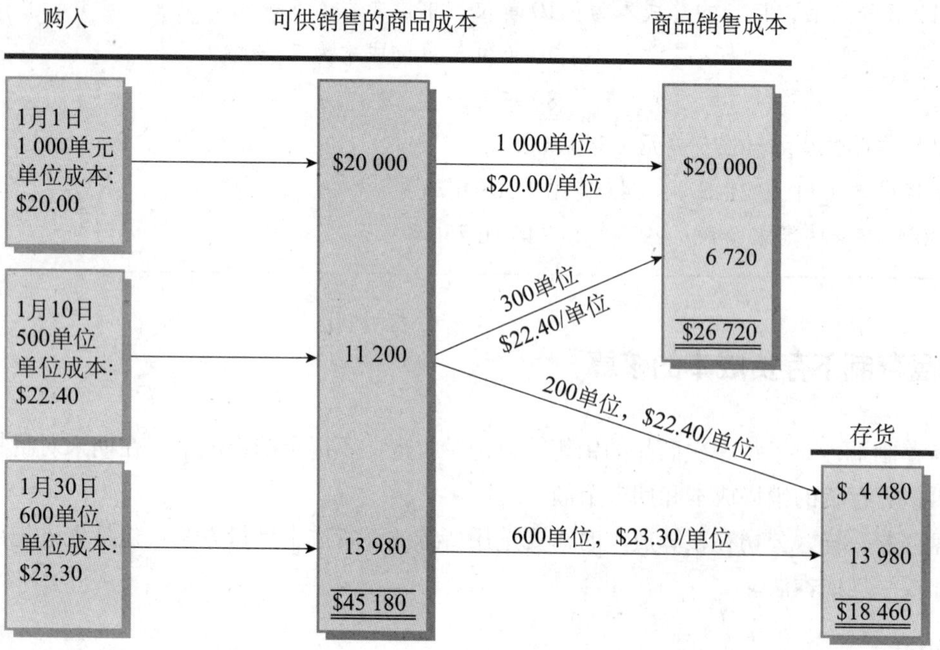

后进先出法

在后进先出法下，期末存货由最先购进的存货构成。沿用先进先出法下的例子，1 月 31 日期末存货 800 单位的价值为 16 000 美元，由单位成本为 20.00 美元的 800 单位期初存货构成。

用本月可供销售的商品成本 45 180 美元减去 1 月 31 日存货期末余额 16 000 美元，可以得到商品销售成本为 29 180 美元，具体计算过程如下所示：

1 月 1 日存货期初余额	$ 20 000
购入（11 200+13 980）	25 180
1 月份可供销售的商品成本	$ 45 180
减：1 月 31 日存货期末余额	16 000
商品销售成本	$ 29 180

1 月 31 日的存货期末余额为 16 000 美元，是由最早采购的存货成本构成。商品销售成本 29 180 美元则是根据最新购进的存货成本得出的。图表 7-7 显示了 1 月份商品销售成本与 1 月 31 日存货期末余额的关系。

图表 7-7 后进先出法的成本流转

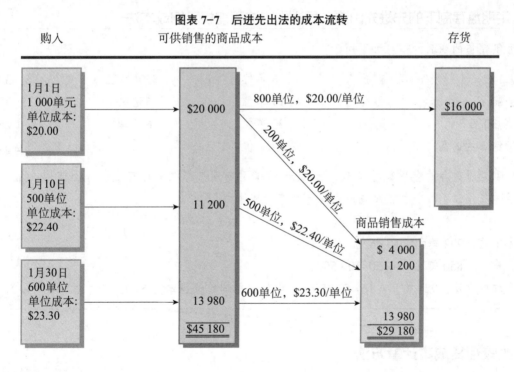

加权平均成本法

加权平均成本法是指根据加权平均单位成本来确定本期商品销售成本和商品存货的期末价值的方法。如果商品的采购相对比较固定，加权平均成本法可以合理地反映商品实际的流转。

加权平均成本的计算公式如下：

$$加权平均单位成本 = \frac{可供销售商品的总成本}{可供销售商品的总数量}$$

举例来说，沿用商品 127B 的数据，商品的加权平均单位成本的计算如下：

$$加权平均单位成本 = \frac{可供销售商品的总成本}{可供销售商品的总数量} = \frac{45\,180}{2\,100}$$

$$\approx 21.51（美元 / 单位）$$

1月31日期末存货价值的计算如下：

1月31日，期末存货价值：17 208美元（800×21.51）

用本月可供销售的商品成本45 180美元减去1月31日存货期末余额17 208美元，可以得到商品销售成本为27 972美元，具体计算过程如下所示：

1月1日存货期初余额	$ 20 000
购入（11 200+13 980）	25 180
1月份可供销售的商品成本	$ 45 180
减：1月31日存货期末余额	17 208
商品销售成本	$ 27 972

例7-5 **定期盘存制下的先进先出法、后进先出法和加权平均成本法**

本年度可供销售的商品的信息如下所示：

1月1日	存货	6单位	$50/单位	$ 300
3月20日	购入	14单位	55/单位	770
10月30日	购入	20单位	62/单位	1 240
可供销售的商品		40单位		$ 2 310

12月31日实地盘存的存货数量为16单位，公司采用定期盘存制管理存货。分别使用：（a）先进先出法；（b）后进先出法；（c）加权平均成本法计算存货成本。

解答：

a. 先进先出法：992美元（16×62）。

b. 后进先出法：850美元（6×50+10×55）。

c. 加权平均成本法：924美元（16×57.75），其中加权平均单位成本为57.75美元（2 310/40）。

7.5 比较存货成本计量方法

存货成本计量的三种方法是基于不同的成本计量假设确定的，这三种方法会对下列项目的金额产生不同的影响：

（1）商品销售成本；

（2）毛利润；

（3）净利润；

（4）存货期末价值。

沿用永续盘存制下的例子，假定销售收入为39 000美元（1 300×30），使用不同存货计量方法的差异如下所示：

部分利润表			
	先进先出法	加权平均成本法	后进先出法
销售收入	$ 39 000	$ 39 000	$ 39 000
商品销售成本	26 720	26 900	27 200
毛利润	$ 12 280	$ 12 100	$ 11 800
1 月 31 日商品存货	$ 18 460	$ 18 280	$ 17 980

上面的差异主要展示了在存货采购成本（价格）不断上升的情况下，利润表中各项目金额的变动。如果存货的采购价格都是相同的，那么三种不同存货计量方法的结果是一致的。然而，在现实生活中，存货的采购价格往往不断变化。图表 7-8 展示了存货采购成本（价格）变动对使用先进先出法和后进先出法的影响。对加权平均成本法的影响介于先进先出法与后进先出法之间。

图表 7-8　存货采购成本（价格）变动对使用先进先出法和后进先出法的影响

	成本（价格）上升		成本（价格）降低	
	金额最高	金额最低	金额最高	金额最低
商品销售成本	后进先出	先进先出	先进先出	后进先出
毛利润	先进先出	后进先出	后进先出	先进先出
净利润	先进先出	后进先出	后进先出	先进先出
存货期末余额	先进先出	后进先出	后进先出	先进先出

如图表 7-8 所示，当存货采购成本（价格）不断上升时，使用先进先出法比后进先出法可产生更高的毛利润和净利润。但是，当存货采购成本（价格）急剧上升时，出售的存货必须以更高的成本价格补充购买。在这种情况下，使用先进先出法产生的更高的毛利润和净利润又称存货收益或者虚增利润。

在成本增长期间，使用后进先出法在利润表中与销售收入配比的是最近的采购成本，因此，人们一直认为使用后进先出法能更好地配比当期成本和当期收入，也能减少应交的所得税。后进先出法报告的毛利润是最低的，因此，计税收入也是最低的。但是，在后进先出法下，资产负债表中的期末存货价值可能与当期成本相差很大，在这种情况下，财务报表中通常会用注释说明用先进先出法估计的存货价值。

在某种意义上，加权平均成本法是先进先出法和后进先出法的一种折中。成本（价格）的变化会在商品销售成本与存货期末余额之间分摊。

7.6　商品存货在财务报表中的披露

成本是存货在财务报告中进行评估和披露的主要依据。但是在下列情况下，存货可以不以成本进行计量：

（1）存货的重置成本低于账面价值；

（2）产品瑕疵、样式过时、损坏或其他原因，导致存货不能以正常的价格销售。

以成本与市场价值孰低法计量

如果存货的重置成本低于存货的账面价值，就应使用**成本与市场价值孰低法**（lower-of-cost-or-market（LCM）method）对存货进行计量。在成本与市场价值孰低法下，存货的市场价值就是存货的可变现净值。**可变现净值**（net realizable value）的计算公式如下：

可变现净值＝预计销售价格－直接处置成本

直接处置成本包括销售费用，如特定的广告费用和销售佣金。举例来说，假定下面是一批被损坏的商品的信息：

初始成本	$ 1 000
预计销售价格	800
预计销售费用	150

则这批存货的可变现净值的计算如下：

可变现净值＝800－150＝650（美元）

因此，存货的可变现净值为650美元，这是1 000美元的成本和650美元的市场价值中的较低者。成本与市场价值孰低法下确定存货成本、市场价值的下降有三种方法：

（1）存货单独认定法；

（2）存货分批或分类认定法；

（3）全部存货认定法。

存货价值的下降都记录在了商品销售成本中，其会降低商品的销售毛利润和净利润。这种价值下降期间的配比原则是采用这种方法的主要优点之一。

举例来说，假定1月31日400单位相同的商品Echo的信息如下：

单位成本	$ 10.25
市场价值（可变现净值）	9.50

因为商品Echo的市场价值为每单位9.50美元，根据成本与市场价值孰低法，在财务报表中，需要披露的存货的单位价值为9.50美元。

图表7-9展示了各类商品（Echo，Foxtrot，Sierra，Tango）对于成本与市场价值孰低法的应用。在存货单独认定法下，成本与市场价值较低者为市场价值15 070美元，市场价值比成本低450美元（15 520－15 070），由市场价值下降带来的损失记录在商品销售成本中。

如果图表7-9中的Echo，Foxtrot，Sierra和Tango是同一类存货，那么运用存货分批或分类认定法，成本与市场价值较低者为市场价值15 472美元，市场价值比成本低48美元（15 520－15 472）。同样地，如果Echo，Foxtrot，Sierra和Tango构成了全部的存货，则运用全部存货认定法，成本与市场价值较低者同样为市场价值15 472美元。

图表 7-9　运用成本与市场价值孰低法进行存货计量

存货名称	存货数量	单位成本	单位市场价值（可变现净值）	合计		
				成本	市场价值	成本与市场价值较低者
Echo	400	$ 10.25	$ 9.50	$ 4 100	$ 3 800	$ 3 800
Foxtrot	120	22.50	24.10	2 700	2 892	2 700
Sierra	600	8.00	7.75	4 800	4 650	4 650
Tango	280	14.00	14.75	3 920	4 130	3 920
合计				$ 15 520	$ 15 472	$ 15 070

例 7-6　成本与市场价值孰低法

假定采用成本与市场价值孰低法进行存货价值的披露，成本和市场价值根据存货单独认定法计量，根据下面的数据，编制与图表 7-9 类似的表格。

存货名称	存货数量	单位成本	单位市场价值（可变现净值）
C17Y	10	$ 39	$ 40
B563	7	110	98

解答：

存货名称	存货数量	单位成本	单位市场价值（可变现净值）	合计		
				成本	市场价值	成本与市场价值较低者
C17Y	10	$ 39	$ 40	$ 390	$ 400	$ 390
B563	7	110	98	770	686	686
合计				$ 1 160	$ 1 086	$ 1 076

存货在资产负债表中的披露

存货通常是在资产负债表中的流动资产中列报。除了披露存货金额，还需要披露下列信息：

（1）存货成本计量方法（先进先出法、后进先出法或加权平均成本法）；

（2）存货计量方法（历史成本法或成本与市场价值孰低法）。

第 7～15 章关于财务报表的例子都来源于莫宁·乔公司的财务报表，莫宁·乔公司是一家虚构的咖啡店，其完整的财务报表显示在第 15 章末。

莫宁·乔公司资产负债表中的商品存货信息如下：

莫宁·乔公司 资产负债表 20Y6 年 12 月 31 日	
流动资产：	
现金及现金等价物	$ 235 000
存货——成本（先进先出法）与市场价值较低者	120 000

大型企业可能会对不同类别的存货成本采取不同的计量方法。企业也可能会改变存货成本计量方法，如果方法发生了变化，则需要在财务报表中披露变更的原因，以及对财务报表的影响。

存货差错对财务报表的影响

任何存货差错都会影响资产负债表和利润表。存货差错可以归纳为下列方面：

（1）实际库存量盘点错误。

（2）存货成本的分配错误。例如，先进先出法、后进先出法或加权平均成本法运用时出错。

（3）在途物资被错误地多记或漏记。

（4）委托代销商品被错误地多记或漏记。

存货差错大多是期末在途物资导致的。第6章中指出，运输条款决定商品所有权转移的时间。当采用装运地交货方式采购或销售商品时，货物在运输途中的所有权归买方所有；当采用目的地交货方式时，货物在运输途中的所有权归卖方所有。

举例来说，SysExpress 公司从美国产品公司订货，订货条款如下：

订购日期	20Y1 年 12 月 27 日
订购金额	$ 10 000
运输条款	装运地交货，"2/10，n/30"
卖方的装运日期	12 月 30 日
实际交付日期	20Y2 年 1 月 3 日

当 SysExpress 公司在 20Y1 年 12 月 31 日盘点存货时，这批货物还在运输过程中。在这种情况下，SysExpress 公司在 20Y1 年 12 月 31 日很有可能忘记这一部分存货。然而，因为运输条款规定是装运地交货方式采购商品，所以 SysExpress 公司在 20Y1 年 12 月 31 日拥有这批商品的所有权。也就是说，虽然这批商品年末还没有入库，但是也应该纳入 SysExpress 公司的存货。同样地，SysExpress 公司以目的地交货方式卖出的在途物资，尽管在 20Y1 年 12 月 31 日这批商品已经不在公司，但依然属于 SysExpress 公司的存货。

存货差错还可能是**委托代销商品**（consigned inventory）导致的。有时，制造商会将自己的商品运送至零售商，这些零售商是销售代理商。那么制造商是**委托方**（consignor），在商品被出售前享有商品的所有权。这些商品称为委托代销商品，零售商称为**受托方**（consignee）。年末未出售的存货，虽然仍保存在零售商（受托方）处，但是商品的所有权属于制造商（委托方），在年末进行实物盘点的时候，零售商（受托方）很可能错误地将委托代销商品作为自己的存货。同样地，商品虽然不在制造商（委托方）的仓库，但是应该纳入制造商的存货。

对利润表的影响

存货差错可能会影响利润表中的商品销售成本、毛利润和净利润项目。存货差错对利润表当期各项目的影响如图表 7-10 所示。

图表 7-10　存货差错对当期利润表的影响

存货差错	对利润表的影响		
	商品销售成本	毛利润	净利润
初期存货：			
被低估	被低估	被高估	被高估
被高估	被高估	被低估	被低估
期末存货：			
被低估	被高估	被低估	被低估
被高估	被低估	被高估	被高估

举例来说，图表 7-11 展示了 SysExpress 公司的利润表。假定 SysExpress 公司在 20Y1 年 12 月 31 日存货的正确金额为 60 000 美元，但公司错误地记成了 50 000 美元。那么，存货在 20Y1 年 12 月 31 日被低估了 10 000 美元（60 000-50 000）。因此，商品销售成本被高估了 10 000 美元，进而导致 20Y1 年的毛利润和净利润被低估了 10 000 美元。

20Y1 年 12 月 31 日期末存货的价值也就是 20Y2 年 1 月 1 日期初存货的价值。因此，20Y2 年 1 月 1 日期初存货的价值被低估了 10 000 美元。20Y2 年商品销售成本被低估了 10 000 美元，进而导致 20Y2 年的毛利润和净利润被高估了 10 000 美元。

如图表 7-11 所示，因为上期期末存货的价值会直接影响下期期初存货的价值，所以存货差错会影响两个年度。具体来说，存货差错对第一年和第二年利润表的影响是相反的。从图表 7-11 中可以看出，20Y1 年和 20Y2 年净利润的合计金额 525 000 美元是正确的，但 20Y1 年和 20Y2 年各年的净利润是不正确的。

图表 7-11　存货差错对两年利润表的影响

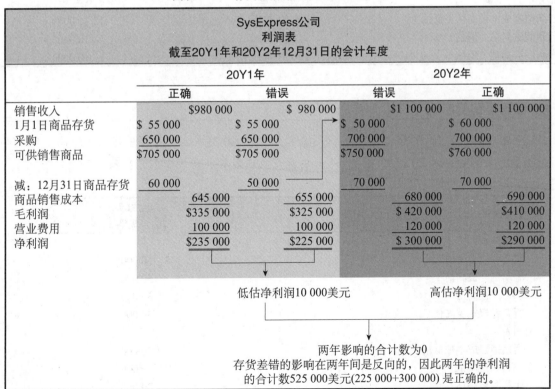

对资产负债表的影响

存货差错会影响资产负债表中的商品存货、流动资产、总资产和所有者权益项目。图表 7-12 展示了存货差错对资产负债表当期各项目的影响。

图表 7-12　存货差错对当期资产负债表的影响

期末存货差错	对资产负债表的影响			
	商品存货	流动资产	总资产	所有者权益（资本）
被低估	被低估	被低估	被低估	被低估
被高估	被高估	被高估	被高估	被高估

图表 7-11 展示了 SysExpress 公司在 20Y1 年 12 月 31 日期末存货价值被低估了 10 000 美元，导致 20Y1 年 12 月 31 日资产负债表中的商品存货、流动资产、总资产都被低估了 10 000 美元。因为期末存货价值被低估了 10 000 美元，所以 20Y1 年商品销售成本被高估了 10 000 美元。因此，20Y1 年的毛利润和净利润均被低估了 10 000 美元。又因为净利润在年末会被结转至所有者权益账户，所以 20Y1 年 12 月 31 日资产负债表中的所有者权益（资本）也被低估了 10 000 美元。

存货差错对两年的影响是相反的，所以 20Y2 年 12 月 31 日的资产负债表是正确的。沿用图表 7-11 中 SysExpress 公司的例子，存货差错的影响汇总如下：

	误述金额	
资产负债表：	20Y1 年 12 月 31 日	20Y2 年 12 月 31 日
商品存货被高估（低估）	$（10 000）	正确
流动资产被高估（低估）	（10 000）	正确
总资产被高估（低估）	（10 000）	正确
所有者权益被高估（低估）	（10 000）	正确
利润表：	20Y1 年	20Y2 年
商品销售成本被高估（低估）	$ 10 000	$（10 000）
毛利润被高估（低估）	（10 000）	10 000
净利润被高估（低估）	（10 000）	10 000

例 7-7　存货差错的影响

祖拉修理店在 20Y8 年 12 月 31 日存货的实际金额为 220 000 美元，但错误地将存货记成了 250 000 美元。请指出这笔存货差错会对 20Y8 年 12 月 31 日的资产负债表和利润表中的哪些项目产生影响。

解答：

	误述金额 高估（低估）
资产负债表：	
商品存货被高估	$　30 000
流动资产被高估	30 000
总资产被高估	30 000
所有者权益被高估	30 000
利润表：	
商品销售成本被低估	$（30 000）
毛利润被高估	30 000
净利润被高估	30 000

7.7 财务分析和解释：存货周转率和存货周转天数

一个商业企业应该保持足够的商品库存，以满足其客户的需求，否则可能会导致销售损失。而存货过多，不仅会占用公司的资金，降低运营的效率，还会增加公司的仓储费用和财产税。若商品价格下跌、商品损坏，或者客户偏好发生了变化，过多的存货会增加企业的风险。

反映企业存货管理效率和效果的两个常用指标是：

（1）存货周转率；

（2）存货周转天数。

存货周转率（inventory turnover）反映的是当期商品销售成本与存货量之间的关系，计算公式如下：

$$存货周转率 = \frac{商品销售成本}{平均存货余额}$$

举例来说，根据近两年的财务报告数据，百思买公司存货周转率的计算如下所示（单位：百万美元）：

	年份	
	第 2 年	第 1 年
商品销售成本	$ 31 292	$ 31 212
存货：		
年初	5 376	5 731
年末	5 174	5 376
平均存货余额*：		
（5 376+5 174）/2	5 275.00	
（5 731+5 376）/2		5 553.50
存货周转率*：		
31 292/5 275	5.93	
31 212/5 553.5		5.62

*四舍五入保留两位小数。

通常来说，存货周转率越高，公司存货管理的效率越高、效果越好。如上表所示，百思买公司的存货周转率从第 1 年的 5.62 增加到第 2 年的 5.93，这说明百思买公司的存货管理效率在第 2 年提高了。

存货周转天数（days'sales in inventory）是指存货取得、销售和更新库存所用的时间，计算公式如下：

$$存货周转天数 = \frac{平均存货余额}{日平均商品销售成本}$$

日平均商品销售成本等于全年销售成本除以 365。沿用上面的数据，百思买公司的存货周转天数的计算如下：

	年份	
	第 2 年	第 1 年
商品销售成本	$ 31 292	$ 31 212
日平均商品销售成本 *：		
31 292/365	85.7	
31 212/365		85.5
平均存货余额 *：		
（5 376+5 174）/2	5 275.0	
（5 731+5 376）/2		5 553.5
存货周转天数 *：		
5 275.0/85.7	61.6 天	
5 553.5/85.5		65.0 天

* 四舍五入保留一位小数。

　　通常，存货周转天数越少，表明公司存货管理的效率越高、效果越好。如上所示，百思买公司的存货周转天数从第 1 年的 65.0 天下降到第 2 年的 61.6 天，这说明百思买公司的存货管理效率得到了改善，这与通过存货周转率得出的结论是一致的。

　　同其他财务指标一样，不同行业的存货周转率的差异也较大。例如，蒂芙尼公司是一家大型珠宝零售商，珠宝的销售速度肯定没有百思买公司电子消费品的销售速度快，所以蒂芙尼公司的存货周转率和存货周转天数与百思买公司有很大的差别，具体数据如下：

	百思买公司	蒂芙尼公司
存货周转率	5.93	0.73
存货周转天数	61.6 天	499.6 天

例 7-8　存货周转率和存货周转天数

比德尔公司截至 12 月 31 日的年度财务报表数据如下所示：

	20Y4 年	20Y3 年
商品销售成本	$ 877 500	$ 615 000
存货：		
年初	225 000	185 000
年末	315 000	225 000

a. 计算 20Y4 年和 20Y3 年的存货周转率；

b. 计算 20Y4 年和 20Y3 年的存货周转天数（两年均按 365 天计算）；

c. 从 20Y3 年到 20Y4 年的存货周转率和存货周转天数的变化是有利趋势还是不利趋势？

解答：

a. 存货周转率：

	20Y4 年	20Y3 年
平均存货余额：		
（225 000 + 315 000）/2	$ 270 000	
（185 000 + 225 000）/2		$ 205 000
存货周转率：		
877 500/270 000	3.25	
615 000/205 000		3.00

b. 存货周转天数：

	20Y4 年	20Y3 年
日平均商品销售成本：		
877 500/365	$ 2 404	
615 000/365		$ 1 685
平均存货余额：		
（225 000 + 315 000）/2	$ 270 000	
（185 000 + 225 000）/2		$ 205 000
存货周转天数：		
270 000/2 404	112.3 天	
205 000/1 685		121.7 天

c. 存货周转率从 3.00 增加到 3.25，存货周转天数从 121.7 天减少到 112.3 天，均表明存货管理的效率越来越高，是有利趋势。

附录：评估存货成本

企业在下列情况下需要对存货进行评估：

（1）不采用永续盘存制；

（2）发生火灾或水灾等自然灾害，使存货账簿和实物被毁坏；

（3）编制月度或季度财务报表，但是实地盘存成本太高，只能在年末盘存。

附录部分介绍了两种常见的存货成本估计方法。

存货成本估计的零售价格法

使用**零售价格法**（retail inventory method）估计存货成本是基于可供销售商品成本与商品零售价格的特定关系，即根据成本与零售价格的比率以及期末的零售价格，来估计期末存货的成本。

零售价格法的运用步骤如下：

第一步：确定可供销售商品的总成本和零售价格总额；

第二步：计算可供销售商品的成本零售价格比率；

第三步：用本期可供销售存货的零售价格减去本期销售收入得到期末存货的零售价格；

第四步：用期末存货的零售价格乘以成本零售价格比率得到期末存货的估计成本。

图表 7-13 举例说明了零售价格法的运用。

图表 7-13　零售价格法确定存货成本

	A	B	C
1		成本	零售价格
2	1月1日商品存货	$ 19 400	$ 36 000
3	1月份采购（净额）	42 600	64 000
第一步 → 4	可供销售商品	$ 62 000	$ 100 000
第二步 → 5	成本零售价格比率：62 000/100 000=62%		
6	1月份销售收入		70 000
第三步 → 7	1月31日商品存货的零售价格		$ 30 000
第四步 → 8	1月31日商品存货的估计成本		
9	（30 000×62%）		$ 18 600

在计算成本销售价格比率的时候，假定期末存货就是期末可供销售的商品。当存货是由不同类别的商品构成时，可能需要分类别计算成本销售价格比率。

零售价格法的优点是可以每月根据零售价格计算出存货的成本。百货公司和类似的零售商通常需要每月编制财务报表，但是每年只会进行一两次实地盘存。因此，管理层使用零售价格法可以更有效地监督公司每月的运营情况。

零售价格法还有利于实地盘存，盘点的存货按照零售价格登记入账，而不是根据实际成本登记入账。反过来，实地盘存的结果也会影响成本销售价格比率，进而影响存货成本。

存货成本估计的毛利法

毛利法（gross profit method）通过估计本年度的毛利来倒推期末存货的价值。本年度的毛利是在上年度毛利的基础上，加减本期调整项得到的结果。

毛利法的运用步骤如下：

第一步：确定可供销售商品的成本；

第二步：用销售收入乘以毛利率得到估计的毛利；

第三步：销售收入减去估计的毛利得到估计的商品销售成本；

第四步：可供销售商品成本减去估计的商品销售成本，得到期末存货估计成本。

图表 7-14 举例说明了毛利法的运用。

图表 7-14　毛利法估计存货成本

	A	B	C
1			成本
2	1月1日商品存货		$ 57 000
3	1月份采购（净额）		180 000
第一步 → 4	可供销售商品		$ 237 000
5	1月份销售收入	$ 250 000	
第二步 → 6	减：估计的毛利（250 000×30%）	75 000	
第三步 → 7	估计的商品销售成本		175 000
第四步 → 8	1月31日商品存货的估计成本		$ 62 000

我们可以使用毛利法编制月度和季度的财务报表，也可以在发生火灾或其他灾害时使用毛利法估计存货成本。

练习题

EX 7–1 存货管理

三溪五金店目前采用定期盘存制度。公司所有者凯文·卡尔顿正在考虑购买一套计算机系统，以便切换为永续盘存制度。凯文对定期盘存制度不满意，是因为它不能及时提供有关存货水平的相关信息。凯文曾多次注意到畅销商品已售罄的同时，店里仍然有太多滞销的其他商品。

凯文还担心在进行实物盘存的同时带来销售损失。三溪五金店目前每年进行两次实物盘存。为了尽量减少干扰，商店会在库存盘点当天关门。凯文认为，关闭商店盘点存货是获得准确库存量的唯一方法。改用永续盘存制度是否会加强三溪五金店对存货的控制呢？改用永续盘存制度是否就不需要清点实物存货了？请解释。

EX 7–3 永续盘存制下的先进先出法

便携式游戏播放器的期初存货、采购和销售数据如下：

4月	1日	存货	120 件，单价 26 美元
	10 日	销售	90 件
	15 日	采购	140 件，单价 28 美元
	20 日	销售	110 件
	24 日	销售	40 件
	30 日	采购	160 件，单价 30 美元

公司采用永续盘存制，并根据先进先出法核算存货成本。

a. 计算每次销售时的商品销售成本及销售后的存货账户余额。请以图表 7–3 为例，展示上述结果。

b. 基于上述数据，你认为如果使用后进先出法核算成本，存货账户余额是增加还是减少？

EX 7–5 永续盘存制下的后进先出法

5 月手机的期初存货、采购和销售数据如下：

存货		采购			销售	
5月1日	1 550 部，单价 44 美元	5 月 10 日	720 部，单价 45 美元	5 月 12 日		1 200 部
		20 日	1 200 部，单价 48 美元	14 日		830 部
				31 日		1 000 部

a. 假设公司采用永续盘存制，并根据后进先出法核算存货成本。计算每次销售时的商品销售成本及销售后的存货账户余额。请以图表 7–4 为例，展示上述结果。

b. 基于上述数据，你认为如果使用先进先出法核算成本，存货账户余额是增加还是减少？

EX 7–7　永续盘存制下的先进先出法和后进先出法

本年，某公司的商品购销情况如下：

期初存货	21 600 件，单价 20.00 美元
销售	14 400 件，单价 40.00 美元
第一次采购	48 000 件，单价 25.20 美元
销售	36 000 件，单价 40.00 美元
第二次采购	45 000 件，单价 26.40 美元
销售	33 000 件，单价 40.00 美元

该公司采用永续盘存制且年末共有 31 200 件商品可供销售。试根据（a）先进先出法和（b）后进先出法计算期末存货的总成本。

EX 7–9　永续盘存制下的加权平均成本法

本年，某公司的下述某种商品可供销售：

1 月 1 日	期初存货	4 000 件，单价 20 美元
4 月 19 日	销售	2 500 件
6 月 30 日	采购	6 000 件，单价 24 美元
9 月 2 日	销售	4 500 件
11 月 15 日	采购	1 000 件，单价 25 美元

该公司采用永续盘存制下的加权平均成本法计算存货成本，请计算每次销售时的商品销售成本及销售后的存货账户余额。请以图表 7–5 为例，展示上述结果。

EX 7–11　永续盘存制下的后进先出法

假设 EX 7–9 中的公司使用永续盘存制，请根据后进先出法计算每次销售时的商品销售成本及销售后的存货账户余额。请以图表 7–4 为例，展示上述结果。

EX 7–13　定期盘存制下的三种方法及以商品销售成本

本年，某公司的商品采购情况如下：

1 月 1 日	存货	1 800 件，单价 108 美元
3 月 10 日	采购	2 240 件，单价 110 美元
8 月 30 日	采购	2 000 件，单价 116 美元
12 月 12 日	采购	1 960 件，单价 120 美元

12 月 31 日，该商品实物盘存量为 2 000 件。若采用定期盘存制，试用三种方法计算存货的成本以及商品销售成本，并以下列形式展示结果。

	成本	
存货成本计量方法	商品存货	已售商品
a. 先进先出法	$	$
b. 后进先出法		
c. 加权平均成本法		

EX 7-15　成本与市场价值孰低法

基于以下数据，按照成本与市场价值孰低法计算存货的价值。请参考图表 7-9 的形式汇总相关数据。

商品名称	存货数量	单位成本	单位市场价值（可变现净值）
桦木	100	$ 125	$ 120
柏树	75	100	108
花楸	80	90	86
云杉	130	74	80
柳树	60	105	98

EX 7-17　实地盘存差错的影响

密苏里河供应公司销售独木舟、皮划艇、激流木筏和其他划船用品。在 20Y2 年 12 月 31 日，公司实地盘点了存货。在这一过程中，密苏里河供应公司错误地将 238 600 美元的存货盘点为 233 400 美元。

a. 说明上述差错会对密苏里河供应公司 20Y2 年 12 月 31 日的资产负债表产生哪些影响。

b. 说明上述差错会对密苏里河供应公司截至 20Y2 年 12 月 31 日的年度利润表产生哪些影响。

c. 如果不更正这一差错，它会对密苏里河供应公司 20Y3 年的利润表产生哪些影响？

d. 如果不更正这一差错，它会对密苏里河供应公司 20Y3 年 12 月 31 日的资产负债表产生哪些影响？

EX 7-19　存货差错

20Y5 年，某公司会计人员发现 20Y4 年年末的实物库存被低估了 42 750 美元。然而，会计人员没有更正该错误，而是假设低估的影响会在 20Y5 年消失（自我更正）。会计人员的假设是否有缺陷？请解释。

综合题

PR 7-1A　永续盘存制下的先进先出法

午夜供应公司在截至 3 月 31 日的三个月内的期初存货、采购和销售数据如下所示：

日期	业务	数量	单位成本	总成本
1 月 1 日	存货	7 500	$ 75.00	$ 562 500
10 日	采购	22 500	85.00	1 912 500
28 日	销售	11 250	150.00	1 687 500
30 日	销售	3 750	150.00	562 500
2 月 5 日	销售	1 500	150.00	225 000
10 日	采购	54 000	87.50	4 725 000
16 日	销售	27 000	160.00	4 320 000
28 日	销售	25 500	160.00	4 080 000
3 月 5 日	采购	45 000	89.50	4 027 500
14 日	销售	30 000	160.00	4 800 000
25 日	采购	7 500	90.00	675 000
30 日	销售	26 250	160.00	4 200 000

要求：

1. 利用先进先出法将存货、采购和商品销售成本数据记录在永续盘存制表格中，类似图表 7-3。

2. 确定这一期间内的总销售收入和商品销售总成本，并利用销售收入和商品销售成本等账户编制会计分录，假设所有的销售都是赊销。

3. 确定这一期间内的毛利润。

4. 确定 3 月 31 日的期末存货成本。

5. 基于以上数据说明利用后进先出法计算得到的存货成本是更高还是更低。

案例分析题

CP 7-1　道德行为

西泽姆电子公司销售适用于游戏机和小型玩具的半导体。该公司近年来非常成功，过去六个季度的收益都在增长。在本季度末，该公司的会计人员杰伊·舒兹计算了半导体的期末存货，他惊讶地发现海登 537X 半导体数量在本季度没有发生变化。杰伊向存货管理经理证实了他的计算，他指出，海登 537X 半导体的销售在本季度初海登 637X 半导体发布时已经停止。杰伊进一步研究了这个问题，发现海登 637X 半导体与海登 537X 半导体的功能相同，但比海登 537X 半导体具有更强的计算能力和更低的成本。杰伊将这一信息通过电子邮件发送给了首席财务官蒂娜·维恩，并建议公司采用成本与市场价值孰低法对海登 537X 半导体存货进行处理。当天晚些时候，蒂娜给杰伊回复了一封电子邮件，指示他不要对海登 537X 半导体存货采用成本与市场价值孰低法，因为"公司面临着维持其盈利增长的巨大压力，而采用成本与市场价值孰低法将导致本季度盈利显著下降"。杰伊不情愿地听从了蒂娜的指示。

评价本季度不采用成本与市场价值孰低法的决定。

1. 谁从这个决定中受益？

2. 这一决定伤害了谁？

3. 杰伊和蒂娜的行为是否合乎职业道德？请解释。

第 8 章

内部控制和现金

控制是我们每天生活的一部分。从某种程度上说，法律是用来限制人的行为的，比如，道路限速是为了交通安全。另外，我们可能也会使用许多非法律手段的控制，比如，保留刷卡凭证并与信用卡账单进行比对，以检查信用卡交易是否出错。此外，银行给予个人身份识别码（PIN）是一种防止未授权者非法盗用他人丢失的银行卡的控制；厂家在牛奶包装上印制最佳使用日期是一种防止购买或销售变质牛奶的控制。如你所见，我们每天都在使用或者面临各种控制。

就像社会中许多控制的例子一样，企业也必须实行控制管理以引导管理者、员工和消费者的行为。比如，eBay 公司维护着一个销售商品和服务的互联网市场，通过 eBay 的在线平台，买家和卖家能浏览、购买和销售各种各样的商品，包括古董和二手车。然而，为了保持诚信和买卖双方的信任，eBay 必须确保买家支付货款，以及卖家没有虚假宣传商品或者不交货。其中一种控制就是设置了一个反馈论坛用于建立买卖双方的信任。一个准买家或者准卖家能在交易前获知对方的信誉度或者收到的反馈评论。不诚信或者不公平交易会带来负面的声誉，甚至会导致会员在 eBay 上的交易资格被暂停或取消。

本章讨论存在于会计系统中的控制行为，这些控制行为为财务报表的可信度提供合理保证，也讨论发现和防止银行账户发生错误的控制行为。本章首先讨论《萨班斯－奥克斯利法案》以及它对控制和财务报表的影响。

学习目标

1. 描述《萨班斯－奥克斯利法案》以及它对内部控制和财务报表的影响。

2. 描述并举例说明内部控制的目标及要素。

3. 描述并举例说明内部控制在现金上的应用。

4. 描述银行账户的性质及其在控制现金中的作用。

5. 描述并举例说明银行存款余额调节表在控制现金中的作用。

6. 描述专项基金的会计核算。

7. 描述并举例说明现金及现金等价物在财务报表中的披露。

8. 描述并举例说明如何使用现金与每月现金支出比评估企业的持续经营能力。

8.1 《萨班斯 – 奥克斯利法案》

《萨班斯 – 奥克斯利法案》（Sarbanes-OxleyAct，简称《萨班斯法案》）是近年来给美国公司带来重大影响的法律之一。《萨班斯法案》的目的是维持公众对于企业财务报告的信心和信任。此外，《萨班斯法案》有助于防止欺诈、偷窃和金融丑闻的发生。

《萨班斯法案》仅适用于股票在公开交易所交易的公司，即上市公司。然而，《萨班斯法案》更强调评估所有公司财务控制和报告的重要性。于是，各种规模的公司都受到《萨班斯法案》的影响。

《萨班斯法案》强调有效内部控制的重要性。**内部控制**（internal control）被定义为一种程序和过程，适用于以下方面：

（1）保护资产；

（2）准确处理信息；

（3）确保遵守法律和规章制度。

《萨班斯法案》要求企业坚持采取有效的内部控制措施（包括编制交易记录和财务报表）。这些控制措施很重要，因为它们制止了欺诈，防止了财务报表误述，如图表 8-1 所示。

图表 8-1 《萨班斯法案》的影响

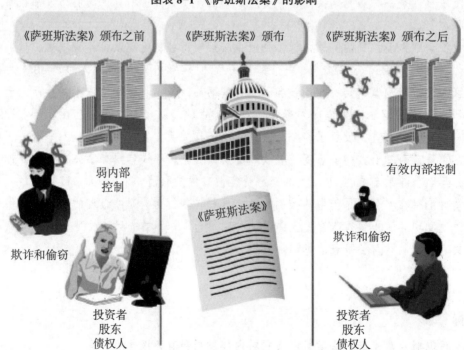

《萨班斯法案》也要求企业和它们独立的会计师对企业内部控制的有效性出具报告。这些报告必须与企业的年报一起存档在美国证券交易委员会（SEC）。SEC 鼓励企业把这些报告包含在年报中呈报给股东。例如，eBay 管理层展示了这样的一份报告，见图表 8-2。

图表 8-2　eBay 遵守《萨班斯法案》的报告

管理层对财务报表内部控制的年度报告

　　管理层有责任建立和维持充分的财务报告内部控制。在首席执行官和首席财务官的监督和参与下，管理层基于内部控制框架——反欺诈财务报告委员会发布的综合框架，评估财务报表内部控制的有效性。基于这个评估，本公司管理层得出结论，截至 12 月 31 日，本公司财务报表内部控制是有效的……

　　图表 8-2 表明，内部控制评估的基础是内部控制综合框架，该框架由反欺诈财务报告委员会（COSO）发布。这个框架是公司设计、分析和评估内部控制的标准。因此，该框架被视为讨论内部控制的基础。

8.2　内部控制

　　下面将具体描述内部控制目标，以及如何通过内部控制综合框架的五要素实现这些目标。

内部控制目标

　　内部控制目标为以下方面提供合理保证：

（1）资产被保护并用于商业目的；

（2）商业信息是准确的；

（3）员工和管理者遵守法律和规章制度。

这些目标如图表 8-3 所示。

图表 8-3　内部控制目标

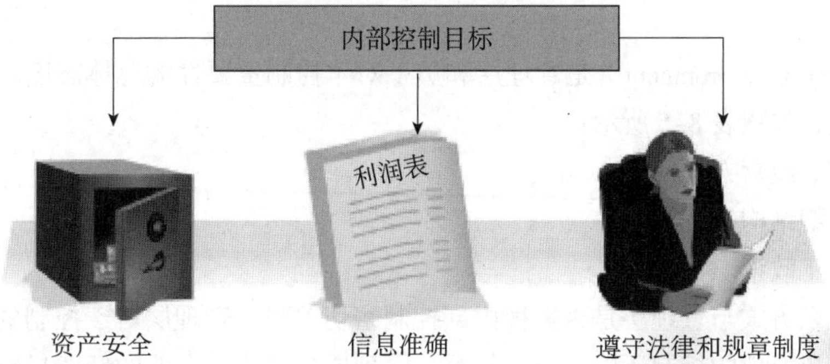

　　内部控制能防止偷窃、欺诈、挪用或错放，从而保护资产。严格的内部控制能防止员工舞弊。**员工舞弊**（employee fraud）是员工为了个人利益故意欺骗雇主的行为。这样的欺诈行为可能小到虚报差旅费，大到偷窃上亿美元。为了隐瞒他们的舞弊行为，员工的偷窃往往伴随着会计分录的篡改。因此，员工舞弊总会影响商业信息的准确性。

　　准确的商业信息是成功经营的必要条件。公司必须遵守法律、规章制度和财务报告标准。这些标准包括环境法规、安全法规和一般公认会计原则（GAAP）等。

内部控制要素

通过遵循综合框架提出的五项**内部控制要素**（elements of internal control），就能实现内部控制三大目标。如图8-4所示，这些要素包括：

（1）控制环境；

（2）风险评估；

（3）控制活动；

（4）监督；

（5）信息和沟通。

图表8-4 内部控制要素

在图表8-4中，内部控制要素构成了企业的保护伞，保护其免受控制威胁。控制环境是伞面，风险评估、控制活动以及监督是伞的结构，有了它们，伞就不会漏雨。信息和沟通这一要素是联系伞与管理层的手柄。

控制环境

控制环境（control environment）是管理层和员工对于控制重要性的总体态度。有三个因素影响一家企业的控制环境，如图表8-5所示：

（1）管理理念和经营方式；

（2）企业的组织结构；

（3）企业的员工政策。

管理理念和经营方式与管理层是否重视内部控制密切关联。管理层对于控制的重视以及对控制政策的遵守能够创造出有效的控制环境。与之相反，管理层过分注重企业的经营目标以及过度容忍违背控制政策的行为，则会形成无效的控制环境。

企业的组织结构是涉及计划与控制经营活动的框架。举例来说，一个连锁零售商店可能会将它的每个零售店当作独立的事业单元来运作。每个零售店店主会获得充分的授权来为商品定价和安排其他的经营活动。在这种组织结构下，每个店主都需要负责建立有效的控制环境。

企业的员工政策涉及员工招聘、培训、考核、薪酬和职位晋升。进一步说，工作职责说明、员工

图表 8-5 控制环境

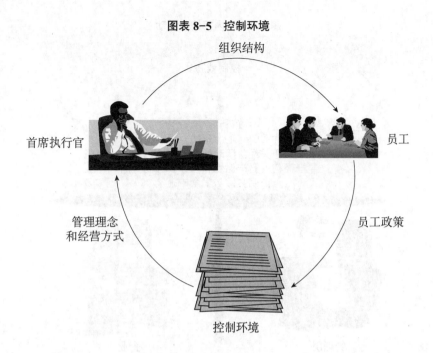

素质守则和利益冲突政策都属于员工政策。制定员工政策可以加强内部控制力度，但前提是企业只雇用那些具备一定能力和诚信品质的员工。

风险评估

所有的企业都会面临一定的风险，比如客户需求的变化、同业竞争对手的威胁、管理制度的变更和经济环境的变化。因此，管理人员需要鉴别风险类型、分析风险重要程度、评估风险可能发生的概率，并采取一切必要行动来降低相应的风险。

控制活动

控制活动为企业目标的实现提供了合理保证，包括防止欺诈行为。作为内部控制中最重要的一项要素，控制活动应包含以下内容，如图表 8-6 所示：

（1）雇用称职的员工、轮岗、强制休假；

（2）相关经营活动的职责分离；

（3）生产经营、财产保管和会计事务的分离；

（4）证明文件与安全措施。

雇用称职的员工、轮岗、强制休假

一个成功的企业需要有具备足够能力完成被分配的任务的员工，因此有必要针对员工培训与监督建立相关的控制活动。另外，企业还可以采取会计人员轮岗和全体员工强制休假等措施，这样员工就会因受限去遵守控制活动。例如，我们经常能在从不休假的长期员工因为生病或者不可抗因素缺勤时发现员工舞弊行为。

图表 8-6　内部控制活动

相关经营活动的职责分离

相关经营活动的职责应当分配给两个或者两个以上的员工或部门，这样可以减少错误和舞弊行为发生的可能性。比如，当由同一个人来订购物资、核实物资收据，然后向供应商支付货款时，就可能出现以下滥用职权的情况：

（1）订单的确定可能基于员工与供应商的交情，而非价格、质量等其他客观因素；

（2）员工可能不对物资的数量和质量进行核查，因此，公司可能需要为某些实际未收到或低质量的物资支付价款；

（3）员工可能盗用部分物资；

（4）员工可能不对发票的合法性和准确性进行核查，导致公司为某些虚假或者不准确的发票支付额外费用。

基于以上原因，物资的采购、接收和付款责任就需要被划分给三个员工或者三个部门。

生产经营、财产保管和会计事务的分离

生产经营、财产保管和会计事务同样需要分离。这样，会计记录就能作为独立监督运营经理和负责保管财产的员工的工具。

举例来说，处理现金收支的员工不应当负责现金收支的会计记录工作。因为他们可能在会计账簿上掩盖其偷盗行为，给挪用偷盗现金提供便利。同样地，运营经理也不应当负责日常经营活动的记录，因为这样会纵容管理人员对财务报表进行造假，从而披露卓越的经营业绩以获取更丰厚的奖金。

证明文件与安全措施

证明文件与安全措施是用来保护财产和保证财务数据可靠性的重要工具。证明文件包括授权文件、审批文件和对账单等。比如，一个计划出差的员工可能被要求填写一张出差申请表以得到管理者的授权和同意。

授权和审批文件需要提前编号、准确记录和安全保管。对证明文件的提前编号可以防止交易被多次记录或者漏记。此外，对提前编号的文件进行记录和安全保管能有效避免欺诈性交易的记录。例如，空白支票就需要提前编号和安全保管。只有在一项支付请求被合理授权和批准后，才允许填写和开出支票。

对账同样是一种重要的控制活动。在本章的后面，将会描述和阐释如何用银行对账单对现金进行控制。

安全措施涉及对公司财产的保管。比如，手头的现金需要保存在收银机或者保险箱中。未上架的存货需要锁在库房或者仓库中。会计档案（比如应收账款分类账）也应被保管不致遗失。电子会计档案需要通过设置访问密码和备份来保管，以确保任何丢失或者损坏的文件在必要情况下都可以恢复。

监督

内部控制系统的监督用于确定内部控制缺陷环节和提升控制力度。监督通常包括观察员工行为表现和会计系统以寻找控制问题的迹象。这些迹象如图表 8-7 所示。

图表 8-7　内部控制问题的警示信号

与员工有关的警示信号	与会计系统有关的警示信号
·生活方式突变（没有中彩票） ·与供应商存在紧密的社会关系 ·拒绝休假 ·频繁地向其他员工借款 ·滥用药物或者酗酒	·文件缺失或者交易编码缺失（这可能意味着有文件被用于记录欺诈性交易） ·客户退款量异常增长（退款可能是虚假的） ·日常现金收入与银行存款之间存在差异（可能意味着现金收入在存入银行之前被员工侵吞） ·延迟付款激增（员工可能侵吞了部分款项） ·交易记录迟滞（可能是试图掩盖舞弊行为）

控制评估通常在战略、高级管理层、企业结构或者运作方式发生重大改变的时候进行，通常由独立于经营活动之外的内部审计人员实施。内部审计人员同时还负责企业日常经营活动的监督控制。外部审计人员也需要对内部控制进行评估，并且将其作为年度财务报表审计的一部分对外披露。

信息和沟通

信息和沟通是内部控制的一项基本要素。控制环境、风险评估、控制活动和监督等常被管理层用于指导企业经营活动，确保遵守法律、法规和监管要求。管理层也会使用外部信息来评价影响决策和对外报表的事件及环境。例如，管理人员可以使用财务会计准则委员会（FASB）的公告来评价报告准则变化给财务报表带来的影响。

例 8-1　内部控制要素

判断以下事项与（a）控制环境；（b）风险评估；（c）控制活动中的哪一个要素相关。

1. 强制休假；

2. 员工政策；

3. 未来市场变动的外部咨询报告。

解答：

1.（c）控制活动；

2.（a）控制环境；

3.（b）风险评估。

内部控制的限制

内部控制制度为保管财产、准确处理信息、遵守法律规章提供了合理保证。也就是说，内部控制并不是一种绝对担保。原因来自以下两个方面：

（1）控制的人为因素；

（2）成本效益考量。

人为因素是指，认为控制是被人类应用和使用的工具，因此，疲劳、疏忽、混乱或误判等都会导致人为错误的发生。比如，某个员工可能会不小心而少找客户零钱或者算错从供应商处收到的货物数量。更糟糕的是，两个或更多的员工还可能串通起来挑战或者规避内部控制。后一种情况经常涉及舞弊和财产侵吞行为。比如，出纳员和应收账款记账员可能会勾结起来侵吞客户偿付的赊购货款。

成本效益考量要求实施内部控制的成本不应超过它们的收益。比如，零售店可以在客户离开前对他们进行搜查以防止商店盗窃行为的发生。然而，这样的控制活动会使客户感到不安而减少购买。因此，零售商可以通过安装摄像监控或者张贴"我们会依法检举盗窃者"的标语来达到目的。

8.3 现金收支控制

现金（cash）包括硬币、纸币、支票和汇票等形式。存放在银行或者其他金融机构中的可供提取的资金也可称作现金。通常可以把现金简单地看作银行可接受的进入存款账户的任何事物。例如，一张开具的支票可以存放在银行中，因此就被视为现金。

企业一般都有多个银行账户。比如，企业可能会有一个管理普通现金支付的账户和另一个管理工资支付的账户。对于每个银行账户都需要单独开设分类账。例如，城市银行的一个账户可通过"银行存款——城市银行"分类账来记录。为了简化，本章假定一家公司只有一个银行账户，并作为现金在分类账中列示。

现金是企业中最容易被侵吞或者非法使用的一种财产。因此，企业必须严格控制现金和现金交易。

现金收入控制

为使现金免受侵吞和挪用，企业必须严格保管和控制收到而尚未存入银行的现金。企业通常通过两种途径收到现金：

（1）客户购买产品或服务直接支付的现金；

（2）客户通过银行账户支付的现金。

现销收到的现金

对于直接交易收到现金的一项重要控制措施就是使用收银机。收银机控制现金的方式如图表8-8所示。

收银机按如下方式控制现金：

（1）在每次轮岗开始时，每个收银员会有一台含有一定现金的收银机。这些现金用来给客户找零，有时也称为找零备用金。

（2）当收银员输入销售金额时，收银机会显示相应的数字给客户，使客户能够核对收银员输入的数据是否有误。客户还会收到一张现金收据。

图表 8-8 收银机控制

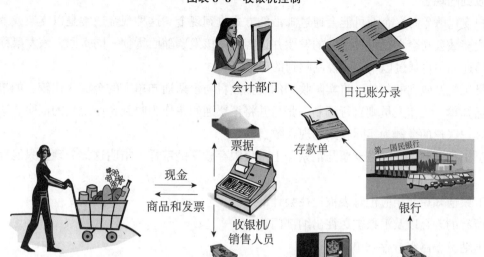

（3）轮岗结束时，由收银员与主管共同盘点收银机中的现金数目。每个收银机里面的现金数目必须等于初始现金数目加上当日的现金销售额。

（4）主管随后将这些现金带到出纳部门，存入保险箱。

（5）此后再由主管将收银机现金收据递交给会计部门。

（6）出纳员编制银行存款单。

（7）出纳员再将这些现金存入银行，比如美国富国银行，或者交给运钞车。

（8）会计部门汇总现金收据，并记录当日的现金销售额。

（9）当现金存入银行后，银行通常会在存款单复印件上盖章。这张银行收据随后返还给公司会计部门，会计部门再将它与应存款总额相比对。这种控制进一步确保了所有现金都被存入银行而没有在运往银行的途中遭到盗窃或遗失，因此能够及时发现任何短缺金额。

收银员在给客户找零或结账时可能会犯错，从而使手里的现金与销售额出现差异。这些差异被记录在**现金余缺账户**（cash short and over account）里。

例如，假定 5 月 3 日一台收银机显示的数据如下：

收银机录入的现金销售总额	$ 35 690
实际收到的现金销售总额	35 668

现金销售额、现金收入，以及缺失的 22 美元（35 690 − 35 668）的会计记录如下：

5 月	3 日	现金	35 668	
		现金余缺	22	
		销售收入		35 690

如果出现现金溢余，则应当贷记现金余缺账户。期末，现金余缺中的借方余额将被记入利润表中的杂项费用一栏，贷方余额记入营业外收入。如果一个收银员持续造成大量现金余缺，主管可能会要求其接受额外的培训。

邮汇收到的现金

当客户支付账单时，企业可能会通过邮汇的方式收到现金。这种现金通常是以支票或者汇票的形式寄送。大多数公司会自行设计专门的发票并让客户将该发票随回货款一同寄回，该发票称为汇票通知单。汇票通知单可通过以下方式控制收到的现金：

（1）员工打开收到的邮件，将实际收到的现金数目与汇票通知单上的金额相比较。如果客户没有返还汇票通知单，工作人员则自行编制一张，并将汇票通知单作为收到初始现金的证明。这样做还能确保过入客户账户的金额为实际收到的现金数目。

（2）员工打开邮件，并在支票与汇票印上"仅限存款"的字样，指明这部分现金只能存入公司银行账户。

（3）汇票通知单及相应汇总表被送往会计部门。

（4）所有的现金以及汇票被送往出纳部门。

（5）出纳员编制银行存款单。

（6）出纳员再将这些现金存入银行，比如美国富国银行，或者交给运钞车。

（7）会计人员记录收到的现金，并将金额过入客户账户。

（8）当现金存入银行后，银行通常会在存款单复印件上盖章。这张银行收据随后返还给公司会计部门，会计部门再将它与应存款总额相比对。这种控制进一步确保了所有现金都被存入银行而没有在运往银行的途中遭到盗窃或遗失，因此能够及时发现任何短缺金额。

将处理现金的出纳部门与记录现金的会计部门的职责分离也是一项控制。如果会计部门既处理现金又记录现金，那么相关员工很可能会侵吞其中的资金并更改会计记录表以掩饰偷盗行径。

电子资金转账收到的现金

现金也可以通过**电子资金转账**（electronic funds transfer，EFT）获取。比如，客户可以授权银行通过自动电子资金转账的方式用活期存款支付月账单，如通信费、上网费和电费等。在这种情况下，公司会给客户的开户银行寄送一张由客户签字认可的表格，授权银行每月进行电子转账。每月公司都会告知客户开户银行相应的转账金额及转账日期。在到期日，公司将电子转账收到的现金存入银行账户，并将相应金额过入客户账户。

公司鼓励客户使用 EFT 方式是出于以下几个原因：

（1）EFT 比邮汇更节省费用。

（2）EFT 加强了公司对现金流的内部控制，因为现金是直接交给银行而不需要任何工作人员经手。

（3）EFT 降低了客户逾期付款的可能性，加快了现金收入的处理。

现金支付控制

现金支付控制需要为以下内容提供合理保证：

（1）仅为授权交易支付货款。

（2）高效使用现金。比如，控制需要确保考虑了所有可使用的采购折扣。

在小企业中，所有者或经理可能基于个人认知授权付款。而在大企业中，采购商品、检查已收商品和核查发票通常由不同员工分别完成。这些职责必须相互协调以保证债权人收到了正确的付款金额。这项控制制度称为会计凭证制度。

会计凭证制度

会计凭证制度（voucher system）是获取授权和记录债务及现金收入的一系列程序。**会计凭证**（voucher）可以是任何能够证明现金支付或者电子转账服务发生的授权文件。经授权支付的发票即可以作为凭证。然而在许多公司中，凭证是用于记录债务及支付细节的特定表单。

在手工系统中，一般在收到所有支持性文件之后才编制凭证。对于商品采购，编制凭证需要供应商发票、购货单和收货单的共同支持。凭证编制完成后就交予管理人员审核。一旦审核通过，凭证就被记录在账户中并在到期日前归档。付款之后，采用与应付账款支付相似的会计处理方法记录凭证上金额的支付情况。

在电算化系统中，支持性文件（如购货单、收货单和供应商发票）中的数据能够直接存入计算机。在到期日，发票会被自动生成并被邮寄给债权人。同时，电子凭证会自动转移到已支付凭证文件中。

电子资金转账支付的现金

现金也能通过电子资金转账（EFT）方式支付。比如，可以通过一台 ATM 机取走银行账户里的现金。这种取款行为就是一种 EFT 方式。

企业同样会使用 EFT 方式。例如，许多企业通过 EFT 方式给员工发放工资。在这种系统里，员工授权企业将他们的工资直接存入支票账户。在每个工资发放日，企业通过 EFT 方式将员工的净工资存入其支票账户。许多公司还通过 EFT 系统向供应商支付货款。

8.4　银行账户

企业使用银行账户的一个主要目的是进行内部控制，其具体的控制优势如下所示：

（1）银行账户能够减少手头资金的数量。

（2）银行账户为现金交易独立记录提供了可能。将公司记录的现金账户余额与银行提供的现金余额进行核对是一种重要控制。

（3）银行账户的使用促进了 EFT 系统资金转账业务的开展。

银行对账单

银行通常会保存所有支票账户的交易记录。所有交易的汇总表称为**银行对账单**（bank statement）。银行通常每隔一个月将银行对账单邮寄给公司（存款人）或者上传到网上。银行对账单中列示了期初余额、增加额、减少额和期末余额。图表 8-9 列示了一张典型的银行对账单。

银行会按照支付顺序将支票或者支票复印件随同银行对账单一同寄给公司。如果付讫支票被返还，银行通常会在支票上印上"付讫"字样，同时标记付款日期。事实上，许多银行并不返还支票或其复印件，而是将支票支付信息上传到网上。

在银行会计记录中的公司支票账户余额是一项负债，因此，公司账户存在贷方余额。因为银行对账单是基于银行的视角编制的，银行对账单中的贷方分录说明了公司账户金额的增加（贷方）。相似地，借方分录说明了公司账户金额的减少（借方）。这种关系如图表 8-10 所示。

银行在以下情况下编制贷方分录（开具贷项凭单）：

（1）电子资金转账存款；

（2）公司应收票据收回；

图表 8-9   银行对账单

FDIC成员			第1页
维拉国民银行洛杉矶分行		账户编号	1627042
加利福尼亚州，洛杉矶		从6/30/20Y5	到7/31/20Y5
90020-4253 (310)555-5151		余额	4 218.60
		22 存款	13 749.75
电力网络公司		52 提款	14 698.57
贝尔金街1000号		3 其他借贷事项	90.00贷
加利福尼亚洲，洛杉矶 90014-1000		新余额	3 359.78

─────支票及其他借项───────────		存款 ─*─ 日期 *	余额 *
No.850 819.40 No.852 122.54		585.75 7月1日	3 862.41
No.854 369.50 No.853 20.15		421.53 7月2日	3 894.29
No.851 600.00 No.856 190.70		781.30 7月3日	3 884.89
No.855 25.93 No.857 52.50		7月4日	3 806.46
No.860 921.20 No.858 160.00		662.50 7月5日	3 387.76
No.862 91.07 NSF 300.00		503.18 7月7日	3 499.87

No.880 32.26 No.877 535.09		ACH 932.00 7月29日	4 136.66
No.881 21.10 No.879 732.26		712.50 7月30日	4 088.51
No.882 126.20 SC 18.00		MS 400.80 7月30日	4 352.31
No.874 26.12 ACH 1 615.13		627.84 7月31日	3 359.78

EC——差错修正	ACH——自动清算所
MS——杂项	
NSF——空头支票	SC——服务费用

* * *   * * *   * * *

请将该账单与贵公司的会计记录进行核对
如果存在错误或者异常项目请及时告知

图表 8-10   公司和银行视角的支票账户

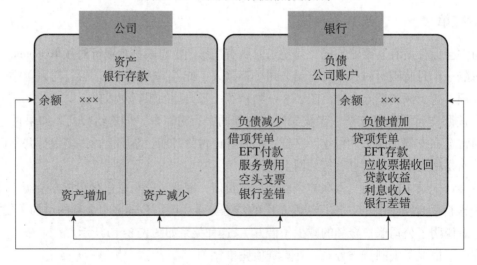

（3）银行给公司的贷款收益；

（4）公司账户的利息收入；

（5）银行差错修正（如有）。

公司在以下情况下编制借方分录（开具借项凭单）：

（1）电子资金转账付款；

（2）服务费用；

（3）空头支票；

（4）银行差错修正（如有）。

由于资金不足而被退回的客户支票，即空头支票（NSF checks），指的是客户交付给银行但是并没有通过客户的银行账户进行支付的支票。因为银行在收到客户的支票时直接将支票金额记入公司账户的贷方，所以在未付款而退回支票时应当借记公司账户（开具借项凭单）。

编制借方或贷方分录的原因标记在银行对账单中。图表 8-9 显示了下列类型的借方和贷方分录：

EC：差错修正，以纠正银行差错；

NSF：空头支票；

SC：服务费用；

ACH：电子资金转账自动清算所；

MS：公司收取应收票据或者公司从银行获得贷款等杂项。

上面列示了电子资金转账的 ACH 符号。ACH 是个人、公司和银行间的电子资金转账结算网络。因为电子资金转账可能是存款也可能是付款，ACH 分录指代的可能是公司账户的借方分录也可能是贷方分录。相似地，纠正银行差错的分录和杂项分录既可能对应公司账户的借方分录也可能对应贷方分录。

例 8-2　公司银行对账单上的项目

银行对账单上有以下几个项目：

1. NSF；

2. 电子资金转账存款；

3. 服务费用；

4. 对把一张 400 美元的支票金额记为 40 美元的银行差错的纠正。

使用以下格式指出以上项目在银行对账单中是以贷方标识还是以借方标识，同时指出该项目将增加公司账户金额还是减少公司账户金额。

项目编号	银行对账单中的标识是借方还是贷方	公司银行账户余额是增加还是减少

解答：

项目编号	银行对账单中的标识是借方还是贷方	公司银行账户余额是增加还是减少
1	借方	减少
2	贷方	增加
3	借方	减少
4	借方	减少

使用银行对账单控制现金

银行对账单是公司控制现金的主要工具。银行对账单的使用是将公司的现金交易记录与银行的现金交易记录进行比对。

银行对账单的现金余额通常与公司记录的现金余额不一致，如图表 8-11 所示。

图表 8-11　电力网络公司的会计记录和银行对账单

银行对账单		
期初余额		$　4 218.60
加：		
存款	$ 13 749.75	
杂项	408.00	14 157.75
减：		
支票	$ 14 698.57	
空头支票	300.00	
服务费用	18.00	（15 016.57）
期末余额		$　3 359.78

电力网络公司应当确定两个金额不一致的原因

电力网络公司的会计记录	
期初余额	$　4 227.60
存款	14 565.95
支票	（16 243.56）
期末余额	$　2 549.99

公司现金账户余额与银行对账单现金余额之间的差异可能是公司或者银行记录交易迟滞导致的。例如，从支票签发之日到银行付款之日总会有一天或几天的时间迟滞。同样地，公司给银行邮寄存款（或者使用夜间存款箱）与银行收到并记录存款之间也有时间迟滞。

这种差异也可能源自银行因为某些事项借记或者贷记了公司账户，而公司只有在收到银行对账单以后才能知道该事项。当然，差异还可能是公司或者银行的记账差错导致的。例如，公司可能错将 4 500 美元的支票金额记为 450 美元。同样地，银行也可能错记支票的金额。

8.5　银行存款余额调节表

银行存款余额调节表（bank reconciliation）是对导致银行对账单现金余额与公司现金账户余额不一致的项目以及金额的分析。由银行存款余额调节表确定的调整后现金余额是最终披露在资产负债表中的金额。

银行存款余额调节表通常划分为以下两部分：

（1）银行部分始于银行对账单的现金余额，终于调整后余额。

（2）公司部分始于公司记录的现金余额，终于调整后余额。

银行部分和公司部分调整后余额应该相等。银行存款余额调节表的格式如图表 8-12 所示。

图表 8-12　银行存款余额调节表格式

银行部分		
银行现金余额		$ × × ×
加：未在银行对账单中列示的现金借方（如在途存款）	$ × × ×	
减：未在银行对账单中列示的现金贷方（如未兑现支票）	× × ×	× × ×
调整后余额		$ × × ×
公司部分		
公司现金余额		$ × × ×
加：未记录的银行贷方（如银行已收票据）	$ × × ×	
减：未记录的银行借方（如空头支票、服务费用等）	× × ×	× × ×
调整后余额		$ × × ×

必须相等

银行存款余额调节表的编制步骤如图表 8-13 所示。

图表 8-13　银行存款余额调节表编制步骤

银行存款余额调节表（银行部分）
步骤 1：根据银行对账单的期末现金余额填写银行现金余额。
步骤 2：加上银行未记录的存款。
　通过比较银行对账单上的各项存款、上期余额调节表中的未记录存款以及本期企业记录的各项存款，确定银行当期未记录的存款。
　例如，期末在途存款。
步骤 3：扣除未兑现支票。
　通过比较付讫支票、上期余额调节表中的未兑现支票以及本期公司记录的支票，确定当期未兑现支票。
　例如，期末未兑现支票。
步骤 4：通过加上步骤 2 的金额，再扣除步骤 3 的金额确定调整后余额。

银行存款余额调节表（公司部分）
步骤 5：根据现金日记账的期末余额填写公司现金余额。
步骤 6：加上未记录的银行贷方。
　通过比较银行对账单中的贷方和日记账中的分录，确定公司未记录的银行贷方发生额。
　例如，银行替公司代收的应收票据和应收利息。
步骤 7：扣除尚未记录的银行借方。
　通过比较银行对账单中的借方和日记账中的分录，确定公司未记录的银行借方发生额。
　例如，客户的空头支票；银行服务费用。
步骤 8：通过加上步骤 6 的金额，再扣除步骤 7 的金额确定调整后余额。

核对调整后金额是否相等
　步骤 9：核对步骤 4 和步骤 8 得到的调整后余额是否相等。如果调整后余额不相等，则查找银行或公司的差错。消除差错的影响后，验证调整后余额是否相等。

　　有时候，调整后余额不相等可能是公司或者银行某一方出了差错。在这种情况下，通常通过逐一比对银行对账单和公司记录中每个项目（存款和支票）的金额发现差错所在。

　　依据差错的性质，发现的任一银行或公司差错都需要从银行或公司的银行存款余额调节表上添加或扣除。比如，银行误将一张面值 50 美元的公司支票金额记成了 500 美元，那么 450 美元（500-50）的差额就需要加回至银行存款余额调节表中的银行现金余额部分。此外，还需要告知银行这项差错以便其改正。又如，假定公司误将 1 200 美元的存款金额记成 2 100 美元，那么 900 美元（2 100-1 200）

的差额就应当从银行存款余额调节表中的公司现金余额中扣除。公司随后应编制会计分录纠正该差错。

为阐释说明，以图表 8-9 中电力网络公司的银行对账单为例。该银行对账单显示 7 月 31 日的现金余额为 3 359.78 美元。而当日电力网络公司账户的现金余额则是 2 549.99 美元。使用上述步骤，就能确定以下几个调节项目：

步骤 2：7 月 31 日，银行对账单未记录的存款金额为 816.20 美元。

步骤 3：未兑现支票：

812 号支票	$ 1 061.00
878 号支票	435.39
883 号支票	48.60
总计	$ 1 544.99

步骤 6：公司在账簿中没有记录的银行代收的 400 美元应收票据和 8 美元利息，在银行对账单中以 408 美元的贷方标识。

步骤 7：银行返还的客户（托马斯艾维公司）的 300 美元空头支票，在银行对账单中以 300 美元的借方标识。

公司在账簿中没有记录的 18 美元的银行服务费用，在银行对账单中以 18 美元的借方标识。

步骤 9：发现了 9 美元的差错。这是因为支付给泰勒公司的 732.26 美元的支票，在公司日记账中被误记为 723.26 美元。

基于图表 8-9 所示的银行对账单和上述调节项目编制的银行存款余额调节表如图表 8-14 所示。公司不需要对银行存款余额调节表中银行部分的任何项目做出调整。这部分数据始于银行对账单的现金余额。然而，公司应当告知银行需要更正的差错。

公司需要根据银行存款余额调节表中公司部分的调整项目更新其记录，并使用会计分录进行更新。例如，根据未记录的银行凭证和公司差错编制会计分录。

图表 8-14　电力网络公司的银行存款余额调节表

电力网络公司银行存款余额调节表 20Y5 年 7 月 31 日		
步骤 1 ⟶ 银行对账单现金余额		$ 3 359.78
步骤 2 ⟶ 加：7 月 31 日银行未记录的存款		816.20
		$ 4 175.98
步骤 3 ⟶ 减：未兑现支票		
812 号	$ 1 061.00	
878 号	435.39	
883 号	48.60	1 544.99
步骤 4 ⟶ 调整后余额		$ 2 630.99
步骤 5 ⟶ 电力网络公司现金余额		$ 2 549.99
步骤 6 ⟶ 加：银行代收票据和利息		408.00
		$ 2 957.99
步骤 7 ⟶ 减：空头支票	$ 300.00	
银行服务费用	18.00	
879 号支票的差错更正	9.00	327.00
步骤 8 ⟶ 调整后余额		$ 2 630.99

步骤 9

基于图表 8-14 的银行存款余额调节表，电力网络公司的调整分录如下所示：

20Y5 年					
7 月	31 日	现金		408	
		应付票据			400
		利息收入			8
	31 日	应收账款——托马斯艾维公司		300	
		杂项费用		18	
		应付账款——泰勒公司		9	
		现金			327

对上述分录进行记录和过账之后，现金账户就会有 2 630.99 美元的借方余额。该现金余额与银行存款余额调节表中的调整后余额一致。这就是 7 月 31 日的实际现金余额以及电力网络公司 7 月 31 日资产负债表中披露的金额。

企业调整其银行账户的方式可能与图表 8-13 所示的方法稍有不同。然而，目的都是通过银行对账单调整公司的会计记录以控制现金。使用这种方法能有效地发现现金差错和误用。

为加强内部控制，银行存款余额调节表应当由未参与现金交易也不负责记录交易的员工来编制，否则就有可能出现差错，更可能发生现金侵吞和挪用现象。例如，由处理现金的员工同时调节银行对账单，他就可以偷盗现金存款，同时在相应账户和调节表中剔除这笔存款以掩饰其偷盗行为。

银行存款余额调节表是电算化系统的重要组成部分，在电算化系统中存款和支票信息都存储在电子文件与记录中。在某些系统中可以使用软件来确定银行对账单与公司现金账户余额的差异，随后软件根据在途存款和未兑现支票做出相应的调整。任何差异都需要列示以便做出进一步的分析。

例 8-3　银行存款余额调节表

为调整 Photo 公司的银行账户收集了以下数据：

银行对账单余额	$ 14 500
公司账户余额	13 875
银行服务费用	75
在途存款	3 750
空头支票	800
未兑现支票	5 250

a. 银行存款余额调节表的调整后余额是多少？
b. 基于银行存款余额调节表编制必要的调整分录。

解答：

a. 13 000 美元。

银行部分：14 500＋3 750－5 250＝13 000（美元）

公司部分：13 875－75－800＝13 000（美元）

b. 借：应收账款　　　　800

杂项费用　　　　75

贷：现金　　　　875

8.6 专项基金

　　企业经常需要为一些小的账目付款，如邮费、办公用品费或者小型维修费。虽然金额小，但是这些支出频繁，总额也能达到一定数量。因此，有必要控制这方面的支出。然而，公司为每项小额费用开具支票是不现实的，取而代之的是使用一种专门的现金基金，叫作**零用金基金**（petty cash fund）。

　　零用金基金通过估计未来一个时期，如一周或者一个月所需要的开销总额而确定。然后签发支票用于这方面的支出。兑现支票取得的现金交由零用金保管人管理。零用金保管人在必要时从基金中拨出一定金额用于支付小额项目。为了达到控制目的，公司可能会设置最高消费金额限制以及可以从基金中提款支付的项目。每次从零用金基金中提款支付时，保管人都需要在零用金收据上记录支付明细。

　　零用金基金在用尽或者降至最低金额时就会得到定期补充。应当汇总零用金收据以确定账户借记金额，随后根据该金额签发支票，补充零用金基金。

　　例如，假设 8 月 1 日设立了 500 美元的零用金基金。记录该项交易的分录如下：

| 8 月 | 1 日 | 零用金 | | 500 | |
| | | 现金 | | | 500 |

　　如上所示，只有在基金设立之初或者增加基金金额时才借记零用金账户。只有在基金金额减少时才贷记零用金账户。

　　8 月底，零用金收据显示的开销项目如下：

办公用品	$ 380
邮费（记入办公用品借方）	22
仓储用品	35
行政管理杂费	30
总计	$ 467

　　8 月 31 日，补充零用金基金的分录如下所示：

8 月	1 日	办公用品		402	
		仓储用品		35	
		行政管理杂费		30	
		现金			467

　　补充零用金基金时不借记零用金账户，如上述分录所示，应当借记与零用金支付相关的账户。补充零用金基金使其金额恢复到初始金额 500 美元。

　　企业经常根据特殊需求使用其他现金基金，如支付工资或者差旅费。这些基金称为**专项基金**（special-purpose funds）。例如，每个销售人员有 1 000 美元的交通补助。每隔一段时间，销售人员提交一份支出报告，基金也会得到相应的补充。专项基金的设立和控制方式与零用金基金类似。

例 8–4	零用金基金

根据下列事项编制会计分录：

a. 为设立零用金基金，签发了一张 500 美元的支票。

b. 零用金基金账户余额 120 美元。针对下列零用金收据摘要签发支票补充基金：办公用品 300 美元，行政管理杂费 75 美元。在现金余缺账户记录缺失的基金金额。

解答：

a. 借：零用金		500
贷：现金		500
b. 借：办公用品		300
行政管理杂费		75
现金余缺		5
贷：现金		380

8.7　现金在财务报表中的披露

现金通常作为资产负债表中流动资产的第一个项目列示。大多数公司将银行存款账户和现金基金账户合并，只在资产负债表中披露一项现金金额。

企业可能有暂时性的现金溢余。在这种情况下，企业通常投资于具有高流动性的项目以获取利息。这些投资项目称为**现金等价物**（cash equivalents）。现金等价物包括国库券、大型企业的公司债券（也称为商业票据）以及货币市场基金。企业通常在资产负债表中披露现金及现金等价物。

莫宁·乔公司资产负债表中的现金部分展示如下：

莫宁·乔公司 资产负债表 20Y6 年 12 月 31 日	
资产	
流动资产	
现金及现金等价物	$ 235 000

银行可能要求企业在它们的银行账户上持有最低的现金余额，该余额称为**补偿余额**（compensating balance）。这种要求经常被写在银行的贷款协议或者信用额度协议内。信用额度是银行提前授予的，愿意在客户有需要时借给客户的金额。补偿余额要求通常披露在财务报表附注中。

8.8　财务分析和解释：现金与每月现金支出比

对于刚创立的公司或者陷入财务危机的公司而言，现金是存活的关键。在初创期，公司经常出现经营亏损和负的净现金流。此外，陷入财务危机的公司也可能出现经营亏损和负的净现金流。**现金与每月现金支出比**（ratio of cash to monthly cash expenses）可用于评估企业在无下列条件下的持续经营时间：

（1）额外融资；

（2）经营产生正现金流。

现金与每月现金支出比的计算公式如下所示：

$$现金与每月现金支出比 = \frac{年末现金余额}{每月现金支出}$$

式中，现金包括现金等价物，取自年末财务报表。每月现金支出，有时也称烧钱率，它是根据现金流量表经营活动部分的数据估算得出的，计算公式如下所示：

$$每月现金支出 = \frac{经营活动现金流出量}{12}$$

例如，海洋能源技术公司开发和销售利用海浪发电的系统。下列是近期海洋能源技术公司的部分财务报告数据（单位千美元）：

	截至 4 月 29 日的会计年度			
	第 4 年	第 3 年	第 2 年	第 1 年
年末现金和现金等价物	$ 17 336	$ 13 859	$ 6 373	$ 9 353
经营现金流	（17 174）	（6 497）	（10 846）	（13 915）

根据上述数据，每月现金支出以及现金与每月现金支出比的计算如下：

	截至 4 月 29 日的会计年度			
	第 4 年	第 3 年	第 2 年	第 1 年
每月现金支出 *：				
17 174/12	$ 1 431			
6 497/12		$ 541		
10 846/12			$ 904	
13 915/12				$ 1 160
现金与每月现金支出比 **：				
17 336/1 431	12.1 个月			
13 859/541		25.6 个月		
6 373/904			7.0 个月	
9 353/1 160				8.1 个月

* 保留到整数。

** 保留一位小数。

上述计算过程说明海洋能源公司在第 1 年年底有 8.1 个月的可用现金，在第 2 年年底有 7.0 个月的可用现金来继续运营。海洋能源公司的每月现金支出从第 1 年的 1 160 美元减少至第 2 年的 904 美元。第 3 年年底有 25.6 个月的现金可用于持续经营。第 3 年，海洋能源公司发行了 20 526 美元的普通股，使其现金与每月现金支出比从第 2 年年底的 7.0 个月增加至第 3 年年底的 25.6 个月。在第 4 年年底，海洋能源公司有 12.1 个月的现金用于持续经营。

上述分析表明，在过去四年中，海洋能源公司每年产生的经营现金流都为负值。海洋能源公司能够通过发行普通股为其经营筹集资金。然而，从长远来看，海洋能源公司必须产生正的经营现金流才能维持生存和持续经营。

例 8-5　现金与每月现金支出比

查普曼公司财务数据如下所示：

	截至 12 月 31 日的会计年度
12 月 31 日现金	$102 000
经营现金流	（144 000）

a. 计算现金与每月现金支出比。

b. 解释 a 的计算结果。

解答：

a. 计算如下：

每月现金支出=144 000/12=12 000（美元）

现金与每月现金支出比=102 000/12 000=8.5（月）

b. 上述计算结果意味着查普曼公司在 12 月 31 日有 8.5 个月的剩余现金。为持续经营 8.5 个月以上，查普曼公司需通过经营获得正现金流或从所有者那里获得额外投资或通过发行债券筹集资金。

练习题

EX 8-1　《萨班斯法案》内部控制报告

查找《萨班斯法案》的条目。查看目录找到 404 节的内容。

请问第 404 条对管理层的内部控制报告有何要求？

EX 8-3　内部控制

雷蒙娜服装公司是一家专门经营女装的零售店。为了鼓励消费者购买，该店在节假日期间制定了宽松的退货政策。客户在 11 月和 12 月购买的任何商品可在 1 月 31 日之前凭收据进行现金退货退款或更换。如果客户没有收据，75 美元以下的商品仍可以退还现金，75 美元以上的商品可以向客户邮寄支票。

无论何时退货，店员都会填写一份退货单，由客户签字。回执放在一个特殊的盒子里。商店经理大约每两小时访问一次退货柜台来审批退货单。店员被指示尽快将退回的商品放置在卖场适当的货架上。

今年，雷蒙娜服装公司的退货率达到了历史最高水平。有大量 75 美元以下的退货商品没有收据。

a. 雷蒙娜服装公司的店员怎样才能利用商店的退货政策从收银机中偷窃资金？

b. 你认为退货政策中存在哪些内部控制缺陷会使现金盗窃更容易发生？

c. 对于所有无收据退货的商品，以商店信用卡代替现金退款是否会减少被盗的可能性？列出用商店信用卡代替现金退款的优点和缺点。

d. 假设雷蒙娜服装公司承诺在没有收据的情况下进行现金退货退款。为了改善内部控制，商店的退款流程可以做出哪些修改？

EX 8-5　内部控制

历史上最大的未经授权证券交易损失涉及法国兴业银行的一名证券交易员。这名交易员绕开了内部控制，在六个月内造成了逾70亿美元的交易损失。这名交易员显然是利用了之前在后台监控工作中学到的该银行内部控制制度的知识，才没有被发现。这种监控工作大多是通过软件来监控交易。此外，交易员通常受到严格的交易限制。显然，这些控制在这个案例中失败了。

法国兴业银行内部控制的哪些弱点导致了损失的发生和损失的规模巨大？

EX 8-7　内部控制

近日，美国全方位音响公司发现了一名前台行政人员利用公司资金购买电脑、数码相机等电子产品供自己使用。当有员工注意到供应商的送货频率增加并且公司使用不常见的供应商时，这名前台行政人员的欺诈行为才被发现。经过一番调查，发现该员工会更改发票上的项目或数量，以解释账单上的成本。

一般内部控制的哪些缺陷导致了这种欺诈？

EX 8-9　现金收入内部控制

柜台交易收据的处理流程如下：在每天营业结束时，营业员清点各自收银机中的现金，然后确定收银机记录的金额，并编制现金便签单，记下任何不符之处。最后，出纳部门中的一名员工清点现金，将总数与便签单上的金额进行比较，然后将现金拿到出纳部门。

a. 指出内部控制的薄弱环节。

b. 如何才能弥补这个漏洞？

EX 8-11　现金收入内部控制

收发室员工将所有的汇款和汇款通知单发送给出纳员。出纳员将现金存入银行，并将汇款通知单和存款单复印件转交财务部。

a. 指出现金收入处理过程中内部控制的薄弱环节。

b. 如何才能弥补这个漏洞？

EX 8-13　现金销售分录和现金溢余

从现金销售中实际得到的现金收入是71 315美元，但是收银机上显示的销售总额为71 220美元。编制会计分录记录实际收到的现金及现金销售收入。

EX 8-15　现金支出的内部控制

通信设备制造企业帕拉贡科技公司最近被一名员工的诈骗计划所欺骗。要了解该骗局，有必要回顾帕拉贡科技公司的服务购买流程。

采购代理人在收到授权经理的服务申请后，负责订购服务（如修理复印机或打扫办公室）。但是由于没有交付有形的货物，所以采购代理人不会编制收货报告。当会计部门收到帕拉贡科技公司购买服务的账单电话时，负责应付账款的员工给申请服务的经理打电话询问服务是否被执行。

该骗局涉及工厂和设施经理梅·詹斯玛。梅将她叔叔的公司——辐射系统公司列入帕拉贡科技公司的供应商名单。但是，梅没有透露他们的家庭关系。

梅曾多次提交由辐射系统公司提供的服务申请。然而，实际上公司并不需要这些服务，而且服务也从未执行过。辐射系统公司会向帕拉贡科技公司收取服务费然后与梅分掉现金。

解释帕拉贡科技公司订购服务和支付服务款项的流程应做出哪些修改，以防止此类事件再次发生。

综合题

PR 8-1A 评估现金内部控制

拉斯博里公司近期采取了下列控制活动：

a. 在获得必要的支付批准后，出纳员签字并寄送支票。出纳员随后在凭证以及相关支持性文件上盖章表示已付，然后将凭证以及支持性文件交还应付账款员做归档处理。

b. 应付账款员为每项支出编制凭证。凭证和支持性文件一同送交财务主管办公室审批。

c. 除了邮费、办公用品费等零用金的支出收据以外，部分过期的员工支票也存放在零用金基金账户中。

d. 在每天工作结束后，收银员被要求用自己的资金补充收银机中的任何现金短缺。

e. 在每天工作结束后，所有现金都要求存入银行的夜间存款箱。

f. 在每天工作结束后，由会计人员将每日的现金存款单复印件与从银行获取的存款收据进行比对。

g. 邮件收发员管理所有邮件，并将所有的现金汇款单交付给出纳员。出纳员编制现金收入清单，再将该清单的复印件交给应收账款员用于记录。

h. 由出纳员在财务主管的监督下编制银行存款余额调节表。

要求：

依次指出以上现金内部控制活动的优势或缺陷，并说明其存在缺陷的原因。

案例分析题

CP 8-1 道德行为

德黑兰·戴可奥是一家鞋类和服装公司——斯凯德斯公司的会计人员。公司的收入和净利润在过去三年增长了 100% 以上。在同一时期，德黑兰和她在会计部门的同事没有得到升职或加薪。在公司蓬勃发展的同时，德黑兰却没有得到加薪，这让她很沮丧，因此她开始为私用物品提交报销单。德黑兰和她的上司关系很好，他只是在德黑兰提交的报销单上签字。德黑兰怀疑他知道她在报销个人开支，并"睁一只眼闭一只眼"，因为德黑兰在过去三年内没有得到加薪。

德黑兰和她的上司的行为是否合乎职业道德？为什么？

第 **9** 章

应收款项

公司通过向客户提供商品或服务来获得收入。例如，科瑞格绿山公司向超市、百货商店、便利店和俱乐部商店出售酿造系统和相关材料包。科瑞格绿山公司还通过其网站（www.keurig.com）直接向消费者销售。

如果你准备从科瑞格绿山公司的网站购买酿造系统，可以使用信用卡完成购买。在这种情况下，科瑞格绿山公司会将这笔交易记录为现金销售。然而，科瑞格绿山公司允许其商业客户赊购其产品。相关的信用条款要求赊销产生的应收账款在信用期内支付。

与现金销售不同，并不是所有的赊销都会产生现金。也就是说，一些客户不会支付应付账款，公司将不得不记录坏账费用。像科瑞格绿山这样的公司试图通过在出售前审查客户的信用评级和支付历史来减少坏账。然而即使有这样的程序，公司也会出现坏账。

本章介绍了应收款项的常见分类，其中包括应收票据。此外，还描述并说明了坏账的核算和估计方法。最后，对财务报表中应收账款、坏账准备和坏账费用的披露进行了描述和说明。

学习目标

1. 描述常见的应收款项种类。
2. 描述坏账的会计处理。
3. 描述直接核销法记录坏账的会计处理。
4. 描述备抵法记录坏账的会计处理。
5. 比较直接核销法和备抵法处理坏账的异同。
6. 描述应收票据的会计处理。
7. 描述在资产负债表中列示应收款项。
8. 描述并举例说明如何利用应收账款周转率和应收账款周转天数评估公司收回应收款项的效率。

9.1 应收款项的分类

赊销形成的应收款项通常可分为应收账款和应收票据，**应收款项**（receivables）包括公司对其他主体的全部货币索取权，其中，其他主体包括个人、企业和其他组织。应收款项通常是总流动资产的主要组成部分。

应收账款

赊销商品或服务是产生应收款项最常见的业务。应收款项在入账时，应借记应收账款账户。**应收账款**（account receivable）通常将在短期内收回，例如 30 天内或 60 天内，因此作为流动资产在资产负债表中列报。

应收票据

应收票据（notes receivable）是企业就客户所欠款项金额收到的由客户签发的正式书面信用工具，如果预计应收票据能在一年内收回，则将其作为流动资产列示在资产负债表中。

当信用期超过 60 天时常使用应收票据。例如，汽车经销商可能在销售发生时要求客户支付一笔最低首付款，并以接收客户签发的一张或一系列票据的形式收回剩余部分款项，上述票据通常要求按月支付。

票据也能用于客户的应收账款的处理，由商品销售形成的应收票据和应收账款有时也称为**交易应收款项**（trade receivables）。本章中提到的所有应收票据和应收账款都是由商品销售而形成。

其他应收款

其他应收款（other receivables）包括应收取的利息、应收取的税费和应收回的管理者和员工的欠款，其他应收款通常在资产负债表中单独列示。如果预计其在一年内（含）收回，则将该应收款项归为流动资产；如果预计回收期大于一年，则归为非流动资产，并在投资项目下进行列报。

9.2 坏账

前面章节已经描述并举例说明了赊销商品和服务等业务的会计处理，但是还有一个很重要的问题没有讨论到，即有一些客户可能不会支付其欠款，或者说有些应收账款是无法收回的。

企业可以把坏账风险转移给其他公司。例如，一些零售商只接受现金或者信用卡支付而不接受赊销，这种政策将风险转移给了信用卡公司。

企业也可以出售其应收款项，特别是在该公司发行信用卡时。例如，梅西百货和杰西潘尼公司自行发售信用卡。公司出售应收款项的一项优点在于企业可以快速获得用以满足经营和其他需求的现金。此外，根据销售协议，部分坏账风险也转移到了买方身上。

无论公司在授予客户信用时如何谨慎，总是会有一部分赊销款项无法收回，不可收回应收款项产生的经营费用称为**坏账损失**（bad debt expense，uncollectible accounts expense，doubtful accounts expense）。

目前并没有一个通用的标准用以确认某一款项是否不能收回。下面列示了一些暗示账款可能无法收回的信号：

（1）应收款项已到期；

（2）向客户多次催收无果；

（3）客户（债务人）破产；

（4）客户终止经营；

（5）公司无法找到客户的地址。

如果客户没有付款，企业可以委托催收公司代收，在催收公司试图催收款项后，应收账款账户余额通常被认为没有价值了。

坏账有两种会计处理方法，如下所示：

（1）**直接核销法**（direct write-off method），只在应收款项被认为没有任何价值时才登记坏账损失；

（2）**备抵法**（allowance method），在会计期末估计无法收回的账款来记录坏账损失。

小型企业和应收款项较少的企业可以采用直接核销法。然而，一般公认会计原则（GAAP）要求拥有大量应收款项的企业必须采用坏账备抵法，因此，如通用电气、百事、英特尔和联邦快递等大多数知名企业都采用坏账备抵法。

9.3 坏账直接核销法

在直接核销法下，只在应收款项被认为没有任何价值时才登记坏账损失，同时直接冲销对应客户的应收账款账户。

举例来说，假设 5 月 10 日，D.L. 罗斯公司的一笔 4 200 美元的应收账款已经确定无法收回，冲销分录如下：

| 5 月 | 10 日 | 坏账损失 | | 4 200 | |
| | | 应收账款——D.L. 罗斯公司 | | | 4 200 |

被冲销的账款也可能在后期收回。在这种情况下，应该编制与冲销分录相反的分录以恢复该客户账户的应收账款，而收到的现金则按照收到应收账款时的会计处理方法登记。

举例来说，假设在 5 月 10 日冲销的 D.L. 罗斯公司应收账款 4 200 美元在 11 月 21 日又收回，转回分录和现金收入业务的记录如下所示：

11 月	21 日	应收账款——D.L. 罗斯公司		4 200	
		坏账损失			4 200
	21 日	现金		4 200	
		应收账款——D.L. 罗斯公司			4 200

当企业提供的大部分商品和服务都要求客户采用现金或万事达卡、维萨卡（也属于现金销售）进行支付时，应收款项金额仅是流动资产的一小部分，坏账损失通常也很少，企业可以采用直接核销法登记坏账，如餐馆、便利店和小型零售店。

　直接核销法

利用直接核销法，为下列业务编制会计分录：

7 月 9 日收到杰伊·伯克的 1 200 美元支付的欠款，并将剩余欠款 3 900 美元作为坏账进行冲销。

10 月 11 日转回杰伊·伯克的应收账款 3 900 美元，并收到剩余的 3 900 美元欠款。

解答：

7 月 9 日	借：现金		1 200
	坏账损失		3 900
	贷：应收账款——杰伊·伯克		5 100
10 月 11 日	借：应收账款——杰伊·伯克		3 900
	贷：坏账损失		3 900
11 日	借：现金		3 900
	贷：应收账款——杰伊·伯克		3 900

9.4　坏账备抵法

坏账备抵法是指在会计期末估计坏账的金额，并据此估计编制坏账损失账户的调整分录。

举例来说，假设埃克斯通公司在 8 月 1 日开业，会计期末（20Y7 年 12 月 31 日），公司的应收账款账户余额为 200 000 美元，这些余额中包括一些到期未收回款项。根据行业平均数，公司估计 12 月 31 日合计将有 30 000 美元应收账款无法收回，但是埃克斯通公司并不知道哪些客户的应收款项是无法收回的，因此，不能直接减少或贷记某个客户的账户，而是以估计的坏账损失为限，贷记一个名为**坏账准备**（allowance for doubtful accounts）的资产备抵账户。

20Y7 年					
12 月	31 日	坏账损失		30 000	
		坏账准备			30 000
		（估计不能收回的账款。）			

上面的调整分录同时影响利润表和资产负债表，在利润表中，30 000 美元的坏账损失将抵减当期相关的收入，而资产负债表中应收款项的价值减少至预期可收回或可实现金额，即 170 000 美元（200 000 − 30 000）。这一金额也称为应收款项的**可变现净值**（net realizable value）。

登记了上述分录后，应收账款账户仍有借方余额 200 000 美元，这一余额是 12 月 31 日所有客户欠款的合计数，也是各个应收账款明细账余额的合计数。应收账款的备抵账户，即坏账准备账户的贷方余额为 30 000 美元。

备抵账户的冲销

当某客户的账户被认定为坏账时，我们应该冲销备抵账户，同时以相应备抵账户的金额冲销对应的应收账款。

举例来说，20Y8 年 1 月 21 日，埃克斯通公司拥有的约翰·帕克公司 6 000 美元应收账款的冲销分录如下所示：

20Y8 年					
1 月	21 日	坏账准备		6 000	
		应收账款——约翰·帕克公司			6 000

坏账准备账户一般都有期末余额，这是因为坏账准备的计提金额是估计出来的。因此，某个会计期间冲销的坏账准备金额很少等于该账户的期初余额，如果本期冲销金额低于期初余额，则备抵账户期末是贷方余额；如果冲销金额高于期初余额，则是借方余额。

图表 9-1 说明了坏账备抵法，其中调整分录使坏账准备增加（填满桶），而冲销账户使坏账准备减少（清空桶）。

图表 9-1　坏账备抵法

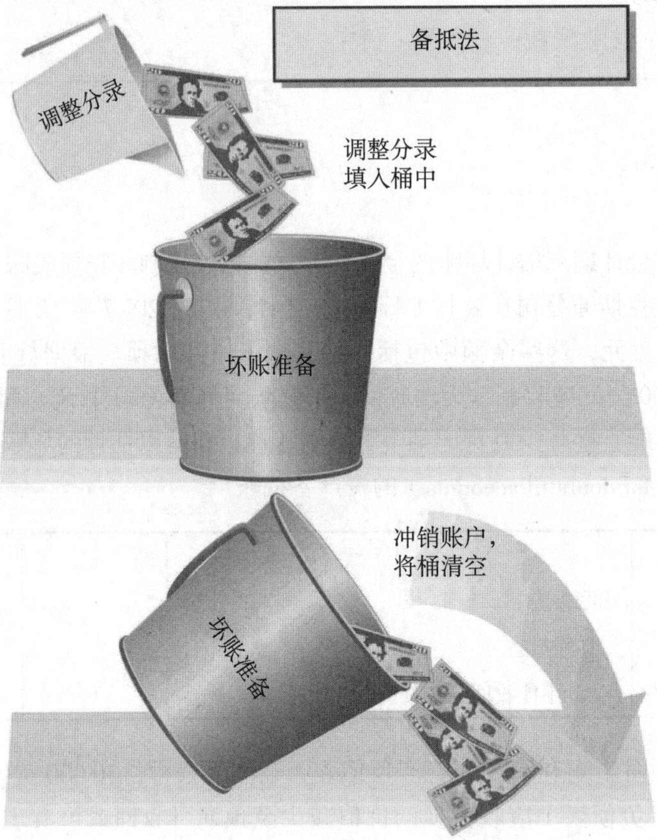

举例来说，假设在 20Y8 年埃克斯通公司冲销了 26 750 美元坏账，包括 1 月 21 日冲销的约翰·帕克公司的 6 000 美元坏账，则坏账准备账户贷方余额为 3 250 美元（30 000−26 750），如下所示：

				坏账准备			
				1 月 1 日	余额	30 000	
	1 月 21 日	6 000					
冲销的总金额	2 月 2 日	3 900					
26 750 美元	⋮	⋮					
		——					
				12 月 31 日	未经调整的余额	3 250	

如果埃克斯通公司在 20Y8 年冲销了 32 100 美元坏账，那么坏账准备账户借方余额为 2 100 美元，如下所示：

		坏账准备			
			1 月 1 日	余额	30 000
冲销的总金额 32 100 美元	1 月 21 日	6 000			
	2 月 2 日	3 900			
	⋮	⋮			
12 月 31 日	未经调整的余额	2 100			

上例中备抵账户余额（贷方余额 3 250 美元和借方余额 2 100 美元）都是在期末调整分录编制之前的余额，期末调整分录编制后，坏账准备账户的余额总是在贷方。

已冲销的应收账款也在后期被重新收回，与直接核销法一样，通过编制与冲销分录相反的分录以恢复应收账款账户，收到的还款现金则按照正常的现金收入记录。

举例来说，假设应收南锡·史密斯公司的 5 000 美元账款在 4 月 2 日被冲销，并在 6 月 10 日被重新收回，埃克斯通公司记录该笔业务如下所示：

20Y8 年					
6 月	10 日	应收账款——南锡·史密斯		5 000	
		坏账准备			5 000
	10 日	现金		5 000	
		应收账款——南锡·史密斯			5 000

例 9-2　坏账备抵法

利用坏账备抵法，为下列经济业务编制会计分录：

7 月 9 日，收到杰伊·伯克的 1 200 美元欠款，并将剩余的 3 900 美元坏账全部冲销。

10 月 11 日，恢复之前冲销的杰伊·伯克应收账款，并收到 3 900 美元现金。

解答：

7 月 9 日	借：现金	1 200	
	坏账准备	3 900	
	贷：应收账款——杰伊·伯克		5 100
10 月 11 日	借：应收账款——杰伊·伯克	3 900	
	贷：坏账准备		3 900
11 日	借：现金	3 900	
	贷：应收账款——杰伊·伯克		3 900

估计坏账

坏账备抵法要求在期末估计坏账的金额，这种估计通常依赖于过去的经验、行业平均水平和对未来的预测。

下面介绍两种用于估计坏账的方法：

（1）销售百分比法；

（2）应收账款分析法。

销售百分比法

应收账款是赊销导致的，因此可以根据本期赊销收入的某一百分比估计坏账金额。如果赊销收入占销售收入的比重相对比较稳定，那么，也可使用销售收入的某一百分比来估计坏账金额。

举例来说，假设下面是埃克斯通公司 20Y8 年 12 月 31 日未经调整的数据：

应收账款余额	$ 240 000
坏账准备余额	3 250（贷方）
赊销总额	3 000 000
坏账占赊销收入的百分比	0.75%

坏账损失为 22 500 美元，计算如下：

坏账损失＝赊销收入×坏账占赊销收入的百分比

＝3 000 000×0.75%＝22 500（美元）

20Y8 年 12 月 31 日坏账的调整分录如下所示：

20Y8 年					
12 月	31 日	坏账损失		22 500	
		坏账准备			22 500
		（坏账估计（3 000 000×0.75%＝22 500）。）			

调整分录过入总分类账以后，坏账损失账户调整后的余额为 22 500 美元，坏账准备账户调整后的余额则为 25 750 美元（3 250＋22 500），两个 T 形账如下所示：

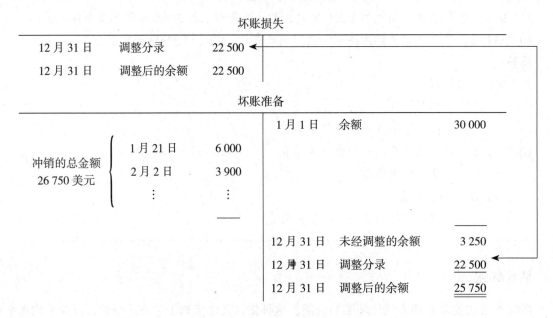

在销售百分比法下，调整分录的金额等于坏账损失的预计金额，无论坏账准备账户未经调整的余

额在哪一方，估计的金额总是记入坏账准备的贷方。例如，在上例中，坏账准备账户的期初贷方余额为 3 250 美元，编制调整分录后，坏账准备账户余额为调整后的 25 750 美元（3 250+22 500），应收账款可变现净值为 214 250 美元（240 000−25 750）。

假设上例中的期初借方余额 2 100 美元，而非贷方余额 3 250 美元，编制调整分录后，坏账准备账户余额变成 20 400 美元（22 500−2 100），应收账款可变现净值为 219 600 美元（240 000−20 400）。

例 9-3　销售百分比法

本年度末，应收账款余额为 800 000 美元，坏账准备贷方余额为 7 500 美元，年度总销售收入为 3 500 000 美元，按照销售收入的 0.5% 估计坏账损失。

请确定：（a）坏账调整分录的金额；（b）调整后的应收账款、坏账准备和坏账损失账户余额；（c）应收账款可变现净值。

解答：

a. 17 500 美元（3 500 000×0.005）。

	调整后的余额
b. 应收账款	$ 800 000
坏账准备（7 500+17 500）	（25 000）
坏账损失	17 500

c. 775 000 美元（800 000−25 000）。

应收账款分析法

应收账款分析法是基于该假设，即应收账款持有时间越长，收回的可能性就越小。应收账款分析法运用步骤如下：

第一步：确定每一项应收账款的到期日；

第二步：确定每一项应收账款的逾期天数，即从应收账款到期日到编制账龄分析表日的间隔天数；

第三步：将每一项应收账款根据其逾期天数归入不同的账龄区间，如下所示：

　　未逾期

　　逾期 1～30 天

　　逾期 31～60 天

　　逾期 61～90 天

　　逾期 91～180 天

　　逾期 181～365 天

　　逾期 365 天以上

第四步：确定各账龄栏对应的应收账款合计数；

第五步：将每一账龄栏的应收账款合计数乘以相应的预计坏账比例，得到各栏的坏账估计数；

第六步：通过加总各账龄栏的坏账估计数得到坏账估计合计数。

上面的步骤均在账龄分析表中进行，整个过程称为**应收账款账龄分析**（aging the receivables）。

举例而言，假设埃克斯通公司采用应收账款分析法而非销售百分比法，且公司编制的 20Y8 年 12

月 31 日的 240 000 美元的应收账款账龄分析表如图表 9-2 所示。

图表 9-2　20Y8 年 12 月 31 日应收账款账龄分析表

	A	B	C	D	E	F	G	H	I
1			未过期	过期天数					
2									超过365天
3	客户	余额		1~30天	31~60天	61~90天	91~180天	181~365天	
4	艾希比公司	1 500			1 500				
5	B.T.巴尔公司	6 100					3 500	2 600	
6	布洛克公司	4 700	4 700						
21									
22	萨克森原木公司	600					600		
23	合计	240 000	125 000	64 000	13 100	8 900	5 000	10 000	14 000
24	坏账百分比		2%	5%	10%	20%	30%	50%	80%
25	坏账估计数	26 490	2 500	3 200	1 310	1 780	1 500	5 000	11 200

第一至第三步 → 行 4~22
第四步 → 行 23
第五步 → 行 24
第六步 → 行 25

假设埃克斯通公司在 8 月 29 日向萨克森原木公司销售商品，信用政策为 "2/10，n/30"，则萨克森原木公司的应收账款到期日应为 9 月 28 日（第一步），如下所示：

信用期限	30 天
减：8 月 29 日至 31 日	2 天
9 月份的天数	28 天

截至 12 月 31 日，萨克森原木公司的账款逾期 94 天（第二步），如下所示：

9 月份逾期天数	2 天（30－28）
10 月份逾期天数	31 天
11 月份逾期天数	30 天
12 月份逾期天数	31 天
总逾期天数	94 天

图表 9-2 显示将萨克森原木公司 600 美元的应收账款放在逾期天数 91 ~ 180 天那栏（第三步）。

确定每一账龄栏的合计数（第四步），图表 9-2 显示未逾期的应收账款有 125 000 美元，逾期 1 ~ 30 天的应收账款有 64 000 美元，埃克斯通公司对不同的账龄栏使用了不同的坏账百分比。如图表 9-2 所示，未逾期应收账款的坏账百分比为 2%，但是逾期 365 天以上的应收账款坏账百分比为 80%。

通过加总每一账龄栏的坏账估计数（第六步），得到 20Y8 年 12 月 31 日的坏账估计总额，这是坏账准备账户的预期调整后的余额，对埃克斯通公司来说，该金额为 26 490 美元，如图表 9-2 所示。

将估计数 26 490 美元与坏账准备账户未经调整的余额相比，以确定坏账损失账户需要调整的金额。对埃克斯通公司来说，坏账准备账户未经调整的余额为贷方余额 3 250 美元，因此还需要在这基础上增加 23 240 美元（26 490－3 250），调整分录如下所示：

20Y8 年					
12 月	31 日	坏账损失		23 240	
		坏账准备			23 240
		（坏账估计（26 490－3 250）。）			

上面的调整分录过入分类账以后，坏账损失账户余额为 23 240 美元，坏账准备账户余额为 26 490 美元，应收款项的可变现净值为 213 510 美元（240 000－26 490），两个 T 形账如下所示。

坏账损失

| 12 月 31 日 | 调整分录 | 23 240 |
| 12 月 31 日 | 调整后的余额 | 23 240 |

坏账准备

			12 月 31 日	未经调整的余额	3 250
			12 月 31 日	调整分录	23 240
			12 月 31 日	调整后的余额	26 490

在应收账款分析法下，坏账准备账户调整后的余额与账龄分析表估计出来的坏账金额相等，然后据此估计调整分录的金额。举例来说，如果坏账准备账户未经调整的余额为借方余额 2 100 美元，调整金额为 28 590 美元（26 490＋2 100），则坏账损失账户调整后的余额为 28 590 美元，但是，坏账准备账户调整后的余额仍然是 26 490 美元（28 590－2 100），应收账款的可变现净值为 213 510 美元（240 000－26 490）。两个 T 形账如下所示：

坏账损失

| 12 月 31 日 | 调整分录 | 28 590 |
| 12 月 31 日 | 调整后的余额 | 28 590 |

坏账准备

| 12 月 31 日 | 未经调整的余额 | 2 100 | 12 月 31 日 | 调整分录 | 28 590 |
| | | | 12 月 31 日 | 调整后的余额 | 26 490 |

例 9-4　应收账款分析法

本年度末，应收账款账户余额为 800 000 美元，坏账准备账户贷方余额 7 500 美元，年度总销售收入为 3 500 000 美元，利用账龄分析法估计的坏账准备账户余额为 30 000 美元。

请确定：（a）坏账调整分录的金额；（b）应收账款、坏账准备和坏账损失账户调整后的余额；（c）应收账款的可变现净值。

解答：

a. 22 500 美元（30 000－7 500）。

		调整后的余额借方（贷方）
b.	应收账款	$ 800 000
	坏账准备	（30 000）
	坏账损失	22 500

c. 770 000 美元（800 000－30 000）。

比较两种估计方法

销售百分比法和应收账款分析法都能估计坏账，但是，每种方法的侧重点以及强调的财务报表不同。

在销售百分比法下，坏账损失是整个估计过程的焦点所在，销售百分比法更加强调坏账损失与本期相关销售收入的配比，因此，这种方法更加强调利润表而不是资产负债表，也就是说，调整分录的金额是根据本期估计出来的坏账损失金额来确定，坏账准备账户贷记该金额即可。

在应收账款分析法下，坏账准备是整个估计过程的重点，应收账款分析法更加强调应收账款的可变现净值，因此，这种方法更加强调资产负债表，也就是说，调整分录的金额要能使坏账准备账户调整后的余额等于根据账龄分析表估计出来的坏账金额，坏账损失账户借记同一个金额。

图表9-3总结了销售百分比法和应收账款分析法的区别，也列出了埃克斯通公司在两种方法下的会计处理结果，图表9-3假设坏账准备账户未经调整的贷方余额为3 250美元，虽然使用两种方法得出的某一时期的结果是不同的，但是长期来看，得出的金额也会相近。

图表9-3 两种估计方法的区别

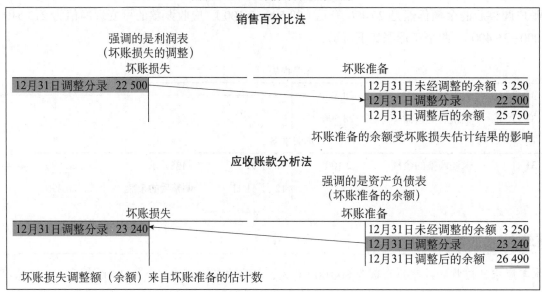

9.5 比较直接核销法和备抵法

在这部分，我们将举例说明直接核销法和备抵法的日记账分录，并进行比较。下面是截至12月31日霍布斯公司发生的经济业务，相关记录如下所示：

3月1日，冲销约克公司账户的应收账款3 650美元；

4月12日，收到加里·布拉德肖公司的部分还款金额2 250美元，欠款总额为5 500美元，将剩余的应收账款作为坏账冲销；

6月22日，收到已经在3月1日冲销的约克公司账户的应收账款3 650美元，恢复该应收账款，并记录现金收入业务；

9月7日，将下列账款都作为坏账进行冲销（记录在一笔分录中）；

贾森·比格	1 100 美元	斯坦福·努南	1 360 美元
史蒂夫·布雷迪	2 220 美元	艾登·怀曼	990 美元
萨曼莎·尼里	775 美元		

　　12 月 31 日，霍布斯公司利用赊销收入百分比法估计坏账损失，基于过去的历史数据以及行业平均数，预计赊销收入的 1.25% 将成为坏账，霍布斯公司在这一年的赊销收入为 3 400 000 美元。

　　图表 9-4 列示了霍布斯公司分别使用直接核销法和备抵法的日记账分录。使用直接核销法在 12 月 31 日无须针对坏账编制调整分录；而使用备抵法则需要编制调整分录记录 42 500 美元的坏账。

图表 9-4　比较直接核销法和备抵法

	直接核销法		备抵法	
3 月　1 日	借：坏账损失	3 650	借：坏账准备	3 650
	贷：应收账款——约克公司	3 650	贷：应收账款——约克公司	3 650
4 月　12 日	借：现金	2 250	借：现金	2 250
	坏账损失	3 250	坏账准备	3 250
	贷：应收账款——加里·布拉德肖公司	5 500	贷：应收账款——加里·布拉德肖公司	5 500
6 月　22 日	借：应收账款——约克公司	3 650	借：应收账款——约克公司	3 650
	贷：坏账损失	3 650	贷：坏账准备	3 650
22 日	借：现金	3 650	借：现金	3 650
	贷：应收账款——约克公司	3 650	贷：应收账款——约克公司	3 650
9 月　7 日	借：坏账损失	6 445	借：坏账准备	6 445
	贷：应收账款——贾森·比格	1 100	贷：应收账款——贾森·比格	1 100
	——史蒂夫·布雷迪	2 220	——史蒂夫·布雷迪	2 220
	——萨曼莎·尼里	775	——萨曼莎·尼里	775
	——斯坦福·努南	1 360	——斯坦福·努南	1 360
	——艾登·怀曼	990	——艾登·怀曼	990
12 月　31 日	无分录		借：坏账损失	42 500
			贷：坏账准备	42 500
			（坏账估计（3 400 000×0.012 5=42 500）。）	

直接核销法和备抵法的主要区别概括如图表 9-5 所示。

图表 9-5　直接核销法和备抵法

	直接核销法	备抵法
坏账损失的记录	当特定客户的应收款项确定无法收回时	利用下面两种方法估计： （1）销售百分比法；（2）应收账款分析法
备抵账户	不使用备抵账户	使用备抵账户
主要的使用对象	小型企业和应收款项很少的企业	大型企业和有大量应收款项的企业

9.6 应收票据

有票据支持的债权与以应收账款形式存在的债权相比有一些优点，即债务人通过签发票据确认债务，并同意按照票据上列示的条款偿付，因此，票据更具有法律效力。

应收票据的性质

本票是指按要求或在未来某一确定日期承诺支付票面金额（一般还包括利息）的书面承诺。本票有如下特征：

（1）由承诺支付的承兑人签发；

（2）要求票据付款的一方称为收款人；

（3）面值为书写在票面上的金额；

（4）发行日为票据开具日；

（5）到期日为票据付款日；

（6）票据期限是指发行日至到期日的这段时间间隔；

（7）利率是从票据发行日至到期日应根据面值支付的利息比率。

本票的格式如图表9-6所示。

图表9-6　本票

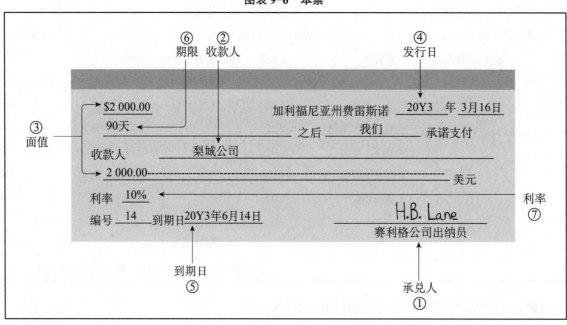

票据的承兑人是赛利格公司，收款人是梨城公司，票据的面值为2 000美元，利率为10%，签发日期是20Y3年3月16日，票据期限为90天，因此到期日为20Y3年6月14日，如图表9-7所示。

3月份的天数	31天
减：票据发行日期	16天
3月份剩余的天数	15天
加：4月份的天数	30天
加：5月份的天数	31天

| | | 加：6 月份的天数（6 月 14 日到期） | | | 14 天 |
| | | 票据期限 | | | 90 天 |

图表 9-7　确定本票到期日

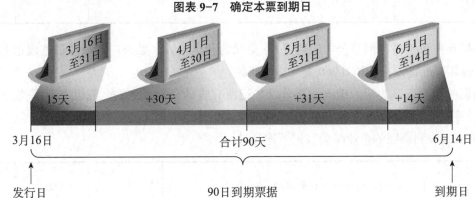

票据利息计算过程如下所示：

利息＝面值×利息率×（期限天数/360）

利率以年为基础，但是票据期限一般按天计算，因此，图表 9-6 中的票据利息计算如下：

利息＝2 000×10%×（90/360）＝50（美元）

为了简化计算过程，我们按照 1 年有 360 天计算，在实务中，银行和抵押公司等一般采用准确的天数，即 1 年有 365 天计算。

在票据到期日应付的金额称为**到期值**（maturity value），票据到期值是面值与利息之和，图表 9-6 中票据到期值为 2 050 美元（2 000+50）。

应收票据的会计处理

企业可能会从客户处收到一张本票用于代替应收账款，在这种情况下，本票被记录为应收票据。

举例来说，假设某公司收到一张在 20Y1 年 11 月 21 日签发、票据期限为 30 天、年利率为 12% 的票据，来代替 W.A. 巴恩公司已逾期的 6 000 美元的应收账款，那么记录这一业务的分录如下：

| 20Y1 年 11 月 | 21 日 | 应收票据——W.A. 巴恩公司 | | 6 000 | |
| | | 　应收账款——W.A. 巴恩公司 | | | 6 000 |

该票据到期时，记录收款 6 060 美元（6 000 美元面值加 60 美元利息），分录如下：

20Y1 年 12 月	21 日	现金		6 060	
		应收票据——W.A. 巴恩公司			6 000
		利息收入			60
		（6 060＝6 000+（6 000×12%×30/360））			

如果票据承兑人在到期日无力偿还票据金额，则该票据称为**拒付应收票据**（dishonored note receivable）。公司应将该票据的面值及附加的利息转入应收账款账户。例如，假设上述 W.A. 巴恩公司在 11 月 21 日签发的、票据期限为 30 天、年利率为 12% 的 6 000 美元票据到期时拒付，则持票公司应将该票据的面值及对应的利息转入客户应收账款账户中，具体分录如下：

20Y1年 12月	21日	应收账款——W.A. 巴恩公司		6 060	
		应收票据——W.A. 巴恩公司			6 000
		利息收入			60

虽然票据到期被拒付，但是公司赚取了 60 美元的利息收入。如果应收账款最终没能收回，那么公司可以通过坏账准备账户冲销 6 060 美元应收账款。

收到票据的企业应该为期末编制调整分录登记所有应计利息。例如，假设克劳福德公司在 20Y4 年 12 月 1 日签发了期限 90 天、年利率为 12% 的 4 000 美元票据来代替其应收账款，会计期末为 12 月 31 日，那么，收到票据的企业将会登记下述分录：

20Y4年 12月	1日	应收票据——克劳福德公司		4 000	
		应收账款——克劳福德公司			4 000
	31日	应收利息		40	
		利息收入			40
20Y5年 3月		（应计利息（4 000×12%×30/360）。）			
	1日	现金		4 120	
		应收票据——克劳福德公司			4 000
		应收利息			40
		利息收入			80

在会计期末，应结转利息收入账户，利息收入通常在利润表的其他收入项目中列报。

例 9-5　应收票据

同天手术中心收到一个病人在 3 月 14 日签发的一张面值为 40 000 美元、期限为 120 天、年利率为 6% 的票据。

a. 确定票据的到期日；

b. 确定票据的到期值；

c. 编制在到期日收到现金的分录。

解答：

a. 票据到期日为 7 月 12 日，如下所示：

3 月份	17 天（31-14）
4 月份	30 天
5 月份	31 天
6 月份	30 天
7 月份	12 天
总计	120 天

b. 40 800 美元（40 000+（40 000×6%×120/360））。

c. 7 月 12 日　借：现金　　　　　　　　　　　　　　　40 800

　　　　　　　贷：应收账款　　　　　　　　　　　　　　　　40 000

　　　　　　　　　利息收入　　　　　　　　　　　　　　　　　800

9.7 应收款项在资产负债表中的披露

所有预计能在一年之内（含）以现金形式收回的应收款项应在资产负债表的流动资产部分列示，资产通常按其流动性的强弱进行排序，其中流动性最强的现金及现金等价物排在最前面。

莫宁·乔公司的应收款项在资产负债表中列示如下：

莫宁·乔公司		
资产负债表		
20Y6 年 12 月 31 日		
资产		
流动资产：		
现金及现金等价物		$ 235 000
⋮		⋮
应收账款	$ 305 000	
减：坏账准备	12 300	292 700

在莫宁·乔公司的财务报表中，坏账准备作为应收账款的减项进行列报。公司也可以直接在资产负债表中按照应收账款的可变现净值进行列报，并在附注中注明坏账准备的金额。

其他与应收账款有关的信息要么在财务报表中披露，要么在报表附注中披露。上述信息披露包括对应收账款的市场（公允）价值的披露。此外，如果应收账款中存在不寻常的信用风险，则也应该披露该风险的特点。例如，公司大部分应收款项来自同一个客户或某国的同一地区或同一行业的客户，则应该在财务报告中披露这些情况。

9.8 财务分析和解释：应收账款周转率和应收账款周转天数

应收账款周转率和应收账款周转天数是常用于评价应收账款的收款效率的两个财务指标。

应收账款周转率（account receivable turnover）可以衡量一年中应收账款以现金形式收回的频率，例如，信用政策为"n/30"的应收账款的年周转次数为 12 次。

应收账款周转率的计算公式如下：

$$应收账款周转率 = \frac{销售收入}{平均应收账款}$$

平均应收账款可以采用月度数据计算，也可以简单地认为其等于应收账款期初和期末余额之和除以 2。例如，根据下面科瑞格绿山公司的相关财务数据（单位：百万美元），计算得出公司第 1 年和第 2 年的应收账款周转率分别为 8.65 和 7.94，计算过程如下：

	第 2 年	第 1 年
销售收入	$ 4 520	$ 4 708
应收账款：		
期初	621	468
期末	518	621
平均应收账款 *：		
（621＋518）/2	569.5	
（468＋621）/2		544.5
应收账款周转率 *：		
4 520/569.5	7.94	
4 708/544.5		8.65

* 保留两位小数。

第 2 年的应收账款周转率有所下降，这表明科瑞格绿山公司允许客户延期支付它们的账款。

应收账款周转天数（number of days' sales in receivable）是对应收账款未清偿时间的估计，信用政策为"n/30"的应收账款周转天数是 30 天，计算如下：

$$应收账款周转天数 = \frac{平均应收账款}{平均日销售收入}$$

平均日销售收入是销售收入除以 365 天计算而得，例如，利用科瑞格绿山公司的上述数据，第 2 年和第 1 年的应收账款周转天数分别为 45.9 天和 42.2 天，计算过程如下所示：

	第 2 年	第 1 年
平均日销售收入 * :		
4 520/365	12.4	
4 708/365		12.9
应收账款周转天数 * :		
569.5/12.4	45.9	
544.5/12.9		42.2

* 保留一位小数。

从应收账款周转天数中可以看出从第 1 年到第 2 年科瑞格绿山公司的应收账款收款效率略有下降。通常来说，应收账款周转率增加，应收账款周转天数减少，说明企业的收款效率有所提高。

例 9-6　应收账款周转率和应收账款周转天数

奥斯特曼公司截至 12 月 31 日的年度财务报表数据如下所示：

	20Y9 年	20Y8 年
销售收入	$ 4 284 000	$ 3 040 000
应收账款：		
期初	550 000	400 000
期末	640 000	550 000

a. 确定 20Y9 年和 20Y8 年的应收账款周转率。

b. 确定 20Y9 年和 20Y8 年的应收账款周转天数，结果保留一位小数。

c. 从 20Y8 年到 20Y9 年应收账款周转率和应收账款周转天数的变化显示出来的是有利趋势还是不利趋势？

解答：

a. 应收账款周转率：

	20Y9 年	20Y8 年
平均应收账款：		
（550 000+640 000）/2	$ 595 000	
（400 000+550 000）/2		$ 475 000
应收账款周转率：		
4 284 000/595 000	7.2	
3 040 000/475 000		6.4

b. 应收账款周转天数：

	20Y9 年	20Y8 年
平均日销售收入：		
4 284 000/365	$ 11 737.0	
3 040 000/365		$ 8 328.8
应收账款周转天数：		
595 000/11 737.0	50.7 天	
475 000/8 328.8		57.0 天

c. 应收账款周转率从 6.4 增长到 7.2，应收账款周转天数从 57.0 天减少到 50.7 天，这表明公司的应收账款回收效率有所提高，是有利趋势。

练习题

EX 9–1　应收款项类别

波音公司是全球最大的航空公司，其经营范围包括商用飞机、军用飞机、导弹、卫星系统和战队管理系统的生产和销售。近年，波音公司有 48.64 亿美元的应收账款涉及美国政府，有 22.5 亿美元的应收账款涉及达美航空和美国联合航空公司等商用飞机客户。

请说明波音公司是应在财务报表中分别列示上述应收款项，还是应该将其合并为综合应收账款？试解释。

EX 9–3　采用直接核销法编制坏账分录

冠军医药公司是一家医药设备公司，使用直接核销法处理坏账，请为下面的经济业务编制会计分录：

1 月 19 日，向达莱·戴肯医生赊销 30 000 美元商品，商品销售成本为 20 500 美元；

7 月 7 日，收到达莱·戴肯医生支付的 12 000 美元欠款，将剩余的 1 月 19 日的销售欠款作为坏账冲销；

11 月 2 日，恢复已经在 7 月 7 日冲销的达莱·戴肯医生的款项，并收到剩余款项 18 000 美元。

EX 9–5　冲销应收账款的分录

量子解决方案公司是一家计算机咨询公司，其决定冲销其客户联盟公司 33 550 美元的应收账款账户余额。请分别采用（a）直接核销法和（b）备抵法，编制冲销应收账款的会计分录。

EX 9–7　逾期天数

图特汽车供应公司向美国中西部各地的经销商分销新的和旧的汽车零部件。图特汽车供应公司提供的信用政策是"n/30"。截至 10 月 31 日，下列应收账款已过期：

账户	到期日	余额
雪崩汽车公司	8 月 8 日	$ 12 000
贝尔汽车公司	10 月 11 日	2 400
德比汽车修理公司	6 月 23 日	3 900
幸运汽车修理公司	9 月 2 日	6 600
进站汽车公司	9 月 19 日	1 100
可靠汽车修理公司	7 月 15 日	9 750
三叉戟汽车公司	8 月 24 日	1 800
山谷修理拖车公司	5 月 17 日	4 000

请确定截至 10 月 31 日每个账户的逾期天数。

EX 9–9　坏账准备的估计

基尔霍夫工业公司过去的坏账情况如下所示，根据应收账款账龄分析表估计本年的坏账准备。

账龄等级	坏账百分比（%）
未逾期	2
逾期 1～30 天	4
逾期 31～60 天	18
逾期 61～90 天	40
逾期 90 天以上	75

EX 9–11　坏账的估计

性能摩托车公司是一家摩托车配件批发商。公司 12 月 31 日的应收账款账龄分析表及各账龄区间坏账百分比的历史分析结果如下表所示：

账龄区间	余额	坏账百分比（%）
未逾期	$ 3 250 000	0.8
逾期 1～30 天	1 050 000	2.4
逾期 31～60 天	780 000	7.0
逾期 61～90 天	320 000	18.0
逾期 91～180 天	240 000	34.0
逾期 180 天以上	150 000	85.0
	$ 5 790 000	

请估计 12 月 31 日坏账准备账户的余额。

EX 9-13　直接核销法和备抵法下坏账损失的相关分录

希普韦公司在其经营的第一年（会计期末为 12 月 31 日）发生的部分交易如下：

4 月 13 日，冲销了迪安·谢泼德的应收账款账户，合计金额 8 450 美元。

5 月 15 日，收到丹·派尔支付的部分欠款 500 美元。收款前，丹·派尔账户的原余额为 7 100 美元，尚未偿付的余额作为坏账全额冲销。

7 月 27 日，收到迪安·谢泼德支付的 8 450 美元。迪安·谢泼德的账户已在 4 月 13 日冲销，公司转回该笔金额并登记现金收入。

12 月 31 日，将下列账户作为坏账全额冲销：

保罗·查普曼	$ 2 225
多纳·德罗莎	3 550
特雷莎·加洛韦	4 770
埃米耶·克拉特	1 275
马蒂·里奇	1 690

12 月 31 日，如有需要，为坏账编制年末调整分录。

a. 采用直接核销法为上述交易编制分录。

b. 采用备抵法为上述交易编制分录。希普韦公司采用赊销百分比法估计坏账损失，且公司赊销收入合计 3 778 000 美元。根据历史数据和行业平均水平，公司赊销金额的 0.75% 将不可收回。

c. 希普韦公司采用直接核销法计算的净利润入比采用备抵法计算的净利润高（或者低）多少？

EX 9-15　坏账对净利润的影响

麦克水暖用品公司第一个经营年度的销售收入为 3 250 000 美元，利用直接核销法将 27 800 美元的应收账款作为坏账进行冲销，并报告了 487 500 美元的净利润。如果使用备抵法，并且公司估计销售收入的 1% 将无法收回，那么净利润是多少？

EX 9-17　直接核销法和备抵法下的坏账损失的相关分录

凯斯博尔特公司在截至 12 月 31 日的会计年度，将下列应收账款作为坏账进行冲销：

客户	金额
肖恩·布鲁克	$ 4 650
夏娃·丹顿	5 180
阿特·马洛伊	11 050
卡西·约斯特	9 120
合计	$ 30 000

a. 采用直接核销法为坏账编制分录。

b. 采用备抵法为坏账编制分录。另外，编制坏账的调整分录。该公司上年赊销收入合计 5 250 000 美元。根据历史数据和行业平均水平，公司赊销金额的 0.75% 将不可收回。

c. 凯斯博尔特公司采用直接核销法计算的净利润比采用备抵法计算的净利润高（或者低）多少？

EX 9–19　计算票据到期日及利息

确定下列票据的到期日和到期应付的利息金额：

	发行日	面值	利率	票据期限
a.	1 月 10 日 *	$ 40 000	5%	90 天
b.	3 月 19 日	18 000	8%	180 天
c.	6 月 5 日	90 000	7%	30 天
d.	9 月 8 日	36 000	3%	90 天
e.	11 月 20 日	27 000	4%	60 天

* 假设 2 月份有 28 天。

综合题

PR 9–1A　与坏账相关的分录

道斯公司本期（会计期末为 12 月 31 日）发生了如下业务：

1 月 29 日，收到破产的科瓦尔公司 9 000 美元欠款的 35%，将剩余部分作为坏账冲销。

4 月 18 日，转回以前年度作为坏账冲销的斯宾塞·克拉克的应收账款。将全额偿付的 4 000 美元的现金收入登记入账。

8 月 9 日，由于铁马公司已经没有任何资产了，公司冲销了铁马公司的应收账款账户余额，合计 11 850 美元。

11 月 7 日，转回以前年度作为坏账冲销的乙烯基公司的应收账款。将全额偿付的 7 000 美元的现金收入登记入账。

12 月 31 日，将下列账户作为坏账进行冲销（一条分录）：贝丝康纳利公司，12 100 美元；德文公司，8 110 美元；莫泽经销商，21 950 美元；海洋光学公司，10 000 美元。

12 月 31 日，公司分析 1 450 000 美元的应收账款账户余额情况后，估计其中有 60 000 美元可能无法收回。公司为此编制了调整分录。

要求：

1. 在坏账准备账户的 T 形账中登入 1 月 1 日的贷方余额 54 200 美元。

2. 将上述业务登入日记账并将会影响以下两个账户的分录过入 T 形账中，计算新的余额：

坏账准备

坏账损失

3. 计算 12 月 31 日应收账款的预期可实现净值。

4. 假设公司不按照应收账款的分析结果计提坏账，而是根据按照当年 13 200 000 美元的销售收入的 0.5% 估算坏账损失，并据此编制 12 月 31 日的调整分录。请计算：

a. 当年的坏账损失。

b. 12 月 31 日的坏账准备账户余额（调整后）。

c. 12 月 31 日应收账款的预期可实现净值。

案例分析题

CP 9-1　道德行为

巴德照明公司是一家商业和住宅照明产品零售商。该公司的首席会计师高恩·格特正在为无法收回的应收账款编制年末调整分录。近年来，该公司的坏账金额有所增加。因此，高恩认为，该公司应将用于估算坏账的百分比从赊销收入的 2% 提高到 4%。这一变化将显著增加坏账费用，导致公司自创立以来首次出现收益下降。公司总裁蒂姆·伯尔面临着实现盈利目标的巨大压力。他表示，现在"不是变更估计的适当时机"。他指示高恩将估计比例保持在 2%。高恩确信 2% 太低，但他听从了蒂姆的指示。

请评价使用较低百分比来提高收益的决定。蒂姆和高恩的行为是否合乎职业道德？

第 **10** 章

长期资产：固定资产和无形资产

麦当劳于 1940 年在加利福尼亚州的圣贝纳迪诺开张，当时它是一家由迪克·麦当劳和麦克·麦当劳兄弟俩经营的烤肉餐厅。1954 年，雷·克罗克拜访了这家餐厅，并说服麦当劳兄弟让他在全美范围内特许经营。1955 年，雷·克罗克在伊利诺伊州的德斯普兰斯开了他的第一家麦当劳餐厅，这家餐厅拥有独特的、设计新颖的金色拱门。如今，麦当劳在 100 多个国家运营，共有 3 万多家，员工超过 40 万人，每年销售数百万个汉堡包，年收入超过 270 亿美元。

你想拥有并经营一家麦当劳餐厅吗？麦当劳向想成为餐厅所有者或经营者的个人授予 20 年的特许经营权。个人可以购买一个现有的餐厅或开设一个新的餐厅。如果要开设一家新餐厅，所有者必须投资购买商店设备、招牌、座椅和装饰品。麦当劳通常购买土地和大楼自用，还为其所有者或经营者提供培训。作为回报，麦当劳每月收取固定金额或销售额的一定比例金额的服务费。开一家新餐厅的总成本可能超过几百万美元。

显然，开设一家麦当劳餐厅的决定是一个具有长期影响的重大承诺。本章将讨论长期固定资产（如一家新餐厅）投资的会计处理，并讨论如何确定一项固定资产的部分成本在其使用年限内摊销到费用，以及固定资产处置的会计处理等问题。最后，本章将讨论自然资源（如矿产）和无形资产（如专利权、版权、商标和商誉）的会计处理。

学习目标

1. 定义固定资产，对其进行分类，并描述其成本的会计处理。
2. 运用直线法、工作量法和双倍余额递减法计算折旧。
3. 编制固定资产处置的会计分录。
4. 描述自然资源的会计处理，并为折耗费用编制会计分录。

5. 描述无形资产，如专利权、版权和商誉的会计处理。

6. 描述折旧费用在利润表中的列示，并编制包含固定资产和无形资产的资产负债表。

7. 描述并举例说明如何利用固定资产周转率来评估企业固定资产的使用效率。

10.1　固定资产的性质

固定资产（fixed assets）是指设备、机器、建筑物和土地等长期的或相对长期的资产。固定资产也称厂房设备资产或不动产、厂房和设备。固定资产有以下特点：

（1）它们具有实物形态，因此属于有形资产；

（2）它们由企业拥有且在正常的经营活动中使用；

（3）企业不以日常经营出售为目的而拥有。

固定资产是许多企业取得成功的关键。例如，对于提供线上零售或技术服务的企业来说，计算机和互联网服务器是关键的固定资产。

成本的分类

已经发生的成本可以归类为固定资产、投资或者费用。图表 10-1 说明了合理确定成本类别和入账方式的步骤。

图表 10-1　划分成本类别

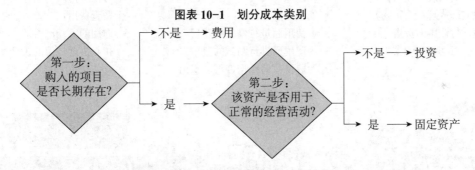

如图表 10-1 所示，成本的分类涉及以下步骤：

第一步：购入的项目是否长期存在（超过一年）？

如果是，该项目作为资产负债表中的资产入账，可能是一项固定资产，也可能是一项投资。这需要用第二步进一步判断。

如果不是，该项目作为一项费用入账。

第二步：该项资产是否用于正常的经营活动？

如果是，资产作为一项固定资产入账。

如果不是，资产作为一项投资入账。

属于固定资产的项目包括土地、建筑物或者设备。这些资产持续使用时长通常会超过一年，并且用于企业正常的经营活动。但是，那些仅在高峰期或者在其他设备出现故障时才使用的备用设备并不经常使用，也属于固定资产。那些废弃的或者不再使用的固定资产不再作为固定资产入账。

虽然公司可以出售固定资产，但是不应将其作为正常经营活动的一部分进行出售。例如，汽车经销商可供销售的小汽车和卡车就不是经销商的固定资产，经销商在日常经营活动中使用的牵引卡车则属于固定资产。

不是在正常的经营活动中使用，而是为了未来再销售而持有的长期资产属于投资，这种资产列示在资产负债表中的投资项目下，例如，对于以再销售为目的而获得的未开发土地，属于一项投资，而不是固定资产。

固定资产的成本

除了采购价格，固定资产的取得成本还包括将固定资产送到恰当地点并达到可交付使用状态的所有支出。例如，运输成本和设备安装成本都属于固定资产总成本的一部分。

图表10-2总结了一些取得固定资产的常见成本。这些成本入账时，应借记相关的固定资产账户，如土地①、房屋、土地附着物或机器设备等。

图表10-2　固定资产的取得成本

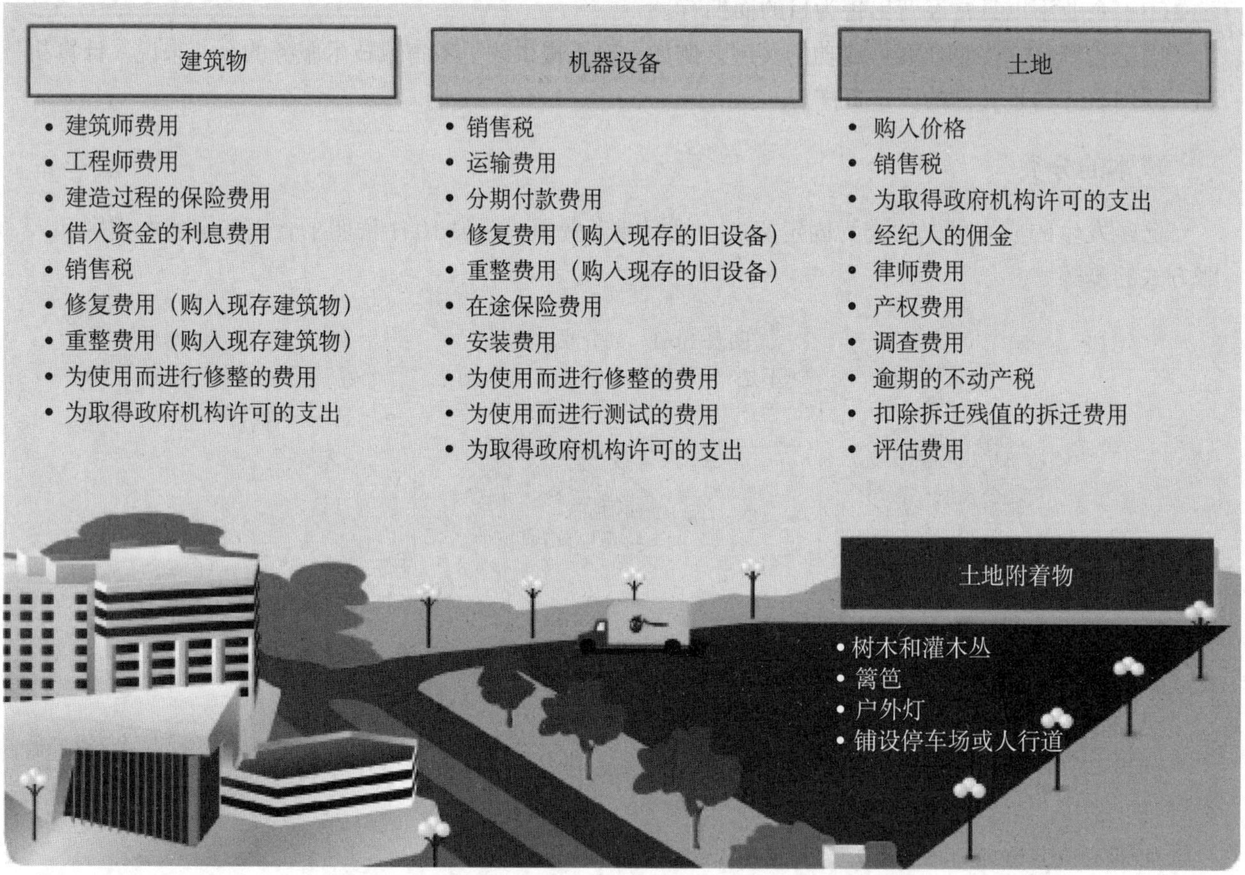

建筑物	机器设备	土地
• 建筑师费用	• 销售税	• 购入价格
• 工程师费用	• 运输费用	• 销售税
• 建造过程的保险费用	• 分期付款费用	• 为取得政府机构许可的支出
• 借入资金的利息费用	• 修复费用（购入现存的旧设备）	• 经纪人的佣金
• 销售税	• 重整费用（购入现存的旧设备）	• 律师费用
• 修复费用（购入现存建筑物）	• 在途保险费用	• 产权费用
• 重整费用（购入现存建筑物）	• 安装费用	• 调查费用
• 为使用而进行修整的费用	• 为使用而进行修整的费用	• 逾期的不动产税
• 为取得政府机构许可的支出	• 为使用而进行测试的费用	• 扣除拆迁残值的拆迁费用
	• 为取得政府机构许可的支出	• 评估费用

土地附着物
• 树木和灌木丛
• 篱笆
• 户外灯
• 铺设停车场或人行道

只有使固定资产达到预定可使用状态的必要支出才属于固定资产的成本，而那些不能增加资产有用性的不必要支出则属于费用。下列事项的支出就属于费用：

（1）有意毁损；

（2）错误的安装；

（3）失窃损失中的未保险部分；

（4）拆封或安装过程中出现的毁损；

---

① 此处假设土地仅作为建筑地址或场所，而不是矿产资源或其他自然资源的开发场所。

（5）因未获取政府机构许可而缴纳的罚款。

例如，假设金布尔公司以 12 000 美元的价格购买了一项设备。该设备运输到安装地点的运费为 600 美元。现场安装费用为 1 500 美元，其中 500 美元是安装错误产生的。设备入账如下：

		设备（12 000+600+1 500−500）		13 600	
		现金			13 600

安装错误的 500 美元费用不包括在设备成本内，而是作为费用入账。

公司可能产生一些与建造如房屋等固定资产有关的成本，建造过程中产生的直接成本，如人工和材料，应该通过借记在建工程账户以资本化。当工程完工后，应通过贷记在建工程账户，借记房屋等适当的固定资产账户将成本重新结转归类。

租赁固定资产

租赁是指与资产在一定期间内的使用权有关的合同关系。企业经常进行租赁，如企业常常租赁汽车、计算机、医疗设备、房屋和飞机。

签订租赁合同的双方分别是：

（1）出租人：拥有资产所有权的一方；

（2）承租人：拥有由出租人授予的资产使用权的一方。

在租赁合同下，承租人应定期支付租赁合同条款规定的租金。租赁资产的优点是：承租人可以使用资产，而不必花费大量的资金或通过借款来购买资产；保养和修理费用是出租人的责任；资产在其使用年限结束前无法正常使用而产生额外成本的风险可以通过租赁资产来减少。

财务会计准则委员会（FASB）和国际会计准则理事会（IASB）出台了一个合并美国和国际关于租赁准则的条目[①]。FASB 的新标准区分了融资租赁和经营租赁。在**融资租赁**（capital lease）下，承租人需要登记一项资产和一项负债，类似于购买了该资产。在**经营租赁**（operating lease）下，承租人需要登记预付租金（如有必要，还要记录未来租赁费这项负债），并在资产使用时记录租赁费用。

本章假设所有租赁都是不超过一年（含）的经营租赁。因此，租赁付款的分录是借记租赁费用账户，贷记现金账户。在某些情况下，如前几章所述，最初记录的预付租金在期末需要编制调整分录来转入租赁费用账户。

无论采用哪种租赁类型，租赁条款均应在财务报表附注中披露。披露内容包括租赁期限、终止权和续签选择权等项目。

10.2　折旧的会计处理

随着时间的流逝，除了土地以外的固定资产都会逐渐丧失其提供服务的能力，因此，设备、建筑物等固定资产的成本应该在其预计使用年限期内结转为一项费用。这种将固定资产成本定期结转为费用的过程称为**折旧**（depreciation）。由于土地具有无限使用期限，因此不计提折旧。

折旧按其成因可分为物理性折旧和功能性折旧。

（1）**物理性折旧**（physical depreciation）包括固定资产在使用过程中，或者因长期暴露在恶劣气

---

① Accounting Standards. Update, *Leases (Topic 842)*, February 2016, FASB (Norwalk, CT).

候条件下而造成的磨损或裂缝；

（2）**功能性折旧**（functional depreciation）包括固定资产固定资产过时或者客户需求发生变化导致固定资产无法按照其预期功能提供相应的服务。例如，技术的更新换代可能会导致机器设备的报废。

在会计中使用折旧这个概念时，常存在两个误解：

（1）折旧并不衡量某项固定资产的市场价值下降情况，相反，折旧是在某项固定资产的使用年限内，将其成本逐渐结转到费用账户的过程。因此，固定资产的账面价值（成本减去累计折旧）通常不等于其市场价值。这种会计处理是合理的，因为固定资产的持有目的是用于企业的正常经营活动，而非用于再出售。

（2）折旧并不提供在固定资产大量损耗后用于重置固定资产所需的现金。可能出现这种误解的主要原因在于折旧费用与大多数费用不同，在计提折旧费用的当期并不发生对应的现金流出。

计算折旧费用的因素

固定资产的折旧费用由三个因素共同决定，它们分别是：

（1）固定资产的初始成本；

（2）固定资产的预期使用年限；

（3）固定资产的预计残值。

固定资产的**初始成本**（initial cost）是资产的采购价格加上获取并达到可交付使用状态的所有支出。它的确定主要依据我们在本章开头部分讨论说明的一些概念。

固定资产的**预期使用年限**（expected useful life）从资产首次投入使用时就进行估计。资产预期使用年限的估计值可以从行业贸易协会处获得。此外，美国国税局也公布了有关使用年限的指南，这些指南对企业编制财务报告很有帮助。但是，相同资产在不同公司中估计的使用年限可能不一样，这是正常的。

固定资产在使用年限终了时的**残值**（residual value）也应当在资产首次投入使用时就进行估计。残值有时候也称为残余价值或者折价。

固定资产的初始成本与残值的差额叫作资产的**折旧成本**（depreciable cost），折旧成本是应在资产使用年限期内逐渐分配结转到折旧费用账户的资产成本。如果某项固定资产没有残值，那么它的所有成本均应当分摊到折旧费用中。

为了说明折旧的方法，假设埃克塞特公司在 1 月 1 日购买了一辆新的叉车，具体情况如下所示：

初始成本	$ 24 000
预期使用年限	5 年
预计残值	$ 2 000

图表 10-3 显示了叉车的折旧费用与初始成本、预期使用年限和预计残值之间的关系。

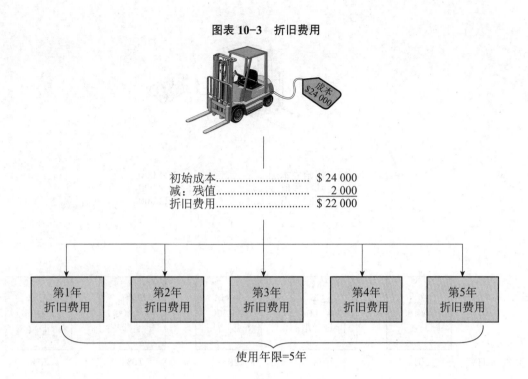

图表 10-3　折旧费用

三种最常用的折旧方法如下所示：

（1）直线法；

（2）工作量法；

（3）双倍余额递减法。

公司不需要对其所有的固定资产采用同样的折旧计算方法，例如，公司可能对设备折旧采用一种方法，对建筑物折旧采用另一种方法。

直线法

采用**直线法**（straight-line method）进行会计处理时，在资产使用年限内，各年折旧费用相等。埃克塞特公司的叉车按照直线法计算的每年折旧费用为 4 400 美元，计算如下：

$$年折旧费用 = \frac{成本 - 预计残值}{预期使用年限}$$

$$= \frac{24\,000 - 2\,000}{5} = 4\,400（美元）$$

直线法每年报告数额相等的折旧费用，如图表 10-4 所示。

图表 10-4　直线法

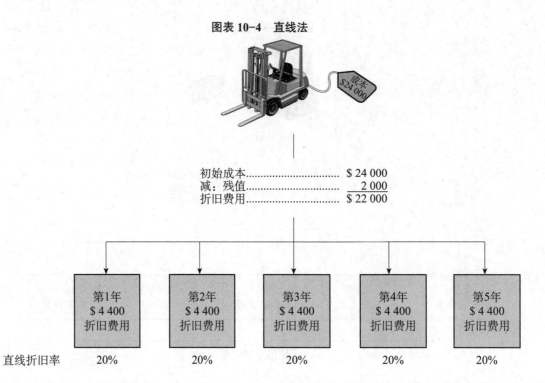

初始成本..............................	$ 24 000
减：残值..............................	2 000
折旧费用..............................	$ 22 000

第1年 $ 4 400 折旧费用	第2年 $ 4 400 折旧费用	第3年 $ 4 400 折旧费用	第4年 $ 4 400 折旧费用	第5年 $ 4 400 折旧费用

| 直线折旧率 | 20% | 20% | 20% | 20% | 20% |

通过将年折旧额转化为待折旧成本的百分比可以简化直线法折旧的计算。这种直线折旧率等于 100% 除以资产的预期使用年限，如下所示：

预期使用年限	直线折旧率
5 年	20%（100%/5）
8 年	12.5%（100%/8）
10 年	10%（100%/10）
20 年	5%（100%/20）
25 年	4%（100%/25）

对于上述设备，年折旧费用 4 400 美元也可以用待折旧成本 22 000 美元乘以 20%（100%/5）计算得到。

第 1 年采用直线法计提折旧的分录如下：

12 月	31 日	折旧费用——叉车		4 400	
		累计折旧——叉车			4 400

累计折旧账户被称为备抵账户或资产备抵账户。这是因为累计折旧作为固定资产的抵减项列示在资产负债表中。固定资产账户与其相关的累计折旧账户之间的差额称为资产的**账面价值**（book value）或资产的账面净值。

第 1 年年底叉车的账面价值是 19 600 美元，在资产负债表中报告如下：

设备	$ 24 000
减：累计折旧	4 400
账面价值	19 600

如图表 10-5 所示，由于每年都要记录折旧费用，所以累计折旧——叉车账户的余额会增加，叉车的账面价值会减少。

图表 10-5　直线法：折旧费用与账面价值

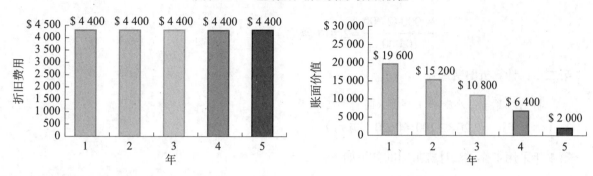

直线法的使用方式很简单。当因使用资产而获得的相关收入在各期都基本均衡时，直线法能够很好地匹配折旧费用与资产带来的收入。

例 10-1　直线法折旧

年初取得的设备的初始成本为 125 000 美元，预计残值为 5 000 美元，预期使用年限为 10 年，请计算：（a）待折旧成本；（b）直线折旧率；（c）年折旧费用。

解答：

a. 120 000 美元（125 000 - 5 000）。

b. 10%（100%/10）。

c. 12 000 美元［（120 000×10%）或者（120 000/10）］。

工作量法

工作量法（units-of-output method）是指针对资产的单位产出配以相同数额的折旧费用。根据资产类型的不同，单位产出可以用小时、英里或生产数量来表述。例如，卡车的单位产出通常表述为其行驶的英里数。而对于制造型资产来说，其单位产出则通常通过产品数量来表述。在这种情况下，工作量法也叫**产量法**（units-of-production method）。

工作量法的应用包含两个步骤用：

第一步：确定单位折旧费用：

$$单位折旧费用 = \frac{初始成本 - 预计残值}{预计产量总数}$$

第二步：计算折旧费用：

$$折旧费用 = 单位折旧费用 \times 期间的工作量$$

举例来说，假设上例中设备的预期使用年限为 10 000 个运转小时，当年机器运转了 2 100 个小时，则当年的折旧费用为 4 620 美元，计算过程如下所示：

第一步：确定每小时的折旧费用：

$$每小时折旧费用 = \frac{初始成本 - 预计残值}{预计产量总数}$$

$$= \frac{24\,000 - 2\,000}{10\,000} = 2.20（美元）$$

第二步：计算折旧费用：

$$折旧费用 = 每小时折旧费用 \times 期间的工作量$$
$$= 2.20 \times 2\,100 = 4\,620（美元）$$

第 1 年采用工作量法计提折旧的分录如下：

12 月	31 日	折旧费用——叉车		4 620	
		累计折旧——叉车			4 620

假设叉车在其 5 年的使用年限中，使用情况如下：

第 1 年	2 100 小时
第 2 年	1 500
第 3 年	2 600
第 4 年	1 800
第 5 年	2 000
总计	10 000 小时

图表 10-6 说明了使用工作量法时叉车在其 5 年使用年限内的折旧费用和账面价值。

如图表 10-6 所示，每年的折旧费用和年末账面价值都根据叉车使用年限的变化而变化。

当固定资产各年投入使用的时间不相同时，常常采用工作量法。在这种情况下，工作量法可以很好地将资产的收益与对应的折旧费用匹配起来。

例 10-2　工作量法

年初取得的设备的初始成本为 180 000 美元，预计残值为 10 000 美元，预期使用年限为 40 000 小时，本年已经运转了 3 600 小时，请确定：（a）待折旧成本；（b）折旧率；（c）运用工作量法计算当年的折旧费用。

解答：

a. 170 000 美元（180 000 - 10 000）。

b. 4.25 美元 / 小时（170 000/40 000）。

c. 15 300 美元（3 600×4.25）。

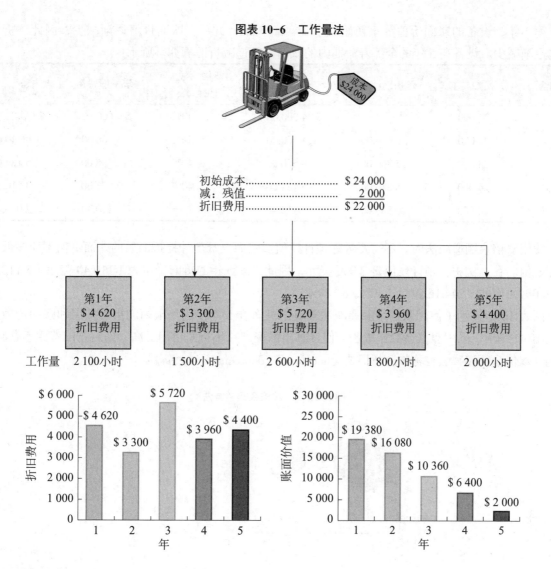

图表 10-6　工作量法

双倍余额递减法

采用**双倍余额递减法**（double-declining-balance method）进行会计处理时，资产预期使用年限内各期的折旧费用逐步减少。双倍余额递减法的运用包括如下三个步骤：

第一步：利用预期使用年限确定直线折旧率；

第二步：将第一步中得到的直线折旧率乘以 2，得到双倍余额递减率；

第三步：将第二步中得到的双倍余额递减率乘以资产的账面价值，得到折旧费用。

举例来说，采用双倍余额递减法计算埃克塞特公司购入叉车的折旧费用，则第一年计提的折旧费用为 9 600 美元，计算过程如下：

第一步：直线折旧率为 20%（100%/5）；

第二步：双倍余额递减率为 40%（20%×2）；

第三步：折旧费用为 9 600 美元（24 000×40%）。

第一年采用双倍余额递减法计提折旧的分录如下：

| 12 月 | 31 日 | 折旧费用——叉车 | 9 600 | |
| | | 累计折旧——叉车 | | 9 600 |

第 1 年，设备的账面价值等于初始成本 24 000 美元，此后，账面价值逐渐减少，因此，折旧费用也逐渐减少。设备在 5 年的全部寿命期内的双倍余额递减折旧额如下所示：

年份	初始成本	年初累计折旧	年初账面价值	双倍余额递减率		当年折旧费用	年末账面价值
1	$ 24 000		$ 24 000.00	×	40%	$ 9 600.00	$ 14 400.00
2	24 000	$ 9 600.00	14 400.00	×	40%	5 760.00	8 640.00
3	24 000	15 360.00	8 640.00	×	40%	3 456.00	5 184.00
4	24 000	18 816.00	5 184.00	×	40%	2 073.60	3 110.40
5	24 000	20 889.60	3 110.40	—		1 110.40	2 000.00

使用双倍余额递减法时，不需要考虑预计残值。然而，资产计提折旧后的账面价值不应该低于其预计残值。在上例中，预计残值是 2 000 美元，因此，第 5 年的折旧费用为 1 110.40 美元（3 110.40－2 000.00），而非 1 244.16 美元（40%×3 110.40）。

图表 10-7 显示了使用双倍余额递减法计算的叉车在 5 年使用年限内的折旧费用和账面价值。如图表 10-7 所示，采用双倍余额递减法会使计算出的资产首年折旧费用最高，随后折旧费用不断减少。因此，双倍余额递减法也称加速折旧法（accelerated depreciation method）。

图表 10-7　双倍余额递减法

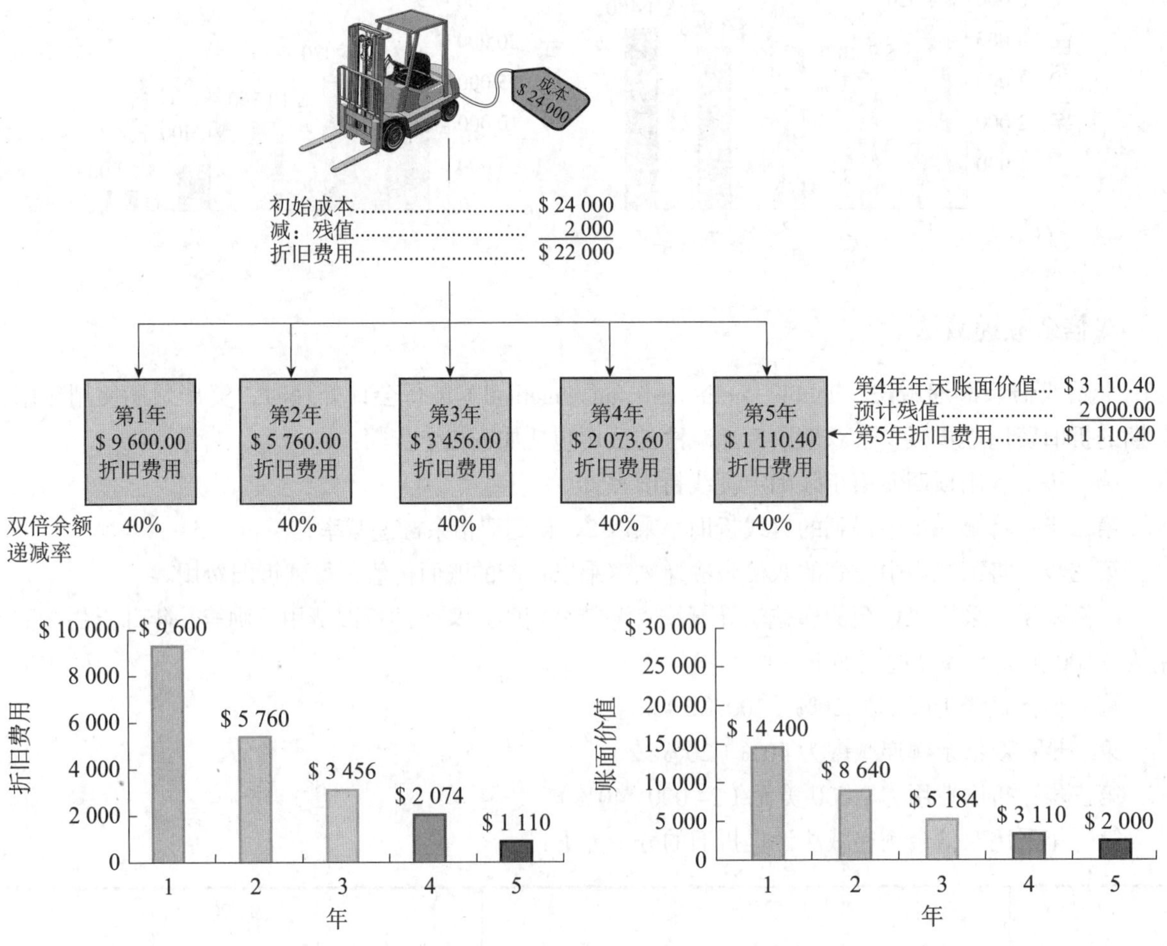

一些资产在投入使用的前几年相较之后年度获利能力更强，因此，双倍余额递减法可以很好地将这类资产的收益与对应的折旧费用匹配起来。

例 10-3　双倍余额递减法

年初购入的设备的初始成本为 125 000 美元，预计残值为 5 000 美元，预期使用年限为 10 年，请确定：（a）双倍余额递减率；（b）采用双倍余额递减法计算第 1 年的折旧费用。

解答：

a. 20% [（1/10）×2]。

b. 25 000 美元（125 000×20%）。

折旧方法的比较

图表 10-8 比较汇总了三种折旧方法。三种折旧方法均在资产的使用年限内将总资产成本结转到折旧费用，同时资产计提折旧后的账面价值永远不会低于其残值。

图表 10-8　折旧方法的汇总

方法	使用年限	折旧成本	折旧率	折旧费用
直线法	年份	初始成本减去残值	直线折旧率 *	固定不变
工作量法	总产量	初始成本减去残值	$\dfrac{初始成本 - 预计残值}{预计产量总数}$	可变
双倍余额递减法	年份	剩余的账面价值（不低于残值）	直线折旧率 ×2	递减

* 直线折旧率＝100%/使用年限。

采用直线法计提折旧时，资产在其使用寿命内各年的折旧费用相等；采用工作量法计提折旧时，资产各年的折旧费用根据资产使用程度的不同而变化；采用双倍余额递减法计提折旧时，资产投入使用的当年折旧费用最高，随后金额不断减少。

图表 10-9 说明了叉车在 5 年使用寿命内采用不同折旧方法的折旧费用。

不足整年的折旧

在会计期间的第一个月以外的时间也有可能购买并投入使用固定资产。在这种情况下，折旧费用根据资产投入使用的月数按比例分配。例如，假设一项资产在 3 月 1 日投入使用，则当年（以 12 月 31 日为会计期末）应该按比例仅考虑 10 个月的折旧费用（3 月 1 日至 12 月 31 日）。

资产也可能在每月的第一天以外的时间投入使用。在这种情况下，在前半个月投入使用的资产通常被视为在该月的第一天购买的资产。类似地，在后半个月购买的资产则被视为在下个月的第一天投入使用。

直线法

在直线法下，折旧费用是根据资产使用的月数按比例计算的。例如，假设埃克塞特公司在 10 月 1 日而不是 1 月 1 日购买叉车。第 1 年折旧费用的计算将基于 3 个月（10 月、11 月、12 月），则第 1 年折旧费用为 1 100 美元，计算过程如下：

图表 10-9　折旧方法的比较

	折旧费用		
年份	直线法	工作量法	双倍余额递减法
1	$ 4 400*	$ 4 620 ($ 2.20/小时×2 100小时)	$ 9 600.00 ($ 2 4000×40%)
2	4 400	3 300 ($ 2.20/小时×1 500小时)	5 760.00 ($ 14 400×40%)
3	4 400	5 720 ($ 2.20/小时×2 600小时)	3 456.00 ($ 8 640×40%)
4	4 400	3 960 ($ 2.20/小时×1 800小时)	2 073.60 ($ 5 184×40%)
5	4 400	4 400 ($ 2.20/小时×2 000小时)	1 110.40**
合计	$ 22 000	$ 22 000	$ 22 000.00

*4 400 =（24 000−2 000)/5。

**3 110.40−2 000.00（因为设备不能折旧至2 000美元的残值以下）。

年折旧费用＝（24 000−2 000）/5＝4 400（美元）

第1年折旧费用＝4 400×（3/12）＝1 100（美元）

工作量法

工作量法使用单位折旧费用和该期间的工作量来计算折旧费用。例如，假设埃克塞特公司在10月1日而不是1月1日购买叉车。假设10月1日至12月31日期间，叉车使用时间为400小时，则第1年折旧费用为880美元，计算过程如下：

单位折旧费用＝（24 000−2 000)/10 000＝2.20（美元/小时）

第1年折旧费用＝2.20×400＝880（美元）

双倍余额递减法

如果一项资产仅在一年中的某段时间使用，那么采用双倍余额递减法时的折旧费用可根据该资产使用的月数按比例分配。例如，假设埃克塞特公司的叉车是在10月1日而不是1月1日购买并投入使用，第1年的折旧费用的计算将基于3个月（10月、11月、12月），则第1年的折旧费用为2 400美元，计算过程如下：

双倍余额递减率＝（100%/5）×2＝40%

第一年年折旧费用＝24 000×40%＝9 600（美元）

第一年部分折旧费用＝9 600×（3/12）＝2 400（美元）

第2年的折旧费用是用第2年1月1日的账面价值乘以双倍余额递减率计算得到的。例如，假设埃克塞特公司在 10 月 1 日购买了叉车，12 月 31 日记录了 2 400 美元的部分折旧费用，则第 2 年 1 月 1 日的账面价值为 21 600 美元（24 000-2 400）。第 2 年的折旧费用为 8 640 美元，计算过程如下：

第 2 年年折旧费用=21 600×40%=8 640（美元）

对于固定资产残值和使用年限的估计可能因为一些非正常磨损、撕扯或过时而发生变化。新的估计值确定后，就可据此计算未来各期的折旧费用。之前年份已入账的折旧费用并不会受到影响。

举例来说，假设下面是 1 月 1 日购入的一台机器的相关数据：

机器的初始成本	$ 140 000
预期使用年限	5 年
预计残值	$ 10 000
利用直线法算出的年折旧费用	$ 26 000

[（140 000-10 000）/5]

第 2 年年末，机器的账面价值（待折旧成本）为 88 000 美元，如下所示：

机器的初始成本	$ 140 000
减：累计折旧（26 000×2）	52 000
第 2 年年末，账面价值（待折旧成本）	$ 88 000

第 3 年年初，公司估计该机器的剩余使用年限是 8 年（而不是 3 年），预计残值由原先的 10 000 美元变更为 8 000 美元。这剩余 8 年的年折旧费用为 10 000 美元，计算如下：

$$修正后的年折旧费用=\frac{账面价值-修正后的预计残值}{修正后的剩余使用年限}$$

$$=\frac{88\,000-8\,000}{8}=10\,000（美元）$$

图表 10-10 列示了资产在其初始使用年限和修正后使用年限内的账面价值变化。第 2 年年末修正折旧年限以后，资产的账面价值下降速度变慢了。在第 10 年年末，资产的账面价值等于修正后的预计残值 8 000 美元。

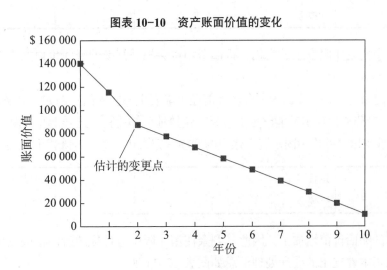

图表 10-10　资产账面价值的变化

例10-4   折旧的修正

初始成本为 500 000 美元的一个仓库的预计残值为 120 000 美元，预期使用年限为 40 年，并采用直线法计提折旧。（a）计算年折旧费用；（b）计算仓库使用了 20 年后，其年末的账面价值；（c）假设在仓库使用的第 21 年年初，估计其剩余使用年限还有 25 年，其残值为 150 000 美元，计算剩余 25 年的年折旧费用。

解答：

a. 9 500 美元 [（500 000−120 000）/40]。

b. 310 000 美元 [500 000−（9 500×20）]。

c. 6 400 美元 [（310 000−150 000）/25]。

维修和改良

一旦某项固定资产被购入并投入使用，就可能发生与日常维护和修理相关的支出，此外，改良资产或为延长固定资产使用年限而进行的特别修理也会产生支出。那些仅有利于当期的支出称为**收益性支出**（revenue expenditures）；而改良资产或延长其使用年限的支出则称为**资本性支出**（capital expenditures）。

日常维护和修理

与固定资产的日常维护和修理相关的支出应作为当期费用入账，这种支出属于收益性支出，在会计处理上会导致修理和维护费用账户金额增加，例如，将运货卡车发动机的 300 美元调试费用入账如下：

		修理和维护费用		300	
		现金			300

特别修理

固定资产投入使用后，为了延长其使用年限还可能发生一些支出，例如，为使用年限快到期的叉车引擎进行一次大修，花费 4 500 美元。这使得叉车引擎使用年限延长了 8 年，这种支出属于资本性支出，并作为累计折旧账户的减项登记入账。叉车修理费用入账如下：

		累计折旧——叉车		4 500	
		现金			4 500

由于叉车的剩余使用年限发生了变化，折旧费用也会根据其新的账面价值发生变化。

资产改良

固定资产投入使用后，为了改良固定资产性能还可能发生一些支出，例如，为送货卡车安装一台价值 5 500 美元的液压升降机以使卡车能够更加容易、快捷地装卸货物。这样卡车的服务价值将有所提升。这种支出属于资本性支出，并作为固定资产账户的增项登记入账。液压升降机的相关支出入账如下：

		运货卡车		5 500	
		现金			5 500

由于送货卡车的账面价值增加了，因此其剩余使用年限中应计提的折旧也会发生变化。

收益性支出和资本性支出的会计处理汇总如图表 10-11 所示。

图表 10-11　收益性支出和资本性支出

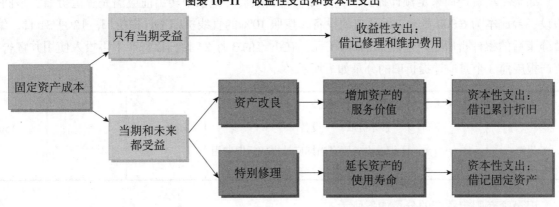

例 10-5 　资本性支出和收益性支出

GTS 公司在 6 月 18 日支付了 1 200 美元用于运货卡车液压升降机的更新，并花费了 45 美元给运货卡车加油。为液压升降机升级和卡车加油编制相应的会计分录。

解答：

6 月 18 日	借：运货卡车	1 200	
	贷：现金		1 200
18 日	借：修理和维护费用	45	
	贷：现金		45

10.3　固定资产的处置

无使用价值的固定资产可以直接废弃或者出售。在这种情况下，固定资产应该从会计账户中冲销。然而，固定资产已经足额计提折旧并不代表应该将其从会计账户中冲销。

如果资产仍被企业使用，即使资产已经足额计提了折旧，其成本和累计折旧仍然应该留在分类账中。这保证了资产始终在分类账中有会计记录。如果将资产从分类账中冲销，则会计账户中就没有记录证明该资产仍然存在。此外，在编制财产税和所得税报告时，还常常需要这类资产的成本和累计折旧数据。

废弃固定资产

如果某项固定资产不再投入使用，且残值为零，则该资产是废弃资产。例如，假设公司决定报废某一项固定资产，该固定资产已经足额计提折旧且没有任何残值，则用于登记该报废资产的分录将该项资产及其对应的累计折旧同时从分类账中转出。

举例来说，假设一项设备的获取成本为 25 000 美元，并已足额计提折旧。2 月 14 日，报废该设备。用于登记该报废事项的分录如下所示：

2 月	14 日	累计折旧——设备		25 000	
		设备			25 000
		（冲销已废弃的设备。）			

如果一项资产尚未足额计提折旧，那么在将其从会计记录中转出前应当先登记折旧。举例来说，假设一台成本为 6 000 美元、无残值的设备，按照 10% 的直线折旧率计提折旧。12 月 31 日，编制调整分录后的累计折旧账户余额为 4 650 美元。在下年的 3 月 24 日，该资产不再投入使用并宣告报废，资产报废前 3 个月应计提折旧的分录如下所示：

3 月	24 日	折旧费用——设备		150	
		累计折旧——设备			150
		（记录设备废弃当期应计提的折旧费用（600×3/12）。）			

记录废弃固定资产的分录如下所示：

3 月	24 日	累计折旧——设备		4 800	
		处置固定资产损失		1 200	
		设备			6 000
		（冲销已废弃的设备。）			

因为累计折旧账户的余额（4 800 美元）小于设备账户的余额（6 000 美元），差额 1 200 美元作为损失登记入账。废弃固定资产的损失将列示在利润表中。

出售固定资产

固定资产出售的分录与上述固定资产报废的分录类似。唯一的区别在于出售固定资产应当记录收到的现金，如果销售价格高于资产的账面价值，则需登记利得。如果销售价格低于资产的账面价值，则需登记损失。

举例来说，假设设备的取得成本为 10 000 美元，无残值，按照 10% 的直线折旧率计提折旧。在设备投入使用后的第 8 年的 10 月 12 日，出售了这台设备。截至上年 12 月 31 日，累计折旧账户余额为 7 000 美元，则当年前 9 个月的资产计提折旧的分录如下所示：

10 月	12 日	折旧费用——设备		750	
		累计折旧——设备			750
		（记录设备出售当期应计提的折旧费用（10 000×9/12×10%）。）			

在当期折旧费用登记入账后，资产的账面价值为 2 250 美元（10 000－7 750）。假设该项资产有三种不同的售价，登记该笔销售业务的分录分别如下：

（1）以等于资产账面价值 2 250 美元的价格出售，没有利得也没有损失。

10 月	12 日	现金		2 250	
		累计折旧——设备		7 750	
		设备			10 000

（2）售价为 1 000 美元，低于账面价值，损失为 1 250 美元。

10月	12 日	现金		1 000	
		累计折旧——设备		7 750	
		处置固定资产损失		1 250	
		设备			10 000

（3）售价为 2 800 美元，高于账面价值，利得为 550 美元。

10月	12 日	现金		2 800	
		累计折旧——设备		7 750	
		设备			10 000
		处置固定资产利得			550

例 10-6　出售固定资产

年初取得的一项设备的成本为 91 000 美元。该设备采用直线法计提折旧，预期使用年限为 9 年，预计残值为 10 000 美元。

a. 第 1 年的折旧费用为多少？

b. 假设在第 2 年年末，以 78 000 美元的价格出售该设备。试计算出售设备的利得或损失。

c. 为上述销售业务编制会计分录。

解答：

a. 9 000 美元 [（91 000−10 000）/9]。

b. 5 000 美元利得（78 000−[91 000−（9 000×2）]）。

c. 借：现金　　　　　　　　　　　　　　　　　　　　　　　　　　78 000

　　　累计折旧　　　　　　　　　　　　　　　　　　　　　　　　18 000

　　贷：设备　　　　　　　　　　　　　　　　　　　　　　　　　　　91 000

　　　　处置固定资产利得　　　　　　　　　　　　　　　　　　　　　　5 000

10.4　自然资源

一些企业拥有木材、矿产或石油等自然资源。自然资源的特点如下：

（1）**自然生成**（naturally occurring）：自然生长或随时间流逝而生成。例如，木材是一种随时间自然生长的自然资源。

（2）**因出售而移除**（removed for sale）：该资产通过从其土地来源处移除而被消耗。例如，木材在采伐时被移走使用，矿物在开采时被移走使用。

（3）**用超过一年的时间移除和出售**（removed and sold over more than one year）：自然资源被移除和出售的时间超过一年。

自然资源被归类为固定资产。自然资源的成本包括获取和准备使用它们发生的支出。例如，购买自然资源所产生的法律费用也包括在其成本中。

当企业收获或开采并出售这些资源时，其成本的一部分将借记**折耗费用**（depletion expense）账户。

折耗费用的计算步骤如下：

第一步：计算折耗率。

$$折耗率 = \frac{资源成本}{预计资源总量}$$

第二步：用当期开采的自然资源数量乘以折耗率。

$$折耗费用 = 折耗率 \times 已开采的自然资源数量$$

举例来说，假设卡斯特公司购买了下述采矿权：

矿床的成本	$ 400 000
预计矿物量	1 000 000 吨
本年开采的数量	90 000 吨

本年的折耗费用为 36 000 美元，计算过程如下所示：

$$折耗率 = \frac{资源成本}{预计的资源总量}$$

$$= \frac{400\ 000}{1\ 000\ 000} = 0.40（美元/吨）$$

$$折耗费用 = 0.40 \times 90\ 000 = 36\ 000（美元）$$

登记这笔折耗费用的调整分录如下：

12 月	31 日	折耗费用		36 000	
		累计折耗			
		（矿床的折耗。）			36 000

与累计折旧账户一样，累计折耗是一个资产备抵账户。它将作为矿床成本的抵减项列示在资产负债表中。

例 10-7　折耗

地球宝藏矿业有限公司以 45 000 000 美元的价格取得了一项开采权，该矿床的预计矿物量有 50 000 000 吨。当年合计开采并销售 12 600 000 吨。

a. 确定折耗率。

b. 确定当年折耗费用。

c. 编制 12 月 31 日的调整分录以确认折耗费用。

解答：

a. 0.90 美元/吨（45 000 000/50 000 000）。

b. 11 340 000 美元（12 600 000×0.90）。

c. 12 月 31 日　借：折耗费用　　　　　　　　　　　　　　　　　11 340 000
　　　　　　　　　贷：累计折耗　　　　　　　　　　　　　　　　　　　　11 340 000
　　　　　　　　（矿床的折耗。）

10.5　无形资产

企业在日常经营中使用但不以实物形式存在的长期资产叫作**无形资产**（intangible assets）。无形资产可以通过创新、创造性活动或从另一家公司购买权利来获得。无形资产包括专利权、版权、商标和商誉。

无形资产的会计处理与固定资产的会计处理类似，主要包括：

（1）确定初始成本；

（2）确定**摊销**（amortization）金额，即应结转入费用的成本金额。

摊销是无形资产随着时间的流逝或无形资产有用性的下降而产生的。

专利权

制造业企业可能获得生产和销售具有一项或多项独有特点的商品的排他性权利。这种权利来自联邦政府颁发给发明者的**专利**（patents）。这种权利的有效期为 20 年。企业可以从其他企业购入，或自行研究开发获得专利权。

登记包括所有相关法律费用在内的购入专利权的初始成本时应借记某一资产账户，专利权成本在其预期使用年限内冲销或摊销。专利权的预期使用年限可能会低于其法定使用年限。例如，随着技术进步或消费者偏好的改变，某些专利权可能会变得毫无价值。

专利权的摊销金额通常使用直线法计算。登记摊销金额时，应借记摊销费用账户，贷记专利权账户。一般不为无形资产设置单独的资产备抵账户。

举例来说，假设在会计年度初期，企业以 100 000 美元的价格取得了一项专利权。虽然专利权的法定使用年限为 14 年，但估计其剩余使用年限只有 5 年。则年末摊销专利权的调整分录如下：

12 月	31 日	摊销费用——专利权		20 000	
		专利权			20 000
		（摊销专利权（100 000/5）。）			

有些企业通过研究开发来获得专利权。在这种情况下，所有的研究开发成本通常作为费用计入当期的营业费用。由于通过研究开发获得未来收益具有高度的不确定性，因此对研究和开发成本进行上述会计处理是合理的。

版权和商标

版权（copyright）是指公司出版并销售文学作品、艺术品或音乐作品的排他性权利。版权是由联邦政府授予的，有效期直到作者去世后 70 年。版权的成本包括所有创作的成本加上获得版权的其他成本。外购版权应当以购入价格登记入账。版权应在资产的预期使用年限内进行摊销。

商标（trademark）是指用以区分某一企业及其产品的名称、术语或符号。联邦法律规定，企业可以通过注册来保护其商标，有效期为 10 年，并可以每 10 年更新注册一次。与版权一样，注册商标的法律费用应作为一项资产登记入账。许多企业在它们的广告和产品中用 ® 来标识其商标。

如果商标是从其他企业购入的，则将购买成本作为资产登记入账。在这种情况下，购入商标的使用年限被认为是无限的。因此，商标不需要摊销，而应该定期就其是否发生减值进行评估。当商标发生减值时，应该减计商标价值，并确认损失。

商誉

商誉（goodwill）是企业的一项无形资产，它往往是由地理位置、产品质量、声誉和管理技巧等有利因素产生的。商誉使企业能够获得相比正常回报率更高的回报率。

一般公认会计原则（GAAP）规定，只有由某项交易客观确定的商誉才可以登记入账。例如，以高于被收购公司的净资产（资产-负债）的价格收购企业，超额部分则可作为商誉登记入账并作为无形资产列报。

与专利权和版权不同，商誉并不需要摊销。然而，如果被收购公司未来价值预计出现重大贬值，则需要登记损失。这种损失一般在利润表的其他费用部分进行披露。

举例来说，假设 12 月 31 日菲斯卡公司认为因收购电子系统公司而确认的 250 000 美元商誉发生减值，记录这笔减值的会计分录如下所示：

12 月	31 日	商誉减值损失		250 000	
		商誉			250 000
		（商誉减值。）			

图表 10-12 列示了 500 家大型公司无形资产的披露情况。商誉是最常报告的一项无形资产。因为商誉主要来源于企业合并，而企业合并在大型公司的交易中很常见。

图表 10-12　500 家大型公司无形资产披露的频数

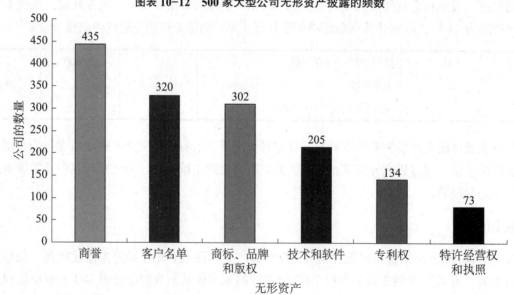

说明：一些公司披露了多种无形资产。

资料来源：*Accounting Trends & Techniques*，66th ed.，American Institute of Certified Public Accountants，New York.

图表 10-13 总结了各类无形资产的特征。

图表 10-13　无形资产的比较

无形资产	描述	摊销期	定期的费用
专利权	一种从创新产品或方法中获利的排他性权利	不超过法定期限的预期使用年限	摊销费用
版权	一种从文学作品、艺术品或音乐作品中获利的排他性权利	不超过法定期限的预期使用年限	摊销费用
商标	对某些名称、术语或符号的专用权	无	公允价值少于账面价值的减值损失
商誉	收购价格高于被收购公司净资产（资产－负债）的部分	无	公允价值少于账面价值的减值损失

例 10-8　商誉的减值和专利权的摊销

12 月 31 日，公司估计商誉发生减值 40 000 美元，此外，公司在 7 月 1 日以 84 000 美元的价格取得一项预计有用经济年限为 12 年的专利权。

a. 12 月 31 日，为商誉减值编制调整分录；

b. 12 月 31 日，为专利权的摊销编制调整分录。

解答：

a. 12 月 31 日　借：商誉减值损失　　　　　　　　　　　　　　　　　　40 000

　　　　　　　　　贷：商誉　　　　　　　　　　　　　　　　　　　　　　　40 000

　　　　　　（商誉减值。）

b. 12 月 31 日　借：摊销费用——专利权　　　　　　　　　　　　　　　3 500

　　　　　　　　　贷：专利权　　　　　　　　　　　　　　　　　　　　　　3 500

　　　　　　（摊销专利权（84 000/12）×（6/12）。）

10.6　固定资产和无形资产在财务报告中的披露

在利润表中，折旧费用和摊销费用应该单独列报或者在附注中披露，同时还应该报告计算折旧的方法。

在资产负债表中，每类固定资产均应连同与其相关的累计折旧一起在报表首页中披露。固定资产的**账面价值**（book value）（净额）也可以与累计折旧一起在附注中列示。

如果固定资产的种类太多，则可以在资产负债表中列示一个总金额，并在附注中附有详细类别清单。固定资产也可以在更具体的标题"不动产、厂房和设备"下列示。

无形资产通常作为资产负债表中的独立部分列示在固定资产项目后面。每类无形资产余额应以扣减摊销后的净额列示。

莫宁·乔公司资产负债表中的固定资产和无形资产部分列示如下。

莫宁·乔公司 资产负债表 20Y6 年 12 月 31 日		
不动产、厂房和设备：		
土地		$ 1 850 000
建筑物	$ 2 650 000	
减：累计折旧	420 000	2 230 000
办公设备	$ 350 000	
减：累计折旧	102 000	248 000
不动产、厂房和设备合计		$ 4 328 000
无形资产：		
专利权		140 000

如果公司有自然资源，则折耗费用应该在利润表中列示。此外，自然资源的成本和相关的累计折耗应作为资产负债表中"不动产、厂房和设备"的一部分进行披露。

10.7 财务分析和解释：固定资产周转率

衡量企业利用其固定资产创造收入的效率的指标是固定资产周转率，**固定资产周转率**（fixed asset turnover ratio）表示每单位固定资产赚取的销售收入，计算公式如下：

$$固定资产周转率 = \frac{销售收入}{固定资产的平均账面价值}$$

举例来说，麦当劳公司财务报表中的相关数据如下（单位：百万美元）。

销售收入	$ 25 413
固定资产（净额）：	
期初	24 558
期末	23 118

麦当劳公司全年的固定资产周转率计算如下：

$$固定资产周转率 = \frac{销售收入}{固定资产的平均账面价值}$$

$$= \frac{25\ 413}{(24\ 558 + 23\ 118)\ /2} = \frac{25\ 413}{23\ 838}$$

$$= 1.1$$

固定资产周转率为 1.1 表示固定资产创造销售收入的效率如何？为了回答这个问题，我们可以将麦当劳公司的固定资产周转率与其他餐饮公司进行比较，如图表 10-14 所示。百胜餐饮集团经营着肯德基、必胜客和塔可钟快餐餐厅。其他餐饮公司的名字可能大家也很熟悉。

图表 10-14　固定资产周转率：快餐公司

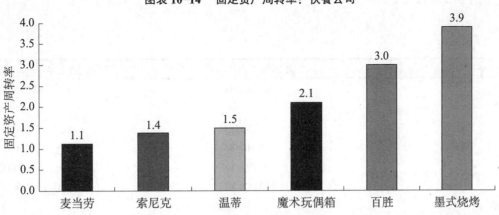

这些公司固定资产周转率的差异可能是许多因素造成的，包括固定资产的平均账面价值和每家餐厅销售收入的差异。要解释麦当劳相对于其他餐饮公司具有低固定资产周转率的原因，需要对这些变量进行更深入的分析。

比较行业内的公司是有用的，因为同一行业内公司的固定资产周转率具有可比性。不同行业使用固定资产的方式不同，固定资产周转率也会有所不同。从不同行业选取的公司的固定资产周转率如图表 10-15 所示。

图表 10-15　固定资产周转率：不同行业

公司（行业）	固定资产周转率
迪士尼（娱乐）	2.2
埃克森美孚（石油化工）	1.0
万宝盛华（临时职业介绍）	130.5
麦当劳（快餐）	1.1
联合太平洋（铁路）	0.5

在固定资产周转率较低的行业，需要大量的固定资产投资才能产生销售收入。在固定资产周转率较高的行业，较少的固定资产投资就能产生销售收入。例如，联合太平洋和万宝盛华固定资产周转率的差异是由于固定资产在不同行业的使用方式不同。铁路行业需要对轨道、发动机和轨道车辆进行大量投资，而临时职业介绍行业对固定资产的投资很少。

例 10-9　固定资产周转率

布罗德沃特公司年底（截至 12 月 31 日）的财务报表数据如下所示：

	第 2 年	第 1 年
销售收入	$2 862 000	$2 025 000
固定资产：		
期初	750 000	600 000
期末	840 000	750 000

a. 确定第 1 年和第 2 年的固定资产周转率；

b. 从第 1 年到第 2 年固定资产周转率的变化显示的是有利趋势还是不利趋势？

解答：

a. 固定资产周转率：

	第 2 年	第 1 年
销售收入	$2 862 000	$2 025 000
固定资产：		
期初	750 000	600 000
期末	840 000	750 000
平均固定资产	795 000	675 000
	[（750 000＋840 000）/2]	[（600 000＋750 000）/2]
固定资产周转率	3.6	3.0
	（2 862 000/795 000）	（2 025 000/675 000）

b. 固定资产周转率从第 1 年的 3.0 增加到了第 2 年的 3.6，这一变化表明固定资产的利用效率有所提高，为有利趋势。

附录：交换相似的固定资产

企业常常用旧设备换取具有类似用途的新设备。在这种情况下，卖方允许基于交换的旧设备，给买方提供一定金额的折让。这笔折让金额可能大于也可能小于旧设备的价值，称为**以旧换新折让**（trade-in allowance）。而剩余的部分（欠款）则需要以现金支付或者记为一项负债，这部分金额一般按其税名被人们称为**补价**（boot）。

交换相似固定资产的会计处理方式取决于交易是否有商业实质。如果交换导致未来现金流发生变化则交换具有商业实质。如果相似资产交换具有商业实质，则需要确认利得或损失。因此，应该按照与销售固定资产类似的会计处理方式处理固定资产交换业务。根据放弃的（交换）资产的公允市场价值（以旧换新折让）与其账面价值之间的差额确认利得或损失，也可以根据收到新资产的公允市场价值与在交换过程中放弃的资产（现金和旧资产）的账面价值之差来确定利得或损失。

交换利得

为了说明相似固定资产的交换利得，假设有如下数据：

取得的相似设备（新）：	
新设备的价格（公允市场价值）	$5 000
减：旧设备的以旧换新折让	1 100
在交换日 6 月 19 日支付的现金	$3 900
以旧换新的设备（旧）：	
旧设备的成本	$4 000
减：交换日的累计折旧	3 200
在交换日 6 月 19 日设备的账面价值	$ 800

记录这笔交换交易和现金支付的分录如下：

6月	19 日	累计折旧——设备		3 200	
		设备（新设备）		5 000	
		设备（旧设备）			4 000
		现金			3 900
		处置固定资产利得			300

这项交换的利得为 300 美元，是放弃的（交换）资产的公允市场价值（以旧换新折让）1 100 美元与其账面价值 800 美元之差，如下所示：

旧设备的市场价值（以旧换新折让）	$ 1 100
减：旧设备的账面价值	800
处置固定资产利得	$ 300

这项交换的利得为 300 美元，也等于新设备的市场价格 5 000 美元扣减旧设备的账面价值 800 美元以及支付的 3 900 美元现金后的余额。如下所示：

新设备的公允市场价值		$ 5 000
交换过程中放弃的资产：		
旧设备的账面价值（4 000 – 3 200）	$ 800	
交换过程中支付的现金	3 900	4 700
处置固定资产利得		$ 300

交换损失

为了说明相似资产交换的损失，假设上例中以旧换新折让只有 675 美元，而不是 1 100 美元。这样，交换过程中支付的现金则应该如所示，等于 4 325 美元：

新设备的市场价格	$ 5 000
减：旧设备以旧换新折让	675
在交换日 6 月 19 日支付的现金	$ 4 325

登记这次交换和现金支付的分录如下：

6月	19 日	累计折旧——设备		3 200	
		设备（新设备）		5 000	
		处置固定资产损失		125	
		设备（旧设备）			4 000
		现金			4 325

这项交换的损失为 125 美元，是放弃的（交换）资产的公允市场价值（以旧换新折让）675 美元与其账面价值 800 美元之差，如下所示：

旧设备的市场价值（以旧换新折让）	$ 675
减：设备的账面价值	800

处置固定资产损失	$（125）

这项交换的损失为 125 美元，也等于新设备的市场价格 5 000 美元扣减旧设备的账面价值 800 美元以及支付的 4 325 美元现金后的余额。如下所示：

新设备的公允市场价值		$ 5 000
交换过程中放弃的资产：		
旧设备的账面价值（4 000 - 3 200）	$ 800	
交换过程中支付的现金	4 325	5 125
处置固定资产损失		$（125）

在那些缺乏商业实质的资产交换中，不确认交换利得，但是要根据利得调整新资产的成本。例如，在第一个例子中，300 美元的利得应该从新资产的购买价格 5 000 美元中扣除，新资产应按 4 700 美元入账。对于缺乏商业实质的资产交换业务的会计处理将在高级会计学中进行讨论。

练习题

EX 10-1 购入固定资产的成本

梅琳达·斯托弗拥有并经营 ABC 印刷公司。ABC 印刷公司在 2 月份购入两台打印机时产生了以下支出。两台打印机中，一台是全新的，一台是从一家最近破产的企业购入的二手打印机。

新打印机成本：

1. 支付给工厂安装工人的安装费。

2. 运输费。

3. 运输过程中的保险费。

4. 用于替换卸货时毁损部件的新部件。

5. 基于购入价计算的销售税。

6. 特别基金。

二手打印机成本：

7. 向律师支付的采购协议评估费。

8. 运输费。

9. 安装费。

10. 翻新打印机过程中出现损伤的修复费。

11. 替换磨损部件。

12. 安装过程中出现损伤的维修费。

a. 指出与新打印机相关的哪些成本应借记资本账户。

b. 指出与二手打印机相关的哪些成本应借记资本账户。

EX 10-3 计算土地成本

准时交货公司通过支付 90 000 美元现金并提供 50 000 美元的短期票据的形式收购了邻近的一块

土地，用于建造一个新仓库。假设支付的律师费为 1 750 美元，拖欠的税款为 25 000 美元，从土地上拆除旧建筑物的费用为 9 000 美元。从拆除的建筑物中回收的材料以 1 000 美元出售。承包商建造新仓库的费用是 415 000 美元。请确定要在资产负债表上报告的土地成本。

EX 10-5　直线折旧率

请将下列每项预期使用年限换算成以百分比表示的直线折旧率：（a）10 年，（b）8 年，（c）25 年，（d）40 年，（e）5 年，（f）4 年，（g）20 年。

EX 10-7　采用工作量法计提折旧

一辆柴油动力拖拉机的成本为 90 000 美元，预计残值为 15 000 美元，预期使用年限为 30 000 小时。在 4 月份，拖拉机运行了 120 小时。请计算这个月的折旧费用。

EX 10-9　两种方法计提的折旧额

某公司在 1 月 8 日以 85 000 美元的成本购入了一辆久保田拖拉机，拖拉机预期使用年限为 10 年。假设拖拉机的残值为 0，请分别采用（a）直线法和（b）双倍余额递减法计算拖拉机采购前两年的折旧额。

EX 10-11　不足整年的折旧

以 105 000 美元购买的设备的预计残值为 12 000 美元，预期使用年限为 10 年。它在本会计年度的 5 月 1 日投入使用，会计期末为 12 月 31 日。请分别采用（a）直线法和（b）双倍余额递减法确定本会计年度和下个会计年度的折旧费用。

EX 10-13　资本性支出和收益性支出

美国货运公司发生了以下与运输服务中使用的卡车和货车相关的支出：

1. 在卡车上安装 GPS 系统。
2. 更换一辆已经服役 4 年卡车上的传动液。
3. 检查了三年前买的一辆卡车的引擎。
4. 为所有卡车和货车安装新的火花塞，更换机油和润滑油。
5. 为一辆已经行驶了 8 万英里的货车重新安装引擎。
6. 修理一辆爆胎的货车。
7. 在卡车上安装液压升降机。
8. 给货车的后窗和侧窗涂上颜料，并安装防盗系统以防止车内物品被盗。
9. 为一辆卡车更换悬挂系统。
10. 在一辆货车上安装一个可选的第三排座位。

将以上支出在资本性支出和收益性支出中进行分类。

EX 10-15　资本性支出和收益性支出

质量移动公司在其一辆送货卡车上的支出如下：

3 月 20 日，更换变速器的费用为 1 890 美元。

6 月 11 日，支付 1 350 美元安装液压升降机。

11 月 30 日，支付 55 美元更换机油和空气过滤器。

为每项支出编制会计分录。

EX 10-17   出售固定资产的分录

1 月 8 日以 168 000 美元购买的设备预期使用年限为 18 年，预计残值为 15 000 美元，并采用直线法计提折旧。

a. 设备在第 4 年年底的 12 月 31 日的账面价值是多少？

b. 假设设备在第 5 年的 4 月 1 日以 125 000 美元的价格出售，请编制（1）到出售日为止的 3 个月的折旧费用和（2）出售设备的会计分录。

EX 10-19   折耗费用分录

阿拉斯加矿业公司花费 67 500 000 美元取得开采权，矿产量估计有 30 000 000 吨。本年度，已开采并售出 4 000 000 吨。

a. 计算本年度的折耗费用；

b. 在 12 月 31 日编制调整分录确认该笔折耗费用。

综合题

PR 10-1A   向各固定资产账户分配相关收支

下列收入和支出与土地、土地改良及陶瓷批发业务所需建筑物有关。其中收入用 * 标注。

a. 向律师支付的咨询费	$ 2 500
b. 购入作为厂房的不动产：土地	285 000
建筑物（待拆除）	55 000
c. 由买方承担的拖欠的不动产税	15 500
d. b 项中建筑物拆除及地面平整支出	5 000
e. 旧建筑回收材料出售收益	4 000*
f. 因将供水管延展至公司而支付给市政府的工程受益费	29 000
g. 支付给建筑师和工程师的规划和监督费	60 000
h. 支付施工期间的一年期保险费	6 000
i. 平整和划分土地支出	12 000
j. 用于支付建筑承包商的贷款	900 000*
k. 施工期间暴风毁损修复费用	5 500
l. 客用停车场铺设费	32 000
m. 树林和灌木种植费	11 000
n. 停车场照明系统的安装费	2 000
o. 施工期间人为毁损修复费	2 500
p. 从保险公司获得的暴风毁损和人为毁损赔偿收益	7 500*

q. 为建筑新楼支付给承包商的费用	800 000
r. 施工期间为建房贷款支付的利息	34 500
s. 因在 11 个月后退保（h 项）而收到的保险费	500*

要求：

1. 将上述收支分配给土地（无限期）、土地改良、建筑物及其他账户中。收入用 * 标注。请用字母表示各收支项目并将其数额列示在如下所示的表格中：

项目	土地	土地改良	建筑物	其他账户

2. 计算土地、土地改良和建筑物账户的借记金额。

3. 分配给土地（工程厂址）的成本不用计提折旧而分配给土地改良账户的成本则需要计提折旧，请解释这一看似矛盾的折旧概念。

4. 如果 12 000 美元的平整和划分土地支出错误地归入土地改良账户而非土地账户，这将给公司的利润表和资产负债表带来哪些影响？假设土地改良后的使用年限为 20 年，且公司采用双倍余额递减法计提折旧。

案例分析题

CP 10-1　道德行为

哈德伯迪公司是一家刚刚完成第 2 年运营的健身连锁店。在其第一个会计年度年初，该公司以 600 000 美元的价格购买了健身设备，并估计该设备的使用年限为 5 年，无残值。公司采用直线法计提折旧。公司报告前两年经营的净利润如下：

年份	净利润（损失）
1	$ 50 000
2	（2 000）

该公司首席财务官迈克·甘比特最近使用财务模型预测了公司未来的净利润，他预计未来 3 年的净损失将继续保持在每年 2 000 美元。公司总裁詹姆斯·斯蒂德对这一预测感到担忧，因为他正面临公司所有者施加的压力，即要求公司恢复到第 1 年的净利润水平。如果公司没有达到这一目标，他和迈克都可能被解雇。迈克建议公司将健身设备的预期使用年限改为 10 年，并将健身设备的预计残值提高到 50 000 美元。这将减少折旧费用，增加净利润。

1. 评估变更设备预期使用年限和预计残值以提高收益的决定。这一变化如何影响公司净利润对于外部决策者的有用性？

2. 如果迈克和詹姆斯做了变更，他们的行为是否合乎职业道德？请解释。

第 **11** 章

流动负债和工资

商品赊购是企业高效经营的必要条件。信贷的使用使经济业务进行得更加便捷，同时也提高了人们的购买力。对个人而言，最常见的短期信贷方式是使用信用卡，信用卡允许个人在付款前购买商品，避免人们携带大量的现金，同时也通过每月的信用卡账单提供购买记录。

短期信贷也可用于企业，企业使用短期信贷使其加工所需原材料或再销售产品的采购更加方便，同时能够更好地控制商品和服务的付款流程。1971 年，星巴克在西雅图历史悠久的派克市场开设了第一家咖啡店，它依靠短期贸易信贷或者赊账（应付账款）为咖啡店购买原料。今天，星巴克仍然依赖于赊账和短期贸易信贷，这也使公司能够将购买活动和付款活动分开以控制现金支出。因此，负责购买原料的员工与负责为采购付款的员工是不同的。这种职责分离有利于阻止未授权的采购或者付款行为的发生。

除了应付账款外，像星巴克这样的企业还有下列流动负债，如工资、工资税、员工福利、短期票据、预收收入以及或有事项。本章我们讨论各种类型的流动负债。

学习目标

1. 描述并举例说明与应付账款、长期负债的流动部分以及应付票据相关的流动负债。
2. 确定员工收入和收入的扣减项产生的员工工资负债。
3. 描述使用工资登记表、员工收入记录和普通日记账的工资会计系统。
4. 为包括假期工资和养老金的员工福利发放编制会计分录。
5. 描述或有负债的会计处理，并为有关产品保修编制会计分录。
6. 描述并举例说明如何利用速动比率分析企业偿还流动负债的能力。

11.1　流动负债

当一家企业或银行预支信用、提供贷款时，企业或银行称为债权人（或出借人），收到贷款的个人或公司则称为债务人（或借用人）。

债务人将债务记成一项负债，**长期负债**（long-term liabilities）是超过一年才到期的债务，因此，用于购买财产的 30 年期抵押贷款是一笔长期负债。**流动负债**（current liabilities）则是将以流动资产来偿还的并在一年内（含）到期的债务。

在本部分我们将讨论三种类型的流动负债——应付账款、长期负债的流动部分以及短期应付票据。

应付账款

应付账款业务我们已经在之前的章节中描述并举例说明了，这类业务包括对商品和物资的赊购等。对于大部分企业来说，应付账款是流动负债中最主要的部分。

长期负债的流动部分

长期负债通常是通过定期付款的方式进行偿还，这种付款方式称为分期付款，一年内（含）到期的分期付款被归类为流动负债，一年后到期的分期付款则被归类为长期负债。

举例来说，下列为阿迪奇公司最近一年的债务偿还日程表（单位：百万美元）。

会计年度末	
20Y2	$ 1 577
20Y3	2 633
20Y4	2 451
20Y5	1 705
20Y6	1 439
以后	6 508
偿还的本金合计	$ 16 313

20Y2 年到期的债务 1 577 美元将在 20Y1 年 12 月 31 日的资产负债表中被报告为一项流动负债，而剩余的 14 736 美元（16 313 − 1 577）债务则在此资产负债表中被报告为一项长期负债。

短期应付票据

票据可能被签发用于购买商品或其他资产，也可能被用来签发给债权人以承诺支付先前产生的一项应付账款。

举例来说，假设自然阳光公司因逾期未兑的账款为 1 000 美元，在 20Y7 年 8 月 1 日向莫里公司签发了一张面值为 1 000 美元，期限为 90 天，票面利率为 12% 的票据用于支付 1 000 美元的逾期账款，则记录签发票据的会计分录如下所示：

8 月	1 日	应付账款——莫里公司		1 000	
		应付票据			1 000
		（签发一张期限为 90 天，票面利率为 12% 的应付票据。）			

当票据到期时，记录支付 1 000 美元本金和 30 美元（1 000×12%×90/360）利息费用的会计分录如下所示：

10 月	30 日	应付票据		1 000	
		利息费用		30	
		现金			1 030
		（支付到期票据的本金和利息。）			

利息费用被报告在截至 20Y7 年 12 月 31 日的会计年度的利润表中的其他费用部分，利息费用账户在 12 月 31 日会被全部结转。

每一笔票据业务都会影响一个债务人（借用人）和一个债权人（出借人），下面的案例显示了同一笔业务由债务人和债权人分别记录的情况。本例中，债务人（借用人）是鲍登公司，债权人（出借人）是科克公司，相关分录如下所示：

经营活动	鲍登公司（债务人）		科克公司（债权人）	
5 月 1 日，鲍登公司从科克公司赊购了一批商品，价款为 10 000 美元，信用政策为 "2/10，n/30"，科克公司的商品成本为 7 500 美元。	借：商品存货 　贷：应付账款	10 000 　10 000	借：应收账款 　贷：销售收入 借：商品销售成本 　贷：商品存货	10 000 　10 000 7 500 　7 500
5 月 31 日，鲍登公司签发了一张面值为 10 000 美元，期限为 60 天，票面利率为 12% 的票据给科克公司。	借：应付账款 　贷：应付票据	10 000 　10 000	借：应收票据 　贷：应收账款	10 000 　10 000
7 月 30 日，鲍登公司到期支付了 5 月 31 日签发的票据款，利息为 10 000×12%×60/360 美元。	借：应付票据 　利息费用 　贷：现金	10 000 200 　10 200	借：现金 　贷：利息收入 　　应收票据	10 200 　200 　10 000

一家企业也可能通过签发票据从银行借入款项。举例来说，假设 9 月 19 日冰山公司通过签发一张面值为 4 000 美元，期限为 90 天，票面利率为 15% 的票据给银行，从第一国民银行借入 4 000 美元，记录签发票据和实收现金款项的会计分录如下所示：

9 月	19 日	现金		4 000	
		应付票据			4 000
		（签发了一张期限为 90 天，票面利率为 15% 的票据给第一国民银行。）			

在票据到期日（12 月 18 日），冰山公司欠第一国民银行 4 000 美元的本金和 150 美元（4 000×15%×90/360）的利息，记录偿还到期票据的本金和利息的会计分录如下所示：

12 月	18 日	应付票据		4 000	
		利息费用		150	
		现金			4 150
		（偿还到期票据的本金和利息。）			

在有些情况下，我们签发的是贴现票据，而不是带息票据，贴现票据有如下特征：

（1）票据上的利息率称为贴现率；

（2）票据的利息称为贴现，用贴现率乘以票据面值得到贴现金额；

（3）债务人（借用人）收到的是票据面值减去贴现金额后的剩余款项，这称为**实收款项**（proceeds）；

（4）债务人在到期日偿还票据的面值金额即可。

举例来说，假设 8 月 10 日卡里公司签发了一张面值为 20 000 美元，期限为 90 天的贴现票据给西方国民银行，贴现率为 15%，贴现金额为 750 美元（20 000×15%×90/360），因此，卡里公司收到的实收款项为 19 250 美元，卡里公司的会计分录如下所示：

8 月	10 日	现金		19 250	
		利息费用		750	
		应付票据			20 000
		（签发了一张期限为 90 天，贴现率为 15% 的贴现票据给西方国民银行。）			

11 月 8 日，卡里公司偿还贴现票据款项时，会计分录如下所示：

11 月	8 日	应付票据		20 000	
		现金			20 000
		（偿还到期票据。）			

我们已经在之前的章节中讨论过其他类型的流动负债，包括应计费用、预收收入、应付利息等。针对工资和薪酬的会计处理叫作工资核算，我们将在接下来的部分讨论这个问题。

例 11-1　应付票据的实收款项

7 月 1 日，贝拉沙龙公司通过向最佳银行签发一张面值为 60 000 美元，期限为 60 天的票据取得一笔借款。

a. 假设票据的利息率为 6%，请确定该票据的实收款项为多少。

b. 假设票据的贴现率为 6%，请确定该票据的实收款项为多少。

解答：

a. 60 000 美元。

b. 59 400 美元［60 000-（60 000×6%×60/360）］。

11.2　工资和工资税

在会计上，**工资**（payroll）是指在某一时期内员工因给企业提供服务而获得的报酬。员工工资对于企业来说很重要，原因如下：

（1）工资和相关的工资税显著影响了大部分企业的净利润；

（2）工资受制于联邦和州法律法规；

（3）好的员工士气要求企业做到及时、准确地支付工资。

员工收入负债

薪酬通常是指支付给管理人员和行政人员的款项，通常以一个月或一年为单位发放。工资通常是指为获得员工的体力劳动而支付的款项，通常是以小时或周为基础发放。员工的薪酬或工资可以通过奖金、佣金、利润分成或其他调整得到增加。

跨州经营的企业必须遵守《公平劳动标准法案》，该法案也称为《联邦工资和工时法》，法案要求对于每周超过 40 小时的工时，雇主按正常工资率的至少 1.5 倍来支付工资，但管理人员、行政人员和一些处于监督岗位的员工除外。即使法律没有规定，通常加班、夜班或节假日工资率也更高，可能高达正常工资率的 2 倍。

为了说明员工收入的计算过程，假设约翰·麦格拉斯是麦克德莫特供应公司雇用的一名销售人员，正常工资率是每小时 34 美元，每周超过 40 小时的那部分工时均按 1.5 倍的正常工资率来计算，截至 12 月 27 日的一周内，麦格拉斯工作了 42 小时，他在这周的收入为 1 462 美元，计算如下所示：

基本工资率下的收入（40×34）	$1 360
加班工资率下的收入（2×34×1.5）	102
总收入	$1 462

员工收入的扣减项

在一个工资期内，员工获得的包括加班工资在内的总收入称为**工资总额**（gross pay），从这个金额中减掉一项或多项扣减项就得到了**工资净额**（net pay），工资净额是指支付给员工的金额。扣减项通常包括缴纳给联邦、州、地方政府的所得税，医疗保险和养老金缴款等。

所得税

雇主通常要扣留员工一部分收入，以支付员工联邦所得税，每个员工通过完成一份员工代扣津贴证明授权雇主代扣相应的金额，该证明称为 W-4 表，图表 11–1 就是约翰·麦格拉斯提交的一份 W-4 表。

在 W-4 表中，员工要填写婚姻状况、代扣津贴份数，单身员工填写一份，已婚员工可以为伴侣再填写一份，员工也可为除伴侣以外的任何独立个人填写证明，每一份津贴都减少了从员工工资中扣减的联邦所得税，图表 11–1 表明约翰·麦格拉斯是单身员工，因此，只填写了一份。

扣减的联邦所得税取决于每个员工的工资总额和 W-4 表，并根据美国国税局发布的代扣表格来确定代扣金额。图表 11–2 是美国国税局为按周领工资的单身员工提供的代扣工资等级表。

图表 11-1　员工代扣津贴证明（W-4 表）

W-4 表

Separate here　and give Form W-4 to your employer.　Keep the top part for your records.

Form **W-4**
Department of the Treasury
Internal Revenue Service

Employee's Withholding Allowance Certificate

⊠ Whether you are entitled to claim a certain number of allowances or exemption from withholding is subject to review by the IRS. Yuro employer may be required to send a copy of this form to the IRS.

OMB No. 1545-0074
20Y6

1　Yo ur first name and middle initial: John T.　Last name: **McGrath**　2　Your social security number: 381 48 9120

Home address (number and str eet or rural route): 1830 4th Street

3 ☒ Single　☐ Married　☐ Married, but withhold at higher Single rate.
Note. If married, but legally separated, or spouse is a nonr esident alien, check the "Single" box.

City or town, state, and ZIP code: Clinton, Iowa 52732-6142

4　If your last name differs from that shown on your social security card, check here. You must call 1-800-772-1213 for a replacement card. ⊠ ☐

5　Total number of allowances you ar e claiming (fr om line H above or from the applicable worksheet on page 2)　5
6　Additional amount, if any , you want withheld fr om each paycheck . . . .　6 $
7　I claim exemption fr om withholding for 20Y5, and I certify that I meet　both of the following conditions for exemption.
　• Last year I had a right to a r efund of all federal income tax withheld because I had　no tax liability, and
　• This year I expect a refund of all federal income tax withheld because I expect to have　no tax liability.
　If you meet both conditions, write "Exempt" her e . . . . ⊠　7

Under penalties of perjury , I decla re that I have examined this certificate and, to the best of my knowledge and belief, it is true, correct, and complete.

Employee's signature
(This form is not valid unless you sign it.)　*John T. McGrath*　Date ⊠　June 2, 20Y6

8　Employer's name and addr ess (Employer: Complete lines 8 and 10 only if sending to the IRS.)　9 Office code (optional)　10 Employer identification number (EIN)

For Privacy Act and Paperwork Reduction Act Notice, see page 2.　Cat. No. 10220Q　Form **W-4** (20Y5)

图表 11-2　代扣工资等级表

（a）单身人士（包括户主）			
如果工资金额（扣除代扣津贴后）为：		代扣所得税的金额为：	
不超过 $ 43		$ 0	
超过	但不超过		超过的部分
$ 43	$ 222	$ 0+10%	$ 43
$ 222	$ 767	$ 17.90+15%	$ 222
$ 767	$ 1 796	$ 99.65+25%	$ 767 ◂——— 麦格拉斯的等级
$ 1 796	$ 3 700	$ 356.90+28%	$ 1 796
$ 3 700	$ 7 992	$ 890.02+33%	$ 3 700
$ 7 992	$ 8 025	$ 2 306.38+35%	$ 7 992
$ 8 025		$ 2 317.93+39.6%	$ 8 025

　　在图表 11-2 中，每一行是员工扣除了其代扣津贴后的工资额，每年标准代扣津贴由美国国税局确定，并且这个金额每年都变化，因此，为了方便计算，我们假定图表 11-2 中一个单身员工一周的标准代扣津贴为 75 美元，如果该员工有两份代扣津贴，那么应该减去 150 美元（75×2）。

　　举例来说，截至 12 月 27 日的一周，麦格拉斯的工资为 1 462 美元，麦格拉斯只填写了一份 W-4 表，代扣津贴为 75 美元，因此，用于计算图表 11-2 代扣工资等级的麦格拉斯工资金额为 1 387 美元（1 462-75）。

　　计算出员工的代扣工资后，联邦所得税按照如下步骤进行扣减：

　　第一步：在图表 11-2 中确定相应的代扣工资等级。

　　在扣除了一份标准的美国国税局代扣津贴以后，麦格拉斯的工资为 1 387 美元（1 462-75），因此，麦格拉斯的工资等级为 767~1 796 美元一档。

　　第二步：利用图表 11-2 中右边两列的说明，计算相应工资的代扣额。

根据麦格拉斯的工资等级，代扣额应该为99.65美元加上25%乘以超出767美元部分的工资，因此，麦格拉斯的工资代扣额为254.65美元，计算过程如下所示：

根据代扣工资等级表，代扣的初始金额	$99.65
加：25%×（1 387−767）	155.00
代扣总额	254.65

有些雇主还可能被要求代扣州或者地方所得税，代扣金额根据相应的州或者地方政府的规定来计算。

例 11-2　代扣联邦所得税

凯伦本周的总收入为2 250美元，她有两份免税资格，每份免税资格的标准代扣津贴为75美元，利用图表11-2的代扣工资等级表计算她的联邦所得税代扣额为多少？

解答：

工资总额		$2 250
一份代扣津贴（美国国税局提供）	$75	
乘以 W-4 表申请的份数	×2	150
代扣工资额		$2 100
图表 11-2 代扣工资等级表初始扣减额		$356.90
加：28%×超出1 796美元的部分工资		85.12*
代扣联邦所得税		$442.02

* 28%×（2 100−1 796）。

联邦社会保险税

《联邦社会保险捐款法》（FICA）要求雇主为每名员工代扣收入的一部分作为**联邦社会保险税**（FICA tax），以用于两个联邦项目：

（1）社会保障：为退休员工、遗属以及残疾人等提供保障；

（2）医疗保险：为老年人提供健康保障。

每个员工的代扣金额通常按照日历年度的员工收入来确定，美国国会经常修改扣减税率和最大应税收入额，为简化问题，本章所举例使用下列税率和最大应税收入：

（1）社会保障税税率：所有收入的6%；

（2）医疗保险税税率：所有收入的1.5%。

举例来说，假设约翰截至12月27日的一周收入为1 462美元，则将被代扣的联邦社会保险税合计为109.65美元，计算过程如下所示：

6% 社会保障税的应税收入	$1 462	
社会保障税税率	×6%	
社会保障税		$87.72
1.5% 医疗保险税的应税收入	$1 462	
医疗保险税税率	×1.5%	

医疗保险税	21.93
联邦社会保险税合计	$ 109.65

其他扣减项

员工可以选择从其工资总额中扣减其他额外的项目，比如，一个员工可以授权雇主为其代扣退休储蓄金、慈善捐款、人身保险等。联合工会也可能要求雇主代扣员工应付的会费。

计算员工工资净额

总收入减去工资扣减项后得到工资净额，有时也称为实得工资。假设约翰授权雇主代扣退休储蓄金和联合基金缴款，他在截至 12 月 27 日的一周工资净额为 1 072.70 美元，计算过程如下所示：

一周的总收入		$ 1 462.00
扣减：		
联邦所得税	254.65	
社会保障税	87.72	
医疗保险税	21.93	
退休储蓄金	20.00	
联合基金	5.00	
合计扣减额		389.30
工资净额		$ 1 072.70

例 11-3　员工工资净额

凯伦·邓恩截至 12 月 3 日的一周工资总额为 2 250 美元，她的联邦所得税扣减金额为 442.02 美元，假设社会保障税的税率为 6%，医疗保险税的税率为 1.5%，那么，邓恩的工资净额为多少？

解答：

工资总额		$ 2 250.00
减：联邦所得税	$ 442.02	
社会保障税（2 250×6%）	135.00	
医疗保险税（2 250×1.5%）	33.75	610.77
工资净额		$ 1 639.23

雇主工资税负债

雇主也要按照支付给员工的工资来缴纳下列工资税：

（1）联邦社会保险税：雇主需要缴纳与员工缴纳的联邦社会保险税相匹配的金额。

（2）联邦失业补偿税（FUTA）：该项税用于给失业人员提供临时补偿，由联邦政府收集并分配到各州使用，而不是直接给失业人员。美国国会经常修改联邦失业补偿税的税率和最大应税收入额。

（3）州失业补偿税（SUTA）：该项税也是为失业人员提供的临时补偿，联邦失业补偿税和州失业补偿税相互协调、密切配合，该税的税率和应税收入因州而异。

上面所列的雇主需要缴纳的各项税费是公司的一项营业费用，图表 11-3 概括了雇主和员工缴纳工资税的责任。

图表 11-3　纳税责任

11.3　工资和工资税会计系统

工资系统的设计应：

（1）能够准确并且及时地向员工支付工资；

（2）满足联邦、州和地方政府的规章制度要求；

（3）能够为管理层决策提供有用的数据。

尽管不同企业的工资系统有差异，但是大部分工资系统都有以下主要组成部分：

（1）工资登记表；

（2）员工收入记录；

（3）工资支票。

工资登记表

工资登记表（payroll register）是一种用来汇总每个工资周期数据的多栏式报告，尽管工资登记表因企业而异，但是，工资登记表通常包括以下项目：

（1）员工姓名　　　　　　　　（8）联邦所得税扣减项

（2）总工时数　　　　　　　　（9）退休储蓄金扣减项

（3）正常收入　　　　　　　　（10）杂项扣减项

（4）加班收入　　　　　　　　（11）合计扣减项

（5）合计总收入　　　　　　　（12）工资净额

（6）社会保障税扣减项　　　　（13）发行的工资支票编号

（7）医疗保险税扣减项　　　　（14）工资费用的借记账户

图表 11-4 是一张工资登记表。工资登记表的最右边两栏是工资费用的借记账户，这些栏目通常被称为工资分配。

图表 11-4　工资登记表

编号	员工姓名	收入（截至12月27日的一周）				扣减项						付款		借记账户	
		总工时数	正常收入	加班收入	合计	社会保障税	医疗保险税	联邦所得税	退休储蓄金	杂项	合计	工资净额	支票编号	销售人员薪酬费用	办公人员薪酬费用
1	朱莉·S.艾布拉姆斯	40	500.00		500.00	30.00	7.50	48.35	20.00	10.00	115.85	384.15	6857	500.00	
2	弗雷达·G.埃尔罗德	44	392.00	58.80	450.80	27.05	6.76	40.85		50.00	124.66	326.14	6858		450.80
3	约瑟·C.戈麦斯	40	840.00		840.00	50.40	12.60	117.90	25.00	10.00	215.90	624.10	6859	840.00	
4	约翰·T.麦格拉斯	42	1 360.00	102.00	1 462.00	87.72	21.93	254.65	20.00	5.00	398.30	1 072.70	6860	1 462.00	
⋮															
25	格伦·K.威尔克斯	40	480.00		480.00	28.80	7.20	45.35	10.00		91.35	388.65	6880	480.00	
26	迈克尔·W.尊帕诺	40	600.00		600.00	36.00	9.00	65.35	5.00	2.00	115.35	484.65	6881		600.00
27	合计		13 328.00	574.00	13 902.00	834.12	208.53	3 332.00	680.00	520.00	5 574.65	8 327.35		11 122.00	2 780.00
28															

注：杂项扣减：联合基金。

记录员工收入

工资登记表的栏目合计数为编制与工资相关的会计分录提供了依据，根据图表11-4所示的工资登记表编制的会计分录如下所示：

12月	27日	销售人员薪酬费用		11 122.00	
		办公人员薪酬费用	2 780.00		
		应付社会保障税			834.12
		应付医疗保险税			208.53
		应付员工联邦所得税			3 332.00
		应付退休储蓄金扣减项			680.00
		应付联合基金扣减项			520.00
		应付职工薪酬			8 327.35
		（截至12月27日的一周工资。）			

记录和支付工资税

在向员工支付工资时，工资税即被记录为一项负债。另外，雇主按照日历年度来计算和报告工资税，这可能不同于公司的会计年度。

例 11-4　编制本期工资费用会计分录

陈工程服务公司的工资登记表显示：社会保障税扣减项为900美元，医疗保险税扣减项为225美元，本期工资总额为15 000美元，本期联邦所得税扣减项总计为2 925美元。

编制与本期工资费用相关的会计分录。

解答：

借：工资费用		15 000	
贷：应付社会保障税			900
应付医疗保险税			225
应付员工联邦所得税			2 925
应付职工薪酬			10 950

12月27日，麦克德莫特供应公司有下列工资数据：

应付销售人员薪酬	$ 11 122
应付办公人员薪酬	2 780
12月27日应付职工薪酬	$ 13 902
应税工资：	
社会保障税（6%）	$ 13 902
医疗保险税（1.5%）	13 902
州（5.4%）和联邦（0.6%）失业补偿税	2 710

雇主需缴纳与员工薪酬相匹配的社会保障税和医疗保险税，此外，雇主还需缴纳 5.4% 的州失业补偿税和 0.6% 的联邦失业补偿税。12 月 27 日支付工资时，这些工资税的计算过程如下所示：

社会保障税	$ 834.12（13 902×6%，源自图表 11-4 中的社会保障税栏）
医疗保险税	208.53（13 902×1.5%，源自图表 11-4 中的医疗保险税栏）
州失业补偿税	146.34（2 710×5.4%）
联邦失业补偿税	16.26（2 710×0.6%）
工资税合计	$ 1 205.25

记录图表 11-4 中工资税费用的相关会计分录如下所示：

12 月	27 日	工资税费用		1 205.25	
		应付社会保障税			834.12
		应付医疗保险税			208.53
		应付州失业补偿税			146.34
		应付联邦失业补偿税			16.26
		（截至 12 月 27 日的一周的工资税。）			

上述分录将每项工资税记录成了负债，在支付工资税时，借记工资税负债账户，贷记现金账户。

例 11-5　编制工资税会计分录

陈工程服务公司的工资登记表显示：社会保障税扣减项为 900 美元，医疗保险税扣减项为 225 美元，本期工资总额为 15 000 美元，5.4% 的州失业补偿税和 0.6% 的联邦失业补偿税对应的应税收入为 5 250 美元。为本期的工资税费用编制相关的会计分录。

解答：

借：工资税费用		1 440.00
贷：应付社会保障税		900.00
应付医疗保险税		225.00
应付州失业补偿税		283.50*
应付联邦失业补偿税		31.50**

* 5 250×5.4%。
** 5 250×0.6%。

员工收入记录

在每期期末公司都必须确定每名员工的收入数据，其中，总额要用来计算员工社会保障税扣减项和雇主工资税，所以，每名员工都需要有详细的工资发放记录，这项记录称为**员工收入记录**（employee's earnings record）。

图表 11-5 就是约翰·麦格拉斯的部分收入记录。员工收入记录和工资登记表是相互关联的，比如，12 月 27 日记录在麦格拉斯收入记录上的金额能够追溯到图表 11-4 工资登记表第四行的内容。

如图表 11-5 所示，员工收入记录包括季度合计数和年度合计数，这些数据通常用于税收、保险和其他报告中，例如，工资和税收报表就是一种应用了收入记录中合计数的报表，一般称为 W-2 表，

图表 11-5　员工收入记录

约翰·麦格拉斯
1830 号第四大街
艾奥瓦州克林顿, 52732-6142

单身　扣减份数：1 份	电话：555-3148	社会保障编号：381-48-9120	员工编号：814
职位：销售人员	工资：1 360.00 美元 / 周 小时工资：34 美元	出生日期：1982 年 2 月 15 日 雇用截止日：	

编号	截止日期	总工时数	收入				扣减项						支付	
			正常收入	加班收入	合计	累计	社会保障税	医疗保险税	联邦所得税	退休储蓄金	其他	合计	工资净额	支票编号
⋮														
42	9 月 27 日	53	1 360.00	663.00	2 023.00	75 565.00	121.38	30.35	399.46	20.00		571.19	1 451.81	6175
43	第三季度		17 680.00	7 605.00	25 285.00		1 517.10	379.28	5 391.71	260.00	40.00	7 588.09	17 696.91	
44	10 月 4 日	51	1 360.00	561.00	1 921.00	77 486.00	115.26	28.82	370.90	20.00		534.98	1 386.02	6225
⋮														
50	11 月 15 日	50	1 360.00	510.00	1 870.00	89 382.00	112.20	28.05	356.65	20.00		516.90	1 353.10	6530
51	11 月 22 日	53	1 360.00	663.00	2 023.00	91 405.00	121.38	30.35	399.46	20.00		571.19	1 451.81	6582
52	11 月 29 日	47	1 360.00	357.00	1 717.00	93 122.00	103.02	25.76	318.40	20.00		467.18	1 249.82	6640
53	12 月 6 日	53	1 360.00	663.00	2 023.00	95 145.00	121.38	30.35	399.46	20.00	5.00	576.18	1 446.81	6688
54	12 月 13 日	52	1 360.00	612.00	1 972.00	97 117.00	118.32	29.58	385.18	20.00		553.08	1 418.92	6743
55	12 月 20 日	51	1 360.00	561.00	1 921.00	99 038.00	115.26	28.82	370.90	20.00		534.98	1 386.02	6801
56	12 月 27 日	42	1 360.00	102.00	1 462.00	100 500.00	87.72	21.93	254.65	20.00	5.00	389.30	1 072.70	6860
57	第四季度		17 680.00	7 255.00	24 935.00		1 506.90	376.73	5 293.71	260.00	15.00	7 452.34	17 482.66	
58	年度合计		70 720.00	29 780.00	100 500.00		6 030.00	1 507.50	21 387.65	1 040.00	100.00	30 065.15	70 434.85	

企业不仅每年要将该表提供给每名员工，还要提供给社会保障管理机构。下面列示的 W-2 表就是以图表 11-5 中约翰·麦格拉斯的员工收入记录为基础编制的。

图表 11-6 工资和税收报表（W-2 表）

22222 Void ☐	a Employee's social security number 381-48-9120	For Official Use Only ▶ OMB No. 1545-0008	
b Employer identification number (EIN) 61-8436524		1 Wages, tips, other compensation 100,500.00	2 Federal income tax withheld 21,387.65
c Employer's name, address, and ZIP code McDermott Supply Co . 415 5th Av e. So. Dubuque, IA 52736-0142		3 Social security wages 100,500.00	4 Social security tax withheld 6,030.00
		5 Medicare wages and tips 100,500.00	6 Medicare tax withheld 1,507.50
		7 Social security tips	8 Allocated tips
d Control number		9	10 Dependent care benefits
e Employee's first name and initial John T.	Last name McGrat h	Suff.	11 Nonqualified plans	12a See instructions for box 12
1830 4th St. Clinton, IA 52732-6142		13 Statutory employee ☐ Retirement plan ☐ Third-party sick pay ☐	12b
		14 Other	12c
			12d
f Employee's address and ZIP code			

15 State IA	Employer's state ID number	16 State wages, tips, etc.	17 State income tax	18 Local wages, tips, etc.	19 Local income tax	20 Locality name Dubuque

Form **W-2** Wage and Tax Statement **20Y6**

Copy A For Social Security Administration — Send this entire page with Form W-3 to the Social Security Administration; photocopies are **not** acceptable.

Department of the Treasury—Internal Revenue Service For Privacy Act and Paperwork Reduction Act Notice, see the separate instructions.

Cat. No. 10134D

Do Not Cut, Fold, or Staple Forms on This Page

工资支票

公司可以使用电子资金转账或工资支票来支付员工工资。在使用电子资金转账时，每个付款期期末员工的工资净额被直接存入员工银行账户。之后，员工会收到一张写着工资净额详细计算过程的工资表。约翰·麦格拉斯的电子资金转账的工资表见图表 11-7。每张工资支票都包括一张可分离的工资表，该表说明了工资净额的计算过程，该工资表通常与电子资金转账附带的工资表相同。

大部分公司通过特殊的工资银行账户签发工资支票，在这种情况下，发放工资的程序如下所示：

（1）在工资登记表中确定本期的工资净额合计数；

（2）企业授权其一般银行账户向特殊银行账户进行电子资金转账，金额为上一步得到的工资净额；

（3）从工资账户进行电子资金转账或签发工资支票；

（4）将工资支票编号输入工资登记表中。

运用单独的工资银行账户的优点是能简化银行对账过程，此外，工资银行账户对工资支票实施了控制，可避免支票被盗窃和误用。

图表 11-7　工资表

麦克德莫特供应公司	约翰·麦格拉斯	支票编号：6860
415 第五大街	1830 第四大街	支付截止日期：20Y6 年 12 月 27 日
艾奥瓦州迪比克，52736-0142	艾奥瓦州克林顿，52732-6142	

工时和收入		税收和扣减项		
项目描述	数额	项目描述	本期金额	年度金额
正常工资率	34	社会保障税	87.72	6 030.00
加班工资率	51	医疗保险税	21.93	1 507.50
正常工时数	40	联邦所得税	254.65	21 387.65
加班工时数	2	退休储蓄金	20.00	1 040.00
		联合基金	5.00	100.00
工资净额	1 072.70			
工资总额	1 462.00	合计金额	389.30	30 065.15
年度工资合计数	100 500.00			

电算化工资系统

输入工资系统的数据可以分为以下两类：

（1）常量，是指那些在表与表之间保持不变的数据。例如，员工姓名、社会保障编号、婚姻状况、所得税代扣津贴份数、工资率、税率和代扣工资等级表。

（2）变量，是指那些在表与表之间发生变化的数据。例如，每名员工工作的小时数和天数、应计的病假天数、假期、累计收入和税收代扣合计数。

在电算化会计系统中，常量被存储在一个工资文档中，变量则是由一个专门的工作人员定期输入。在一些系统中，员工上下班都要刷身份识别卡，这样每名员工工作的小时数会自动更新。

电算化工资系统也保留了工资登记表和员工收入记录的电子版，工资系统输出的如工资支票、电子资金转账和税收记录等则是每期自动生成的。

工资系统的内部控制

我们在第 8 章中提及的现金付款控制同样适用于工资系统，工资控制的事例如下所示：

（1）如果使用支票签发机，那么必须限制空白工资支票和机器的使用，以防其被盗窃和误用；

（2）员工的雇用和解雇应该有合理的书面授权和批准；

（3）所有工资率的变动要有书面授权和批准；

（4）监督员工上班打卡只打一次，并且只能为自己打卡，利用时间卡或者直接刷身份识别卡来记录上班的时间；

（5）工资支票需由除员工监督人员以外的人来发放；

（6）应该使用特殊工资银行账户。

11.4　员工额外福利

很多公司除了向员工支付薪酬和工资外，还提供各种福利，这些**额外福利**（fringe benefits）可能包括假期、医疗和退休福利等。

员工额外福利成本应该记录为雇主的一项费用，为了配比收入和费用，应该在员工获得福利的期间将这些额外福利的估计成本记录为一项费用。

假期工资

很多雇主给员工支付假期工资，这也被称为带薪休假。在每个支付期结束时，员工假期工资的应付义务应当被确认为一项负债，但是，也有很多公司等到年末再编制调整分录记录应计假期工资。

举例来说，假如员工可以在每个工作月获得一天的假期，截至 12 月 31 日的会计年度的假期工资估计额为 325 000 美元，那么，应计假期工资的调整分录如下所示：

12 月	31 日	假期工资费用		325 000	
		应付假期工资			325 000
		（记录年度应计的假期工资。）			

员工可能被要求在一年内休完所有的假期，在这种情况下，任何应计的假期工资在一年内被结清，因此，应付假期工资在资产负债表中就报告为一项流动负债。如果员工可以累计休假时间，那么应付假期工资估计额就应报告为一项长期负债。

在员工休假期间，假期工资负债减少，应借记应付假期工资账户，贷记应付职工薪酬以及其他与工资相关的税收扣减项账户。

养老金

养老金（pension）是指支付给退休人员的款项，基于企业制定的员工养老计划，养老金金额在员工工作期间逐年累积。两种基本的养老计划是固定缴款计划和固定收益计划。

固定缴款计划

在**固定缴款计划**（defined contribution plan）中，公司代表员工在其工作期间内投资了一笔金额，通常来讲，这笔养老金是由雇主和员工共同缴款，员工的养老金取决于先前的缴款总额和在缴款期间获得的投资回报。

一种比较流行的固定缴款计划叫作 401K 计划，员工将他们工资总额的一部分拿出来进行投资，如互惠基金。401K 计划有两个优点：

（1）员工投资额在税前扣除；

（2）缴款额和相关的收益直到员工退休将其收回之际才纳税。

在大部分情况下，雇主和员工的缴款额是相匹配的，雇主的缴款应借记养老金费用账户，举例来说，假设天堂香水公司规定将员工月薪的 10% 纳入员工 401K 计划，员工月薪总额为 500 000 美元，那么，记录月缴款额的会计分录如下所示：

12 月	31 日	养老金费用		50 000	
		现金			50 000
		（将月薪的 10% 纳入养老金计划。）			

固定收益计划

在**固定收益计划**（defined benefit plan）中，公司向员工支付固定的年度养老金，通常根据员工服务年限、年龄和过去的薪酬水平等来确定金额的大小。

在固定收益计划下，雇主有义务为员工支付未来的养老金，因此，许多公司用固定缴款计划代替了固定收益计划。

固定收益计划下的养老金成本要借记养老金费用账户，贷记现金账户，金额为雇主缴纳的金额，任何未支付的金额要贷记未支付的养老金负债账户。

举例来说，在固定收益计划下，亨克尔公司规定养老金年金为 80 000 美元，这一年度缴款额是根据亨克尔公司未来养老金负债确定的，12 月 31 日，亨克尔公司向养老金基金支付了 60 000 美元，记录这笔付款以及应付未付债务的会计分录如下所示：

12 月	31 日	养老金费用		80 000	
		现金			60 000
		未支付的养老金负债			20 000
		（年度养老金成本和缴款额。）			

如果未支付的养老金负债将在一年内付清，就将其报告为资产负债表中的流动负债，任何超过一年支付的部分则报告为长期负债。

例 11-6　假期工资和养老金福利

曼菲尔德服务公司给员工提供了带薪休假的福利，该公司采用的是固定缴款养老金计划，员工本期获得的假期工资有 44 000 美元，养老金计划要求向计划管理者缴纳的金额为员工薪酬的 8%，本期的薪酬为 450 000 美元。

要求为（a）假期工资以及（b）养老金福利编制相应的会计分录。

解答：

a. 借：假期工资费用　　　　　　　　　　　　　　　　　　　44 000
　　贷：应付假期工资　　　　　　　　　　　　　　　　　　　44 000
（本期应计的假期工资。）

b. 借：养老金费用　　　　　　　　　　　　　　　　　　　　36 000
　　贷：现金　　　　　　　　　　　　　　　　　　　　　　　36 000
（养老金缴款额为 450 000 美元薪酬的 8%。）

除养老金以外的退休福利

员工可能还会获得雇主提供的其他退休福利，包括牙齿护理、眼睛护理、医疗护理、人身保险、学费资助、税务服务及法律服务等。

其他退休福利的会计处理与固定收益养老金计划的会计处理类似，将年度福利费用的估计额借记入退休福利费用账户，在全部支付时，贷记现金账户，若没有全部支付，还需贷记退休福利计划的负债账户。

财务报表应该披露退休福利的性质，这些披露通常包含在财务报表的附注中，其他退休福利的会计处理和披露将会在高级会计课程中介绍。

资产负债表中的流动负债

应付账款、一年内到期的长期负债、应付票据以及任何其他一年内到期的负债都应报告在资产负债表中的流动负债中，莫宁·乔公司的流动负债在资产负债表中的列示如下：

莫宁·乔公司 资产负债表 20Y6 年 12 月 31 日	
负债	
流动负债：	
应付账款	$ 133 000
应付票据（流动部分）	200 000
应付职工薪酬	42 000
应付工资税	16 400
应付利息	40 000
流动负债合计	$ 431 400

11.5　或有负债

未来某些事项发生时，过去的经济业务就会产生一些负债，这些潜在的负债称为**或有负债**（contingent liabilities）。

或有负债的会计处理取决于下列两个因素：

（1）发生的可能性：很可能发生、可能发生、几乎不可能发生；

（2）是否可以度量：可以合理估计、无法合理估计。

造成负债产生的事件的可能性分为很可能发生、可能发生、几乎不可能发生。估计潜在负债的能力分为可以合理估计和无法合理估计。

很可能发生并且可以合理估计

如果一项或有负债很可能发生，并且金额可以合理估计，那么，我们应该记录和披露这项负债，借记一项费用，贷记一项负债。

举例来说，假设一家公司在 6 月份销售了 60 000 美元的产品，保修期为 36 个月，保修期间的平均修理成本为销售价格的 5%，记录 6 月份估计的产品保修费用的会计分录如下所示：

6 月	30 日	产品保修费用		3 000	
		应付产品保修费用			3 000
		（6 月份的保修费用为 5%×60 000。）			

上面记录保修费用的分录和记录销售收入的分录是在同一个会计期间，这样保修费用与相应的销

售收入得到了很好的配比。

如果产品在保修期内要求维修，修理成本应借记应付产品保修费用账户，贷记现金、物资、应付职工薪酬或其他合适的账户。因此，8月16日，如果客户要求在保修期内免费更换一个价值200美元的零部件，则需编制的会计分录如下所示：

8月	16日	应付产品保修费用		200	
		物资			200
		（在保修期内更换瑕疵零部件。）			

例 11-7　　估计产品保修负债

库克-礼公司8月份销售了140 000美元的厨房电器，保修期为6个月，保修期内修理成本估计为销售价格的6%，9月12日，一名客户要求更换一个价值200美元的零部件，并支付劳务费用90美元。

要求：（a）8月31日，计提根据8月份销售额估计的产品保修费用；（b）为9月12日发生的产品保修服务编制相应的会计分录。

解答：

a. 借：产品保修费用　　　　　　　　　　　　　　　　　8 400

　　贷：应付产品保修费用　　　　　　　　　　　　　　　　　　8 400

　　（8月份的产品保修费用为6%×140 000。）

b. 借：应付产品保修费用　　　　　　　　　　　　　　　290

　　贷：物资　　　　　　　　　　　　　　　　　　　　　　　　200

　　　　应付职工薪酬　　　　　　　　　　　　　　　　　　　　 90

　　（在保修期内更换瑕疵零部件。）

很可能发生但无法合理估计

一项或有负债如果很有可能发生，但金额无法合理估计，则应将或有负债披露在财务报表附注中。例如，一家公司可能因为排放废弃物而污染了当地的一条河流，会计期末其河流清理成本和可能缴纳的罚金都无法合理估计。

可能发生

一项或有负债只是可能发生，例如，一家公司可能因为侵犯了另一家公司的专利权而面临败诉，但是，目前仍在上诉中判决结果还未完全确定，公司的律师认为结果可能会有反转或者处罚能明显减轻，那么在这种情况下，或有负债也应该披露在财务报表附注中。

几乎不可能发生

或有负债也可能遥不可及，即发生的可能性很小，比如，滑雪场可能因为滑雪人员受伤而被起诉，但在大多数时候，法院认为滑雪人员在参加这项活动的时候就承诺自己承担受伤风险。因此，如果滑雪场不是过分疏忽，那么通常不必为伤员的伤情承担任何责任。在这种情况下，我们不需要在财务报表附注中披露或有负债，图表11-8汇总整理了或有负债的会计处理。

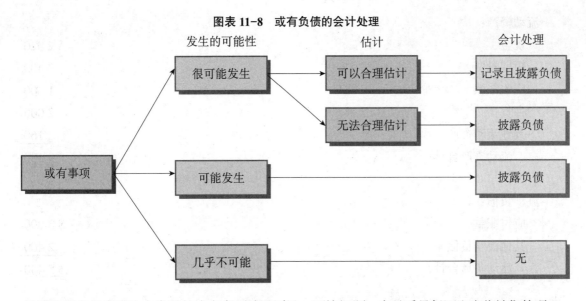

图表 11-8　或有负债的会计处理

披露在财务报表附注中常见的或有事项涉及诉讼、环境问题、产品质量保证和应收销售款项。

在区分或有负债的类别时，职业判断很重要，尤其是在区分很可能发生和可能发生的或有负债时更需要很强的专业判断力。

11.6　财务分析和解释：速动比率

流动状况分析（current position analysis）有助于债权人很好地评估一家公司偿还其流动负债的能力，这一分析主要基于以下三个指标：

（1）营运资本；

（2）流动比率；

（3）速动比率。

营运资本和流动比率我们已经在第 4 章中讨论过了，计算公式如下所示：

$$营运资本 = 流动资产 - 流动负债$$

$$流动比率 = \frac{流动资产}{流动负债}$$

然而，这两个指标只能用来评估一家公司偿还其流动负债的能力，并没有考虑公司在短期内偿还这些债务的能力，因为一些流动资产（如存货）不能像其他流动资产（如现金或者应收账款等）一样迅速地变现。

速动比率（quick ratio）则通过衡量公司"迅速"偿还债务的能力，克服了两个指标的不足，其计算公式如下所示：

$$速动比率 = \frac{速动资产}{流动负债}$$

速动资产（quick assets）是指现金以及其他很容易变现的流动资产，通常包括现金、短期投资和应收账款。举例来说，下面是科技解决方案公司在 20Y7 年年底的相关数据：

流动资产：	
现金	$ 2 020
短期投资	3 400
应收账款	1 600
存货	2 000
其他流动资产	160
流动资产合计	9 180
流动负债：	
应付账款	$ 3 000
其他流动负债	2 400
流动负债合计	$ 5 400
营运资本（流动资产 - 流动负债）	$ 3 780
流动比率（流动资产 / 流动负债）	1.7

科技解决方案公司的速动比率计算过程如下所示：

$$速动比率 = （2 020+3 400+1 600）/5 400 = 1.3$$

1.3 的速动比率表明该公司在短期内有足够多的速动资产来偿还其流动负债，速动比率小于 1 说明公司没有足够的速动资产在短期内偿还其所有的流动负债。

与流动比率一样，在不同公司之间做横向比较时速动比率尤为有用，举例来说，下面是来自邓肯品牌集团和星巴克公司最近财务报表中的部分资产负债表数据（单位：千美元）。

	邓肯品牌集团	星巴克公司
流动资产：		
现金及现金等价物	$ 370 901	$ 1 530 100
短期投资	—	81 300
应收账款	128 360	1 100 700
存货	—	1 306 400
其他流动资产	58 563	334 200
流动资产合计	$ 557 824	$ 4 352 700
流动负债：		
应付账款	$ 68 852	$ 2 669 700
其他流动负债	349 940	983 800
流动负债合计	$ 418 792	$ 3 653 500
营运资本（流动资产 - 流动负债）	$ 139 032	$ 699 200
流动比率（流动资产 / 流动负债）	1.3	1.2
速动比率（速动资产 / 流动负债）*	1.2	0.7

* 这两家公司的速动比率计算过程如下所示：

邓肯品牌集团：（370 901+128 360）/418 792=1.2；

星巴克公司：（1 530 100+81 300+1 100 700）/3 653 500=0.7。

星巴克公司比邓肯品牌集团规模大,营运资本是它的 5 倍多,这种规模上的差异使得公司之间比较营运资本很困难。相比之下,流动比率和速动比率在公司之间能更好地进行横向比较。本例中,星巴克公司比邓肯品牌集团的流动比率略低,星巴克公司 0.7 的速动比率揭示了其没有足够的速动资产来偿还其流动负债,而邓肯品牌集团的速动比率为 1.2 说明该公司有足够的速动资产来偿还其流动负债。

例 11-8　速动比率

下面是截至 20Y8 年 12 月 31 日和 20Y9 年 12 月 31 日萨耶尔公司报告的流动资产和流动负债数据:

	20Y9 年	20Y8 年
现金	$ 1 250	$ 1 000
短期投资	1 925	1 650
应收账款	1 775	1 350
存货	1 900	1 700
应付账款	2 750	2 500

要求:a. 计算 20Y8 年和 20Y9 年的速动比率;

b. 解释公司两年间速动比率的变化。

解答:

a. 20Y9 年 12 月 31 日:

速动比率 = 速动资产 / 流动负债

= (1 250+1 925+1 775)/2 750

= 1.8

20Y8 年 12 月 31 日:

速动比率 = 速动资产 / 流动负债

= (1 000+1 650+1 350)/2 500

= 1.6

b. 萨耶尔公司的速动比率从 20Y8 年的 1.6 提高到了 20Y9 年的 1.8,这是因为三种速动资产(现金、短期投资和应收账款)的增加幅度大,而流动负债(应付账款)的增加幅度小。

练习题

EX 11-1　流动负债

在 20Y8 年 12 月,邦内博公司以 85 美元的价格出售了 25 000 份《20XX》杂志。从 20Y9 年 1 月开始,这些新订阅用户将收到月刊。此外,该公司在 20Y9 年第一个日历季度的应纳税所得额为 840 000 美元。代扣联邦所得税税率是 40%。第一季度的纳税额将于 20Y9 年 4 月 12 日支付。

编制邦内博在 20Y9 年 3 月 31 日的资产负债表中的流动负债部分。

EX 11-3　为贴现应付票据编制会计分录

拉姆齐公司因为购买商品存货发行了一张面值为 800 000 美元，期限为 45 天的票据给巴克纳公司。巴克纳公司以贴现率 7% 对该票据进行贴现。

a. 为拉姆齐公司编制会计分录记录以下业务：

1. 票据的发行；

2. 票据到期支付款项。

b. 为巴克纳公司编制会计分录记录以下业务：

1. 收到票据；

2. 票据到期收到款项。

EX 11-5　为应付票据编制会计分录

某公司发行了一张面值为 210 000 美元，期限为 45 天，利率为 6% 的票据给债权人，请编制相关的会计分录：（a）票据的发行；（b）票据到期支付款项，包括利息费用。

EX 11-7　为应付票据编制会计分录

牛市工业公司正在考虑向债权人发行一张面值为 100 000 美元，利率为 7% 的票据。

a. 如果票据的期限为 45 天，编制会计分录记录以下业务：

1. 票据的发行；

2. 票据到期支付款项。

b. 如果票据的期限为 90 天，编制会计分录记录以下业务：

1. 票据的发行；

2. 票据到期支付款项。

EX 11-9　计算工资

一名员工每小时工资为 25 美元，每周凡是超过 40 小时的部分每小时工资为正常工资的 2 倍。假设该员工在一周内工作了 48 小时。社会保障税税率为 6.0%，医疗保险税税率为 1.5%，代扣联邦所得税为 239.15 美元。

a. 计算本周的工资总额。

b. 计算本周的工资净额。

EX 11-11　汇总工资数据

以下是工资数据汇总，有些金额被故意遗漏了：

工资：

1. 正常工资　　?

2. 加班工资　　$ 80 000

3. 工资总额　　?

扣减项：

4. 社会保障税		32 400
5. 医疗保险税		8 100
6. 代扣所得税		135 000
7. 医疗保险费		18 900
8. 工会会费		?
9. 扣减总额		201 150
10. 工资净额		338 850

记入借方账户：

11. 工厂人员薪酬费用		285 000
12. 销售人员薪酬费用		?
13. 办公人员薪酬费用		120 000

a. 计算第（1）（3）（8）（12）行中空缺的金额。

b. 编制会计分录记录应计的工资。

c. 编制会计分录记录工资的支付。

EX 11–13 工资分录

甘布尔公司截至 4 月 29 日的一周的工资登记表如下所示：

薪酬	$ 1 250 000
代扣社会保障税	75 000
代扣医疗保险税	18 750
代扣联邦所得税	250 000

此外，州失业补偿税和联邦失业补偿税分别适用 5.4% 和 0.6% 的税率，以 225 000 美元的薪酬为基础来计算。

a. 编制会计分录记录 4 月 29 日这周的工资情况。

b. 编制会计分录记录发生在 4 月 29 日这周的工资税费用。

EX 11–15 工资内部控制程序

豪伊热狗店是一家专做热狗和汉堡包的快餐店，该店雇用了 12 名兼职员工和 8 名全职员工，20 名员工的周工资平均是 5 600 美元。

豪伊热狗店利用一台个人电脑来编制员工薪资单，每周该店的会计人员将收集到的员工工时卡相关数据录入工资系统，系统将每名员工的工资计算出来并且打印出一张工资单，会计人员利用支票签发机来签发员工的工资支票，然后，餐馆的老板授权将资金从快餐店的一般银行账户转入工资账户。

截至 5 月 12 日的一周，会计人员将一名全职员工的工作时间 40 小时误记为 100 小时。

请问豪伊热狗店有合适的内部控制制度来发现这个错误吗？这个错误将如何被查出？

EX 11–17 应计的假期工资

某家公司提供给员工的假期工资金额每年都有差异，这主要取决于员工的工作时间，本年度假期工资的估计额为 54 000 美元。

    a. 编制本年度的第一个月月末即 1 月 31 日的调整分录，记录应计的假期工资。

    b. 假期工资在该公司的资产负债表中如何记录？什么时候从公司的资产负债表中转出？

EX 11-19   固定收益养老金计划条例

在最近几年的财务报表中，宝洁公司的未支付养老金负债为 55.99 亿美元，定期养老金成本为 4.34 亿美元。

请解释 55.99 亿美元的未支付养老金负债和 4.34 亿美元的定期养老金成本的含义。

综合题

PR 11-1A   负债业务

下面是奥唐奈公司本年度发生的部分经济业务：

1 月 10 日，从莱恩公司赊购商品 240 000 美元，信用政策是 "n/30"。

2 月 9 日，向莱恩公司发行一张面值为 240 000 美元，期限为 30 天，利率为 4% 的票据。

3 月 11 日，向莱恩公司支付 2 月 9 日发行的票据的款项。

5 月 1 日，通过发行一张期限为 45 天，利率为 5% 的票据，从塔巴达银行借入 160 000 美元。

6 月 1 日，通过向吉巴拉公司签发一张面值为 180 000 美元，期限 60 天的票据购入一批工具；吉巴拉公司将该票据以 5% 的贴现率进行了贴现。

6 月 15 日，向塔巴达银行支付 5 月 1 日票据的利息，并通过签发一张新的面值为 160 000 美元，期限为 45 天，利率为 7% 的票据重新取得贷款。（将借方和贷方均记入应付票据账户。）

7 月 30 日，向塔巴达银行支付 6 月 15 日发行的票据的款项。

7 月 30 日，向吉巴拉公司支付 6 月 1 日发行的票据的款项。

12 月 1 日，从沃里克公司购入价值 400 000 美元的办公设备，支付了 100 000 美元，并发行了 10 张票据，每张面值为 30 000 美元，利率为 5%，期限为 30 天。

12 月 15 日，解决了一名客户的产品债务诉讼问题，其应在 1 月份赔偿 260 000 美元，奥唐纳公司将其作为损失记入应付诉讼索赔费用账户。

12 月 31 日，向沃里克公司支付 12 月 1 日发行的第 1 张票据的款项。

要求：

1. 为以上经济业务编制会计分录。

2. 本年度末，为以下每笔应计费用编制相应的调整分录：

a. 产品保修费用，23 000 美元；

b. 欠沃里克公司剩余的 9 张票据的利息。

案例分析题

CP 11-1　道德行为

托尼娅·兰特瑞诺是一名注册会计师，也是当地一家注册会计师事务所卡纳利 & 肯尼迪的员工，一直以来，公司的政策是给员工相当于两周薪酬的年终奖，但是，公司新的管理团队在 11 月 15 日宣布，今年将不再发放年终奖。由于该公司发放年终奖的历史悠久，托尼娅和她的同事一直期待年终奖，并认为事务所停止发放年终奖违反了一项隐含的协议。因此，托尼娅决定在今年剩下的时间里每周额外加班 6 小时来弥补失去的奖金，并一直加班到年底。卡纳利 & 肯尼迪事务所的加班政策是支付 1.5 倍的正常工资。

托尼娅的主管看到她报告的加班时间时感到非常惊讶，因为年底通常很少有额外或者异常的客户服务需求，但是，加班时间也确确实实毋庸置疑，因为公司员工在"荣誉系统"中报告了他们的加班时间。

1. 卡纳利 & 肯尼迪事务所取消发放年终奖的行为是否违背了职业道德？并进行解释。
2. 托尼娅用不必要的加班来凑足奖金的行为是否违背了职业道德？为什么？

第 **12** 章

合伙企业和有限责任公司会计核算

波士顿篮球伙伴有限责任公司（Boston Basketball Partners LLC）是波士顿凯尔特人队 NBA 篮球特许经营权的所有者。"LLC"这几个字母代表有限责任公司。与前几章所述的个人独资企业不同，有限责任公司是一种通常有多个所有者的商业形式。波士顿篮球伙伴有限责任公司由来自波士顿的前风险基金经理威克·格罗斯贝克领导，并得到了超过 15 名其他所有者的协助。格罗斯贝克称投资凯尔特人队是"一个千载难逢的机会"。令人惊讶的是，格罗斯贝克声称"金钱并不是第一位的"。尽管如此，《福布斯》估计这支球队的价值为 12 亿美元，是波士顿篮球伙伴有限责任公司最初投资金额的三倍多，同时凯尔特人队排在 NBA 最有价值球队的第四位。所以，格罗斯贝克肯定做对了一些事。格罗斯贝克和他的团队已经把他们的风险投资技巧转向了凯尔特人队。他们在场外的一些创新包括建立有线电视合作伙伴关系、使用技术来评估座位使用情况以及增加广告赞助商。

那么为什么波士顿篮球伙伴有限责任公司会选择有限责任公司的组织形式呢？

企业选择的实体形式对企业所有者的法律责任、税负以及融资能力都有非常大的影响。在本书中我们一共讨论四种主要的商业实体形式，即个人独资企业、合伙企业企业、有限责任公司和股份有限公司。个人独资企业已经在前面章节讨论过，本章将讨论合伙企业和有限责任公司，股份有限公司将在下一章讨论。

学习目标

1. 描述个人独资企业、合伙企业和有限责任公司各自的特点。
2. 描述并举例说明合伙企业的创建及净利润、净损失分配的会计处理。
3. 描述并举例说明合伙人加入和退出时的会计处理。
4. 描述并举例说明合伙企业清算时的会计处理。

5.编制合伙制股权表。

6.分析和解释员工效率。

12.1　个人独资企业、合伙企业和有限责任公司

在组织和运营一家企业时可以从以下四种最普遍的法律形式中进行选择：

（1）个人独资企业；

（2）股份有限公司；

（3）合伙企业；

（4）有限责任公司。

在本部分，我们主要描述个人独资企业、合伙企业和有限责任公司的特点，股份有限公司的特点将在第 13 章中进行讨论。

个人独资企业

个人独资企业是由单一自然人拥有的企业。最常见的个人独资企业往往是专业服务提供者，如律师事务所、建筑师事务所、房地产事务所和诊所。

个人独资企业的特点包括以下五点：

（1）成立过程简单。成立一家个人独资企业不受任何法律的约束，也不需要提交任何文件。

（2）无限法律责任。所有者为企业的所有债务和法律责任负无限责任，因此，债权人可以要求用所有者的个人财产偿还超出所有者投资的企业负债。

（3）免税。按照联邦所得税要求，个人独资企业并不需要缴纳企业所得税。相反，个人独资企业的收入和损失应该填列在所有者的个人所得税纳税申报表中。

（4）有限寿命。所有者去世或者退休后，个人独资企业也就不复存在。

（5）有限筹资能力。企业的筹资能力仅局限于所有者的个人资源和通过借贷所提供的资源。

合伙企业

合伙企业（partnership）是由两个或两个以上合伙人共同拥有和经营的营利性企业。相较个人独资企业，合伙企业较为少见。

合伙企业的特点包括以下五点：

（1）成立过程相对复杂。合伙企业的成立往往需要签署一份合伙协议。合伙协议（partnership agreement）主要包括投资金额、撤资限制、利润与损失分配及合伙人的加入和退出等问题。因此，成立一家合伙企业需要律师的帮助。

（2）无限法律责任。各合伙人为企业的所有债务和法律责任负无限责任，因此，债权人可以要求用合伙人的个人财产偿还超出合伙人投资的企业负债。

（3）免税。按照联邦所得税要求，合伙企业并不需要缴纳企业所得税。相反，合伙企业的收入和损失应该填列在各合伙人的个人所得税纳税申报表中。然而，合伙企业仍然必须每年向美国国税局上报其收入、费用及利润或损失。

（4）有限寿命。任何一个合伙人去世或者退休后，合伙企业也就不复存在。类似地，当有新的合伙人加入时，旧的合伙企业也不复存在，如果需要持续经营下去，则应重新成立一个新的合伙企业。

（5）有限筹资能力。企业的筹资能力仅局限于各合伙人的个人资源和通过借贷所提供的资源。

除了上述特点，合伙企业的特殊性质体现在以下三点：

（1）合伙企业财产共享。任一合伙人投入合伙企业的财产将成为所有合伙人的共同财产。当合伙企业清算时，各合伙人所享有的合伙企业财产份额为其资本账户的余额。

（2）相互代理。各合伙人均为合伙企业的代理人并且能代表整个合伙企业。因此，某一合伙人产生的债务将成为所有合伙人的共同债务。

（3）贡献收入。合伙企业的净利润与净损失将根据合伙协议在各合伙人之间分配。如果合伙协议中没有规定如何分配净利润与净损失，那么净利润与净损失将平均分配给所有合伙人。

有限责任公司

有限责任公司（limited liability company，LLC）是一个法人实体，其所有者仅负有限责任并参照合伙企业的模式纳税。因此，小型企业常常采用有限责任公司的组织形式。

有限责任公司的特点包括以下五点：

（1）成立过程相对复杂。有限责任公司的成立往往需要公司的所有者，即成员，达成一个协议。这一营运协议主要包括投资金额、撤资限制、利润与损失分配及成员的加入和退出等问题。因此，成立一家有限责任公司需要律师的帮助。

（2）有限法律责任。即使公司各成员积极参与了公司的经营，他们也只为公司负有限责任。因此，当债权人向有限责任公司提出诉讼时，公司各成员的个人财产将受到保护，即债权人仅能就公司成员对公司认缴的投资额为限索取借款。

（3）免税。有限责任公司可以选择合伙企业的纳税模式进行纳税。这样，有限责任公司的收入应该填列在各成员个人所得税纳税申报表中。

（4）无限寿命。大多数有限责任公司的营运协议中均强调该有限责任公司的持续经营性，无论是否有旧成员的退出或新成员的加入。

（5）较好的筹资能力。由于有限责任的存在，有限责任公司对许多投资者有非常大的吸引力。这使得有限责任公司相较合伙企业拥有更多的筹资途径。

一家有限责任公司在运营时可以选择由公司成员自行管理，也可以选择外聘职业经理人进行管理。在成员管理模式下，各成员对有限责任公司负法律责任，就像合伙人对合伙企业负责一样；而在职业经理人管理模式下，只有授权成员对有限责任公司负法律责任。如此，在职业经理人管理的有限责任公司中，公司成员不必参与公司的经营管理就可以获得有限责任公司的利润分成。

比较个人独资企业、合伙企业和有限责任公司

图表 12-1 总结比较了个人独资企业、合伙企业和有限责任公司的特点。

图表 12-1　个人独资企业、合伙企业和有限责任公司的比较

组织形式	成立复杂度	法律责任	税收	寿命限制	筹资能力
个人独资企业	简单	无限责任	非纳税实体	有限	有限
合伙企业	适中	无限责任	非纳税实体	有限	有限
有限责任公司	适中	有限责任	非纳税实体（可选）	无限	适中

12.2　合伙企业的创建和利润分配

合伙企业和有限责任公司的大多数日常经济业务的会计处理方法与前面章节介绍的类似。然而，合伙企业和有限责任公司的创建、净利润和净损失的分配、解散和清算过程涉及一些独特的交易类型。

本章后续内容将描述和说明合伙企业和有限责任公司的这些特殊的交易活动。有限责任公司与合伙企业的会计处理很类似，区别主要在于有限责任公司采用"成员""成员权益"的说法，而合伙企业则采用"合伙人""所有者资本"这种表述。因此，有限责任公司的会计分录将与合伙企业的会计分录同时列示。

合伙企业的创建

在创建合伙企业时，各合伙人的投资额分别采用一个单独的分录进行登记。合伙人提供的资产借记合伙企业的资产账户。而如果合伙人同时使合伙企业承担了某种责任，则贷记合伙企业的负债账户。合伙人的资本账户则贷记资产减去负债后的净额。

为了更好地说明这一过程，我们假设两家相互竞争的硬件零售商的所有者——约瑟夫·史蒂文和厄尔·福斯特，决定采用成立合伙企业的形式合并业务。史蒂文的投入如下所示：

现金	$ 7 200	办公设备	$ 2 500
应收账款	16 300	坏账准备	1 500
商品存货	28 700	应付账款	2 600
商店设备	5 400		

用于登记史蒂文提供的资产和负债的分录如下所示：

有限责任公司：

借：现金	7 200
应收账款	16 300
商品存货	28 700
商店设备	5 400
办公设备	2 500
贷：坏账准备	1 500
应付账款	2 600
成员权益——约瑟夫·史蒂文	56 000

合伙企业（4 月 1 日）：

借：现金	7 200
应收账款	16 300
商品存货	28 700
商店设备	5 400
办公设备	2 500
贷：坏账准备	1 500
应付账款	2 600
资本——约瑟夫·史蒂文	56 000

在上述分录中，所有非货币资产均按照其公允价值进行登记。这些价值的确定主要基于当期市场价值。因此，合伙人投入资产的原账面价值往往与新设合伙企业登记的价值不相同。

举例来说，史蒂文投入的商店设备在史蒂文的总账上的账面价值为3 500美元（10 000美元的成本减去6 500美元的折旧）。然而，在上述会计分录中，商店设备按照其市场价值，即5 400美元入账。与上述分录类似的分录将会用于登记福斯特的相关投入。

例 12-1　编制合伙人初始投资分录

里斯·豪厄尔向一家合伙企业投入了设备、存货及34 000美元现金。设备的账面价值为23 000美元，市场价值为29 000美元。存货的账面价值为60 000美元，但由于产品老化，其市场价值仅为15 000美元。合伙企业同时也承担了豪厄尔为购买设备而欠下的12 000美元的应付票据。

请就豪厄尔对合伙企业的投入编制相关会计分录。

解答：

借：现金		34 000
存货		15 000
设备		29 000
贷：应付票据		12 000
资本——里斯·豪厄尔		66 000

利润分配

合伙企业的利润和损失将按照合伙协议中的规定进行分配，如果不存在相关规定或协议，则企业的利润和损失将平均分配给各合伙人。

分配合伙企业利润的一般方法主要基于：

（1）合伙人提供的服务；

（2）合伙人提供的服务和投资。

利润分配——基于合伙人提供的服务

利润分配的一种方法是基于各合伙人为合伙企业提供的服务。服务情况通常通过合伙人的薪酬津贴来体现。津贴的多少反映了各合伙人的能力差异以及对合伙企业所付出的时间差异。因为合伙人并非员工，所以这种津贴被登记为利润分成并贷记合伙人的资本账户。

举例说明，假设珍妮弗·斯通和克里斯特尔·米尔斯签署的合伙协议上包括下列信息：

	月薪酬津贴
珍妮弗·斯通	$ 5 000
克里斯特尔·米尔斯	4 000
剩余净利润	平均分配

利润分配情况一般列示在合伙企业利润表的底部。根据这一规则，150 000美元净利润的分配情况应该在合伙企业利润表的底部进行列报，具体如下：

收入		$ 650 000
费用		500 000
净利润		$ 150 000

利润分配：

	珍妮弗·斯通	克里斯特尔·米尔斯	合计
年薪酬津贴（月薪酬津贴 ×12）	$ 60 000	$ 48 000	$ 108 000
剩余利润	21 000	21 000	42 000
净利润	$ 81 000	$ 69 000	$ 150 000

与其他商业形式一样，合伙企业在会计期末需要编制两笔结账分录。第一笔将所有的收入和费用结转到合伙人的资本账户。每个合伙人的资本账户贷记合伙人净利润的份额（或借记合伙人净亏损的份额）。第二笔将每个合伙人的提款账户转至合伙人的资本账户。

根据上述利润的分配，斯通和米尔斯合伙企业的第一笔结账分录如下：

有限责任公司：

借：收入		650 000*
贷：费用		500 000
成员权益——珍妮弗·斯通		81 000
——克里斯特尔·米尔斯		69 000

合伙企业（12 月 31 日）：

借：收入		650 000*
贷：费用		500 000
资本——珍妮弗·斯通		81 000
——克里斯特尔·米尔斯		69 000

* 为了简单起见，我们说明了收入和费用总额的结转，尽管在实践中个人的收入和费用账户是已经完成结转的。

如果斯通和米尔斯每月提取其薪酬津贴，则第二笔结账分录如下：

有限责任公司：

借：成员权益——珍妮弗·斯通		60 000
——克里斯特尔·米尔斯		48 000
贷：提款——珍妮弗·斯通		60 000
——克里斯特尔·米尔斯		48 000

合伙企业（12 月 31 日）：

借：资本——珍妮弗·斯通		60 000
——克里斯特尔·米尔斯		48 000
贷：提款——珍妮弗·斯通		60 000
——克里斯特尔·米尔斯		48 000

利润分配——基于合伙人提供的服务和投资

正如上面所讨论的，利润可能以薪酬津贴的形式进行分配，此外，还可以以各合伙人资本余额对应利息的形式进行分配。这样，向合伙企业投入更多资金的合伙人将获得更多的合伙企业利润奖励。这种分配合伙企业利润的典型做法如下：

（1）分配合伙人薪酬津贴；

（2）计算投入资本的利息；

（3）平均分配所有剩余利润。

为了进一步说明这一利润分配方法，我们假设斯通和米尔斯签署的合伙协议上包括下列信息：

（1）

	月薪酬津贴
珍妮弗·斯通	$5 000
克里斯特尔·米尔斯	4 000

（2）利息（各合伙人1月1日资本余额的12%）：

资本——珍妮弗·斯通（1月1日）	$160 000
资本——克里斯特尔·米尔斯（1月1日）	120 000

（3）平均分配剩余利润：

150 000美元的净利润分配如下：

收入	$650 000
费用	500 000
净利润	$150 000

净利润分配：

	珍妮弗·斯通	克里斯特尔·米尔斯	合计
年薪酬津贴	$60 000	$48 000	$108 000
利息补贴	19 200*	14 400**	33 600
合计	$79 200	$62 400	$141 600
剩余利润	4 200	4 200	8 400
净利润	$83 400	$66 600	$150 000

*12%×160 000；

**12%×120 000。

用于结转收入和费用账户以及分配净利润的分录如下：

有限责任公司：

借：收入	650 000	
贷：费用		500 000
成员权益——珍妮弗·斯通		83 400
——克里斯特尔·米尔斯		66 600

合伙企业（12月31日）：

借：收入	650 000	

贷：费用	500 000
资本——珍妮弗·斯通	83 400
——克里斯特尔·米尔斯	66 600

利润分配——补贴超过净利润

在前面的例子中，净利润为 150 000 美元，而薪酬津贴（108 000 美元）和利息补贴（33 600 美元）合计为 141 600 美元。这样净利润超过了薪酬津贴和利息补贴的总和。然而，在某些情况下，净利润可能低于薪酬津贴和利息补贴的总和。这样，待分配剩余净利润的金额为负，这一负值将被视作净损失继续在合伙人之间进行分配。

为了进一步说明这一分配过程，我们假设在前述薪酬津贴和利息补贴不变的情况下，净利润减少为 100 000 美元。这样薪酬津贴和利息补贴的总和 141 600 美元比净利润多了 41 600 美元（141 600 - 100 000）。这一金额将在斯通和米尔斯之间平均分配。因此，应从各个合伙人补贴份额中各扣除 20 800 美元（41 600/2）。斯通和米尔斯之间最终净利润的分配结果如下所示：

收入	$ 600 000
费用	500 000
净利润	$ 100 000

净利润分配：

	珍妮弗·斯通	克里斯特尔·米尔斯	合计
年薪酬津贴	$ 60 000	$ 48 000	$ 108 000
利息补贴	19 200	14 400	33 600
合计	$ 79 200	$ 62 400	$ 141 600
减：补贴超过利润的部分	20 800	20 800	41 600
净利润	$ 58 400	$ 41 600	$ 100 000

用于结转收入和费用账户以及分配净利润的分录如下：

有限责任公司：

借：收入	600 000
贷：费用	500 000
成员权益——珍妮弗·斯通	58 400
——克里斯特尔·米尔斯	41 600

合伙企业（12 月 31 日）：

借：收入	600 000
贷：费用	500 000
资本——珍妮弗·斯通	58 400
——克里斯特尔·米尔斯	41 600

例 12-2　分配合伙企业净利润

史蒂夫·普林斯和切尔西·伯纳德共同建立了一家合伙企业，其利润分配如下：

1. 普林斯的年薪酬津贴为 42 000 美元。
2. 按照各合伙人 1 月 1 日的资本账户余额的 9% 计算各合伙人利息。
3. 平均分配剩余净利润。

普林斯和伯纳德 1 月 1 日的资本账户余额分别为 20 000 美元和 150 000 美元。当年的净利润为 240 000 美元。

普林斯和伯纳德分别分配多少净利润？

解答：

	史蒂夫·普林斯	切尔西·伯纳德	合计
年薪酬津贴	$ 42 000	$ 0	$ 42 000
利息补贴	1 800*	13 500**	15 300
合计	$ 43 800	$ 13 500	$ 57 300
剩余利润	91 350***	91 350	182 700
净利润	$ 135 150	$ 104 850	$ 240 000

* 20 000×9%；

** 150 000×9%；

***（240 000−42 000−15 300）×50%。

12.3　合伙人加入和退出

通过修改现有的合伙协议，许多合伙企业允许新合伙人的加入以及现有合伙人的退出。这样，公司能够在不成立新的合伙企业、拟订新的合伙协议的前提下持续经营下去。

合伙人的加入

如图表 12-2 所示，一个自然人能通过以下两种途径入股一家合伙企业：

（1）从一个或多个现有合伙人手上购入股份；

（2）向合伙企业投资。

图表 12-2　新合伙人加入的两种方法

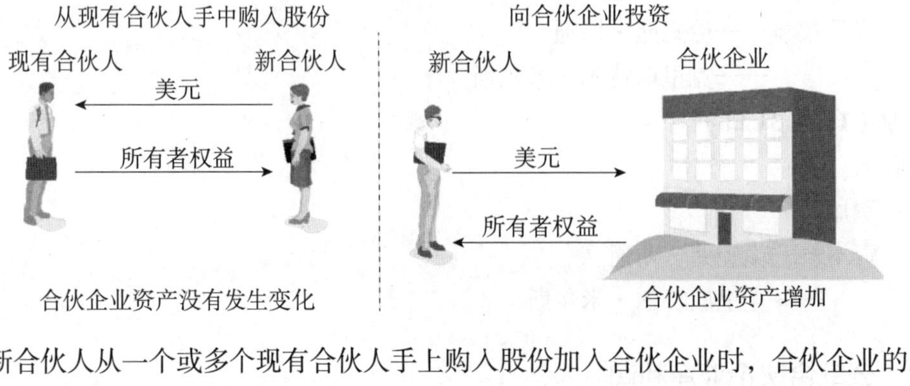

当一个新合伙人从一个或多个现有合伙人手上购入股份加入合伙企业时，合伙企业的总资产和所有者权益合计数不受任何影响。新合伙人的资本（权益）账户金额是从现有股东的资本（权益）账户中转移过来的。

　　当一个新合伙人通过向合伙企业投资加入合伙企业时，合伙企业的总资产和所有者权益合计数均会增加。新合伙人的资本（权益）按照新合伙人向合伙企业投入的资产金额进行登记。

从现有合伙人手中购入股份

　　一个新合伙人通过从一个或多个现有合伙人手上购入股份加入合伙企业的行为，属于新老合伙人之间的个人交易行为。新合伙人的资本按照将销售方股东的资本（权益）账户的资本转入新合伙人的资本账户的方式进行会计核算。

　　举例而言，假设 6 月 1 日汤姆·安德鲁和纳塔·贝尔各自以 10 000 美元的价格向乔·坎特出售了在布林塔咨询合伙企业享有的 1/5 的权益。6 月 1 日，合伙企业拥有总资产 120 000 美元，总负债 20 000 美元，即净资产为 100 000 美元（120 000 – 20 000）。且现有的两个合伙人各拥有 50 000 美元的资本余额。这笔交易属于安德鲁、贝尔和坎特三人的个人行为，而布林塔咨询合伙企业仅需要编制一笔分录用于登记资本（权益）从安德鲁和贝尔的权益账户转向坎特的权益（资本）账户的过程。

有限责任公司：

借：成员权益——汤姆·安德鲁		10 000
——纳塔·贝尔		10 000
贷：成员权益——乔·坎特		20 000

合伙企业（6 月 1 日）：

借：资本——汤姆·安德鲁		10 000
——纳塔·贝尔		10 000
贷：资本——乔·坎特		20 000

下面也说明了交易对合伙企业账户的影响：

布林塔咨询
合伙企业账户

　　在坎特加入布林塔咨询合伙企业后，所有者权益合计数仍为 100 000 美元。坎特拥有 1/5（20%）的股权且其资本账户余额为 20 000 美元。安德鲁和贝尔则各自拥有 2/5（40%）的股权，其资本账户余额均为 40 000 美元。

　　即使坎特拥有了合伙企业 1/5（20%）的股权，他可能也没有权利享有合伙企业 1/5 的净利润。净利润或净损失的分配方式应根据新的或修订后的合伙协议而定。

　　此外，上述分录不受坎特为了获得 1/5 的股权所支付的现金金额大小的影响。例如，如果坎特向安德鲁和贝尔支付了 15 000 美元而不是 10 000 美元，则分录并不会发生变化。这是因为这笔交易是属于安德鲁、贝尔和坎特三人之间的交易，与合伙企业无关。作为独立的个体，安德鲁和贝尔出售其合伙企业股权的获利或亏损均由其个人享有或承担，与合伙企业无关。

向合伙企业投资

　　当一个新合伙人通过向合伙企业投资加入合伙企业时，合伙企业的总资产和所有者权益合计数均会增加。这是因为交易发生在新合伙人与合伙企业之间。

举例而言，假设乔·坎特并非从汤姆·安德鲁和纳塔·贝尔处购入布林塔咨询合伙企业 1/5 的股权，而是直接向布林塔咨询合伙企业投资 20 000 美元并获得其 20 000 美元的所有者权益，则记录交易的相关分录如下所示：

有限责任公司：

借：现金		20 000
贷：成员权益——乔·坎特		20 000

合伙企业（6 月 1 日）：

借：现金		20 000
贷：资本——乔·坎特		20 000

交易对合伙企业账户的影响如下所示：

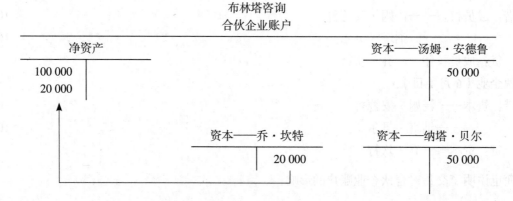

布林塔咨询
合伙企业账户

在坎特加入后，布林塔咨询合伙企业的总资产和所有者权益合计数增加到 120 000 美元，其中坎特拥有 20 000 美元的资本份额。而在前面的例子中，布林塔咨询合伙企业的总资产和所有者权益合计数始终为 100 000 美元。

资产重估

在新合伙人加入前，合伙企业资产账户余额应该按照现值列报。在必要的情况下，应该调整账户。任何调整净额（净增加或净减少）均应该像利润分配一样在现有合伙人的资本账户间分配。

具体而言，假设上例中商品存货的账户余额为 14 000 美元，而当期重置价值为 17 000 美元。如果安德鲁和贝尔平分企业净利润，则记录这一资产重估的相关分录如下所示：

有限责任公司：

借：商品存货		3 000
贷：成员权益——汤姆·安德鲁		1 500
——纳塔·贝尔		1 500

合伙企业（6 月 1 日）：

借：商品存货		3 000
贷：资本——汤姆·安德鲁		1 500
——纳塔·贝尔		1 500

在对固定资产重新估价的情况下，应该转出累计折旧，固定资产应按市场价值重新估计。例如，假设在前面的例子中，安德鲁和贝尔的合伙企业拥有价值 15 000 美元的设备，累计折旧为 4 000 美元，重估价值为 10 000 美元。对重估价值的减少额 1 000 美元（11 000–10 000）的记录如下：

有限责任公司：

借：累计折旧		4 000
成员权益——汤姆·安德鲁		500
——纳塔·贝尔		500
贷：设备		5 000

合伙企业（6 月 1 日）：

借：累计折旧		4 000
资本——汤姆·安德鲁		500
——纳塔·贝尔		500
贷：设备		5 000*

* 15 000–10 000。

在新合伙人加入之前，如果未能按照现值对合伙企业各账户进行适当的调整，可能导致新合伙人共享前期收益或者分担前期损失。

<hr>

例 12-3　合伙企业资产重估和资产投入

布莱克·纳尔逊在劳伦斯 & 克里合伙企业投入了 45 000 美元并获得等额的所有者权益。在进行这项投资前，企业拥有的土地原先的账面余额为 200 000 美元，按市场价值重估为 260 000 美元。合伙人琳内·劳伦斯和蒂姆·克里按照 1∶2 的比例共享合伙企业净利润。

a. 编制土地重估的会计分录；

b. 编制纳入新合伙人纳尔逊的会计分录。

解答：

a. 借：土地		60 000
贷：资本——琳内·劳伦斯		20 000
——蒂姆·克里		40 000
b. 借：现金		45 000
贷：资本——布莱克·纳尔逊		45 000

<hr>

合伙人奖金

为了加入合伙企业，新合伙人可能需要向现有合伙人支付一笔奖金。但有时为了让新合伙人加入合伙企业，现有合伙人也有可能向新合伙人支付一笔奖金。

支付奖金通常是由于支付奖金的一方预期另一方（新合伙人或现有合伙人）未来有能力给企业带来超额利润。例如，一个新合伙人可能会给合伙企业带来某种特定的资格或技术。演员、歌手和运动员等名人能够使企业提高知名度，这被认为有助于增加合伙企业利润。

图表 12-3 展示说明了合伙人奖金的特点。当新合伙人获得的所有者权益份额低于其支付的金额，那么现有合伙人将获得奖金。相反，当新合伙人获得的所有者权益份额高于其支付的金额，那么新合

伙人将获得奖金。

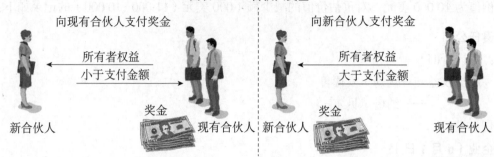

图表 12-3　合伙人奖金

向现有合伙人支付奖金　　　　　　　向新合伙人支付奖金

所有者权益
小于支付金额

所有者权益
大于支付金额

奖金　　　　　　　　　奖金

新合伙人　　　　　现有合伙人　新合伙人　　　　　现有合伙人

举例而言，假设 3 月 1 日，玛莎·詹金斯和海伦·克雷默共同经营的合伙企业准备吸纳一个新合伙人——亚历克斯·迪亚斯。在合伙企业各资产账户已经调整为市场价值后，詹金斯和克雷默的资本账户余额如下：

资本——玛莎·詹金斯	$ 20 000
资本——海伦·克雷默	24 000
吸纳迪亚斯前合计所有者权益	$ 44 000

詹金斯和克雷默同意迪亚斯出资 31 000 美元加入合伙企业。作为回报，迪亚斯将会获得合伙企业 1/3 的权益，并与詹金斯和克雷默平均分享利润和承担损失。在这种情况下，迪亚斯向詹金斯和克雷默支付了 6 000 美元的奖金以加入合伙企业，计算过程如下：

资本——玛莎·詹金斯	$ 20 000
资本——海伦·克雷默	24 000
迪亚斯的投入额	31 000
吸纳迪亚斯后合计所有者权益	$ 75 000
吸纳后迪亚斯的权益份额	× 1/3
资本——亚历克斯·迪亚斯	$ 25 000
迪亚斯的投入额	$ 31 000
资本——亚历克斯·迪亚斯	25 000
支付给詹金斯和克雷默的奖金	$ 6 000

迪亚斯支付的 6 000 美元的奖金增加了詹金斯和克雷默的资本账户余额。奖金在詹金斯和克雷默的资本账户中按照其利润分配比例进行分配。假设詹金斯和克雷默平均分享利润和损失，那么将迪亚斯纳入合伙企业的会计处理如下：

有限责任公司：

借：现金	31 000	
贷：成员权益——亚历克斯·迪亚斯		25 000
——玛莎·詹金斯		3 000
——海伦·克雷默		3 000

合伙企业（3 月 1 日）：

借：现金   31 000

    贷：资本——亚历克斯·迪亚斯   25 000

      ——玛莎·詹金斯   3 000

      ——海伦·克雷默   3 000

现有合伙人也可能愿意通过支付奖金来吸纳新合伙人。举例而言，假设在合伙企业各资产账户已经调整为市场价值后，贾尼丝·考恩和史蒂夫·多德的资本账户余额如下：

资本——贾尼丝·考恩 $ 80 000

资本——史蒂夫·多德   40 000

吸纳周前合计所有者权益 $ 120 000

考恩和多德同意埃伦·周 6 月 1 日出资 30 000 美元加入合伙企业。作为回报，周将获得合伙企业 1/4 的权益，并分享或承担 1/4 的利润或损失。在这种情况下，考恩和多德向周支付了 7 500 美元的奖金以吸引其加入合伙企业，计算过程如下：

资本——贾尼丝·考恩 $ 80 000

资本——史蒂夫·多德   40 000

周的投入额   30 000

纳入周后合计所有者权益 $ 150 000

纳入后周的权益份额   × 1/4

资本——埃伦·周 $ 37 500

资本——埃伦·周 $ 37 500

周的投入额   30 000

支付给周的奖金 $ 7 500

向周支付 7 500 美元的奖金减少了考恩和多德的资本账户余额。这一金额在考恩和多德的资本账户中按照其利润分配比例进行分配。假设在周加入前，考恩和多德对利润的分配比例为 2 : 1，那么将周纳入合伙企业的会计处理如下：

有限责任公司：

借：现金   30 000

    成员权益——贾尼丝·考恩   5 000[*]

      ——史蒂夫·多德   2 500[**]

    贷：成员权益——埃伦·周   37 500

合伙企业（6 月 1 日）：

借：现金   30 000

    资本——贾尼丝·考恩   5 000[*]

      ——史蒂夫·多德   2 500[**]

    贷：资本——埃伦·周   37 500

[*] 7 500×2/3；

[**] 7 500×1/3。

例 12-4　合伙人奖金

在企业资产账户已经调整为公允市场价值后，洛曼的资本账户余额为 51 000 美元。康拉德出资 24 000 美元以获得合伙企业 30% 的股权。

请确定合伙人奖金的金额及奖金获得人。

解答：

资本——洛曼	$ 51 000
康拉德的投入额	24 000
吸纳康拉德后合计所有者权益	$ 75 000
康拉德的权益份额	× 30%
吸纳后康拉德的权益份额	$ 22 500
康拉德的投入额	$ 24 000
吸纳后康拉德的权益份额	22 500
支付给洛曼的奖金	$　1 500

合伙人退出

一个合伙人可能从合伙企业中退休或者退出。在这种情况下，退出合伙人的权益份额一般将出售给：

（1）现有合伙人；

（2）合伙企业。

如果现有合伙人购买退出合伙人的权益，这一合伙企业权益的出售和购买行为是合伙人之间的个人行为。在合伙企业账簿中记录的分录只有借记退出合伙人的资本账户，同时贷记购买额外资本的合伙人的资本账户。

如果合伙企业购买退出合伙人的权益，则合伙企业的资产和所有者权益均会减少，减少额为权益购入价格。在购买前，企业资产账户应该调整为市场价值。调整净额应该根据现有合伙人的利润分配比例在其资本账户中进行分配。

用于记录购买行为的分录为借记退出合伙人的资本账户，同时按照权益购买金额贷记现金。如果没有足够的现金用于购买退出合伙人的权益，那么所欠退出合伙人的金额就成为合伙企业的一笔负债（贷方）。

合伙人死亡

当某个合伙人死亡时，合伙人账户应在其死亡当日进行结转。而当期的净利润则应该在合伙人的资本账户中确定和划分。企业资产账户同样也应该调整为市场价值，而调整净额则应在合伙人资本账户中进行分配。

在净利润分配完毕且所有资产价值均重估后，需要编制一笔分录用以结转死亡合伙人的资本账户。分录为借记死亡合伙人的资本账户余额同时贷记负债账户，即应付给死者的财产。而其余的合伙人随后决定是持续经营企业还是清算企业。

12.4　合伙企业清算

当一家合伙企业停业时，它会出售其资产，清偿其负债并向合伙人分配剩余的现金及其他资产。这一清理过程称为合伙企业的**清算**（liquidation）。虽然清算主要涉及负债的清偿，实际上包括整个清理过程。

当合伙企业停业且日常经营活动不再继续时，其账户应该进行相应的调整或结转。还有余额的账户只有资产账户、资产备抵账户、负债账户和所有者权益账户。

清算过程如图表 12-4 所示，具体的清算步骤如下：

第一步：出售合伙企业资产。这一步骤常称为**变现**（realization）。

第二步：按照合伙人利润分配比例向合伙人分配变现利得或损失。

第三步：使用第一步变现获得的现金偿还负债。

第四步：基于合伙人资本账户余额将剩余的现金分配给各个合伙人。

图表 12-4　合伙企业的清算步骤

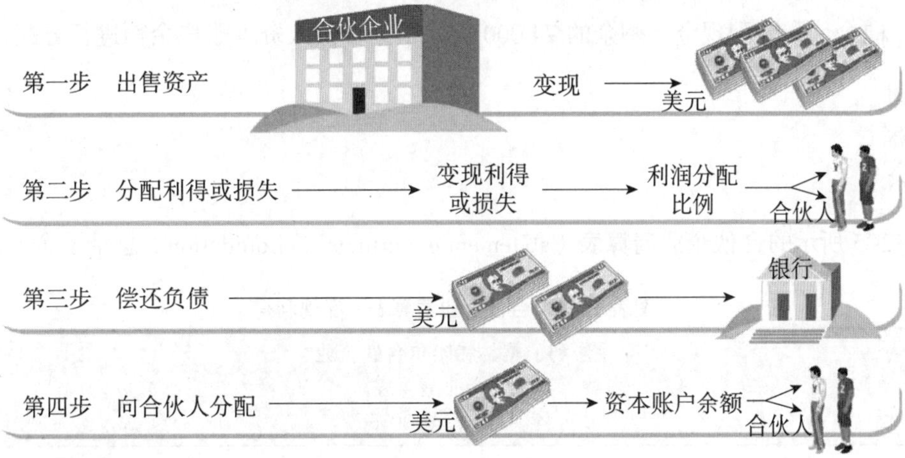

举例而言，假设法利、格林和哈尔决定清算其合伙企业。4 月 9 日，在停止营业并结转相关账户后，企业编制了下面的试算平衡表：

法利、格林和哈尔合伙企业 结账后的试算平衡表 4 月 9 日		
	借方余额	贷方余额
现金	11 000	
非货币资产	64 000	
负债		9 000
资本——琼·法利		22 000
资本——布拉德·格林		22 000
资本——艾丽斯·哈尔		22 000
	75 000	75 000

法利、格林和哈尔按照 5∶3∶2（50%∶30%∶20%）的比例分享利润和损失。为了简化清算过

程，假设所有的非货币资产在一次交易中全部售出，所有的负债也一次还清。此外，用非货币资产和负债账户名称替代不同类型的资产账户、资产备抵账户和负债账户。

变现利得

假设法利、格林和哈尔以 72 000 美元的价格出售所有非货币资产，因此获得了 8 000 美元（72 000-64 000）的利得。4 月，合伙企业清算过程如下：

第一步，出售资产。出售非货币资产获得 72 000 美元。

第二步，分配利得。8 000 美元的利得按照 5：3：2 的比例向法利、格林和哈尔进行分配。这样，合伙人资本账户贷记情况如下：

法利	$ 4 000（8 000×50%）
格林	2 400（8 000×30%）
哈尔	1 600（8 000×20%）

第三步，偿还负债。向债权人支付 9 000 美元。

第四步，向合伙人分配现金。剩余的 74 000 美元根据合伙人资本账户余额进行分配，结果如下：

法利	$ 26 000
格林	24 400
哈尔	23 600

如图表 12-5 所示的**合伙企业清算表**（statement of partnership liquidation）总结了企业的清算过程。

图表 12-5　合伙企业清算表：变现利得

<table>
<tr><td colspan="9" align="center">法利、格林和哈尔合伙企业
合伙企业清算表
4 月 10 日至 30 日</td></tr>
<tr><td></td><td></td><td></td><td></td><td></td><td colspan="3" align="center">资本</td></tr>
<tr><td></td><td></td><td></td><td>非货币</td><td></td><td>法利</td><td>格林</td><td>哈尔</td></tr>
<tr><td></td><td></td><td>现金 +</td><td>资产 =</td><td>负债</td><td>+（50%）</td><td>+（30%）</td><td>+（20%）</td></tr>
<tr><td></td><td>变现前余额</td><td>$ 11 000</td><td>$ 64 000</td><td>$ 9 000</td><td>$ 22 000</td><td>$ 22 000</td><td>$ 22 000</td></tr>
<tr><td>第一、二步 →</td><td>出售资产及分配利得</td><td>+72 000</td><td>-64 000</td><td></td><td>+4 000</td><td>+2 400</td><td>+1 600</td></tr>
<tr><td></td><td>变现后余额</td><td>$ 83 000</td><td>$ 0</td><td>$ 9 000</td><td>$ 26 000</td><td>$ 24 400</td><td>$ 23 600</td></tr>
<tr><td>第三步 →</td><td>偿还负债</td><td>-9 000</td><td></td><td>-9 000</td><td></td><td></td><td></td></tr>
<tr><td></td><td>偿债后余额</td><td>$ 74 000</td><td>$ 0</td><td>$ 0</td><td>$ 26 000</td><td>$ 24 400</td><td>$ 23 600</td></tr>
<tr><td>第四步 →</td><td>向合伙人分配现金</td><td>-74 000</td><td></td><td></td><td>-26 000</td><td>-24 400</td><td>-23 600</td></tr>
<tr><td></td><td>最终余额</td><td>$ 0</td><td>$ 0</td><td>$ 0</td><td>$ 0</td><td>$ 0</td><td>$ 0</td></tr>
</table>

用于登记上述清算过程各步骤的分录如下：

出售资产（第一步）：

有限责任公司：

借：现金		72 000
贷：非货币资产		64 000

变现利得		8 000

合伙企业：

借：现金	72 000
贷：非货币资产	64 000
变现利得	8 000

分配利得（第二步）：

有限责任公司：

借：变现利得	8 000
贷：成员权益——琼·法利	4 000
——布拉德·格林	2 400
——艾丽斯·哈尔	1 600

合伙企业：

借：变现利得	8 000
贷：资本——琼·法利	4 000
——布拉德·格林	2 400
——艾丽斯·哈尔	1 600

偿还负债（第三步）：

有限责任公司：

借：负债	9 000
贷：现金	9 000

合伙企业：

借：负债	9 000
贷：现金	9 000

向合伙人分配现金（第四步）：

有限责任公司：

借：成员权益——琼·法利	26 000
——布拉德·格林	24 400
——艾丽斯·哈尔	23 600
贷：现金	74 000

合伙企业：

借：资本——琼·法利	26 000
——布拉德·格林	24 400
——艾丽斯·哈尔	23 600
贷：现金	74 000

如图表 12-5 所示，剩余现金是基于合伙人资本账户余额向合伙人进行分配的，而资本账户余额则是在合伙人分配了变现利得及偿还负债后计算得到的。利润分配比例不能作为剩余现金在合伙人之

间分配的依据。

变现损失

假设法利、格林和哈尔以44 000美元的价格出售所有非货币资产，因此出现了20 000美元（64 000 - 44 000）的损失。合伙企业清算过程如下：

第一步，出售资产。出售所有非货币资产获得44 000美元。

第二步，分配损失。20 000美元的损失按照5：3：2的比例向法利、格林和哈尔进行分配。这样，合伙人资本账户借记情况如下：

法利	$ 10 000（20 000×50%）
格林	6 000（20 000×30%）
哈尔	4 000（20 000×20%）

第三步，偿还负债。向债权人支付9 000美元。

第四步，向合伙人分配现金。剩余的46 000美元根据合伙人资本账户余额进行分配，结果如下：

法利	$ 12 000
格林	16 000
哈尔	18 000

如图表12-6所示的合伙企业清算表总结了企业的清算过程。

图表12-6　合伙企业清算表：变现损失

		现金	+	非货币资产	=	负债	法利 +（50%）	格林 +（30%）	哈尔 +（20%）
	变现前余额	$ 11 000		$ 64 000		$ 9 000	$ 22 000	$ 22 000	$ 22 000
第一、二步 →	出售资产及分配损失	+44 000		−64 000			−10 000	−6 000	−4 000
	变现后余额	$ 55 000		$ 0		$ 9 000	$ 12 000	$ 16 000	$ 18 000
第三步 →	偿还负债	−9 000				−9 000			
	偿债后余额	$ 46 000		$ 0		$ 0	$ 12 000	$ 16 000	$ 18 000
第四步 →	向合伙人分配现金	−46 000					−12 000	−16 000	−18 000
	最终余额	$ 0		$ 0		$ 0	$ 0	$ 0	$ 0

法利、格林和哈尔合伙企业
合伙企业清算表
4月10日至30日
资本

用于登记上述清算过程各步骤的分录如下：

出售资产（第一步）：

有限责任公司：

借：现金		44 000
变现损失		20 000
贷：非货币资产		64 000

合伙企业：

借：现金		44 000
变现损失		20 000
贷：非货币资产		64 000

分配损失（第二步）：

有限责任公司：

借：成员权益——琼·法利		10 000
——布拉德·格林		6 000
——艾丽斯·哈尔		4 000
贷：变现损失		20 000

合伙企业：

借：资本——琼·法利		10 000
——布拉德·格林		6 000
——艾丽斯·哈尔		4 000
贷：变现损失		20 000

偿还负债（第三步）：

有限责任公司：

借：负债		9 000
贷：现金		9 000

合伙企业：

借：负债		9 000
贷：现金		9 000

向合伙人分配现金（第四步）：

有限责任公司：

借：成员权益——琼·法利		12 000
——布拉德·格林		16 000
——艾丽斯·哈尔		18 000
贷：现金		46 000

合伙企业：

借：资本——琼·法利		12 000
——布拉德·格林		16 000
——艾丽斯·哈尔		18 000
贷：现金		46 000

例 12-5　合伙企业清算

在合伙企业进行清算前，多德和金特里的资本账户余额分别为 50 000 美元和 100 000 美元。在清算前，合伙企业除已经出售变现的资产外不再拥有任何非货币资产。资产售价为 220 000 美元。合伙企业有负债 20 000 美元。多德和金特里平均分配利润和损失。

计算金特里最终能从合伙企业清算中获得的金额。

解答：

清算前金特里的权益		$ 100 000
资产变现收入	$ 220 000	
资产账面价值（50 000+100 000+20 000）	170 000	
变现利得	$ 50 000	
金特里利得份额（50%×50 000）		25 000
金特里分配的现金		$ 125 000

变现损失——资本短缺

变现损失的份额可能比某个合伙人的资本账户余额还大，由此产生的资本账户借方余额叫作**短缺**（deficiency）。短缺意味着合伙企业对合伙人拥有索赔权。

假设法利、格林和哈尔以 10 000 美元的价格出售所有非货币资产，因此出现了 54 000 美元（64 000–10 000）的损失。合伙企业清算过程如下：

第一步，出售资产。出售所有非货币资产获得 10 000 美元。

第二步，分配损失。54 000 美元的损失按照 5：3：2 的比例向法利、格林和哈尔进行分配。这样，合伙人资本账户借记情况如下：

法利	$ 27 000（54 000×50%）
格林	16 200（54 000×30%）
哈尔	10 800（54 000×20%）

第三步，偿还负债。向债权人支付 9 000 美元。

第四步，向合伙人分配现金。属于法利的损失份额为 27 000 美元（54 000×50%），超过了其资本账户余额 22 000 美元。短缺的 5 000 美元代表法利欠合伙企业的金额。假设法利支付了这一短缺金额，则剩余的 17 000 美元按照合伙人资本账户余额进行分配，结果如下：

法利	$ 0
格林	5 800
哈尔	11 200

如图表 12-7 所示的合伙企业清算表总结了企业的清算过程。

用于登记上述清算过程各步骤的分录如下：

图表 12-7 合伙企业清算表：变现损失——资本短缺

		现金	+	非货币资产	=	负债	资本		
							法利 + （50%）	格林 + （30%）	哈尔 + （20%）
	变现前余额	$ 11 000		$ 64 000		$ 9 000	$ 22 000	$ 22 000	$ 22 000
第一、二步	出售资产及分配损失	+10 000		−64 000			−27 000	−16 200	−10 800
	变现后余额	$ 21 000		$ 0		$ 9 000	（$ 5 000）	$ 5 800	$ 11 200
第三步	偿还负债	−9 000				−9 000			
	偿债后余额	$ 12 000		$ 0		$ 0	（$ 5 000）	$ 5 800	$ 11 200
第四步 a.	收到短缺金额	+5 000					+5 000		
	余额	$ 17 000		$ 0		$ 0	$ 0	$ 5 800	$ 11 200
b.	向合伙人分配现金	−17 000						−5 800	−11 200
	最终余额	$ 0		$ 0		$ 0	$ 0	$ 0	$ 0

出售资产（第一步）：

有限责任公司：

借：现金	10 000
变现损失	54 000
贷：非货币资产	64 000

合伙企业：

借：现金	10 000
变现损失	54 000
贷：非货币资产	64 000

分配损失（第二步）：

有限责任公司：

借：成员权益——琼·法利	27 000
——布拉德·格林	16 200
——艾丽斯·哈尔	10 800
贷：变现损失	54 000

合伙企业：

借：资本——琼·法利	27 000
——布拉德·格林	16 200
——艾丽斯·哈尔	10 800
贷：变现损失	54 000

偿还负债（第三步）：

有限责任公司：

| 借：负债 | 9 000 | |
| 贷：现金 | | 9 000 |

合伙企业：

| 借：负债 | 9 000 | |
| 贷：现金 | | 9 000 |

收到短缺金额（第四步 a）：

有限责任公司：

| 借：现金 | 5 000 | |
| 贷：成员权益——琼·法利 | | 5 000 |

合伙企业：

| 借：现金 | 5 000 | |
| 贷：资本——琼·法利 | | 5 000 |

向合伙人分配现金（第四步 b）：

有限责任公司：

借：成员权益——布拉德·格林	5 800	
——艾丽斯·哈尔	11 200	
贷：现金		17 000

合伙企业：

借：资本——布拉德·格林	5 800	
——艾丽斯·哈尔	11 200	
贷：现金		17 000

如果短缺合伙人没有向合伙企业支付短缺金额，则合伙企业将没有足够的现金向现有合伙人进行支付。任何未收回的短缺金额均成为合伙企业的损失并将按照利润分配比例在其余合伙人资本账户之间进行分配。那样现金余额将等于资本账户余额合计。而现金则可以根据其余合伙人资本账户的余额进行分配。

举例而言，假设前例中法利难以支付她的短缺金额。那么短缺金额将根据 3∶2 的利润分配比例分配给格林和哈尔。剩余的 12 000 美元现金中的 2 800 美元分配给格林，9 200 美元分配给哈尔，具体如下：

	处理短缺前 资本账户余额	分配 （短缺）	处理短缺后 资本账户余额
法利	$(5 000)	$5 000	$ 0
格林	5 800	(3 000)*	2 800
哈尔	11 200	(2 000)**	9 200
合计	12 000		$12 000

*3 000＝5 000×3/5 或者 5 000×60%；

**2 000＝5 000×2/5 或者 5 000×40%。

法利的短缺金额分配和现金分配的分录如下：

分配短缺金额（第四步 a）：

有限责任公司：

借：成员权益——布拉德·格林	3 000
——艾丽斯·哈尔	2 000
贷：成员权益——琼·法利	5 000

合伙企业：

借：资本——布拉德·格林	3 000
——艾丽斯·哈尔	2 000
贷：资本——琼·法利	5 000

向合伙人分配现金（第四步 b）：

有限责任公司：

借：成员权益——布拉德·格林	2 800
——艾丽斯·哈尔	9 200
贷：现金	12 000

合伙企业：

借：资本——布拉德·格林	2 800
——艾丽斯·哈尔	9 200
贷：现金	12 000

例 12-6　合伙企业清算——短缺

在合伙企业进行清算前，肖特和贝恩的资本账户余额分别为 20 000 美元和 80 000 美元。合伙企业资产出售价格为 40 000 美元，无负债。肖特和贝恩平均分配利润和损失。

a. 计算肖特的短缺金额。

b. 假设肖特难以支付短缺金额，计算贝恩最终能分配到的金额。

解答：

a.

清算前肖特的权益		$ 20 000
资产变现收入	$ 40 000	
资产账面价值（20 000+80 000）	100 000	
资产清算损失	$ 60 000	
肖特权益损失份额（50%×60 000）		30 000
肖特短缺金额		$（10 000）

b. 40 000 美元（80 000−30 000 美元的损失份额−10 000 美元的短缺金额）。

12.5　合伙制股权表

合伙企业与个人独资企业的资本账户变动的报告方式类似。两者之间存在的主要差异在于合伙企业的每个合伙人都有一个资本账户。在一定时期内，各合伙人资本账户的变化将在**合伙制股权表**（statement of partnership equity）中进行报告。

图表 12-8 展示了投资者协会合伙企业的一张合伙制股权表。投资者协会合伙企业由丹·克罗斯和凯利·贝克共同经营。各合伙人的资本账户分别列示在独立的栏目中。合伙人资本账户发生变化可能是由于追加资本、实现净利润和合伙人退出。

图表 12-8　合伙制股权表

投资者协会合伙企业 合伙制股权表 截至 20Y8 年 12 月 31 日的会计年度		
	资本——丹·克罗斯	资本——凯利·贝克	合计资本
余额，20Y8 年 1 月 1 日	$ 245 000	$ 365 000	$ 610 000
追加资本	50 000		50 000
当年净利润	40 000	80 000	120 000
合伙人退出	（5 000）	（45 000）	（50 000）
余额，20Y8 年 12 月 31 日	$ 330 000	$ 400 000	$ 730 000

有限责任公司权益的报告方式与合伙企业资本的报告方式类似。但是有限责任公司编制的是成员权益表而不是合伙制股权表。**成员权益表**（statement of members' equity）报告了成员权益账户在一定时期内的变化，其形式与图表 12-8 类似，只是各栏目列示的是成员权益而非合伙人资本。

12.6　财务分析和解释：员工人均营业收入

许多合伙企业和有限责任公司均为服务企业。很多行业也是如此，如医药、广告和会计行业的企业。这些企业的绩效可以根据本章介绍的员工人均净利润来进行评估。当然，服务企业的绩效评估还可以使用另一个指标，即员工人均营业收入。

员工人均营业收入（revenue per employee）主要用于测算企业的创收效率。计算公式如下：

$$员工人均营业收入 = \frac{营业收入}{员工数量}$$

在一家合伙企业中，合伙人人数既可以统计进员工人数中，也可以单独统计。一般而言，员工人均营业收入越高，员工创造收益的效率越高。在评估员工人均营业收入时，常常使用比较分析法，即对同一企业不同时间点的员工人均营业收入情况进行对比，或将某企业的员工人均营业收入情况与行业先进企业或行业平均水平进行对比。

为了对比不同时间点的员工人均营业收入情况，我们假设沃什伯恩和洛维特会计师事务所近两年的部分经营信息如下：

	20Y5 年	20Y4 年
营业收入	$ 220 000 000	$ 180 000 000
员工人数	1 600	1 500

沃什伯恩和洛维特会计师事务所在 20Y5 年和 20Y4 年的员工人均营业收入计算如下：

　　20Y5 年员工人均营业收入=220 000 000/1 600=137 500（美元）

　　20Y4 年员工人均营业收入=180 000 000/1 500=120 000（美元）

　　从 20Y4 年至 20Y5 年，沃什伯恩和洛维特会计师事务所的营业收入增加了 40 000 000 美元（220 000 000 − 180 000 000），或者说增加了 22.2%（40 000 000/180 000 000）。而两年间其员工人数增加了 100 人，或者说增加了 6.7%（100/1 500）。如此，该公司的收入增加率大于员工人数增加率，其员工人均营业收入由 20Y4 年的 120 000 美元上升到 20Y5 年的 137 500 美元。这意味着企业创收效率提高了。

　　类似地，为了对比行业情况，我们假设星巴克和麦当劳最近一年的员工人均营业收入计算如下：

　　星巴克员工人均营业收入=19 162 700 000/238 000=80 516（美元）

　　麦当劳员工人均营业收入=25 413 000 000/420 000=60 507（美元）

　　星巴克的员工人均营业收入比麦当劳多。许多因素可以解释这种差异，包括相对员工效率、兼职员工数量和产品定价。

例 12-7　员工人均营业收入

　　20Y7 年，精准税务会计师事务所的 20 名员工共计创收 4 200 000 美元。20Y8 年事务所员工增加到 24 名，而其收入也增长至 4 560 000 美元。

　　a. 计算各年的员工人均营业收入。

　　b. 解释上述结果。

　　解答：

　　a.

　　　　20Y7 年员工人均营业收入=4 200 000/20=210 000（美元）

　　　　20Y8 年员工人均营业收入=4 560 000/24=190 000（美元）

　　b. 在精准税务会计师事务所的营业收入增加了 360 000 美元（4 560 000−4 200 000），或者说增加了 8.6%（360 000/4 200 000）的同时，其员工人数增加了 4 人，或者说增加了 20%（4/20）。该企业收入的增长速度小于员工人数的增长速度，因此两年间事务所员工人均营业收入降低了，这意味着 20Y8 年企业利用员工创收的效率降低了。

练习题

EX 12-1　登记合伙人初始投资

金伯利·佩恩和阿里那·梅普尔斯决定投入各自企业的资产成立一家合伙企业。佩恩向合伙企业投入了以下资产：20 000美元的现金，账面金额为145 000美元的应收账款和4 200美元的坏账准备，商品存货成本是92 000美元；设备成本为136 000美元，累计折旧为45 000美元。

合伙人均认同5 000美元的应收账款是完全没有价值的，因此将不被合伙企业接受。他们也均认同4 400美元对于未收回的账款来说是一个合理的坏账准备估计。商品存货应该以当前的市场价格101 700美元记录，设备价值应被记录为81 200美元。

请就佩恩的投资为合伙企业编制分录。

EX 12-3　合伙企业利润分配

泰勒·霍斯和派珀·奥尔布赖特分别投资210 000美元和70 000美元共同成立一家合伙企业。企业本年的净利润为290 000美元，请分别根据下述独立的假设，计算各合伙人分配的净利润：（a）企业没有净利润分配的相关协议；（b）按初始投资比例进行分配；（c）按照初始投资的5%计算利息补贴，剩余部分按2：3的比例进行分配；（d）分别支付薪酬津贴36 000美元和45 000美元，剩余部分平均分配；（e）按照初始投资的5%计算利息补贴，再分别支付薪酬津贴36 000美元和45 000美元，剩余部分平均分配。

EX 12-5　合伙企业净损失分配

利·梅多斯和拜伦·利夫组建了一家合伙企业，合伙协议规定两个合伙人的薪酬津贴分别为35 000美元和25 000美元。假设剩余的利润或损失由两个合伙人平均分配，请确定本年20 000美元净损失的分配。

EX 12-7　有限责任公司利润分配

马丁·法利和阿什利·克拉克成立了一家有限责任公司，经营协议规定分别向两个成员提供40 000美元和30 000美元的薪酬津贴，利润分配比例为3：2。这两个成员提取了与其薪酬津贴相等的金额。本年公司收入为668 000美元，支出为520 000美元，即净利润为148 000美元。

a. 确定本年148 000美元净利润的分配。

b. 编制会计分录来结转：（1）收入和费用账户；（2）两个成员的提款账户。

c. 如果净利润低于薪酬津贴的总额，利润应该如何在有限责任公司的两个成员之间分配？

EX 12-9　新合伙人的加入

迈尔斯·埃特和克里斯特尔·圣托里这两个合伙人的资本账户余额分别为210 000美元和62 500美元，他们平均分配合伙企业利润。经圣托里的同意，埃特将1/3的所有者权益出售给了朗尼·戴维斯。当出售价格分别为：（a）60 000美元和（b）80 000美元时，试编制合伙企业所需的会计分录。

EX 12–11 投入资产的新合伙人加入

在有形资产全部按照当前市场价格进行调整后，布拉德·保尔森和德鲁·韦伯斯特的资本账户余额分别为 45 000 美元和 60 000 美元。奥斯汀·尼尔投入 30 000 美元现金加入合伙企业，并获得 35 000 美元的所有者权益。所有合伙人平均分配利润。

　a. 尼尔加入时获得了 5 000 美元的合伙人奖金，试编制相关分录。

　b. 在新合伙人加入后，计算各合伙人的资本账户余额。

　c. 为什么在新合伙人加入前，所有有形资产应按照当前市场价格进行调整？

EX 12–13 获得奖金的有限责任公司新成员的加入

阿勒特医药有限责任公司由艾布拉姆斯和利普斯科姆两名医生按 2 : 3 的比例分配所有的利润和损失。林医生受邀加入该有限责任公司。在林加入之前，应对阿勒特医药有限责任公司的资产的市场价格做出评估。评估后公司的医疗设备价值增加了 40 000 美元。在调整之前，艾布拉姆斯和利普斯科姆的权益余额分别为 154 000 美元和 208 000 美元。

　a. 为资产价值重估编制相关分录。

　b. 分别按照下述两种情况编制与奖金有关的会计分录。

　1. 林以 228 000 美元的价格购入阿勒特医药有限公司 30% 的股份。

　2. 林以 124 000 美元的价格购入阿勒特医药有限公司 25% 的股份。

EX 12–15 合伙人奖金和合伙制股权表

天使投资联合合伙企业在 20Y5 年 1 月 1 日正式营运，两个合伙人的投资情况如下：

丹尼斯·奥弗顿	$ 180 000
本·特斯特曼	120 000

本年合伙企业又发生了下述交易：

1. 1 月初，兰迪·坎贝尔投入 75 000 美元加入合伙企业，并获得 20% 的股份。

2. 20Y5 年净利润为 150 000 美元。此外，丹尼斯·奥弗顿获得一笔 40 000 美元的薪酬津贴。在坎贝尔加入后，三个合伙人同意按照各自资本账户余额计算利润分配比率。

3. 合伙人提款额等于薪酬津贴和利润使资本余额增加的 1/2。

编制截至 20Y5 年 12 月 31 日的会计年度的合伙制股权表。

EX 12–17 成员权益表和加入新成员

博纳扎有限责任公司的成员权益表如下：

博纳扎有限责任公司 成员权益表 截至 20Y3 年 12 月 31 日和 20Y4 年 12 月 31 日的会计年度				
	成员权益——伊达霍资产有限责任公司	成员权益——银溪有限责任公司	成员权益——托马斯·顿恩	成员权益合计
成员权益，20Y3 年 1 月 1 日	$ 273 000	$ 307 000		$ 580 000
净利润	57 000	133 000		190 000

续

博纳扎有限责任公司 成员权益表 截至 20Y3 年 12 月 31 日和 20Y4 年 12 月 31 日的会计年度			
成员权益，20Y3 年 12 月 31 日	$ 330 000	$ 440 000		$ 770 000
顿恩投资，20Y4 年 1 月 1 日	3 000	7 000	$ 220 000	230 000
净利润	62 500	137 500	50 000	250 000
成员退出	（32 000）	（48 000）	（40 000）	（120 000）
成员权益，20Y4 年 12 月 31 日	$ 363 500	$ 536 500	$ 230 000	$ 1 130 000

a. 20Y3 年的利润分配比例是多少？

b. 20Y4 年的利润分配比例是多少？

c. 托马斯·顿恩为取得权益向博纳扎有限责任公司投资了多少现金？

d. 为什么伊达霍资产有限公司和银溪有限责任公司的成员权益账户有托马斯·顿恩投资的贷方分录？

e. 托马斯·顿恩获得的博纳扎有限责任公司股份的百分比是多少？

f. 为什么提款金额少于净利润？

EX 12-19　清算时的现金分配

戴维·奥列弗和奥马尔·安萨里的资本账户余额分别为 28 000 美元和 35 000 美元。他们决定清算合伙企业。在出售了所有非现金资产并偿付所有负债后，现金余额为 67 000 美元。如果合伙人平均分配利润和损失，剩余的现金应该如何分配？

综合题

PR 12-1A　合伙企业的分录及资产负债表

20Y8 年 3 月 1 日，埃里克·基恩和勒妮·华莱士成立了一家合伙企业。勒妮投资了 23 400 美元现金和价值 62 600 美元的商品存货。华莱士按照商定的估值投资了某些业务资产，转移了业务负债，并提供了足够的现金以使她的总资本达到 60 000 美元。关于企业资产和负债的账面价值以及商定的估值，详情如下：

	华莱士账户余额	商定的估值
应收账款	$ 19 900	$ 19 500
坏账准备	1 200	1 400
设备	（83 500）	55 400
累计折旧——设备	（29 800）	
应付账款	15 000	15 000
应付票据（当期）	37 500	37 500

合伙协议包括以下关于净利润分配的条款：初始投资利息为 10%，薪酬津贴分别为 19 000 美元（基恩）和 24 000 美元（华莱士），剩余的部分由合伙人均分。

要求：

1. 编制会计分录来记录基恩和华莱士对合伙企业的投资。

2. 编制一份在基恩和华莱士合伙企业成立之日，即截止日期为 20Y8 年 3 月 1 日的资产负债表。

3. 在 20Y9 年 2 月 28 日调整后，即第一个完整营运年度结束时，企业的收入为 300 000 美元，支出为 230 000 美元，净利润为 70 000 美元。提款账户的借方余额分别为 19 000 美元（基恩）和 24 000 美元（华莱士）。为 20Y9 年 2 月 28 日收入、费用和提款账户的结转编制会计分录。

案例分析题

CP 12-1　道德行为

塔耶·巴罗医学博士和詹姆斯·罗宾斯医学博士分别是两个医疗机构的唯一所有者，这两个机构在同一幢医疗大楼内运营。两位医生同意将两家企业的资产和负债合并，成立合伙企业。合伙协议规定两名医生平分收入。几个月后，两名医生进行了以下对话：

巴罗：我注意到你的病人数量在过去几个月里有所下降。在刚组建合伙企业时，我们每周诊治的患者数量大致相同。然而，现在患者记录显示，你诊治的患者数量大约是我的一半。有什么问题需要我注意吗？

罗宾斯：没什么事情。当我独自经营企业的时候，我投入了大量时间和精力。我与你建立这种合伙关系的原因之一是为了多享受一些生活，少承受一些负担。

巴罗：我明白了。嗯，我发现我现在和我独自一人经营企业时一样努力，但比以前赚得少。基本上，你分担了我一半的账单，我分担了你一半的账单。由于你的工作比我少得多，所以我的收益少了很多。

罗宾斯：嗯，我不知道该说什么。协议就是协议。合伙企业的利润按照 1:1 分配。这就是合伙企业的全部意义。

巴罗：如果是这样，那么努力端的分配方式也应与利润端的分配方式相同。

讨论罗宾斯的行为是否合乎职业道德。巴罗应如何重新签订合伙协议才能避免这一问题？

第**13**章

股份有限公司：组织、股票交易及股利

如果你购买了谷歌公司的一股股票，就拥有了谷歌公司的权益份额，就能要求谷歌公司提供股权证书以证明你对公司的所有权。

谷歌是互联网行业最负盛名的公司之一，很多人都使用谷歌搜索引擎来浏览网页或者使用谷歌邮箱来接收邮件。然而，谷歌公司的网络工具是向所有在线用户免费提供的，其主要收入来源于在线广告。

购买谷歌公司的股票对于有"选择性障碍"的人而言是一个绝好的主意。然而，股权证书并不仅仅是一张放在相框里的图片，事实上，它还是反映对谷歌公司未来财务前景的法律所有权的一份证明文件。此外，它还反映了你作为股东对公司资产和利润的索取权。

如果你准备购买谷歌公司的股票以对其进行投资，那么应该分析谷歌公司的财务报表和未来的经营管理计划。例如，谷歌公司在 2004 年 8 月 19 日以每股 100 美元的价格首次公开发行股票。即使谷歌公司从来不进行分红，但其每股股价已超过 1 000 美元。此外，谷歌公司最近决定扩展其业务，即为手机等移动终端提供免费的应用软件。例如，你的手机现在可能就使用了谷歌公司的安卓操作系统。如此，你会购买谷歌公司的股票吗？

本章描述和说明了股份有限公司的性质以及股票和股利的会计处理方式。这些讨论将会帮助你做出决定，如是否购买一家公司的股票。

学习目标

1. 描述股份有限公司的性质。

2. 描述股东权益的两种主要来源。

3. 描述并举例说明股票的特点、股票的种类和股票发行时应编制的分录。

4. 描述并举例说明现金股利和股票股利的会计处理。

5. 描述股票分割对公司财务报表的影响。

6. 描述并举例说明库存股交易的会计处理。

7. 描述并举例说明股东权益的报告。

8. 描述并举例说明如何使用每股收益来评估公司的盈利能力。

13.1　股份有限公司的性质

大多数大型企业采用股份有限公司的组织形式。因此，在美国股份有限公司创造了超过90%的经营利润。相比之下，大多数小型企业则常常采用个人独资企业、合伙企业或有限责任公司的组织形式。

股份有限公司的特点

一家股份有限公司是一个独立的法人实体，它与公司的创建人和经营者的关系是独立的。作为一个法人，股份有限公司可以用公司自己的名义购买、拥有和处置资产，也可以举债或者签订合同。最重要的是，股份有限公司能够出售其所有权份额，即**股票**（stock）。发行（出售）股票使得公司有能力募集大量的资金。

拥有股份的**股东**（stockholders）或股份持有人是公司的所有者。他们购买和出售股票并不影响公司的正常经营和持续存在。上市公司的股票能在公开市场上进行交易，而非上市公司或私人公司的股票通常由一小部分投资者持有，并不在公开市场上进行交易。

公司的股东对公司负有限责任。这意味着公司债权人索偿时应以公司资产为限。这样，公司股东未来承担的最大损失不会超过其向公司投入的资本。

股东通过选举出董事会来控制公司。董事会通过定期开会来确立公司的相关政策。董事会还有权选择公司的 CEO 和其他管理公司日常事务的高级管理人员。图表 13-1 展示了股份有限公司的组织结构。

图表 13-1　股份有限公司的组织结构

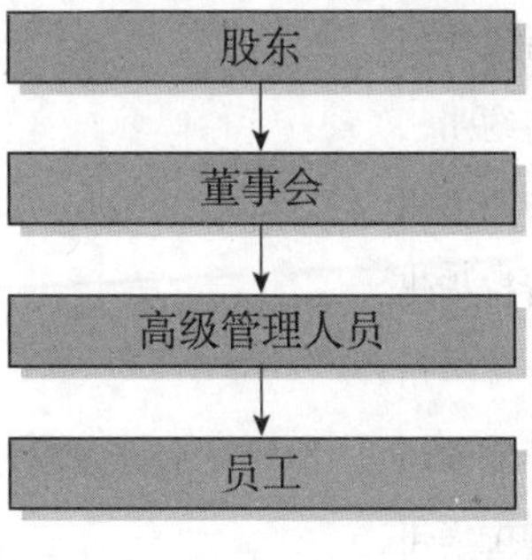

作为一个独立的实体，股份有限公司需要纳税。例如，股份有限公司必须就其收入缴纳联邦所得税。因此，以股利的形式分配给各个股东的公司利润实际上是税后的。但是，股东收到股利时必须再缴纳个人所得税。对公司利润进行双重征税是股份有限公司这一组织形式的主要缺点。图表 13-2 列示了股份有限公司这一组织形式的优缺点。

图表 13-2　股份有限公司形式的优缺点

优点	解释说明
独立的法人实体	股份有限公司独立于公司所有者而存在
持续经营	股份有限公司的寿命与公司所有者的寿命无关，因此可以无限期存在
可筹集大量资金	股份有限公司的组织形式有助于向股东募集大量资金
所有权易于转移	股份有限公司可以对外出售所有权份额，即股票。上市公司的股东可以通过纽交所等证券交易市场与其他股东交换各自的股票份额
有限责任	股份有限公司债权人索偿时通常应以公司资产为限。这样，公司股东未来承担的最大损失不会超过其向公司投入的资本
缺点	**解释说明**
所有权和经营权相分离	股东通过董事会控制公司的经营。董事会应该代表股东权益；然而，董事会与高级管理人员的关系比与股东的关系更紧密。因此，董事会和高级管理人员在决策时并不总是考虑股东利益最大化
股利双重征税	作为一个独立的法人实体，股份有限公司需要纳税。这样以股利的形式进行分配的净利润先要缴纳公司所得税，然后缴纳个人所得税
监管成本	股份有限公司必须满足许多监管要求，如《萨班斯法案》的相关监管条例要求

创建一家股份有限公司

要创建一家股份有限公司，首先应该向各州报送注册申请文件。不同的州的公司法有所不同，因此股份有限公司常常在法律环境更为适宜的州进行注册。因此，半数以上的大型公司在特拉华州注册。图表 13-3 列示了一些股份有限公司的注册地及总部所在地。

图表 13-3　股份有限公司举例及其注册地

公司名称	注册地	总部所在地
卡特彼勒	特拉华州	伊利诺伊州，皮奥里亚
迪尔	特拉华州	伊利诺伊州，莫林
达美航空	特拉华州	佐治亚州，亚特兰大
通用电气	纽约州	康涅狄格州，费尔菲尔德
家得宝	特拉华州	佐治亚州，亚特兰大
凯洛格	特拉华州	密歇根州，巴特尔克里克
R.J. 雷诺烟草	特拉华州	北卡罗来纳州，温斯顿 – 塞勒姆
星巴克	华盛顿州	华盛顿州，西雅图
3M	特拉华州	明尼苏达州，圣保罗
迪士尼	特拉华州	加利福尼亚州，伯班克
惠而浦	特拉华州	密歇根州，本顿港

在注册申请文件被批准后，州政府将授予公司运营许可证或执照。授予公司运营执照也就意味着公司正式成立。随后，公司的管理层和董事会将制定一系列公司章程。这些章程规定了处理公司事务的规章和程序。

在创建股份有限公司的过程中，时常会产生一些支出，包括法律费用、税金、注册费用、许可证费用和宣传费用。这些支出应当借记入名为组织费用的费用账户。

例如，一家股份有限公司在 1 月 5 日产生的组织费用为 8 500 美元，会计分录如下：

1 月	5 日	组织费用		8 500	
		现金			8 500
		（与组建公司相关的支出。）			

13.2 股东权益

股份有限公司的所有者权益又称为**股东权益**（stockholders' equity）、股份所有者权益、股份所有者投资或资本。在资产负债表中，股东权益主要按权益的两大来源进行列报，如图表 13-4 所示。

（1）股东向公司投入的资本，即**实收资本**（paid-in capital）或投入资本。

（2）留存在企业中的净利润，即**留存收益**（retained earnings）。

图表 13-4 股东权益的来源

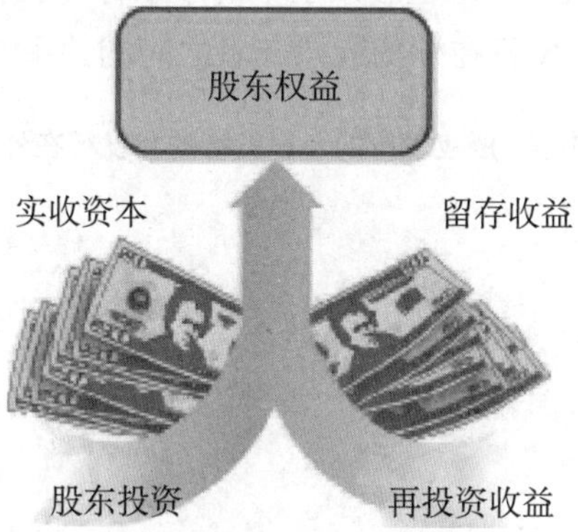

资产负债表的股东权益部分如下所示：

股东权益

实收资本：	
普通股	$ 330 000
留存收益	80 000
股东权益合计	$ 410 000

由股东投入的实收资本按照其性质在不同类型的股票账户中列示。如果公司只有一种类型的股票，则账户以普通股或股本命名。

留存收益是未作为股利进行分配的股份有限公司的累计净利润。公司采用发放**股利**（dividend）的形式将公司利润分配给各股东，而部分未作为股利分配给股东的留存收益则在资产负债表中作为用于商业活动的留存收益以及用于企业再投资的收益进行列示。

净利润会增加留存收益，而净损失和分红会减少留存收益。在一定时期内，留存收益的净增加和净减少通过下面的结账分录进行登记：

（1）借记每个收入账户的余额，贷记每个费用账户的余额，贷记（净利润）或借记（净损失）留存收益账户。

（2）将每个股利账户的余额借记入留存收益账户，贷记入每个股利账户。

大多数公司是盈利的。此外，大多数公司也不会将其全部利润作为股利对外分配。因此，留存收益账户一般都有贷方余额。然而，在某些情况下，留存收益账户也可能出现借方余额。我们称留存收益账户的借方余额为**赤字**（deficit），它是累计净损失导致的。在资产负债表的股东权益部分，合计股东权益应按照实收资本扣除赤字后的数额列报。

13.3 发行股票所形成的实收资本

股东权益的两大主要来源是实收资本（或投入资本）和留存收益。而实收资本的主要来源是发行股票。

股票的特点

公司的运营许可证上规定了其能授权发行的股票份额。发行是指公司将股票发放给股东。公司也可能回购部分已经发行的股票。因此，留在股东手中的股票称为**发行在外的股票**（outstanding stock）。授权发行的股票、已发行的股票和发行在外的股票三者之间的关系如图表 13-5 所示。

图表 13-5　授权发行的、已发行的和发行在外的股票

如有要求，公司可能向股东发放股权证书以证明其所有权。股权证书上印有公司名称、股东姓名和股东拥有的股权份额。股权证书上也可能标注每股股票应分配的金额，即**票面价值**（par value）。股票在发行时可以不标注票面价值，这类股票称为无面额股票。某些州也要求公司董事会给无面额股票设定一个特定每股价值。

股份有限公司承担有限责任，因此债权人不能要求股东用个人财产偿还债务。然而，为了保护债权人，许多州也要求股份有限公司维持一个最低限额的实收资本数额。这一最低限额通常包括已发行股票的票面价值或特定价值，常称为法定资本。

伴随着股票所有权的主要权利有如下几个：

（1）公司相关事项的投票表决权；

（2）分享公司利润的权利；

（3）分享公司清算时的剩余财产的权利。

一般而言，持有不同类型股票的股东享有的权利不同。

股票的种类

当公司仅发行一种股票时，该股票称为**普通股**（common stock）。每股普通股所代表的权益是一样的。

公司也有可能发行一种或多种具有不同优先权（如优先获得股利）的股票。这种股票称为**优先股**（preferred stock）。优先股获取股利的权利一般以每股固定金额或面值百分比的形式列示。例如，一个面值为 50 美元、每股股利为 4 美元的优先股可以用以下两种方式描述：

优先股，$ 4，面值 $ 50

优先股，8%，面值 $ 50

如图表 13-6 所示，优先股股东对所有股利都具有第一位权利（即优先权），因此相比其他普通股股东，他们获得股利的机会更大。然而，由于股利的主要来源是公司利润，所以即使是优先股股东也未必能获得公司派发的股利。

图表 13-6　优先股股利

股利的支付由公司董事会决定。董事会的授权过程叫作宣布发放股利。

累计优先股（cumulative preferred stock）有权收到以前年度未宣布（未支付）的固定股利。而非累计优先股则不享受这一待遇。

以前年度未支付的累计优先股股利称为拖欠股利，所有的拖欠股利均应在普通股股利支付前进行支付。此外，拖欠股利应在财务报表附注中披露。

具体来看，假设一家公司发行了下述优先股和普通股：

1 000 股累计优先股，$ 4，面值 $ 50

4 000 股普通股，面值 $ 15

该公司成立于 20Y7 年 1 月 1 日，且在 20Y7 年和 20Y8 年均未发放股利。如下所示，20Y9 年，公司发放了 22 000 美元股利，其中 12 000 美元支付给优先股股东，10 000 美元支付给普通股股东，计算如下：

合计支付股利		$ 22 000
优先股股东：		
20Y7 年拖欠股利（1 000×4）	$ 4 000	
20Y8 年拖欠股利（1 000×4）	4 000	
20Y9 年股利（1 000×4）	4 000	

合计支付优先股股利	（12 000）
可向普通股股东支付的股利	$ 10 000

因此，优先股股东每股可获得 12.00 美元（12 000/1 000）的股利，而普通股股东每股获得 2.50 美元（10 000/4 000）的股利。

除了优先获得股利的权利外，优先股股东还有优先索取公司破产清算时的剩余资产的权利。然而，债权人的索偿权必须优先满足，随后是优先股股东，最后轮到普通股股东。

例 13-1　每股股利

胜佰德公司拥有 20 000 股面值为 100 美元、股利率为 1% 的累计优先股以及 100 000 股面值为 50 美元的普通股。公司股利发放情况如下：

第 1 年	$ 10 000
第 2 年	45 000
第 3 年	80 000

计算各年普通股和优先股的每股股利。

解答：

	第 1 年	第 2 年	第 3 年
发放金额	$ 10 000	$ 45 000	$ 80 000
优先股股利（20 000 股）	10 000	30 000*	20 000
普通股股利（100 000 股）	$　　0	$ 15 000	$ 60 000
每股股利			
优先股	$ 0.50	$ 1.50	$ 1.00
普通股	无	$ 0.15	$ 0.60

＊第 1 年拖欠股利 10 000 美元加上第 2 年股利 20 000 美元。

股票发行

公司向投资者发行的不同种类的股票应分别在不同的账户中列示。例如，假设某公司授权发行 10 000 股面值为 100 美元的优先股和 100 000 股面值为 20 美元的普通股。公司按面值发行了 5 000 股优先股和 50 000 股普通股并获得了现金。公司记录该股票发行的会计分录如下：

		现金	1 500 000	
		优先股（5 000×100）		500 000
		普通股（50 000×20）		1 000 000
		（按面值现金发行优先股和普通股。）		

公司常常不按面值发行股票。股票的售价受到多种因素的影响，例如：

（1）公司的财务状况、往年利润和往年股利。

（2）投资者对公司盈利能力的预期。

（3）整体商业和经济运行状况及其预期。

如果股票的售价高于面值则称股票是**溢价**（premium）发行的。例如，面值为 50 美元的普通股以每股 60 美元的价格售出，则股票发行溢价为 10 美元。

如果股票的售价低于面值则称股票是**折价**（discount）发行的。例如，面值为 50 美元的普通股以每股 45 美元的价格售出，则股票发行折价为 5 美元。许多州并不允许股票折价发行，而在少数州，股票只有在某些特殊情况下才允许折价发行。由于这些原因，普通股的面值通常被设定为较低的金额（1 美元或更少）。由于股票很少折价发行，下面不再具体展开。

为了向股东发放股利、提供财务报表及其他报告，公司必须密切关注其股东的行踪。大型企业一般通过银行等金融机构达到这一目的。这时，金融机构被视为转让代理人或登记人。

溢价股票

当股票溢价发行时，应按照收到的现金金额借记现金账户，按照面值贷记普通股或优先股账户。超出面值的金额作为实收资本的一部分，贷记股本溢价账户。

举例而言，假设考德威尔公司以每股 55 美元的价格发行了 2 000 股面值为 50 美元的优先股。登记该笔交易的会计分录如下：

		现金（2 000×55）	110 000	
		优先股（2 000×50）		100 000
		股本溢价——优先股		10 000
		（以 55 美元的价格发行面值为 50 美元的优先股。）		

当发行股票用以交换土地、建筑物和设备等其他资产而非换取现金时，交换得到的资产按照其公允价值入账。如果无法准确计算资产的公允价值，则按照发行股票的公允价值入账。

举例而言，假设某公司通过发行 10 000 股面值为 10 美元的普通股购入一块公允价值无法估算的土地。如果股票的市场价值为每股 12 美元，则登记该交易的会计分录如下：

		土地（10 000×12）	120 000	
		普通股（10 000×10）		100 000
		股本溢价		20 000
		（通过发行每股市场价值为 12 美元而面值为 10 美元的普通股购入土地。）		

无面额股票

无面额优先股和普通股在大多数州均可发行。在发行无面额股票时，应根据所得额借记现金账户，贷记普通股账户。随着发行时间的推移，无论无面额股票的发行价格是否发生变化，相关分录始终不变。

举例而言，假设某公司在 1 月 9 日以每股 40 美元的价格发行了 10 000 股无面额股票；6 月 27 日以每股 36 美元的价格增发了 1 000 股无面额股票。登记发行上述无面额股票的会计分录如下：

1月	9日	现金		400 000	
		普通股			400 000
		（以每股40美元的价格发行无面额股票10 000股。）			
6月	27日	现金		36 000	
		普通股			36 000
		（以每股36元的价格发行无面额股票1 000股。）			

部分州规定必须给无面额股票设定一个特定每股价值。而这一特定每股价值就类似于面值。任何超过特定每股价值的收益均应贷记股本溢价账户。

举例而言，假设前例中的无面额普通股股票设定的特定每股价值为25美元。1月9日和6月27日发行股票时应这样入账：

1月	9日	现金（10 000×40）		400 000	
		普通股（10 000×25）			250 000
		股本溢价			150 000
		（以每股40美元的价格发行无面额股票10 000股，特定每股价值为25美元。）			
6月	27日	现金（1 000×36）		36 000	
		普通股（1 000×25）			25 000
		股本溢价			11 000
		（以每股36元的价格发行无面额股票1 000股，特定每股价值为25美元。）			

例13-2　发行股票相关分录

3月6日，利默里克公司以每股30美元的价格发行了15 000股无面额股票。4月13日，利默里克公司又按面值发行了1 000股面值为40美元、股利率为的4%的优先股。5月19日，利默里克公司又按每股42美元的价格现金发行了15 000股面值为40美元、股利率为4%的优先股。

请为3月6日、4月13日和5月19日的三笔交易编制相关分录。

解答：

3月6日　借：现金（15 000×30）　　　　　　　　　　　　　　　450 000
　　　　　　贷：普通股　　　　　　　　　　　　　　　　　　　　　　450 000
4月13日　借：现金（1 000×40）　　　　　　　　　　　　　　　　40 000
　　　　　　贷：优先股　　　　　　　　　　　　　　　　　　　　　　40 000
5月19日　借：现金（15 000×42）　　　　　　　　　　　　　　　630 000
　　　　　　贷：优先股（15 000×40）　　　　　　　　　　　　　　600 000
　　　　　　　股本溢价　　　　　　　　　　　　　　　　　　　　　30 000

13.4　股利的会计处理方式

董事会宣布发放现金股利即授权向股东分配现金，董事会宣布发放股票股利即授权向股东配股。在这两种情况下，宣布股利的发放都会减少公司的留存收益。

现金股利

公司就其利润向股东分配的现金叫作**现金股利**（cash dividend）。尽管股利也可能用其他资产支付，但现金股利是最常见的形式。

支付现金股利有以下三个条件：

（1）足够的留存收益；

（2）足够的现金；

（3）董事会正式行动。

在宣布发放现金股利之前，必须确保留存收益账户的余额足够大，即只有在留存收益足够大的前提下，股利的发放才不会使留存收益账户出现借方余额。然而，足够大的留存收益账户余额并不绝对意味着公司拥有足够的现金用以支付股利。这是因为留存收益账户余额和现金账户余额常是无关的。

即使公司拥有足够的留存收益和现金，公司董事会也无须支付股利。然而，为了让公司股票更具吸引力，许多公司选择按季发放现金股利。当公司获得超额利润时，也可能发放特殊股利或额外股利。

公司股利发放涉及以下三个日期：

（1）宣告日；

（2）登记日；

（3）支付日。

宣告日是指公司董事会正式授权股利发放的日期。这一天，公司向股东支付规定金额的股利的义务形成。

公司为了界定哪些股东可以收到股利专门设定了一个时点，这一时点称为登记日。在宣告日和登记日之间，股票价格为含股利的销售价格。这意味着任何投资者只要在登记日之前购入股票均可获得股利。

支付日是公司向所有在登记日拥有公司股票的股东支付股利的日期。在登记日和支付日之间，股票价格为除息的销售价格。这意味着登记日之后，任何新的投资者均无法获得股利。

举例而言，假设海博公司在 10 月 1 日宣告在 12 月 2 日发放下述现金股利，且登记日为 11 月 10 日。

	每股股利	合计股利
优先股，面值 $100，发行在外 5 000 股	$ 2.50	$ 12 500
普通股，面值 $10，发行在外 100 000 股	$ 0.30	30 000
合计		$ 42 500

10 月 1 日，即宣告日，海博公司编制下述分录：

10 月	1 日	现金股利		42 500	
		应付现金股利			42 500
		（宣布发放现金股利。）			

11 月 10 日，即登记日，不需要编制会计分录。当日仅确定哪些股东将获得股利。

12 月 2 日，即支付日，海博公司编制下述分录：

12 月	2 日	应付现金股利		42 500	
		现金			42 500
		（支付现金股利。）			

在会计期末，现金股利账户中的余额应该，结转到留存收益账户中。结账分录应根据现金股利账户的余额，全额借记留存收益账户，贷记现金股利账户。如果在会计期末仍未支付现金股利，则应付现金股利将作为一项流动负债列报在资产负债表上。

例 13-3　现金股利相关分录

与某公司普通股 75 000 美元的现金股利有关的三个重要日期分别为 2 月 26 日、3 月 30 日和 4 月 2 日。请编制在上述日期应编制的分录。

解答：

2 月 26 日　借：现金股利　　　　　　　　　　　　　　　　75 000
　　　　　　　　贷：应付现金股利　　　　　　　　　　　　　　75 000
3 月 30 日　无须编制分录。
4 月 2 日　借：应付现金股利　　　　　　　　　　　　　　　75 000
　　　　　　　　贷：现金　　　　　　　　　　　　　　　　　　75 000

股票股利

公司向其股东分配的股票份额叫作**股票股利**（stock dividend）。发放股票股利正常来说是指宣告发放普通股，且其发放对象为普通股股东。

发放股票股利仅影响股东权益。具体而言，发放股票股利实际上是将股票股利数额从留存收益账户转入实收资本账户中。被转入的数额通常为已发放股票股利的市场价值（公允价值）。

举例而言，假设亨德里克斯公司在 12 月 15 日的股东权益账户如下：

普通股，面值 $ 20（已发行 2 000 000 股）	$ 40 000 000
股本溢价——普通股	9 000 000
留存收益	26 600 000

12 月 15 日，亨德里克斯公司宣告将于 1 月 10 日发放现有普通股股数的 5% 或 100 000 股（2 000 000×5%）的股票股利。12 月 15 日（宣告日），公司股票的市场价格为每股 31 美元。

登记宣告发放股票股利的分录如下：

12 月	15 日	股票股利（100 000×31）		3 100 000	
		应分配股票股利（100 000×20）			2 000 000
		股本溢价——普通股			1 100 000
		（宣告按现有普通股股数的 5%（100 000 股）发放每股面值为 20 美元、市场价值为 31 美元的普通股股票股利。）			

在登记上述分录后，股票股利账户出现 3 100 000 美元的借方余额。与现金股利类似，在会计期末，股票股利账户余额应该结转到留存收益账户中。结账分录应借记留存收益账户，贷记股票股利账户。

12 月 31 日，应分配股票股利账户和股本溢价——普通股账户应在资产负债表的实收资本部分列报。这样上述股票股利的发放使得留存收益账户中的 3 100 000 美元结转到实收资本账户中。

1 月 10 日，公司通过发行 100 000 股普通股将股票股利分配给各个股东。登记发放股票股利的相关分录如下：

1 月	10 日	应分配股票股利		2 000 000	
		普通股			2 000 000
		（发放股票股利。）			

股票股利的发放不会改变公司的资产、负债及合计股东权益。类似地，发放股票股利也不会改变各股东在公司的持股份额（股权）。

假设公司发行在外的股票为 10 000 股，某股东拥有其中的 1 000 股。如果公司宣布按现有股票数量的 6% 发放股票股利，该股东的持股份额不会改变，具体计算过程如下：

	股票股利发放前	股票股利发放后
合计发放份额	10 000	10 600［10 000+（10 000×6%）］
股东拥有股数	1 000	1 060［1 000+（1 000×6%）］
股权份额	10%（1 000/10 000）	10%（1 060/10 600）

例 13-4　股票股利相关分录

维也纳集锦公司在外发行了 150 000 股面值为 100 美元的普通股。6 月 14 日，维也纳集锦公司宣布将于 8 月 15 日按现有股票数量的 4% 向在登记日（7 月 1 日）持有公司股票的股东发放股票股利。6 月 14 日，公司股票的市场价值为每股 110 美元。

请编制 6 月 14 日、7 月 1 日和 8 月 15 日应编制的相关分录。

解答：

6 月 14 日　借：股票股利（150 000×4%×110）　　　　　　　　　　　660 000
　　　　　　　贷：应分配股票股利（6 000×100）　　　　　　　　　　　　　600 000
　　　　　　　　　股本溢价——普通股（660 000-600 000）　　　　　　　　60 000

7 月 1 日　无须编制分录。

8 月 15 日　借：应分配股票股利　　　　　　　　　　　　　　　　　　600 000
　　　　　　　贷：普通股　　　　　　　　　　　　　　　　　　　　　　600 000

13.5　股票分割

股票分割（stock split）是公司降低其普通股的票面价值或特定每股价值并增发合适数量的股份的

过程。股票分割适用于所有普通股，包括未发行股、已发行股和库存股。

股票分割的主要目的是减少每股股票的市场价值，用以吸引更多的投资者，同时增加股东的种类和数量。

举例而言，假设罗杰克公司在外发行了 10 000 股面值为 100 美元的普通股，其市场价值为每股 150 美元。公司董事会宣布下述股票分割决定：

（1）各普通股股东所持有的股票均由 1 股拆分为 5 股，即所谓的 5∶1 股票分割。这样，公司发行在外的股票变为 50 000 股（10 000×5）。

（2）分割后，普通股的账面价值将降低至 20 美元（100/5）。

如下所示，在股票分割前后，发行在外的普通股合计面值始终为 1 000 000 美元，计算如下：

	分割前	分割后
股数	10 000	50 000
每股面值	× $ 100	× $ 20
合计	$ 1 000 000	$ 1 000 000

此外，如图表 13-7 所示，股票分割后，各股东拥有股票的合计面值保持不变。例如，假设某股东在股票分割前拥有 4 股面值为 100 美元的普通股（合计面值为 400 美元），那么在股票分割后，他将拥有 20 股面值为 20 美元的普通股（合计面值仍为 400 美元）。只有持股数量和股票的单位面值发生了变化。

图表 13-7　股票分割前和分割后

股票分割前	5∶1股票分割后
4股，每股面值 100美元	20股，每股面值 20美元
合计面值400美元	合计面值400美元

由于股票分割后发行在外的股票数量增加了，因此每股股票的市场价值将会下降。例如，上例中，股票分割后发行在外的股票数量是其分割前的 5 倍，那么每股股票的市场价值预期将会从之前的 150 美元下降到 30 美元（150/5）。

由于股票分割后只有发行在外股票的面值和数量发生了变化，因此无须为股票分割事项编制分录。然而，股票分割的具体情况一般应在财务报表附注中进行披露。

13.6　库存股交易

库存股（treasury stock）是指公司发行后又回购的部分股票。出于某些原因，公司可能会召回

（购买）自己的股票。例如：

（1）回购股票后再向员工出售；

（2）作为奖金向员工重新发行；

（3）为了维持股票的市场价格。

公司常常使用成本法记录库存股的回购和再销售过程。在成本法下，股票的成本（购入价格）应借记库存股账户。当股票再次出售时，则按照库存股的成本贷记库存股账户，而售出价格和库存股成本之间的差额借记或者贷记库存股销售实收资本账户。

假设某公司 1 月 1 日的实收资本情况如下：

普通股，面值 $25（授权并发行 20 000 股）	$ 500 000
超面值发行部分	150 000
	$ 650 000

2 月 13 日，公司以每股 45 美元的价格回购了 1 000 股普通股。回购普通股的相关分录如下：

2 月	13 日	库存股（1 000×45）		45 000	
		现金			45 000
		（以每股 45 美元的价格回购 1 000 股库存股。）			

4 月 29 日，公司以每股 60 美元的价格出售 600 股库存股。登记该销售活动的相关分录如下：

4 月	29 日	现金（600×60）		36 000	
		库存股（600×45）			27 000
		库存股销售实收资本 ①			9 000
		（以每股 60 美元的价格出售 600 股库存股。）			

库存股的出售也可能导致实收资本的减少。这时，为了登记上述实收资本的减少，应以库存股销售实收资本账户的贷方余额为限借记库存股销售实收资本账户，剩余部分借记留存收益账户。

假设 10 月 4 日，该公司以每股 40 美元的价格出售了剩余的 400 股库存股。登记该销售活动的相关分录如下：

10 月	4 日	现金（400×40）		16 000	
		库存股销售实收资本		2 000	
		库存股（400×45）			18 000
		（以每股 40 美元的价格出售 400 股库存股。）			

10 月 4 日的上述分录使得实收资本减少了 2 000 美元。由于库存股销售实收资本账户的贷方余额为 9 000 美元，因此 2 000 美元全额借记库存股销售实收资本账户。

公司不会对库存股股份支付任何现金股利或股票股利，因为这样会使公司从自身赚取股利收入。

---

① 国内对应的科目为"资本公积——其他资本公积"。——译者

例 13-5 库存股相关分录

巴兹额夫公司在 5 月 3 日以每股 42 美元的价格回购了其发行在外的 3 200 股普通股。7 月 22 日，巴兹额夫公司以每股 47 美元的价格出售前期回购的 2 000 股股票。8 月 30 日，巴兹额夫公司以每股 40 美元的价格出售了剩余的库存股。

请编制 5 月 3 日、7 月 22 日和 8 月 30 日应编制的相关分录。

解答：

5 月 3 日	借：库存股（3 200×42）	134 400
	贷：现金	134 400
7 月 22 日	借：现金（2 000×47）	94 000
	贷：库存股（2 000×42）	84 000
	库存股销售实收资本 [2 000×（47-42）]	10 000
8 月 30 日	借：现金（1 200×40）	48 000
	库存股销售实收资本 [1 200×（42-40）]	2 400
	贷：库存股（1 200×42）	50 400

13.7 报告股东权益

与资产负债表的其他部分一样，在报告股东权益时也会采用一些替代名词和形式。而且，留存收益和实收资本的变动也将在独立的报表中列示，或者在财务报表附注中报告。

资产负债表上的股东权益

图表 13-8 说明了报告泰莱克斯公司在 20Y7 年 12 月 31 日的股东权益的两种方法：

方法一：按照股票类别分别列示其对应的实收资本账户，随后列报留存收益及扣减的库存股。

方法二：首先列报各股票账户，随后将资本公积作为一个独立的项目单独列报，最后列报留存收益及扣减的库存股。

股东权益在某一会计期间发生的显著变动也应该在股东权益变动表或财务报表附注中列报和披露。股东权益变动表将在后面进行讨论。

与发行在外的不同种类的股票相关的权利和特权也应该披露。例如，优先获得股利权、索取公司清算资产的权利、转换权和赎回权。这些信息应在资产负债表或财务报表附注中披露。

例 13-6 股东权益列报

根据下述账户及其余额使用图表 13-8 中的方法一编制一张资产负债表的股东权益部分。公司授权发行 40 000 股普通股，其中 5 000 股被回购。

普通股，面值 $ 50	$ 1 500 000
库存股销售实收资本	44 000
股本溢价	160 000
留存收益	4 395 000
库存股	120 000

图表 13-8　资产负债表的股东权益部分

泰莱克斯公司		
资产负债表		
20Y7 年 12 月 31 日		
股东权益		
实收资本：		
优先股，10%，面值 $ 50（授权并发行 2 000 股）	$ 100 000	
股本溢价	10 000	
实收资本，优先股		$ 110 000
普通股，面值 $ 20（授权 50 000 股，发行 45 000 股）	$ 900 000	
股本溢价	190 000	
实收资本，普通股		1 090 000
库存股销售实收资本		2 000
实收资本合计		$ 1 202 000
留存收益		350 000
合计		$ 1 552 000
库存股（600 股成本）		（27 000）
股东权益合计		$ 1 525 000

— 方法一

股东权益		
投入资本：		
优先股，10%，面值 $ 50（授权并发行 2 000 股）	$ 100 000	
普通股，面值 $ 20（授权 50 000 股，发行 45 000 股）	900 000	
资本公积	202 000	
投入资本合计		$ 1 202 000
留存收益		350 000
合计		$ 1 552 000
库存股（600 股成本）		（27 000）
合计股东权益		$ 1 525 000

— 方法二

解答：

股东权益

实收资本：		
普通股，面值 $ 50（授权 40 000 股，发行 30 000 股）	$ 1 500 000	
股本溢价	160 000	
实收资本，普通股		$ 1 660 000
库存股销售实收资本		44 000
实收资本合计		$ 1 704 000
留存收益		4 395 000
合计		$ 6 099 000
库存股（5 000 股成本）		（120 000）
股东权益合计		$ 5 979 000

报告留存收益

留存收益的变动可以列报在以下报表中：

（1）独立的留存收益表；

（2）合并利润及留存收益表；

（3）股东权益变动表。

留存收益的变动可以列报在独立的**留存收益表**（retained earnings statement）中。在编制独立的留存收益表时，应先列示留存收益的期初余额，随后加上净利润（或减去净损失）和扣除所有的股利，最终计算当期期末留存收益。

举例而言，假设泰莱克斯公司的留存收益表如图表 13-9 所示。

图表 13-9　留存收益表

泰莱克斯公司 留存收益表 截至 20Y7 年 12 月 31 日的会计年度		
留存收益，20Y7 年 1 月 1 日		$ 245 000
净利润	$ 180 000	
股利：		
优先股股利	（10 000）	
普通股股利	（65 000）	
留存收益增加额		105 000
留存收益，20Y7 年 12 月 31 日		$ 350 000

留存收益的变动可以列报在合并利润及留存收益表中。这种形式强调净利润在利润表与期末留存收益之间起到的连接作用。由于这种形式较少使用，本章就此略过。

留存收益的变动也可以列报在股东权益变动表中。如图表 13-10 所示，泰莱克斯公司的股东权益变动表中就列示了留存收益的变动。

图表 13-10　股东权益变动表

泰莱克斯公司 股东权益变动表 截至 20Y7 年 12 月 31 日的会计年度						
	优先股	普通股	资本公积	留存收益	库存股	合计
余额，20Y7 年 1 月 1 日	$ 100 000	$ 850 000	$ 177 000	$ 245 000	$（17 000）	$ 1 355 000
增发普通股		50 000	25 000			75 000
购入库存股					（10 000）	（10 000）
净利润				180 000		180 000
优先股股利				（10 000）		（10 000）
普通股股利				（65 000）		（65 000）
余额，20Y7 年 12 月 31 日	$ 100 000	$ 900 000	$ 202 000	$ 350 000	$（27 000）	$ 1 525 000

例 13-7	留存收益表

德瑞克里克影像股份有限公司会计年末（截至 20Y6 年 3 月 31 日）的相关数据如下：

留存收益，20Y5 年 4 月 1 日	$ 3 338 500
净利润	461 500
现金股利	80 000
股票股利	120 000

请编制公司会计年末（截至 20Y6 年 3 月 31 日）的留存收益表。

解答：

德瑞克里克影像股份有限公司 留存收益表 截至 20Y6 年 3 月 31 日的会计年度		
留存收益，20Y5 年 4 月 1 日		$ 3 338 500
净利润	$ 461 500	
宣告发放的股利	（200 000）	
留存收益增加额		261 500
留存收益，20Y6 年 3 月 31 日		$ 3 600 000

约束

使用留存收益支付股利受到公司董事会的**约束**（restrictions）。这些约束有时称为约束拨款，它使部分留存收益得以保留。

留存收益的约束有以下几类：

（1）法定留存收益限额。州法律可能限制留存收益的余额。

例如，有些州规定公司的留存收益余额不得低于库存股金额。这样，法定资本不能用于股利的发放。

（2）合同留存收益限额。公司签署的合同可能规定留存收益的限额。

例如，银行贷款协议可能限制留存收益的余额，因此用于偿付贷款的部分不能用于股利的发放。

（3）任意留存收益限额。公司董事会可以自行规定留存收益的限额。

例如，公司董事会可能会限制留存收益的余额以减少股利的发放，使得公司有更多的资金用于业务的扩展。

留存收益限额必须在财务报表中披露。一般而言，披露信息列示在财务报表附注中。

前期调整数

由于计算上或会计准则应用上可能出现的错误并不能及时在当期被发现并更正，且更正前期发生的错误必须以不影响当期利润为前提，所以错误的更正，即**前期调整数**（prior period adjustment）应作为留存收益期初余额的调整数列报在留存收益表中。

股东权益变动表

当股东权益的变动完全由净利润或净损失及股利引起时，仅编制一张留存收益表就足够了。然而，当公司的股票或实收资本账户发生变动时，则应该编制一张**股东权益变动表**（statement of stockholders' equity ）。

股东权益变动表通常以分列格式列报。每列分别代表某类主要的股东权益，最左栏则对各类权益的变动进行解释说明。图表 13–10 展示了泰莱克斯公司的股东权益变动表。

报告莫宁·乔公司的股东权益

莫宁·乔公司的资产负债表中列报了股东权益。此外，该公司的财务报表还包括留存收益表和股东权益变动表。

20Y6 年 12 月 31 日，莫宁·乔公司资产负债表的股东权益部分如下所示：

莫宁·乔公司 资产负债表 20Y6 年 12 月 31 日		
股东权益		
实收资本：		
优先股，10%，面值 $ 50（授权并发行 6 000 股）	$ 300 000	
股本溢价	50 000	$ 350 000
普通股，面值 $ 20（授权 50 000 股，发行 45 000 股）	$ 900 000	
股本溢价	1 450 000	2 350 000
实收资本合计		$ 2 700 000
留存收益		1 200 300
合计		$ 3 900 300
库存股（1 000 股成本）		（46 000）
股东权益合计		$ 3 854 300
负债和股东权益合计		$ 6 169 700

截至 20Y6 年 12 月 31 日的会计年度，莫宁·乔公司的留存收益表如下所示：

莫宁·乔公司 留存收益表 截至 20Y6 年 12 月 31 日的会计年度		
留存收益，20Y6 年 1 月 1 日		$ 852 700
净利润	$ 421 600	
股利：		
优先股	（30 000）	
普通股	（44 000）	
留存收益增加额		347 600
留存收益，20Y6 年 12 月 31 日		$ 1 200 300

莫宁·乔公司的股东权益变动表如下所示：

莫宁·乔公司 股东权益变动表 截至 20Y6 年 12 月 31 日的会计年度						
	优先股	普通股	资本公积	留存收益	库存股	合计
余额，20Y6 年 1 月 1 日	$300 000	$800 000	$1 325 000	$852 700	$(36 000)	$3 241 700
增发普通股		100 000	175 000			275 000
购入库存股					(10 000)	(10 000)
净利润				421 600		421 600
优先股股利				(30 000)		(30 000)
普通股股利				(44 000)		(44 000)
余额，20Y6 年 12 月 31 日	$300 000	$900 000	$1 500 000	$1 200 300	$(46 000)	$3 854 300

13.8 财务分析和解释：每股收益

投资者和债权人在评估公司的盈利能力时常常参考净利润这一指标。然而，在比较不同规模的公司的盈利能力时，仅仅根据净利润是不够的。此外，当公司股东权益发生显著变化时，净利润的变动将更加难以评估。如此，公司的盈利能力常常用每股收益来表示。

每股收益（earnings per share）有时也称为基本每股收益，它是指一定时期内每单位发行在外的普通股所获得的净利润。所有上市交易的公司必须在其利润表中报告每股收益。

每股收益的计算公式如下：

$$每股收益 = \frac{净利润 - 优先股股利}{平均已发行普通股数量}$$

如果公司对外发行了优先股，则优先股股利应从净利润中扣除。这是因为分子代表的是可分配给普通股股东的收益。

假设下列报表数据摘自谷歌公司的近期财务报表（单位：千美元）。

	第 2 年	第 1 年
净利润	$15 826 000	$14 136 000
平均已发行普通股数量	675 918 股	675 935 股
每股收益	$23.41	$20.91
	(15 826 000/675 918)	(14 136 000/675 935)

谷歌公司并未发行任何优先股，因此，在计算每股收益时不需要扣除优先股股利。如上所示，谷歌公司的每股收益由第 1 年的 20.91 美元上升到第 2 年的 23.41 美元。每股收益的增加一般被认为是一种好的趋势。

每股收益可用于比较净利润不同的两家公司的盈利能力。例如，下列数据摘自美国银行和富国银行的近期财务报表（单位：百万美元）。

	美国银行	富国银行
净利润	$15 888	$22 894
优先股股利	$1 483	$1 424
平均已发行普通股数量	10 462 股	5 137 股

美国银行：

$$每股收益 = \frac{净利润 - 优先股股利}{平均已发行普通股数量}$$

$$= \frac{15\,888 - 1\,483}{10\,462} = \frac{14\,405}{10\,462} = 1.38（美元）$$

富国银行：

$$每股收益 = \frac{净利润 - 优先股股利}{平均已发行普通股数量}$$

$$= \frac{22\,894 - 1\,424}{5\,137} = \frac{21\,470}{5\,137} = 4.18（美元）$$

基于每股收益可看出富国银行的盈利能力优于美国银行。

例13-8   每股收益

芬尼根公司的会计年末（截至12月31日）财务报表数据列示如下：

	20Y2年	20Y1年
净利润	$ 350 000	$ 195 000
优先股股利	$ 20 000	$ 15 000
平均已发行普通股数量	75 000 股	50 000 股

a. 计算20Y2年和20Y1年的每股收益。

b. 从20Y1年到20Y2年每股收益的变化显示的是有利趋势还是不利趋势？

解答：

a.

20Y2年：

$$每股收益 = \frac{净利润 - 优先股股利}{平均已发行普通股数量}$$

$$= \frac{350\,000 - 20\,000}{75\,000} = \frac{330\,000}{75\,000} = 4.40（美元）$$

20Y1年：

$$每股收益 = \frac{净利润 - 优先股股利}{平均已发行普通股数量}$$

$$= \frac{195\,000 - 15\,000}{50\,000} = \frac{180\,000}{50\,000} = 3.60（美元）$$

b. 每股收益从3.60美元上升到4.40美元，该变化是一个有利趋势。

练习题

EX 13-1 每股股利

成像股份有限公司是一家放射设备开发商，其已发行在外的股票的情况如下：累计优先股 40 000 股，股利率为 2%，每股面值 75 美元；普通股 100 000 股，每股面值 50 美元。在其经营的前四年，股利分配情况如下：第 1 年 36 000 美元；第 2 年 90 000 美元；第 3 年 115 000 美元；第 4 年 140 000 美元。分别计算各年每种股票的每股股利。

EX 13-3 发行面值股票的会计分录

10 月 31 日，雕塑承包商奇石股份有限公司以每股 18 美元的价格现金发行了 400 000 股面值为 10 美元的普通股；11 月 19 日，它以每股 80 美元的价格现金发行了 50 000 股面值为 75 美元的优先股。

a.编制 10 月 31 日和 11 月 19 日的会计分录。

b.计算截至 11 月 19 日，股东的投资总额（实收资本总额）是多少？

EX 13-5 非现金形式发行股票

4 月 5 日，液压升降机批发商芬宁公司接受投资者以一块土地作价入股，该投资者获得以每股 112 美元发行的面值为 80 美元的普通股 30 000 股。编制与该交易相关的会计分录。

EX 13-7 发行股票

柳树溪幼儿园授权发行 75 000 股优先股和 200 000 股普通股。在幼儿园运营的第一天，即 10 月 1 日，发生了一些与股票相关的业务。当天结账时的试算平衡表中的数据如下：

现金	$ 3 780 000	
土地	840 000	
建筑物	2 380 000	
优先股，1%，面值 $ 80		$ 2 800 000
股本溢价——优先股		420 000
普通股，面值 $ 30		3 600 000
股本溢价——普通股		180 000
	7 000 000	7 000 000

同一类股票的售价相同。发行优先股是为了换取土地和建筑物。

编制两笔分录以记录汇总在试算平衡表中的上述交易。

EX 13-9 现金股利分录

公司发放 135 000 美元现金股利，宣告发放日、登记日和股利支付日分别是 1 月 12 日、3 月 13 日和 4 月 12 日，编制与以上日期相关的会计分录。

EX 13–11　股票分割的影响

科珀格里尔是一家向西南地区餐馆批发烤箱和炉灶的公司，拥有 50 000 股发行在外的普通股，公司宣布按 1 股拆分成 3 股的比例进行股票分割。

a. 计算股票分割后发行在外的普通股总股数。

b. 如果股票分割前每股市场价格是 210 美元，那么股票分割后每股市场价格是多少？

EX 13–13　部分股息交易和股票分割

肯耶弗里船舶公司在本会计年度发生的部分交易如下：

1 月 8 日，将每股普通股拆分成 2 股，每股面值从 80 美元降至 40 美元。股票分割后，发行在外的普通股总股数为 150 000 股。

4 月 30 日，宣告于 7 月 1 日派发 18 000 股优先股每股 0.75 美元和普通股每股 0.28 美元的半年股利。

7 月 1 日，发放现金股利。

10 月 31 日，宣告半年度股利分配方案，优先股为每股 0.75 美元，普通股为每股 0.14 美元（分配前）。除此之外，对发行在外的普通股宣告了 5% 的普通股股利。普通股市场公允价值估计为 52 美元。

12 月 31 日，发放现金股利并发行普通股股利凭证。

编制与上述交易相关的会计分录。

EX 13–15　库存股交易

劳恩斯普雷是一家开发和生产用于草坪维护和工业用途的喷淋设备的公司。本年 1 月 31 日劳恩斯普雷公司以每股 51 美元的价格回购了 50 000 股普通股，6 月 14 日以每股 60 美元的价格出售 24 000 股库存股，11 月 23 日以每股 56 美元的价格出售 18 000 股库存股。

a. 编制 1 月 31 日、6 月 14 日以及 11 月 23 日的会计分录。

b. 计算 12 月 31 日库存股销售实收资本余额。

c. 计算本年 12 月 31 日库存股余额。

d. 库存股余额将如何在资产负债表中列示？

EX 13–17　报告实收资本

以下账户及其余额数据摘自一家货运代理公司本年年末 12 月 31 日未经调整的试算平衡表。

普通股，无面值，特定每股价值 $ 14	$ 4 480 000
库存股销售实收资本	45 000
股本溢价——优先股	210 000
股本溢价——普通股	480 000
优先股，2%，面值 $ 120	8 400 000
留存收益	39 500 000

使用图表 13–8 中的方法一计算资产负债表的股东权益中实收资本的部分，其中已授权发行普通股 375 000 股，优先股 85 000 股。

EX 13-19 资产负债表的股东权益部分

专业竞赛赛车公司销售宝马、保时捷和法拉利赛车产品。以下账户及其余额摘自专业竞赛赛车公司本会计年度末 7 月 31 日的分类账：

普通股，面值 $ 36	$ 10 080 000
库存股销售实收资本——普通股	340 000
股本溢价——普通股	420 000
股本溢价——优先股	384 000
优先股，1%，面值 $ 150	7 200 000
留存收益	71 684 000
库存股——普通股	1 008 000

授权发行 50 000 股优先股和 300 000 股普通股，其中有 24 000 股普通股作为库存股持有。

使用图表 13-8 中的方法一编制 7 月 31 日（即本会计年度末）的资产负债表的股东权益部分。

综合题

PR 13-1A 优先股和普通股股利

皮肯剧院公司在佛罗里达州和乔治亚州拥有并经营电影院。公司宣布了以下 6 年期间的年度股利：第 1 年 80 000 美元；第 2 年 90 000 美元；第 3 年 150 000 美元；第 4 年 150 000 美元；第 5 年 160 000 美元；第 6 年 180 000 美元。每年年末，公司发行在外的股票情况为 250 000 股每股面值 20 美元、股利率为 2% 的累计优先股，500 000 股每股面值 15 美元的普通股。

要求：

1. 计算各年宣告发放的不同种类股票的合计股利和每股股利。第 1 年无拖欠的股利。请利用下述表头，用表格的形式整理相关结果。

年份	合计股利	优先股股利		普通股股利	
		合计	每股	合计	每股
第 1 年	$ 80 000				
第 2 年	90 000				
第 3 年	150 000				
第 4 年	150 000				
第 5 年	160 000				
第 6 年	180 000				

2. 计算 6 年内不同种类股票的平均每股年股利。

3. 假设优先股的市场价格为每股 25 美元，普通股为 17.50 美元。试基于平均每股年股利的结果分别计算：（a）优先股和（b）普通股的股东初始投资平均年回报百分比。

案例分析题

CP 13-1 道德行为

汤米·冈恩是一家小型制药公司 k-舍恩股份有限公司的部门经理。汤米所在的部门一直在研究一种新型药物，这种新型药物有可能彻底改变皮肤癌的治疗。一旦该药物在临床试验中被证明是有效的，它将被政府批准销售，并获得专利。由于该药物具有潜在市场，公司的收入和净利润很可能在药物批准销售后大幅增加。汤米最近看到了一份公司内部备忘录，上面说明该药物通过了最终临床试验，该公司已获得政府批准出售该药物。公司将在未来两天内发布新闻稿宣布这一消息，预计这一公告将使得公司股价大幅上涨。汤米知道，如果他在公告发布之前投资股票，就可以赚到"免费的钱"。然而，k-舍恩股份有限公司有一项严格的规定，禁止员工在既定的员工股票购买计划中购买公司股票。为了绕开这一规则，汤米让他的父亲代他购买股票。第二天早上，汤米的父亲购买了股票，他知道他将与汤米分享收益。

汤米的行为是否合乎职业道德？为什么？

第 **14** 章

长期负债：债券和票据

百事公司最著名的饮料包括百事可乐、健怡百事可乐、佳得乐、激浪、健怡激浪、纯果乐果汁和纯水乐。除此之外，百事公司还生产各种食品，包括乐事薯片、多力多滋、奇多糖、桂格燕麦等。百事公司在 200 多个国家和地区生产、批发和零售其产品。

百事公司使用多种方法为其运营提供资金，包括进行长期借款和发行股票。最近的一份资产负债表显示，其总资产的 75% 以上是举债而来，其中 66% 是长期负债。百事公司的长期负债包括各种应付票据和债券。例如，百事公司在 2020—2044 年期间有 13.64 亿美元的债券到期，利率为 3.9% 和 4.0%。在本章中，我们将讨论应付债券和分期付款票据的会计核算和报告。

学习目标

1. 计算长期借款对每股收益的潜在影响。

2. 描述应付债券的性质和术语。

3. 描述并举例说明应付债券的会计核算。

4. 描述并举例说明分期付款票据的会计核算。

5. 描述并举例说明长期负债，包括应付债券和应付票据的报告。

6. 描述并举例说明如何使用利息保障倍数评估公司的财务状况。

14.1 公司融资

公司主要通过以下渠道筹集运营资金：

（1）短期借款，如赊购商品和服务。

（2）长期借款，如发行债券和应付票据。

（3）股票，如发行普通股或优先股。

短期借款，包括赊购商品和服务，也包括发行短期应付票据，正如我们在第11章中的讨论。以发行普通股或优先股的形式进行融资已在第13章中进行了讨论，本章的重点是介绍如何利用发行债券和票据等长期举债方式帮助公司筹集运营资金。

债券（bond）是一种需要定期支付利息的有息票据，票面金额在到期日偿还。例如，利率为12%的债券要求发行债券的公司每年支付债券票面金额12%的利息。作为公司的债权人，债券持有人对公司资产的求偿权优先于股东。

影响举债或发行权益工具决策的主要因素之一是各种融资方案对每股收益的影响。**每股收益**（earnings per share）是指每股普通股可获取的收益。其计算公式为：

$$每股收益 = \frac{净利润 - 优先股股利}{发行在外的普通股股数}$$

为了说明举债对每股收益的影响，我们用博资公司的例子来说明。博资公司的融资规模为4 000 000美元，可以通过以下方案实现：

	方案一		方案二		方案三	
	金额	比例（%）	金额	比例（%）	金额	比例（%）
发行债券（利率12%）	—	0	—	0	$ 2 000 000	50
发行优先股（股利率9%，面值$50）	—	0	$ 2 000 000	50	1 000 000	25
发行普通股（面值$10）	$ 4 000 000	100	2 000 000	50	1 000 000	25
总融资额	$ 4 000 000	100	$ 4 000 000	100	$ 4 000 000	100

公司必须选择其中一个方案。上面的三个方案都通过发行普通股进行了部分融资。但是，普通股的比例从100%（方案一）变化到了25%（方案三）。

假设博资公司的相关数据如下：

（1）息税前利润为800 000美元。

（2）公司所得税税率是40%。

（3）所有债券或股票都按面值发行。

以上方案对博资公司净利润和每股收益产生的影响如图表14-1所示。

图表14-1　备选融资方案的影响——800 000美元的息税前利润

	方案一	方案二	方案三
债券（利率12%）	—	—	$ 2 000 000
优先股（股利率9%，面值$50）	—	$ 2 000 000	$ 1 000 000
普通股（面值$10）	$ 4 000 000	$ 2 000 000	$ 1 000 000
合计	$ 4 000 000	$ 4 000 000	$ 4 000 000
息税前利润	$ 800 000	$ 800 000	$ 800 000
债券利息	—	—	（240 000）*

续

	方案一	方案二	方案三
税前利润	$ 800 000	$ 800 000	$ 560 000
所得税	（320 000）	（320 000）	（224 000）**
净利润	$ 480 000	$ 480 000	$ 336 000
优先股股利	—	（180 000）	（90 000）***
普通股可得股利	$ 480 000	$ 300 000	$ 246 000
发行在外的普通股股数	÷ 400 000	÷ 200 000	÷ 100 000****
普通股每股收益	$ 1.20	$ 1.50	$ 2.46

*2 000 000 美元债券 × 12%；

** 税前利润 × 40%；

*** 优先股 × 9%；

**** 普通股 / 每股面值 10 美元。

如图表 14-1 所示，方案三的每股收益最高，因此方案三对于股东最具吸引力。这是因为该公司产生的净利润足以支付债券利息。如果估计的息税前利润大于 800 000 美元，方案一的普通股每股收益与方案三的差距会更大。

如果息税前利润小于 800 000 美元，则结果相反。为了更好地说明，我们用图表 14-2 列示息税前利润为 440 000 美元而非 800 000 美元时各方案对每股收益的影响。结论是方案一和方案二对股东的吸引力会增大。这是因为公司的更多收益被用于支付债券利息，则归属于普通股股东的净利润就会减少。

图表 14-2　备选融资方案的影响——440 000 美元的息税前利润

	方案一	方案二	方案三
债券（利率 12%）	—	—	$ 2 000 000
优先股（股利率 9%，面值 $ 50）	—	$ 2 000 000	$ 1 000 000
普通股（面值 $ 10）	$ 4 000 000	$ 2 000 000	$ 1 000 000
合计	$ 4 000 000	$ 4 000 000	$ 4 000 000
息税前利润	$ 440 000	$ 440 000	$ 440 000
债券利息	—	—	（240 000）
税前利润	$ 440 000	$ 440 000	$ 200 000
所得税	（176 000）	（176 000）	（80 000）
净利润	$ 264 000	$ 264 000	$ 120 000
优先股股利	—	（180 000）	（90 000）
普通股可获得股利	$ 264 000	$ 84 000	$ 30 000
发行在外的普通股股数	÷ 400 000	÷ 200 000	÷ 100 000
普通股每股收益	$ 0.66	$ 0.42	$ 0.30

除了每股收益，公司在做决策时还应考虑其他因素。比如，发行债券时，债券的利息和面值必须在到期日偿还。如果公司在到期日无力偿还，债权人可能采取法律措施迫使公司陷入破产。然而，公司没有法律义务必须向其优先股或普通股股东支付股利。

例 14-1	备选的融资方案

冈萨雷斯公司正在考虑采用以下备选方案为公司筹集资金：

	方案一	方案二
债券（利率 10%，面值发行）	—	$ 2 000 000
普通股（面值 $ 10）	$ 3 000 000	1 000 000

所得税按收入的 40% 计算。

假设息税前利润是 750 000 美元，分别计算两种备选方案下的普通股每股收益。

解答：

	方案一	方案二
息税前利润	$ 750 000	$ 750 000
债券利息	—	（200 000）**
税前利润	$ 750 000	$ 550 000
所得税	（300 000）*	（220 000）***
净利润	$ 450 000	$ 330 000
优先股股利	—	—
普通股可获得股利	$ 450 000	$ 330 000
发行在外的普通股股数	÷ 300 000	÷ 100 000
普通股每股收益	$ 1.50	$ 3.30

*750 000 × 40%；

**2 000 000 × 10%；

***550 000 × 40%。

14.2 应付债券的性质

不同的公司债券通常在面值、利率、付息日和到期日方面存在差异。同时，债券在其他方面也不尽相同，比如公司是否抵押其资产以担保债券。

债券的性质和术语

每张债券的面值叫作本金。本金是在债券到期日必须偿还的金额。本金一般为 1 000 美元或 1 000 美元的整数倍。债券利息的支付周期可能是一年，也可能是半年或一个季度。大多数债券是每半年付息一次。

发行债券的公司与其债权人之间的基础合同叫作**债券契约**（bond indenture）。根据公司的融资需求，可签订不同种类的债券契约。两种最常见的债券分别为定期债券和分期偿还债券。若一次发行的所有债券在同一时间到期，该债券称为定期债券。如果债券在不同的时间到期，该债券称为分期偿还债券。例如，公司一次发行 1 000 000 美元的债券，其中 1/10 即 100 000 美元的债券在 16 年后到期，另外 1/10 美元的债券在第 17 年到期，以此类推。

债券也有可能被转换成其他有价证券，如普通股股票，这样的债券称为可转换债券。在到期前公司有权赎回的债券叫作可赎回债券。

发行债券的收益

公司发行债券取得的收益取决于：

（1）到期日可收到的债券面值；

（2）债券的利率；

（3）此类债券的市场利率。

债券的面值和利率将在债券契约中被确定。根据债券面值计算的利率叫作**合同利率**（contract rate）或票面利率。

市场利率（market rate of interest），有时也称**实际利率**（effective rate of interest），是由相似债券的供求决定的。市场利率受很多因素的影响，如投资者对当前及未来经济状况的预期。

通过比较市场利率和票面利率，可以确定债券将被溢价出售、折价出售还是按面值出售，如图表 14-3 所示。

图表 14-3　折价、按面值和溢价发行债券

若：市场利率>票面利率　　　　若：市场利率=票面利率　　　　若：市场利率<票面利率

小于1 000美元　　　　　　　　等于1 000美元　　　　　　　　大于1 000美元
此时：出售价格<面值　　　　　此时：出售价格=面值　　　　　此时：出售价格>面值
　　　　折价出售　　　　　　　　　　按面值出售　　　　　　　　　　溢价出售

如果市场利率等于票面利率，债券将按其**面值**（face amount）出售。

如果市场利率高于票面利率，债券的出售价格将低于其面值。债券面值与实际售价之间的差额叫作**折价**（discount）。债券会折价出售是因为投资者不愿意支付全部面值去购买票面利率低于市场利率的债券。

如果市场利率低于票面利率，债券的出售价格将高于其面值。债券面值与实际价格之间的差额叫作**溢价**（premium）。债券可溢价出售是因为投资者愿意支付更高的价格去购买票面利率高于市场利率的债券。

债券的价格按债券面值的百分比报价。例如，报价 98 的 1 000 美元债券是指以 980 美元（1 000×0.98）买卖。同样地，报价 109 的 1 000 美元债券是指以 1 090 美元（1 000×1.09）买卖。

14.3　应付债券的会计核算

债券可能按面值发行，也可能折价或溢价发行。当债券折价或溢价发行时，其折价和溢价部分必须在债券有效期内进行摊销。在到期日，债券面值必须被偿还。在某些情况下，公司也可以在债券到期前从投资方那里赎回债券。

按面值发行债券

如果市场利率等于票面利率，债券将按其面值或 100 的报价进行出售。为了详细说明，现假设东蒙大纳通信公司在 20Y5 年 1 月 1 日发行以下债券：

面值	$ 100 000
票面利率	12%
付息周期	半年，分别在 6 月 30 日和 12 月 31 日付息
债券期限	5 年
市场利率	12%

因为票面利率等于市场利率，所以债券按其面值出售。此时，记录债券发行的分录如下：

20Y5 年 1 月	1 日	现金		100 000	
		应付债券			100 000
		（按面值发行 100 000 美元的应付债券。）			

债券发行后，每 6 个月（6 月 30 日和 12 月 31 日）支付一次利息，利息为 6 000 美元（100 000×12%×1/2）。20Y5 年 6 月 30 日第一次付息的分录如下：

20Y5 年 6 月	30 日	利息费用		6 000	
		现金			6 000
		（支付 6 个月的债券利息。）			

到期日偿还 100 000 美元本金时应做如下会计分录：

20Y9 年 12 月	31 日	应付债券		100 000	
		现金			100 000
		（在到期日偿还本金。）			

例 14-2　按面值发行债券

在 1 月 1 日，即会计年度的第一天，公司发行面值为 1 000 000 美元，利率为 6%，半年付息且每次付息 30 000 美元（1 000 000×6%×1/2）的 5 年期债券，收到现金 1 000 000 美元。编制分录以记录（a）按面值发行债券，（b）6 月 30 日的第一笔利息支付，（c）到期日的本金支付。

解答：

a. 借：现金		1 000 000
贷：应付债券		1 000 000
b. 借：利息费用		30 000
贷：现金		30 000
c. 借：应付债券		1 000 000
贷：现金		1 000 000

折价发行债券

如果市场利率高于债券票面利率，债券将折价出售。这是因为投资者不愿意支付全部面值去购买票面利率低于市场利率的债券。债券面值与实际售价之间的差额即债券折价。

为详细说明，现假设西怀俄明公司在 20Y5 年 1 月 1 日发行如下债券：

面值	$ 100 000
票面利率	12%
付息周期	半年，6 月 30 日和 12 月 31 日付息
债券期限	5 年
市场利率	13%

因为票面利率低于市场利率，所以债券将折价出售。假设该债券售价为 96 406 美元，则记录其发行的分录如下：

20Y5 年 1 月	1 日	现金		96 406	
		应付债券折价		3 594	
		应付债券			100 000
		（折价发行 100 000 美元债券。）			

96 406 美元是投资者愿意支付的用于购买票面利率为 12%（市场利率为 13%）的债券的金额。折价是市场补偿票面利率低于市场利率的一种方式。

应付债券折价账户是应付债券的备抵账户，该账户一般有借方余额。债券面值减去未摊销的折价或加上未摊销的溢价即应付债券的账面价值。因此，根据上面的分录，应付债券的账面价值是 96 406 美元（100 000-3 594）。

例 14-3　折价发行债券

在会计年度的第一天，公司发行面值为 1 000 000 美元，利率为 6%，半年付息且每次付息 30 000 美元（1 000 000×6%×1/2）的 5 年期债券，收到现金 936 420 美元。编制分录以记录该债券的发行。

解答：

借：现金		936 420	
应付债券折价		63 580	
贷：应付债券			1 000 000

摊销债券折价

每隔一段时间必须减少一部分应付债券折价并增加本期的利息费用，该过程称为摊销。通过摊销，债券的票面利率将提高到债券发行日的市场利率。摊销债券折价的会计分录如下：

		利息费用		×××	
		应付债券折价			×××

上面的分录可作为调整分录每年做一次，也可以与半年一次的付息结合在一起。后一种情况的分录如下：

		利息费用		×× ×	
		应付债券折价			×× ×
		现金（半年利息金额）			×× ×

用直线法计算债券折价的摊销额。在直线法下，每期摊销的金额相同。例如，西怀俄明公司 3 594 美元的折价摊销如下：

应付债券折价	$ 3 594
债券期限	5 年
半年摊销额	$ 359.4（$ 3 594/10 期）

第一次付息及折价摊销的综合分录如下：

20Y5 年 6 月	30 日	利息费用		6 359.40	
		应付债券折价			359.40
		现金			6 000.00
		（支付半年利息并摊销 1/10 的债券折价。）			

上面的分录在每个付息日编制一次。因此，债券半年的利息费用（6 359.40 美元）在债券有效期内始终保持相等。

折价摊销的作用是在每半年一次的付息日将利息费用从 6 000.00 美元增加到 6 359.40 美元。实际上，这将债券的票面利率从 12% 增加到接近 13% 的市场利率。此外，在折价摊销的过程中，债券的账面价值也在随之增加，直至在到期日与面值相等。

例 14-4　折价摊销

与例 14-3 中的债券相同，编制债券的第一次付息和折价摊销的分录。

解答：

借：利息费用	36 358
贷：应付债券折价	6 358
现金	30 000
（支付利息并摊销债券折价（63 580/10）。）	

溢价发行债券

如果市场利率低于债券票面利率，债券将以高于面值的价格出售。这是因为投资者愿意为票面利率高于市场利率的债券支付更高的价格。

为了更好地进行解释，现假设 20Y5 年 1 月 1 日北爱达荷州运输公司发行了以下债券：

| 面值 | $ 100 000 |

票面利率	12%
付息周期	半年，6 月 30 日和 12 月 31 日付息
债券期限	5 年
市场利率	11%

因为票面利率高于市场利率，所以债券将以高于其面值的价格出售。假设此债券售价为 103 769 美元，记录其发行的会计分录如下：

20Y5 年 1 月	1 日	现金		103 769	
		应付债券			100 000
		应付债券溢价			3 769
		（溢价发行 100 000 美元的债券。）			

3 769 美元的溢价是投资者为了得到这只票面利率（12%）高于市场利率（11%）的债券所愿意支付的额外费用。溢价是市场调低票面利率至市场利率的一种方式。

应付债券溢价账户一般有贷方余额。溢价加债券面值即债券的账面价值。因此，由上面的分录可知，应付债券的账面价值是 103 769 美元（100 000+3 769）。

例 14-5　溢价发行债券

在会计年度的第一天，公司发行面值为 2 000 000 美元，利率为 12%，半年付息且每次付息 120 000 美元（2 000 000×12%×1/2）的 5 年期债券，收到现金 2 154 440 美元。编制分录以记录该债券的发行。

解答：

借：现金　　　　　　　　　　　　　　　　　　　　　　　　　　　　　　2 154 440
　　贷：应付债券溢价　　　　　　　　　　　　　　　　　　　　　　　　154 440
　　　　应付债券　　　　　　　　　　　　　　　　　　　　　　　　　2 000 000

摊销债券溢价

与债券折价类似，债券溢价也必须在债券有效期内进行摊销。对债券溢价的摊销使该债券的票面利率逐渐降低到发行日债券的市场利率。债券溢价的摊销可以使用直线法也可以使用实际利率法。摊销溢价的分录如下：

		应付债券溢价		×××	
		利息费用			×××

上面的分录可作为调整分录每年做一次，也可以与半年一次的付息相结合。后一种情况的分录如下：

		利息费用		×××	
		应付债券溢价		×××	
		现金（半年利息金额）			×××

为了更好地解释说明，我们用直线法计算前面 3 769 美元溢价的摊销：

应付债券溢价	$ 3 769
债券期限	5 年
半年摊销额	$ 376.90（$ 3 769/10 期）

第一次支付利息和摊销溢价的综合分录如下：

20Y5 年 6 月	30 日	利息费用		5 623.10	
		应付债券溢价		376.90	
		现金			6 000.00
		（支付半年利息并摊销 1/10 的债券溢价。）			

上面的分录在每个付息日做一次。因此，债券半年利息费用（5 623.10 美元）在债券有效期内始终保持相同。

溢价摊销的作用是将利息费用从 6 000.00 美元减少至 5 623.10 美元。实际上，这使债券的票面利率从 12% 减少到接近 11% 的市场利率。此外，在溢价摊销的过程中，债券的账面价值也随之减少，直至在到期日与面值相等。

例 14-6　溢价摊销

与例 14-5 中的债券相同，编制债券的第一次付息和溢价摊销的分录。

解答：

借：利息费用	104 556
应付债券溢价	15 444
贷：现金	120 000

（支付利息并摊销债券溢价 154 440/10。）

债券赎回

公司可以在债券到期日之前赎回债券。债券赎回经常发生在市场利率下降至低于票面利率的情况下。这时，公司可能会以一个较低的利率发行新债券并用所得收益赎回初始发行的债券。

公司可以在有效期内按合同中规定的价格赎回其发行在外的可赎回债券。一般而言，赎回价格高于债券面值。公司也可以以在公开市场购买的方式赎回债券。

公司常常以不同于债券账面价值的价格赎回债券。债券赎回时的收益和损失以下列形式实现：

（1）若公司为赎回债券所支付的价格低于债券账面价值，确认收益。

（2）若公司为赎回债券所支付的价格高于债权账面价值，确认损失。

债券赎回所产生的收益和损失要在利润表的其他收入（损失）部分列报。

为了更好地解释说明，假设在 20Y5 年 6 月 30 日，公司发行在外的债券如下：

债券面值	$ 100 000
应付债券溢价	$ 4 000

20Y5 年 6 月 30 日，公司在市场上以 24 000 美元的价格赎回其 1/4（25 000 美元）的债券。记录该赎回的分录为：

20Y5 年 6 月	30 日	应付债券		25 000	
		应付债券溢价		1 000	
		现金			24 000
		赎回债券收益			2 000
		（以 24 000 美元赎回 25 000 美元的债券。）			

在上面的分录中，只减少了与被赎回债券相关的那部分溢价（4 000×25%＝1 000）。赎回债券的账面价值 26 000 美元（25 000＋1 000）与赎回债券支付的价格 24 000 美元之间的差额确认为收益。

假设公司在 20Y5 年 7 月 1 日以 79 500 美元的价格从私人投资者手里赎回剩余的 75 000 美元的债券。赎回债券的分录如下：

20Y5 年 7 月	1 日	应付债券		75 000	
		应付债券溢价		3 000	
		赎回债券损失		1 500	
		现金			79 500
		（以 79 500 美元赎回 75 000 美元的债券。）			

例 14-7　应付债券的赎回

某公司发行在外的债券面值为 500 000 美元，未摊销折价为 40 000 美元，现以 475 000 美元赎回。编制赎回债券的分录。

解答：

借：应付债券　　　　　　　　　　　　　　　　　　　　　　　500 000
　　赎回债券损失　　　　　　　　　　　　　　　　　　　　　 15 000
　贷：应付债券折价　　　　　　　　　　　　　　　　　　　　　　40 000
　　　现金　　　　　　　　　　　　　　　　　　　　　　　　　 475 000

14.4　分期付款票据

公司常常发行债券以进行融资，此外，公司也可以发行分期付款票据。**分期付款票据**（installment note）是要求债务人在票据期限内定期向债权人支付等额报酬的一种债务。与债券不同的是，每次偿还包括以下内容：

（1）一部分最初借入的本金；

（2）未偿还余额的利息。

在票据到期时，票据本金也应全额偿还。

分期付款票据经常用于购买如设备这样的专项资产，也经常以所购买的资产作为担保。当票据以一项资产作为担保时，则该票据是**抵押票据**（mortgage note）。如果债务人无力偿付该抵押票据，债权人有权占有已抵押资产并将其出售以抵债。抵押票据通常由银行发行。

发行分期付款票据

在发行分期付款票据时，会计分录应借记现金账户并贷记应付票据账户。为了解释说明，现假设路易斯公司在 20Y4 年 1 月 1 日向国民城市银行发行了如下分期付款票据：

票据本金	$ 24 000
利率	6%
票据期限	5 年
年支付额	$ 5 698

记录该票据发行的分录如下：

20Y4 年 1 月	1 日	现金		24 000	
		应付票据			24 000
		（发行分期付款票据筹集现金。）			

年支付额

前面提到的应付票据要求路易斯公司从 20Y4 年 12 月 31 日起，在之后的 5 年里每年偿还 5 698 美元的等额本息。与债券不同的是，每笔分期付款中既包含利息又包含一部分本金。

分期付款中的利息部分是按照利率乘以票据期初账面价值来计算的。分期付款中的本金部分则是分期付款额（现金支付）与利息部分的差额。这些计算将在图表 14–4 中进行说明。

图表 14-4　分期付款票据的摊销

截至 12 月 31 日的会计年度	A 1 月 1 日 账面价值	B 分期付款额 （现金支付）	C 利息费用（1 月 1 日 票据账面价值的 6%）	D 应付票据减少额 （B−C）	E 12 月 31 日 账面价值（A−D）
20Y4	$ 24 000	$ 5 698	$ 1 440	$ 4 258	$ 19 742
20Y5	19 742	5 698	1 185	4 513	15 229
20Y6	15 229	5 698	914	4 784	10 445
20Y7	10 445	5 698	627	5 071	5 374
20Y8	5 374	5 698	324*	5 374	—
		$ 28 490	$ 4 490	$ 24 000	

* 5 374−5 698。

（1）20Y4 年 1 月 1 日，账面价值（A 列）等于从银行借入的金额。接下来每年 1 月 1 日的期初账面余额等于上一年 12 月 31 日的期末账面余额。

（2）分期付款（B 列）保持固定值 5 698 美元，即银行要求的年分期付款额。

（3）利息费用（C 列）按当年期初账面余额乘以 6% 计算。因为账面余额逐年递减，所以利息费用也逐年递减。

（4）应付票据随着本金的偿还（D列）而逐渐减少。本金偿还额由分期付款额（B列）减去利息费用（C列）得到。每期的本金偿还额（D列）随着利息费用（C列）的减少而增加。

（5）应付票据在 12 月 31 日的期末账面余额（E列）从最初借入的 24 000 美元减少至 0 美元。

20Y4 年 12 月 31 日第一次分期付款的分录为：

20Y4 年 12 月	31 日	利息费用		1 440	
		应付票据		4 258	
		现金			5 698
		（分期支付本金和利息。）			

20Y5 年 12 月 31 日第二次分期付款的分录如下：

20Y5 年 12 月	31 日	利息费用		1 185	
		应付票据		4 513	
		现金			5 698
		（分期支付本金和利息。）			

如前面两笔分录所示，每年的现金支付额相等。然而，利息和本金偿还额每年都在发生变化。这是因为随着本金的偿还，应付票据的账面余额在不断减少，这也就使得次年的利息费用相应地减少。

20Y8 年 12 月 31 日最后一次分期付款的分录如下：

20Y8 年 12 月	31 日	利息费用		324	
		应付票据		5 374	
		现金			5 698
		（分期支付本金和利息。）			

最后一次分期付款后，应付票据的账面余额为 0，说明应付票据已全额偿还。同时，所有作为抵押的资产也将被银行解除抵押。

例 14-8　编制与分期付款票据相关的分录

会计年度的第一天，公司发行了面值为 30 000 美元，利率为 10% 的 5 年期分期付款票据。该票据要求每年分期付款 7 914 美元。第一次分期付款中包含 3 000 美元利息和 4 914 美元本金。

a. 编制分期付款票据发行时的分录。

b. 编制第一次分期付款时的分录。

解答：

a. 借：现金　　　　　　　　　　　　　　　　　　　　　　　　　　　　　30 000

　　贷：应付票据　　　　　　　　　　　　　　　　　　　　　　　　　　　　30 000

b. 借：利息费用　　　　　　　　　　　　　　　　　　　　　　　　　　　3 000

　　　应付票据　　　　　　　　　　　　　　　　　　　　　　　　　　　4 914

　　贷：现金　　　　　　　　　　　　　　　　　　　　　　　　　　　　　　7 914

14.5 报告长期负债

应付债券和应付票据在资产负债表上被报告为负债。任何在一年内（含）到期的应付债券和票据都被报告为流动负债。其余应付债券和票据则被报告为长期负债。

未摊销的溢价被报告为债券面值的增加额，未摊销的折价被报告为债券面值的减少额。债券和票据的有关说明也应该报告在财务报表的正文或附注中。

莫宁·乔公司对应付债券和应付票据的报告如下：

莫宁·乔公司 资产负债表 20Y6 年 12 月 31 日		
流动负债：		
应付账款	$ 133 000	
应付票据（流动部分）	200 000	
应付职工薪酬	42 000	
应付工资税	16 400	
应付利息	40 000	
流动负债合计		$ 431 400
长期负债：		
应付债券（8%，2030 年 12 月 31 日到期）	$ 500 000	
未摊销折价	（16 000）	$ 484 000
应付票据		1 400 000
长期负债合计		1 884 000
负债合计		2 315 400

14.6 财务分析和解释：利息保障倍数

我们已经讨论过，公司的资产受制于债权人的要求权和所有者的所有权。作为债权人，债券持有人主要关心的是公司定期支付利息和到期偿还面值的能力。

分析师通过计算本年的**利息保障倍数**（number of times interest charges are earned）来评估债券持有人无法获得利息的风险。利息保障倍数的计算公式如下：

$$利息保障倍数 = \frac{税前利润 + 利息费用}{利息费用}$$

这个比率显示了当年的利润足够用来支付多少倍的利息，衡量了公司支付利息的能力。因为支付利息费用可以降低公司的所得税费用，所以该公式用税前利润进行计算。比率较高被认定为有利；比率较低被认定为不利。当比率小于 1.0 时，表明公司的税前利润无法覆盖利息支出，并很有可能导致债务违约。

为了更好地说明，下面以四大碳酸饮料公司（百事公司、可口可乐公司、胡椒博士集团、怪兽饮料公司）的年报数据为基础，进行解释说明（单位：千美元）。

	百事公司	可口可乐公司	胡椒博士集团	怪兽饮料公司
利息费用	$ 909 000	$ 483 000	$ 109 000	$ 1 676
税前利润	8 757 000	9 325 000	1 073 000	745 788

这四家公司的利息保障系数，如下所示：

	百事公司	可口可乐公司	胡椒博士集团	怪兽饮料公司
利息费用	$ 909 000	$ 483 000	$ 109 000	$ 1 676
税前利润	8 757 000	9 325 000	1 073 000	745 788
合计	$ 9 666 000	$ 9 808 000	$ 1 182 000	$ 747 464
利息保障倍数	10.6*	20.3**	10.8***	446.0****

* 9 666 000/909 000；

** 9 808 000/483 000；

*** 1 182 000/109 000；

**** 747 464/1 676。

虽然怪兽饮料公司比其他三家饮料公司规模小，但是该公司的利息保障倍数为446.0，远高于其他三家公司。这是因为怪兽饮料公司没有长期债务，只有少量的短期银行贷款。在其他三大饮料公司中，可口可乐公司的利息保障倍数是百事公司和胡椒博士集团的两倍。比率都超过10，说明这四家公司的税前利润都足以覆盖和支付利息，因此即使收益下降，这些公司的债券持有人也可以得到极好的保护。

例 14-9　利息保障倍数

哈里斯工业公司在 20Y7 年和 20Y6 年的利润表中报告了以下信息：

	20Y7 年	20Y6 年
利息费用	$ 200 000	$ 180 000
税前利润	1 000 000	720 000

a. 计算 20Y7 年和 20Y6 年的利息保障倍数。

b. 该公司的利息保障倍数是增大了还是减小了？

解答：

a. 20Y7 年：

利息保障倍数 =（1 000 000+200 000）/200 000=6.0

20Y6 年：

利息保障倍数 =（720 000+180 000）/180 000=5.0

b. 利息保障倍数已从 20Y6 年的 5.0 增长到了 20Y7 年的 6.0。因此，债权人对公司付息能力的信心增强了。

附录 1：现值的概念和应付债券的定价

公司发行债券时，投资者愿意为债券支付的价格取决于下面这些因素：

（1）债券的面值，即到期日的金额；

（2）债券的定期利息；

（3）市场利率。

投资者用市场利率计算债券未来现金收入的现值，然后决定其愿意为该债券支付的金额。债券的未来现金收入包括定期利息和到期日收到的面值。

现值的概念

现值的概念是建立在货币的时间价值之上的。货币的时间价值概念认为今天 1 美元的价值大于未来 1 美元的价值。

试想，你更愿意今天拥有 1 000 美元，还是 1 年后拥有 1 000 美元呢？回答是更愿意今天拥有 1 000 美元，因为可以用它进行投资并赚取利息。举例来说，如果 1 000 美元用于投资且每年可赚取 10% 的利息，那么 1 年后它将变成 1 100 美元（1 000 美元本金 +100 美元利息）。从这个意义上讲，你可以认为今天所拥有的 1 000 美元就是 1 年后收到的 1 100 美元的**现值**（present value）。图表 14-5 解释了现值的概念。

图表 14-5　现值和终值

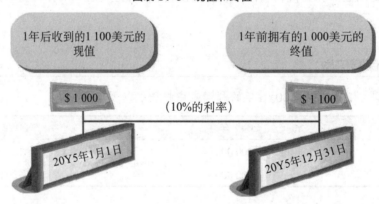

与现值相对的概念是**终值**（future value）。仍然用前面的例子说明，假设利率是 10%，那么 20Y5 年 12 月 31 日收到的 1 100 美元就是 20Y5 年 1 月 1 日拥有的 1 000 美元的终值。

资金的现值

为了解释资金的现值，假设 1 年后将收到 1 000 美元。若市场利率是 10%，那么这 1 000 美元的现值是 909.09 美元（1 000/1.10），如图表 14-6 所示。

如果 2 年后收到 1 000 美元，按 10% 的复利计息，则其现值是 826.45 美元（909.09/1.10），如图表 14-7 所示。

未来收到资金的现值可通过图表 14-5、图表 14-6、图表 14-7 所示的一系列除法计算得到。而在实际中，使用现值系数表会更加简单方便。

在现值系数表中，我们可以找到未来多个年度收到的 1 美元的现值系数。未来收到的资金乘以相应的现值系数即为资金的现值。

图表 14-6　1 年后收到资金的现值

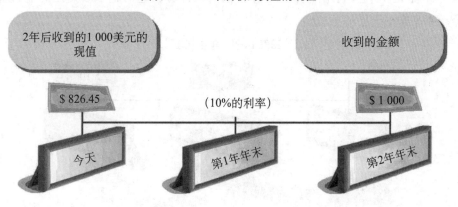

图表 14-7　2 年后收到资金的现值

举例来说，图表 14-8 展示了现值系数表的一部分。从图表 14-8 中可以看出，在市场利率是 10% 的情况下，2 年后收到的 1 美元的现值是 0.826 45 美元。用 2 年后收到的 1 000 美元乘以系数 0.826 45 得到 826.45 美元（1 000×0.826 45）。这个金额与前面例子中计算的金额相同。在图表 14-8 中，期数列表示复利计算的期数，百分比列表示每个时期的复利值。因此，图表 14-8 中 12% 的利率和 5 年所对应的现值系数是 0.567 43。如果按半年复利计算，则利率是 6%（12%/2），计息期是 10 期（5 年 × 2 期/年）。因此，图表 14-8 中 6% 的利率和 10 期所对应的现值系数是 0.558 39。

图表 14-8　复利现值系数表

期数	4%	4.5%	5%	5.5%	6%	6.5%	7%	10%	11%	12%	13%
1	0.961 54	0.956 94	0.952 38	0.947 87	0.943 40	0.938 97	0.934 58	0.909 09	0.900 90	0.892 86	0.884 96
2	0.924 56	0.915 73	0.907 03	0.898 45	0.890 00	0.881 66	0.873 44	0.826 45	0.811 62	0.797 19	0.783 15
3	0.889 00	0.876 30	0.863 84	0.851 61	0.839 62	0.827 85	0.816 30	0.751 31	0.731 19	0.711 78	0.693 05
4	0.854 80	0.838 56	0.822 70	0.807 22	0.792 09	0.777 32	0.762 90	0.683 01	0.658 73	0.635 52	0.613 32
5	0.821 93	0.802 45	0.783 53	0.765 13	0.747 26	0.729 88	0.712 99	0.620 92	0.593 45	0.567 43	0.542 76
6	0.790 31	0.767 90	0.746 22	0.725 25	0.704 96	0.685 33	0.666 34	0.564 47	0.534 64	0.506 63	0.480 32
7	0.759 92	0.734 83	0.710 68	0.687 44	0.665 06	0.643 51	0.622 75	0.513 16	0.481 66	0.452 35	0.425 06
8	0.730 69	0.703 19	0.676 84	0.651 60	0.627 41	0.604 23	0.582 01	0.466 51	0.433 93	0.403 88	0.376 16
9	0.702 59	0.672 90	0.644 61	0.617 63	0.591 90	0.567 35	0.543 93	0.424 10	0.390 92	0.360 61	0.332 88
10	0.675 56	0.643 93	0.613 91	0.585 43	0.558 39	0.532 73	0.508 35	0.385 54	0.352 18	0.321 97	0.294 59

下面展示的是使用图表 14-8 中数据的一些例子。

	期数	利率	复利现值系数
10%，2 年，一年计息	2	10%	0.826 45
10%，2 年，半年计息	4	5%	0.822 70
10%，3 年，半年计息	6	5%	0.746 22
12%，5 年，半年计息	10	6%	0.558 39

定期收益的现值

相同的时间间隔产生的一系列相等的现金收入称为**年金**（annuity）。**年金现值**（present value of an annuity）是指每笔现金收入的现值之和。为了解释说明，现假设在未来的两年里，每年年末将收到 100 美元，市场利率是 10%。利用图表 14-8，我们可以计算出这两笔 100 美元资金的现值是 173.55 美元，如图表 14-9 所示。

图表 14-9　年金现值

两年内每年年末收到的100美元按10%复利计息的现值（四舍五入到美分）

在年金现值的实际计算中，我们没有必要如图表 14-8 所示分别计算每笔现金流的现值再求和，年金现值也可以一步计算完成。利用如图表 14-10 所示的年金现值系数表，所有年金的现值都可以通过年金乘以年金现值系数的方式求得。

图表 14-10　年金现值系数表

期数	4%	4.5%	5%	5.5%	6%	6.5%	7%	10%	11%	12%	13%
1	0.961 54	0.956 94	0.952 38	0.947 87	0.943 40	0.938 97	0.934 58	0.909 09	0.900 90	0.892 86	0.884 96
2	1.886 09	1.872 67	1.859 41	1.846 32	1.833 39	1.820 63	1.808 02	1.735 54	1.712 52	1.690 05	1.668 10
3	2.775 09	2.748 96	2.723 25	2.697 93	2.673 01	2.648 48	2.624 32	2.486 85	2.443 71	2.401 83	2.361 15
4	3.629 90	3.587 53	3.545 95	3.505 15	3.465 11	3.425 80	3.387 21	3.169 87	3.102 45	3.037 35	2.974 47
5	4.451 82	4.389 98	4.329 48	4.270 28	4.212 36	4.155 68	4.100 20	3.790 79	3.695 90	3.604 78	3.517 23
6	5.242 14	5.157 87	5.075 69	4.995 53	4.917 32	4.841 01	4.766 54	4.355 26	4.230 54	4.111 41	3.997 55
7	6.002 05	5.892 70	5.786 37	5.682 97	5.582 38	5.484 52	5.389 29	4.868 42	4.712 20	4.563 76	4.422 61
8	6.732 74	6.595 89	6.463 21	6.334 57	6.209 79	6.088 75	5.971 30	5.334 93	5.146 12	4.967 64	4.796 77
9	7.435 33	7.268 79	7.107 82	6.952 20	6.801 69	6.656 10	6.515 23	5.759 02	5.537 05	5.328 25	5.131 66
10	8.110 90	7.912 72	7.721 73	7.537 63	7.360 09	7.188 83	7.023 58	6.144 57	5.889 23	5.650 22	5.426 24

因此，未来两年每年 100 美元的年金按 10% 的利率计算的现值是 173.55 美元（100×1.735 54）。这个结果与上面用复利现值系数计算的结果相同。

债券定价

债券的售价是由以下现金流的现值之和决定的：

（1）到期日支付的债券面值；

（2）债券的定期利息。

市场利率可用来计算债券面值和定期利息的现值。

为了说明债券的定价，现假设南犹他州通信公司在 1 月 1 日发行了如下债券：

面值	$ 100 000
票面利率	12%
付息周期	半年，每年 6 月 30 日和 12 月 31 日付息
债券期限	5 年

市场利率 = 12%

假设市场利率是 12%，则该债券将按面值出售。根据下面对现值的计算，该债券的售价为 100 000 美元。

5 年后收到的面值的现值，按 12% 的市场利率半年复利计算：

$ 100 000×0.558 39（图表 14-8 中 6%，10 期对应的复利现值系数）　　$ 55 839

10 期半年利息（$ 6 000）的现值，按 12% 的市场利率半年复利计算：

$ 6 000×7.360 09（图表 14-10 中 6%，10 期对应的年金现值系数）　　$ 44 161

债券总现值　　$ 100 000

市场利率 = 13%

假设市场利率是 13%，则该债券将折价出售。根据以下对现值的计算可知债券的售价为 96 406 美元。

5 年后收到的面值的现值，按 13% 的市场利率半年复利计算：

$ 100 000×0.532 73（图表 14-8 中 6.5%，10 期对应的复利现值系数）　　$ 53 273

10 期半年利息（$ 6 000）的现值，按 13% 的市场利率半年复利计算：

$ 6 000×7.188 83（图表 14-10 中 6.5%，10 期对应的年金现值系数）　　$ 43 133

债券总现值　　$ 96 406

市场利率 = 11%

假设市场利率是 11%，则该债券将溢价出售。根据以下对现值的计算可知债券的售价为 103 769 美元。

5 年后收到的面值的现值，按 11% 的市场利率半年复利计算：

$ 100 000×0.585 43（图表 14-8 中 5.5%，10 期对应的复利现值系数）　　$ 58 543

10 期半年利息（$ 6 000）的现值，按 11% 的市场利率半年复利计算：

$ 6 000×7.537 63（图表 14-10 中 5.5%，10 期对应的年金现值系数）　　$ 45 226

债券总现值   <u>$ 103 769</u>

如上所示，债券的价格随着面值和各期利息的现值以及市场利率的变化而变化。

附录 2：实际利率摊销法

实际利率摊销法是摊销债券折价或溢价的另一种方法，使用该方法在债券有效期内按照一个固定的利率计算利息费用。随着折价和溢价的摊销，债券的账面价值发生变化，因此每期的利息费用也会发生变化。这与直线法恰好相反，使用直线法每期可得到一个固定的利息费用。

实际利率摊销法中用到的利率是债券发行日的市场利率。债券的账面价值乘以该利率得到当期的利息费用。利息费用与实际支付的利息之间的差额是当期折价或溢价的摊销额。

实际利率法摊销折价

为了解释说明，摘取本章中有关折价发行债券的数据如下：

债券面值（12%，5 年期，半年复利计息）	$ 100 000
市场利率（13%）下的债券现值	（96 406）
应付债券折价	<u>$ 3 594</u>

图表 14-11 显示了上述债券用实际利率法摊销折价的过程。图表 14-11 中有六列，第一列未标注字母，剩余列由 A 至 E 依次标注。表格的编制工作如下：

第一步：将利息支付日期填入第一列，对于上述债券而言有 10 个利息支付日（5 年 ×2 次 / 年）。同时，在第一行的 D 列填入折价的期初金额，在 E 列填入债券的期初账面价值（债券售价）。

第二步：在 A 列填入半年期的利息支付额，对于以上债券而言，利息是 6 000 美元（100 000×6%）。

第三步：在 B 列填入利息费用，利息费用等于债券的期初账面价值乘以 6.5%（13%/2）。

第四步：在 C 列用当期的利息费用（B 列）减去利息支付额 6 000 美元（A 列），计算每期摊销的折价。

第五步：用期初未摊销的折价（D 列）减去已摊销的折价（C 列），计算未摊销的折价。

第六步：用债券面值（100 000 美元）减去期末未摊销的折价（D 列），计算债券的期末账面价值。

每期支付利息时重复第三步至第六步。

如图表 14-11 所示，债券账面价值增加的同时每期利息费用也在增加。并且，每期未摊销的折价逐渐减少，在债券到期日降为 0。最终，债券的账面价值 96 406 美元增长至到期日的 100 000 美元（面值）。

图表 14-11 应付债券折价的摊销

利息支付日	A 利息支付额 （面值×6%）	B 利息费用 （债券账面价值×6.5%）	C 折价摊销 （B-A）	D 未摊销折价 （D-C）	E 债券账面价值 （$100 000-D）
				$ 3 594	$ 96 406
20Y5 年 6 月 30 日	$ 6 000	$ 6 266（6.5%×$ 96 406）	$ 266	3 328	96 672
20Y5 年 12 月 31 日	6 000	6 284（6.5%×$ 96 672）	284	3 044	96 956
20Y6 年 6 月 30 日	6 000	6 302（6.5%×$ 96 956）	302	2 742	97 258
20Y6 年 12 月 31 日	6 000	6 322（6.5%×$ 97 258）	322	2 420	97 580
20Y7 年 6 月 30 日	6 000	6 343（6.5%×$ 97 580）	343	2 077	97 923
20Y7 年 12 月 31 日	6 000	6 365（6.5%×$ 97 923）	365	1 712	98 288
20Y8 年 6 月 30 日	6 000	6 389（6.5%×$ 98 288）	389	1 323	98 677
20Y8 年 12 月 31 日	6 000	6 414（6.5%×$ 98 677）	414	909	99 091
20Y9 年 6 月 30 日	6 000	6 441（6.5%×$ 99 091）	441	468	99 532
20Y9 年 12 月 31 日	6 000	6 470（6.5%×$ 99 532）	468*	—	100 000

* 不能超过未摊销折价。

记录 20Y5 年 6 月 30 日第一次支付利息和摊销折价的分录如下：

20Y5 年 6 月	30 日	利息费用		6 266	
		应付债券折价			266
		现金			6 000
		（支付半年期的利息并摊销债券折价。）			

如果摊销只在年末记录，那么 20Y5 年 12 月 31 日应摊销的折价为 550 美元。由图表 14-11 可知，这是两个半年期的摊销额之和（266 美元 +284 美元）。

实际利率法摊销溢价

为了解释说明，摘取本章中有关溢价发行债券的数据如下：

市场利率（11%）下的债券现值	$ 103 769
债券面值（12%，5 年期，半年复利计息）	（100 000）
应付债券溢价	$ 3 769

图表 14-12 显示了上述债券用实际利率法摊销溢价的过程。图表 14-12 中有六列，第一列未标注字母，剩余列由 A 至 E 依次标注。表格的编制工作如下：

第一步：将利息支付日期填入第一列，就以上债券而言有 10 个利息支付日（5 年 ×2 次 / 年）。同时，在第一行的 D 列填入溢价的期初金额，在 E 列填入债券的期初账面价值（债券售价）。

第二步：在 A 列填入半年期的利息支付额，对于以上债券而言，利息是 6 000 美元（100 000×6%）。

第三步：在 B 列填入利息费用，利息费用等于债券的期初账面价值乘以 5.5%（11%/2）。

第四步：在 C 列用当期的利息支付额 6 000 美元（A 列）减去利息费用（B 列），计算每期摊销的溢价。

第五步：用期初未摊销的溢价（D 列）减去已摊销的溢价（C 列），计算未摊销的溢价。

第六步：用债券面值（100 000 美元）加上期末未摊销的溢价（D 列），计算债券的期末账面价值。

每期支付利息时重复第三步至第六步。

如图表 14-12 所示，债券账面价值减少的同时每期利息费用也在减少。并且，每期未摊销的溢价逐渐减少，在债券到期日降为 0。最终，债券的账面价值从 103 769 美元减少至到期日的 100 000 美元（面值）。

图表 14-12　应付债券溢价的摊销

利息支付日	A 利息支付额 （面值×6%）	B 利息费用 （债券账面价值×5.5%）	C 溢价摊销 （A−B）	D 未摊销溢价 （D−C）	E 债券账面价值 （$100 000+D）
				$ 3 769	$ 103 769
20Y5 年 6 月 30 日	$ 6 000	$ 5 707（5.5%×$ 103 769）	$ 293	3 476	103 476
20Y5 年 12 月 31 日	6 000	5 691（5.5%×$ 103 476）	309	3 167	103 167
20Y6 年 6 月 30 日	6 000	5 674（5.5%×$ 103 167）	326	2 841	102 841
20Y6 年 12 月 31 日	6 000	5 656（5.5%×$ 102 841）	344	2 497	102 497
20Y7 年 6 月 30 日	6 000	5 637（5.5%×$ 102 497）	363	2 134	102 134
20Y7 年 12 月 31 日	6 000	5 617（5.5%×$ 102 134）	383	1 751	101 751
20Y8 年 6 月 30 日	6 000	5 596（5.5%×$ 101 751）	404	1 347	101 347
20Y8 年 12 月 31 日	6 000	5 574（5.5%×$ 101 347）	426	921	100 921
20Y9 年 6 月 30 日	6 000	5 551（5.5%×$ 100 921）	449	472	100 472
20Y9 年 12 月 31 日	6 000	5 526（5.5%×$ 100 472）	472*	—	100 000

*不能超过未摊销溢价。

记录 20Y5 年 6 月 30 日第一次支付利息和摊销溢价的分录如下：

20Y5 年 6 月	30 日	利息费用		5 707	
		应付债券溢价		293	
		现金			6 000
		（支付半年期的利息并摊销债券溢价。）			

如果摊销只在年末记录，那么 20Y5 年 12 月 31 日应摊销的溢价为 602 美元。由图表 14-12 可知，这是两个半年期的摊销额之和（293 美元 +309 美元）。

练习题

EX 14-1 融资对每股收益的影响

多曼尼可公司是一家生产和销售自行车设备的公司，其融资信息如下：

应付债券（利率 6%，面值发行）	$ 5 000 000
优先股（股利 $ 2.00，面值 $ 100 ）	5 000 000
普通股（面值 $ 25 ）	5 000 000

所得税按收入的 40% 计算。

假设息税前利润为：（a）600 000 美元，（b）800 000 美元；（c）1 200 000 美元，请确认普通股的每股收益。

EX 14-2 评估备选的融资方案

根据 EX 14-1 中的数据，请说明在评估这些备选的融资方案时，除每股收益外，还应考虑哪些因素。

EX 14-5 发行债券的分录

托马斯公司生产和分销计算机制造需要的半导体，本年 5 月 1 日发行面值为 900 000 美元，利率为 7%，期限为 10 年的债券。该债券按面值发行，付息日为每年的 5 月 1 日和 11 月 1 日。公司的会计年度即日历年度。编制分录记录本年发生的下列交易：

5 月 1 日，按面值发行债券，筹集资金。

11 月 1 日，支付债券利息。

12 月 31 日，记录 2 个月的应计利息。

EX 14-7 发行债券和直线法摊销溢价的相关分录

斯麦丽公司是销售机器维修零部件的公司。在第 1 年的 4 月 1 日，斯麦丽公司发行了面值为 20 000 000 美元，利率为 9% 的 5 年期债券。债券发行时，市场利率为 8%，所以斯麦丽公司此次融资获得资金 20 811 010 美元。公司每半年付息一次，付息日为 4 月 1 日和 10 月 1 日。编制分录记录下列经济活动：

a. 4 月 1 日发行债券。

b. 10 月 1 日，第 1 个半年期付息和折价摊销（使用直线法），结果保留整数。

c. 解释为什么公司以 20 811 010 美元的价格发行债券，而不按面值（20 000 000 美元）发行。

EX 14-9 发行和赎回债券的相关分录以及收益

因迈尔公司是一家生产和销售风力发电设备的公司。在 20Y1 年 5 月 1 日公司发行了面值为 15 000 000 美元，利率为 9% 的 20 年期可赎回债券。该债券在每年的 5 月 1 日和 11 月 1 日付息。公司的会计年度即日历年度。编制分录记录下列交易：

20Y1 年：

5 月 1 日，按面值发行债券，筹集资金。

11 月 1 日，支付债券利息。

20Y5 年：

11 月 1 日，按照债券契约内规定的报价 96 赎回债券。（省略付息分录）

EX 14–11　分期付款票据的相关分录

在第 1 年的 1 月 1 日，卢扎克公司发行了面值为 120 000 美元，利率为 6%，期限 5 年的分期付款票据给 M 银行。该票据要求公司每年支付 28 488 美元的利息费用，第 1 个付息日为为第 1 年的 12 月 31 日。编制分录记录下列交易：

第 1 年：

1 月 1 日，按照面值发行票据。

12 月 31 日，支付第 1 年的票据款项，其中包含 7 200 美元的利息和 21 288 美元的本金。

第 4 年：

12 月 31 日，支付第 4 年的票据款项，其中包括 3 134 美元的利息，剩余部分为本金。

EX 14–13　列报债券

本年年初，有两只发行在外的债券：西蒙斯工业公司债券（利率 7%，期限 20 年）和亨特尔公司债券（利率 8%，期限 10 年）。本年内，西蒙斯工业公司债券被赎回，债券赎回产生的重大损失列示在利润表的商品销售成本中。年末，亨特尔公司的债券被列报为一项非流动负债。亨特尔公司的债券在第 2 年上半年到期。

请说明上述列报操作中的缺陷。

EX 14–15　利息保障倍数

卢米斯公司最近两年的利润表数据如下：

	本年	上年
利息费用	$ 13 500 000	$ 16 000 000
税前利润	310 500 000	432 000 000

a. 计算本年和上年的利息保障倍数，保留一位小数。

b. 利息保障倍数是升高了还是降低了？

EX 14–17　资金的现值

汤米·约翰在三年后将收到 1 000 000 美元。目前的市场利率为 10%。

a. 运用图表 14–8 所示的现值系数表，计算这笔资金的复利现值。

b. 为什么现值小于未来收到的 1 000 000 美元？

EX 14-19　年金现值

1 月 1 日，你中了 60 000 000 美元的彩票。60 000 000 美元的奖金将在 10 年内以分期付款的方式每年发放 6 000 000 美元到你的账户。每年的 12 月 31 日为奖金发放日。如果目前市场利率是 6%，计算奖金的现值。

综合题

PR 14-1A　融资对每股收益的影响

为了融得 18 000 000 美元的资金，公司管理者正在考虑三种融资方案。对每种方案而言，有价证券都将按它们的面值出售。公司所得税税率为 40%。

	方案一	方案二	方案三
债券（利率 8%）	—	—	$ 9 000 000
优先股（利率 4%，面值 $ 20）	—	$ 9 000 000	4 500 000
普通股（面值 $ 10）	$ 18 000 000	9 000 000	4 500 000
合计	$ 18 000 000	$ 18 000 000	$ 18 000 000

要求：

1. 若公司息税前利润为 2 100 000 美元，计算每种方案的普通股每股收益。
2. 若公司息税前利润为 1 050 000 美元，计算每种方案的普通股每股收益。
3. 讨论每种方案的优缺点。

案例分析题

CP 14-1　道德行为

CEG 资本公司是一家大型控股公司，通常使用长期债务为其运营提供资金。截至本年的 12 月 31 日，该公司总资产为 1 亿美元，总负债为 5 500 万美元，总权益为 4 500 万美元。本年 1 月，该公司按面值向投资者发行了 110 亿美元的长期债券。这是该公司历史上发行的最大规模的债务，这显著提高了公司总负债与总股本的比率。债券发行五天后，CEG 资本公司提交了法律文件，又准备增发 500 亿美元的长期债券。提交了这份文件之后，该公司本周早前发行的 110 亿美元债券的价格降至 94 亿美元，原因是与公司债务相关的风险增加。然而，最初购买 110 亿美元债券的投资者并不知晓该公司计划在首次债券发行后会迅速增发债券。

CEG 资本公司不向初始债券投资者披露其增发 500 亿美元债券的近期计划，是否违反职业道德？

第 **15** 章

投资与公允价值会计核算

如果你打算投资现金赚钱，可以将现金存入银行以赚取利息，还可以购买优先股或普通股，或者购买公司债券或国债。

普通股和优先股可以从股票交易所购得，比如纽约证券交易所（NYSE）。购买优先股一般是为了获得股利，购买普通股则是为了获得股利或者从股价上涨中获利。

公司债券和国债也可以从债券交易中心获得。购买债券主要是为了获得利息收入。

公司与个人的投资动机基本相同。比如，迪尔公司是一家农业和工程机械制造商，已将大约 4.37 亿美元的可用现金投资于股票和债券。迪尔公司持有这些投资以获取利息、股利或从投资标的的价格上涨中获益。

但是，与大多数个人不同的是，公司也会大量购买其他公司发行在外的普通股用作战略投资。例如，迪尔公司已向一些公司投资了超过 3.03 亿美元，以持有其已发行股份的 20%～50%。绝大多数投资对象是国际制造合作伙伴。

投资于债务证券和权益证券会产生一系列会计问题，我们将在本章中具体描述和解释这些问题。

学习目标

1. 描述公司为何投资于债务证券和权益证券。
2. 描述并举例说明债务投资的会计核算。
3. 描述并举例说明权益投资的会计核算。
4. 描述并举例说明财务报表中投资的计价与披露。
5. 描述公允价值的会计核算以及它对财务报表的影响。
6. 描述并举例说明股息收益率的计算。

15.1　公司为何投资

大多数公司通过经营业务获得现金。现金可以用在以下几个方面：

（1）投资于经常性业务；

（2）投资于短期项目以取得额外的收入；

（3）基于战略考虑投资于其他公司股票之类的长期项目。

现金投资于经常性业务

现金经常用来支持一家公司的经常性业务活动。比如，现金可用于重置毁坏的设备或者购买一台更加有效和高产的新设备。此外，现金还可以重新投入公司用于扩大经常性业务。比如，一家位于美国西北部的零售商可能决定在美国中部增设分店来扩大规模。

现金用于经常性业务的会计核算的描述与解释已经在前面章节提及。比如，第 10 章阐述了用现金购买不动产、厂房和设备。在本章中，我们将对用现金投资于短期项目以及其他公司股票的情况做描述与解释。

现金投资于短期项目

一家公司可能在短期内有一些富余的资金，即没有必要把全部资金投入经常性业务中。当公司有季节性经营周期时，通常会出现这种情况。比如，零售商的大部分商品在秋季的节假日出售，因此，在这段时间零售商的现金会大幅增长，而这些现金直到春季购买季之前都不是公司发展所必需的。

为了不让富余的现金闲置在支票账户中，大多数公司会将富余的现金投资于短期项目中。公司可投资于以下证券：

（1）**债务证券**（debt securities），包括债券和票据，有固定的利息收入和到期日。

（2）**权益证券**（equity securities），包括普通股和优先股，代表了对一家公司的所有权，没有固定的到期日。

投资于债务证券和权益证券，被定义为**投资**（investments）或者短期投资，它们被披露在资产负债表的流动资产部分。

短期投资的主要目的是：

（1）获取利息收入；

（2）获取股利；

（3）证券价格上升而实现利得。

对存款以及价值通常不变的其他证券的投资一般在资产负债表中披露为**现金及现金等价物**（cash and cash equivalents）。进行这些投资主要是为了获得利息收入。

现金投资于长期项目

公司可能将现金投资于债券以及其他公司的股票以作为一项长期投资。投资长期项目和短期项目的目的可能一致，但是长期投资经常涉及购买另一家公司相当多的股票。这些投资通常还具有战略目的，比如：

（1）**降低成本**：当一家公司收购另一家公司时，合并后的公司就可能减少管理费用。比如，合并后的公司不再需要两名 CEO 或两名 CFO。

（2）更换管理层：如果被收购公司管理不善，那么收购公司可能更换被收购公司的管理层，从而改善公司的运营状况，提升公司利润。

（3）扩大规模：一家公司收购另一家公司，可能是因为另一家公司拥有与其互补的产品生产线、特有的市场范围以及客户群。合并后的公司相比两家独立的公司能够更好地为客户服务。

（4）整合：公司可能通过收购一家供应商或者客户公司来整合经营。收购一家供应商可能会带来更加稳定的资源供应，而收购一家客户公司则能够为公司的产品或者服务提供稳定的消费市场。

15.2 债务投资的会计核算

债务证券包括公司和政府性组织发行的债券和票据。大多数公司都将富余的现金投资于债券以获取利息收入。

债务投资的会计处理涉及以下部分：

（1）债券的购买；

（2）利息收入；

（3）债券的出售。

债券的购买

债券的购买通过借记投资账户记录，以购买价（包括中介费）入账。如果债券在两个付息日之间购得，那么购买价包括上个付息日至购买日之间的应计利息。这是因为出售债券者才是这部分应计利息的拥有者，而这部分利息会被支付给新的购买者。

荷马公司在20Y6年3月17日按面值购买了18 000美元的美国国债，并额外支付了45天的应计利息。该债券的年利率为6%，分别在1月31日和7月31日支付。

记录购买该债券的分录如下：

20Y6年3月	17日	投资——美国国债		18 000	
		应收利息		135	
		现金			18 135
		（购买了18 000美元，年利率6%的美国国债。）			

如分录所示，因为荷马公司在3月17日购得债券，所以也同时购买了累计45天的应计利息（从1月31日到3月17日）。135美元应计利息的计算如下：

$$应计利息=18\,000\times6\%\times(45/360)=135（美元）$$

因此，135美元利息应借记应收利息账户，而18 000美元债券的购买价则借记投资账户。

利息收入

7月31日，荷马公司收到半年的债券利息540美元（18 000×6%×1/2）。这540美元的利息收入包括荷马公司在3月17日与债券一起购得的累计45天的应计利息。所以，荷马公司自债券购买日至7月31日共获得405美元（540-135）的利息收入，如图表15-1所示。

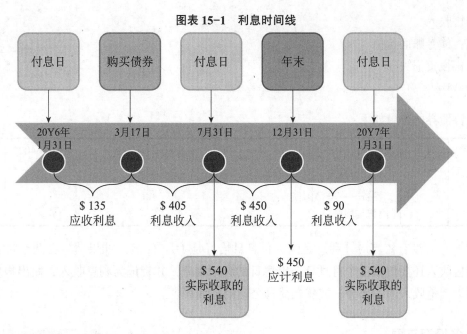

图表 15-1　利息时间线

7 月 31 日收到利息的分录记录如下：

20Y6 年 7 月	31 日	现金		540	
		应收利息			135
		利息收入			405
		（收到半年利息。）			

荷马公司的会计期末截止到 12 月 31 日。因此，如图表 15-1 所示，应该做一笔调整分录累计 5 个月 450 美元（18 000×6%×5/12）的应计利息。调整分录如下：

20Y6 年 12 月	31 日	应收利息		450	
		利息收入			450
		（应计 5 个月的利息。）			

20Y6 年 12 月 31 日，荷马公司 855 美元（405+450）的利息收入作为其他收入的一部分披露在利润表中。

20Y7 年 1 月 31 日，将收到的半年利息记录如下：

20Y7 年 1 月	31 日	现金		540	
		应收利息			450
		利息收入			90

债券的出售

出售债券通常会产生相应的利得或者损失。如果销售收入超过债券面值，则差额记录为出售利得；如果销售收入小于债券面值，则差额记录为出售损失。

20Y7 年 1 月 31 日，荷马公司按 98 的报价，即债券面值的 98% 出售债券，如下所示会有 360 美元的出售损失。

	销售收入	$ 17 640*
	减：债券账面价值	18 000
	出售投资损失	$ （360）

　　* 18 000×98%。

记录出售债券的分录如下：

20Y7 年 1 月	31 日	现金	17 640	
		出售投资损失	360	
		投资——美国国债		18 000
		（出售美国国债。）		

　　在出售债券时没有核算应计利息是因为付息日恰好是 1 月 31 日。如果债券在两个付息日之间出售，那么销售收入还要包括上个付息日至出售日的应计利息，并贷记为利息收入，而出售债券产生的损失则记录为其他收入的一部分，披露在荷马公司的利润表中。

例 15-1　债务投资交易

编制以下有关飞翔公司债务投资的分录。

1. 以 40 000 美元现金购买泰勒公司面值为 100 美元、年利率为 10% 的债券 400 张，并额外支付已累计的应计利息金额 500 美元。

2. 收到第一笔半年利息。

3. 以 102 美元的报价出售账面价值为 30 000 美元的债券，并额外收取累计的应计利息金额 110 美元。

解答：

1. 借：投资——泰勒公司债券　　　　　　　　　　　　　　　　　40 000
　　　应收利息　　　　　　　　　　　　　　　　　　　　　　　 500
　　　贷：现金　　　　　　　　　　　　　　　　　　　　　　　40 500

2. 借：现金（40 000×10%×1/2）　　　　　　　　　　　　　　　2 000
　　　贷：应收利息　　　　　　　　　　　　　　　　　　　　　 500
　　　　　利息收入　　　　　　　　　　　　　　　　　　　　　1 500

3. 借：现金　　　　　　　　　　　　　　　　　　　　　　　　30 710*
　　　贷：利息收入　　　　　　　　　　　　　　　　　　　　　 110
　　　　　出售投资利得　　　　　　　　　　　　　　　　　　　 600
　　　　　投资——泰勒公司债券　　　　　　　　　　　　　　　30 000

*销售收入（30 000×102%）	$ 30 600
应计利息	110
出售债券所获得的总收入	$ 30 710

15.3　权益投资的会计核算

公司也可能投资另一家公司的普通股或者优先股。投资另一家公司股票的公司称为**投资者**（investor），而被购买股票的公司则称为**被投资者**（investee）。

投资者所购买的股票占被投资公司发行在外股票总额的比例决定了投资者对被投资公司的控制程度。如图表 15-2 所示，这同时也决定了股票投资的会计核算方法。

图表 15-2　股票投资

投资者持股比例	投资者对被投资者的控制程度	会计核算方法
少于 20%	无控制	成本法
20%～50%	重大影响	权益法
大于 50%	控制	合并

成本法：少于 20% 的所有权

如果投资者的持股比例少于 20%，那么则认为投资者对被投资公司没有控制权。在这种情况下，投资者购买股票的主要目的是获取股利以及从股价上升中获得利得。

持股比例少于 20% 的股票投资用**成本法**（cost method）来核算。在成本法下，以下这些交易要用分录记录：

（1）股票的购买；

（2）股利的获得；

（3）股票的出售。

股票的购买

在成本法下，以实际成本确认账面价值。在购买过程中产生的任何佣金都作为成本的一部分。

假设 5 月 1 日，巴特公司以每股 49.9 美元的价格购买了丽萨公司 2 000 股普通股，并额外支付佣金 200 美元。相应的分录记录如下：

5 月	1 日	投资——丽萨公司股票		100 000	
		现金			100 000
		（购买丽萨公司 2 000 股普通股，49.90×2 000+200。）			

股利的获得

7 月 31 日，巴特公司收到丽萨公司的股利，每股 0.4 美元，分录记录如下：

7 月	31 日	现金		800	
		股利收入			800
		（收到丽萨公司的股利，0.40×2 000。）			

股利收入作为其他收入的一部分在巴特公司的利润表中披露。

股票的出售

股票的出售往往会产生利得或者损失。如果出售股票的收入超过股票的账面价值，则差额记录为利得；如果出售股票的收入低于股票的账面价值，则差额记录为损失。

巴特公司在 9 月 1 日以每股 54.50 美元的价格出售 1 500 股丽萨公司的股票，另外支付佣金 160 美元，从而共获得 6 590 美元的利得，具体计算如下：

销售收入	$ 81 590*
股票账面价值	75 000**
出售投资利得	$ 6 590

* （54.50×1 500）–160。
** （100 000/2 000）×1 500。

记录该笔交易的分录如下：

9 月	1 日	现金		81 590	
		出售投资利得			6 590
		投资——丽萨公司股票			75 000
		（出售 1 500 股丽萨公司的普通股。）			

出售投资利得也作为其他收入的一部分披露在巴特公司的利润表中。

例 15-2　股票投资交易

9 月 1 日，某公司以每股 24 美元的价格购买了莫伦公司 1 500 股股票，外加支付了 40 美元的佣金。10 月 14 日，公司收到莫伦公司的股利，每股 0.60 美元。11 月 11 日，公司以每股 20 美元的价格出售了 750 股莫伦公司的股票，另外支付了 45 美元的佣金。编制购买股票、获得股利以及出售股票的分录。

解答：

9 月 1 日　借：投资——莫伦公司股票（1 500×24+40）　　36 040
　　　　　　　贷：现金　　36 040
10 月 14 日　借：现金（1 500×0.60）　　900
　　　　　　　贷：股利收入　　900
11 月 11 日　借：现金（750×20−45）　　14 955
　　　　　　　　　出售投资损失　　3 065
　　　　　　　贷：投资——莫伦公司股票（36 040×1/2）　　18 020

权益法：20%～50% 之间的所有权

如果投资者的持股比例在 20%～50%，那么则认为投资者对被投资者有重大影响。这种情形下，投资者购买股票主要是出于战略考虑，比如发展一位潜在的供应者。

持股比例在 20%～50% 的股票投资用**权益法**（equity method）来核算。在权益法下，股票的初始价值依旧按实际成本入账，包括佣金，这一点与成本法一致。

此外，在权益法下，投资账户根据投资者在被投资者的净利润以及股利中所占的份额而做出相应的调整。调整情况具体如下：

（1）净利润：被投资者产生净利润，投资者根据持股比例记录为投资账户的增加。如果产生净损失，则记录为投资账户的减少。

（2）股利：投资者将收到的相应份额的现金股利记录为投资账户的减少。

股票的购买

假设在 20Y6 年 1 月 2 日，辛普森公司以 350 000 美元的价格购买了福兰特公司 40% 的普通股股票，分录如下：

20Y6 年 1 月	2 日	投资——福兰特公司股票		350 000	
		现金			350 000
		（购买福兰特公司 40% 的股票。）			

记录被投资者的净利润

截至 20Y6 年 12 月 31 日，福兰特公司共实现净利润 105 000 美元。在权益法下，辛普森公司记录相应比例的净利润，分录如下：

20Y6 年 12 月	31 日	投资——福兰特公司股票		42 000	
		投资收益——福兰特公司			42 000
		（记录福兰特公司 40% 股票的净利润，105 000×0.4。）			

福兰特公司的净利润披露在辛普森公司的利润表中。根据影响的重要程度，它可以单独披露在利润表中或作为其他收入的一部分披露在利润表中。如果福兰特公司在该期间蒙受了损失，则辛普森公司应该借记相应比例的投资损失——福兰特公司账户，同时贷记投资账户。

记录被投资者的股利

本年，福兰特公司宣告并派发了 45 000 美元的现金股利。在权益法下，辛普森公司应该按照以下方法记录相应的股利收入：

20Y6 年 12 月	31 日	现金		18 000	
		投资——福兰特公司股票			18 000
		（记录持有福兰特公司 40% 股票的股利，45 000×40%。）			

记录福兰特公司 40% 的净利润和股利导致辛普森公司的投资账户增加了 24 000 美元（42 000–18 000）。因此，对福兰特公司股票投资的账面价值从 350 000 美元上升到了 374 000 美元，如图表 15–3 所示。

在权益法下，被投资者账面净值的变动使投资者的投资账户金额出现对应比例的变化。例如，如上所述，福兰特公司在该年度账面净值增加了 60 000 美元（105 000 美元的净利润减去 45 000 美元的现金股利）。因此，辛普森公司享有的份额增加了 24 000 美元（60 000×40%）。在权益法下，投资作为一项非流动资产列示在公司的资产负债表中。

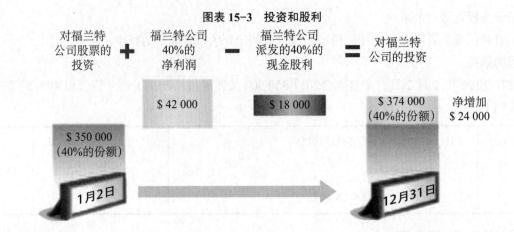

图表 15-3　投资和股利

股票的出售

在权益法下，股票的出售同样会产生利得或者损失。如果收入超过股票的账面价值，则差额记录为利得；如果收入小于股票的账面价值，则差额记录为损失。

如果辛普森公司在 20Y7 年 1 月 1 日以 400 000 美元的价格出售福兰特公司的股票，则会有26 000 美元的利得，披露如下：

销售收入	$ 400 000
股票账面价值	374 000
出售投资利得	$　26 000

相应的分录如下：

20Y7 年 1 月	1 日	现金		400 000	
		投资——福兰特公司股票			374 000
		出售投资利得——福兰特公司股票			26 000
		（出售福兰特公司股票。）			

例 15-3　权益法

1 月 2 日，奥尔森公司以 140 000 美元的价格购得布兰特公司 35% 的流通股股票。截至会计年度末的12 月 31 日，布兰特公司共实现净利润 44 000 美元并支付股利 20 000 美元。为奥尔森公司购买股票、获得相应的净利润份额和股利份额编制会计分录。

解答：

1 月 2 日　借：投资——布兰特公司股票　　　　　　　　　　　　　　　　140 000

　　　　　　　贷：现金　　　　　　　　　　　　　　　　　　　　　　　　　　140 000

12 月 31 日　借：投资——布兰特公司股票　　　　　　　　　　　　　　　15 400[*]

　　　　　　　　贷：投资收益——布兰特公司　　　　　　　　　　　　　　　　15 400

　　　　　　*布兰特公司净利润的 35%，44 000 × 35%。

　　　　　　　借：现金　　　　　　　　　　　　　　　　　　　　　　　　　7 000[*]

　　　　　　　　贷：投资——布兰特公司股票　　　　　　　　　　　　　　　　7 000

　　　　　　*布兰特公司 20 000 美元股利的 35%，20 000 × 35%。

合并：超过 50% 的所有权

如果投资者购买了被投资者 50% 及以上的流通股股票，那么可以认为投资者对被投资者具有控制权。在这种情形下，投资者购买股票主要是出于战略考虑。

购买被投资者 50% 及以上的股票被定义为**企业合并**（business combination）。企业合并可能出于提高生产效率、增加生产线种类、扩大市场范围或者获得专门技术的目的。

拥有另一家公司所有或者大部分具有投票权股票的公司称为**母公司**（parent company），被控制的公司称为**子公司**（subsidiary company）。

母公司和子公司通常使用各自的会计记录，编制各自的财务报表。在每年年末，子公司和母公司的报表则会合并为一张，作为一家公司进行报表披露。这些合并的财务报表称为**合并财务报表**（consolidated financial statements）。这些报表通常会在母公司名称后加上子公司的名称或者在报表标题前加上"合并"二字。

对于外部的投资者而言，合并财务报表比单个公司的财务报表更有参考价值。这是因为母公司实际控制着各个子公司。企业合并的会计核算，包括合并财务报表的编制将在高级会计课程中描述和阐释。

15.4　投资的计价与披露

债券和股票是金融资产，经常在如纽约证券交易所（NYSE）等公共交易所进行交易。因此，它们的市场价值能够被观察到，也能由市场供需情况客观地决定。正是出于这个原因，一般公认会计原则（GAAP）允许一些债务证券和持股比例少于 20% 的权益证券按照公允价值计价并在财务报表中披露。

这些证券被分为以下几类：

（1）交易性金融资产；

（2）可供出售金融资产；

（3）持有至到期投资。

交易性金融资产

交易性金融资产（trading securities）是指企业以赚取差价为目的而购买的债券、股票。交易性金融资产通常由银行、共同基金、保险公司和其他金融机构持有。

因为交易性金融资产是一种短期投资，因此其作为一项流动资产列示在资产负债表中。交易性金融资产作为一个证券投资组合按公允价值计价。**公允价值**（fair value）是指如果公司出售其持有的证券所能获得的市场价格。证券投资组合公允价值的变化被确认为当期**未实现损益**（unrealized gain or loss）。

假设麦吉公司在 20Y6 年购买了一组证券投资组合。20Y6 年 12 月 31 日，该证券投资组合的成本以及公允价值如下所示：

公司名称	股票数量（股）	成本	公允价值
阿穆尔公司	400	$ 5 000	$ 7 200
麦芬公司	500	11 000	7 500
北极星公司	200	8 000	10 600
总计		$ 24 000	$ 25 300

证券投资组合按其公允价值 25 300 美元计价披露，因此需要做一笔调整分录来记录其价值上升了 1 300 美元（25 300－24 000）。为了保持交易性金融资产初始成本的记录，引入一个名为交易性金融资产——减值准备的账户。当价值发生变动时，应将变动额借记交易性金融资产——减值准备账户，贷记交易性金融资产——未实现损益账户。20Y6 年 12 月 31 日编制交易性金融资产公允价值的调整分录如下：

20Y6 年 12 月	31 日	交易性金融资产——减值准备[1]		1 300	
		交易性金融资产——未实现损益[2]			1 300
		（记录交易性金融资产公允价值的增加。）			

交易性金融资产——未实现损益披露在利润表中。根据其影响的重要程度，它可以单独披露在利润表中或作为其他收入的一部分列示在利润表中。而交易性金融资产——减值准备则列示在 20Y6 年 12 月 31 日的资产负债表中，如下所示。

麦吉公司
资产负债表（节选）
20Y6 年 12 月 31 日

流动资产：		
现金		$ 120 000
交易性金融资产（成本）	$ 24 000	
加：交易性金融资产——减值准备	1 300	
交易性金融资产（公允价值）		25 300

如果证券投资组合的公允价值比实际成本低，那么调整分录就应借记交易性金融资产——未实现损益账户，贷记交易性金融资产——减值准备账户。交易性金融资产——未实现损益账户的借方余额会作为其他费用列示在利润表中，而交易性金融资产——减值准备账户的贷方余额则会作为交易性金融资产（成本）的减项列示在资产负债表中。

随着时间的推移，交易性金融资产——减值准备账户反映交易性金融资产实际成本与公允价值之间的差额。因此，如上所示，从期初开始，交易性金融资产——减值准备账户余额的增加会相对应地记录为一笔未实现收益；同样，交易性金融资产——减值准备账户余额的减少则会相对应地记录为一笔未实现损失。

例 15–4　交易性金融资产的公允价值计价

某公司在 20Y6 年 1 月 1 日交易性金融资产——减值准备的期初余额为 0。20Y6 年 12 月 31 日，该公司证券投资组合的实际成本为 79 200 美元，公允价值为 76 800 美元。编制调整分录，确认该年度的未实现损益。

解答：

20Y6 年 12 月 31 日　借：交易性金融资产——未实现损失　　　　　　　　　2 400

　　　　　　　　　　　　贷：交易性金融资产——减值准备　　　　　　　　　2 400*

---

[1]　国内对应的科目为"交易性金融资产——公允价值变动损益"。——译者
[2]　国内对应的科目为"公允价值变动损益"。——译者

（记录交易性金融资产公允价值的减少。）

＊20Y6 年 12 月 31 日交易性金融资产的公允价值	$ 76 800
减：20Y6 年 12 月 31 日交易性金融资产的实际成本	79 200
交易性金融资产——未实现损失	$（2 400）

可供出售金融资产

可供出售金融资产（available-for-sale securities）是指那些既不用于短期交易获得利润，也不用于持有至到期，同时也与公司长期战略决策无关的债务和权益投资。除了公允价值变动的处理以外，可供出售金融资产的会计核算与交易性金融资产的会计核算相似。交易性金融资产公允价值的变动作为未实现损益披露在公司的利润表中，而可供出售金融资产公允价值的变动则作为股东权益的一部分，不列示在利润表中。

假设麦吉公司在 20Y6 年购买了三种证券作为可供出售金融资产而不是交易性金融资产，20Y6 年 12 月 31 日，证券的公允价值和实际成本如下：

公司名称	股票数量（股）	成本	公允价值
阿穆尔公司	400	$ 5 000	$ 7 200
麦芬公司	500	11 000	7 500
北极星公司	200	8 000	10 600
总计		$ 24 000	$ 25 300

可供出售金融资产同样以公允价值 25 300 美元披露，因此需要做一笔调整分录记录其价值上升了 1 300 美元（25 300 - 24 000）。为了保持可供出售金融资产初始成本的记录，引入一个名为可供出售金融资产——减值准备的账户，将变动额借记可供出售金融资产——减值准备账户，这与交易性金融资产——减值准备账户的用法类似。

与交易性金融资产不同的是，20Y6 年 12 月 31 日，调整分录贷记股东权益账户而不是利润表账户，增加的 1 300 美元公允价值贷记可供出售金融资产——未实现损益。

20Y6 年 12 月 31 日编制可供出售金融资产公允价值的调整分录如下[①]：

20Y6 年 12 月	31 日	可供出售金融资产——减值准备		1 300	
		可供出售金融资产——未实现损益			1 300
		（记录可供出售金融资产公允价值的增加。）			

可供出售金融资产——未实现损益账户的贷方余额是股东权益的增项，借方余额是股东权益的减项。

可供出售金融资产——减值准备和可供出售金融资产——未实现损益都列示在公司 20Y6 年 12 月 31 日的资产负债表中。

如表所示，可供出售金融资产——未实现损益是股东权益的增项。在未来的几年，可供出售金融资产——未实现损益的累积结果将会列示在该账户中。由于 20Y6 年是麦吉公司购买可供出售金

---

① "可供出售金融资产——减值准备"在国内对应的科目为"可供出售金融资产——公允价值变动"；"可供出售金融资产——未实现损益"在国内对应的科目为"资本公积——其他资本公积"。——译者

融资产的第一年，所以其公允价值的变动作为可供出售金融资产——未实现损益列示在资产负债表中。这样处理的原因是可供出售金融资产的持有期一般比交易性金融资产长，随着时间的推移，其公允价值变动有更多的机会被抵销。因此，这些变动不像交易性金融资产那样列示在公司的利润表中。

麦吉公司 资产负债表（节选） 20Y6 年 12 月 31 日		
流动资产：		
现金		$ 120 000
可供出售金融资产（成本）	$ 24 000	
加：可供出售金融资产——减值准备	1 300	
可供出售金融资产（公允价值）		25 300
股东权益：		
普通股		$ 10 000
股本溢价		150 000
留存收益		250 000
可供出售金融资产——未实现损益		1 300
股东权益合计		$ 411 300

（右侧标注：相等）

如果公允价值低于实际成本，那么应借记可供出售金融资产——未实现损益账户，贷记可供出售金融资产——减值准备账户。这时，可供出售金融资产——未实现损益将作为一个减项列示在股东权益下，而可供出售金融资产——减值准备则作为可供出售金融资产（成本）的减项列示在公司的资产负债表中。

随着时间的推移，可供出售金融资产——减值准备反映可供出售金融资产实际成本与公允价值之间的差额。因此，与上面提到的相似，可供出售金融资产——减值准备账户余额的增加会相对应地记录为一笔未实现收益；可供出售金融资产——减值准备账户余额的减少则会相对应地记录为一笔未实现损失。

例 15-5　可供出售金融资产以公允价值计价

20Y6 年 1 月 1 日，某公司可供出售金融资产——减值准备账户的期初余额为 0。20Y6 年 12 月 31 日，该公司证券投资组合的实际成本为 45 700 美元，公允价值为 50 000 美元。

编制调整分录，确认 20Y6 年 12 月 31 日的未实现损益。

解答：

20Y6 年 12 月 31 日	借：可供出售金融资产——减值准备		4 300
	贷：可供出售金融资产——未实现损益		4 300*
	（记录可供出售金融资产公允价值的增加。）		

*20Y6 年 12 月 31 日可供出售金融资产的公允价值	$ 50 000
减：20Y6 年 12 月 31 日可供出售金融资产的实际成本	45 700
可供出售金融资产的未实现损失	$ 4 300

持有至到期投资

持有至到期投资（held-to-maturity investments）指的是公司准备持有至到期日的债务投资，如长期国债、短期的公司票据等。购买持有至到期投资主要是为了获取利息收入。

如果持有至到期投资在一年内（含）到期，那么将其作为一项流动资产列示在资产负债表中，如果在一年后到期，则作为一项非流动资产列示在资产负债表中。

只有那些有到期日的证券，如公司债券，才可以作为持有至到期投资。权益证券不可能是持有至到期投资，因为它们没有具体的到期日。

如前所述，持有至到期投资按实际成本计价，包括所有的佣金费用。如果债券的票面利率与市场利率不同，债券有可能溢价或者折价出售。在这种情况下，溢价或者折价的金额将在债券的持有期内摊销。

持有至到期投资按其摊销后的净值在资产负债表中列示。持有至到期投资的会计核算，包括相对应的折价和溢价金额的摊销将在高级会计课程中详细讲解。

小结

图表 15-4 汇总了交易性金融资产、可供出售金融资产以及持有至到期投资的计价方式和在资产负债表中的披露方式。

图表 15-4　各项证券投资的计价与披露

计价形式	交易性金融资产	可供出售金融资产	持有至到期投资
	公允价值	公允价值	摊销后的成本
价值变化的披露形式	未实现收益（损失）作为其他收入（损失）列示在利润表中	累积未实现收益（损失）列示在资产负债表的股东权益中	不适用。持有至到期投资按成本报告*
在资产负债表中的披露形式	初始成本加上（减去）减值准备	初始成本加上（减去）减值准备	摊销后的成本
在资产负债表中的分类	流动资产	根据管理层的意图，可能为流动资产，也可能为非流动资产	根据距离到期日所剩的时间，可能为流动资产，也可能为非流动资产

* 溢价或折价摊销金额作为利息收入的一部分列示在利润表中。

普通股投资划分为交易性金融资产和可供出售金融资产时，持股比例一般低于被投资者发行在外普通股总股数的 20%。证券投资组合使用减值准备账户按公允价值计价，而个股则按成本计价。持股比例在 20%～50% 时，应该使用权益法核算。以权益法核算的投资在资产负债表中列示为非流动性资产。

莫宁·乔公司的资产负债表对各项证券投资的披露如下：

莫宁·乔公司 资产负债表（节选） 20Y6 年 12 月 31 日	
资产	
流动资产：	
现金及现金等价物	$ 235 000

续

莫宁·乔公司 资产负债表（节选） 20Y6 年 12 月 31 日		
交易性金融资产（成本）	$ 420 000	
加：交易性金融资产——减值准备	45 000	465 000
应收账款	$ 305 000	
减：坏账准备	12 300	292 700
商品存货——成本（先进先出）与市场价值孰低法		120 000
预付保险费		24 000
流动资产合计		$ 1 136 700
投资：		
投资——AM 咖啡店（权益法）		565 000
不动产、厂房和设备：		

莫宁·乔公司投资了交易性金融资产，但是没有投资可供出售金融资产和持有至到期投资。此外，莫宁·乔公司还拥有 AM 咖啡店 40% 的股份，并使用权益法核算。出于战略考虑，莫宁·乔公司决定无限期保留对 AM 咖啡店的投资，因此它将对 AM 咖啡店的投资分类为非流动资产。这一类投资往往列示在不动产、厂房和设备项目的前面。

莫宁·乔公司还在其利润表的其他收入和费用部分披露了 5 000 美元的未实现收益以及 AM 咖啡店 57 000 美元的权益收入，如下所示：

莫宁·乔公司 利润表（节选） 截至 20Y6 年 12 月 31 日的会计年度		
销售收入		$ 5 402 100
商品销售成本		2 160 000
毛利润		$ 3 242 100
⋮		⋮
营业费用合计		2 608 700
营业利润		$ 633 400
其他收入和费用：		
利息收入	$ 18 000	
利息费用	（136 000）	
固定资产处置损失	（23 000）	
交易性金融资产——未实现损益	5 000	
AM 咖啡店的权益收入	57 000	（79 000）
税前利润		$ 554 400
所得税费用		132 800
净利润		$ 421 600

15.5　公允价值的会计核算

公允价值指的是在资产被出售时能被接受的价格。公允价值假设交易发生在正常的商业条件下。

如前所述，一般公认会计原则（GAAP）要求交易性金融资产和可供出售金融资产以公允价值计量。这与传统的以历史成本为计量基础不同，以历史成本为计量基础时，固定资产以购买价格作为入账价值。因此，财务报表中既包含以历史成本计量的资产（如存货，不动产、厂房和设备），也包含其他以公允价值计量的资产（如交易性金融资产和可供出售金融资产）。

在过去的几十年里，大多数行业公司的财务报表中包含很多以公允价值计量的资产，这主要是因为财务会计准则委员会（FASB）越来越愿意使用公允价值计量资产和交易。随着公允价值计量的可行性的逐渐提高，更多的资产和交易将会以公允价值为计量基础。更加详细的讨论将会在中级和高级财务会计课程中进行讲解。

公允价值会计核算对财务报表的影响

以公允价值计量资产和负债会影响财务报表，具体来说，资产负债表和利润表会受到影响。

资产负债表

当一项资产或者负债以公允价值披露，那么公允价值与初始成本或者前期公允价值的差异就必须加以记录。如前所述，解决这一问题的其中一个方法就是引入备抵账户。例如，将交易性金融资产账户余额调整到公允价值，可使用交易性金融资产——减值准备账户。

可供出售金融资产同样以公允价值计量。但是可供出售金融资产公允价值的变化没有确认到利润表中，而是通过综合收益和累积其他综合收益作为股东权益的一部分记录在资产负债表中。在本章的附录中有详细解释。

利润表

交易性金融资产也在资产负债表中以公允价值报告。然而，交易性金融资产公允价值的变动不记录为股东权益的一部分，而是在利润表中报告为未实现损益。

15.6　财务分析和解释：股息收益率

股息收益率（dividend yield）以现金股利为基础，衡量了股东的收益率。股息收益率一般只适用于普通股，因为优先股的股息收益率是固定的。相反，普通股的现金股利则随着公司收益的变化而变化。

普通股股息收益率的计算公式如下：

$$股息收益率 = \frac{普通股的每股股利}{普通股的每股市价}$$

例如，迪尔公司在最近一个会计年度末的股价为 76.26 美元，而在上年公司派发了每股 2.40 美元的股利。因此，迪尔公司股息收益率的计算如下：

$$股息收益率 = \frac{普通股的每股股利}{普通股的每股市价}$$

$$= \frac{2.40}{76.26} \approx 3.1\%$$

迪尔公司的股息收益率略高于 3.1%。股息收益率一方面可用于评估公司的盈利能力或者股利支付能力，如迪尔公司有足够的盈余派发股利；另一方面，股息收益率还反映了公司管理层对资金的使用状况。如果公司有非常好的发展机会，那么公司的资金很可能直接用于内部投资，而不是派发股利。

股息收益率每天都会变化，这是因为公司的股价每天都在变化。披露市场行情的新闻服务平台，如《华尔街日报》和雅虎财经等也会披露现时股息收益率。

一些公司最近的股息收益率如下：

公司	股息收益率（%）
Alphabet	无
百思买	3.6
可口可乐	3.1
迪尔集团	3.1
杜克能源	4.1
脸书	无
微软	2.8
威瑞森电信	4.4

我们可以看到，各家公司的股息收益率并不相同。有成长空间的公司倾向于将公司的盈余留作将来的发展资金，因此，脸书和 Alphabet 不派发股利。这些公司的股东也期望从公司股价的上升中获利。而杜克能源和威瑞森电信则主要通过派发股利给股东提供收益。百思买、可口可乐、迪尔公司和微软则两者兼具，既向股东派发一部分股利，股价也有一定的上升空间。

例 15-6　股息收益率

20Y6 年 3 月 11 日，谢尔登公司普通股的股价为每股 58 美元。上年度，公司派发了股利，每股 2.90 美元。请计算谢尔登公司的股息收益率。

$$股息收益率 = \frac{普通股的每股股利}{普通股的每股市价}$$

$$= \frac{2.90}{58} = 5\%$$

附录：综合收益

综合收益（comprehensive income）指的是一段时间内股东权益的所有变化，股利和股东投资引起的除外。如下所示，综合收益由净利润加减其他综合收益得到：

净利润	$ ×××
其他综合收益	×××
综合收益总额	$ ×××

其他综合收益（other comprehensive income）项目包括可供出售金融资产公允价值变动引起的未实现损益以及外币和养老金负债的调整额等。其他综合收益的累积额作为**累积其他综合收益**（accumulated other comprehensive income）披露在资产负债表中。

准则要求公司以下列形式之一在财务报表中披露综合收益：

（1）在利润表中列示；

（2）在随附利润表的综合收益利润表中单独列示。

前面我们提到麦吉公司记录了可供出售金融资产公允价值上升了 1 300 美元。这部分未实现收益将在麦吉公司 20Y6 年资产负债表的股东权益部分列示。

麦吉公司 资产负债表（节选） 20Y6 年 12 月 31 日	
股东权益：	
普通股	$　10 000
股本溢价	150 000
留存收益	250 000
可供出售金融资产——未实现损益	1 300
股东权益总额	$ 411 300

或者，麦吉公司也可以将这部分未实现收益作为累积其他综合收益的一部分披露，如下所示。

麦吉公司 资产负债表（节选） 20Y6 年 12 月 31 日	
股东权益：	
普通股	$　10 000
股本溢价	150 000
留存收益	250 000
累积其他综合收益	
可供出售金融资产——未实现损益	1 300
股东权益总额	$ 411 300

综合收益的会计核算将在高级会计课程中详细介绍。

练习题

EX 15-1　债务投资、利息收入与债券出售的分录

冈萨雷斯公司在 5 月 1 日按面值购买了沃克公司 200 000 美元票面利率为 6% 的债券。每半年付息一次，每年的 5 月 1 日和 11 月 1 日付息。11 月 1 日冈萨雷斯公司按面值的 97% 的价格出售了 70 000 美元的债券。

编制以下交易的分录：

a. 5 月 1 日初始获得债券。

b. 11 月 1 日收到半年度利息。

c. 11 月 1 日出售债券。

d. 12 月 31 日应计 1 300 美元的利息。

EX 15–3　债务投资、利息收入与债券出售的分录

博切利公司在第 1 年 5 月 11 日按面值购买了 120 000 美元年利率为 6% 的 20 年期桑斯县债券，包含其应计利息。该债券在每年的 4 月 1 日和 10 月 1 日付息一次。第 1 年 10 月 31 日，博切利公司以面值的 99% 的价格出售了 30 000 美元的桑斯县债券外加 150 美元的应计利息，并支付了 100 美元的佣金。

编制以下交易的分录：

a. 5 月 11 日购买债券加上 40 天的应计利息。

b. 10 月 1 日支付半年度利息。

c. 10 月 31 日出售债券。

d. 第 1 年 12 月 31 日 1 365 美元应计利息的调整分录。

EX 15–5　债券投资利息

2 月 1 日，汉森公司按面值购买了 120 000 美元骑士公司年利率为 5% 的 20 年期债券，包含一个月的应计利息。该债券在每年的 1 月 1 日和 7 月 1 日支付利息。10 月 1 日，汉森公司卖掉了 40 000 美元 2 月 1 日买入的骑士公司债券外加三个月的应计利息。12 月 31 日，剩余债券已累积了三个月的利息。

计算汉森公司当年从骑士公司债券中获取的利息。

EX 15–7　股票投资、股利获取和股票出售的分录

罗梅罗公司最近一年完进行权益投资如下：

4 月 10 日，以每股 25 美元的价格购买 5 000 股狄克逊公司的股票，并支付了 75 美元的经纪人佣金。

7 月 8 日，按每股 0.6 美元收到狄克逊公司发放的季度股利。

9 月 10 日，以每股 22 美元的价格卖掉了 2 000 股股票，并支付佣金 120 美元。

编制以上交易的会计分录。

EX 15–9　股票投资、股利获取以及股票出售的分录

谢默斯工业公司以购买和出售投资作为持续现金管理的一部分。本年度公司完成了如下投资交易：

2 月 24 日，以每股 85 美元的价格加上 150 美元的佣金购买泰特公司 1 000 股股票。

5 月 16 日，以每股 36 美元的价格加上 100 美元的佣金购买艾萨克森公司 2 500 股股票。

7 月 14 日，以每股 100 美元的价格卖出泰特公司的 400 股股票，并支付了 75 美元的佣金。

8 月 12 日，以每股 32.5 美元的价格卖出艾萨克森公司的 750 股股票，并支付了 80 美元的佣金。

10 月 31 日，按每股 0.4 美元收到泰特公司发放的股利。

编制上述交易的会计分录。

EX 15–11　股票投资的权益法核算

第 1 年 1 月 4 日，弗格森公司以每股 30 美元的价格从一位创始人手中购买了 480 000 股席尔瓦公司的股票。席尔瓦公司发行在外的总股数为 1 200 000 股。7 月 2 日，席尔瓦公司向投资者分配股利总计 750 000 美元。12 月 31 日，席尔瓦公司报告了 2 000 000 美元的年度净利润。弗格森公司使用权益法核算对席尔瓦公司的投资。

a. 就弗格森公司在第 1 年投资席尔瓦公司的交易编制会计分录。

b. 计算在第 1 年 12 月 31 日对席尔瓦公司的股票投资账户余额。

EX 15–13　股票投资的权益法核算

下面是豪凯耶公司按权益法核算的对瑞恩公司的长期投资数据（单位：百万美元）：

	第 2 年 12 月 31 日	第 1 年 12 月 31 日
对瑞恩公司的股票投资	$ 281	$ 264

此外，豪凯耶公司第 2 年的利润表披露了对瑞恩公司的权益投资的收益为 2 500 万美元。豪凯耶公司在第 2 年没有买卖瑞恩公司股票。第 2 年 12 月 31 日对瑞恩公司股票投资的公允价值为 3.1 亿美元。

分析从第 1 年 12 月 31 日到第 2 年 12 月 31 日豪凯耶公司对瑞恩公司股票投资的变化。

EX 15–15　公允价值调整分录和交易性金融资产

查尔热公司的唯一投资是对雷德公司的投资。查尔热公司于第 1 年 2 月 24 日以每股 38 美元的价格购买了雷德公司 14 500 股普通股，佣金已经包括在价格内。这部分股票投资被归类为交易性金融资产。雷德公司的股价在第 1 年 12 月 31 日，即资产负债表日增长到每股 42 美元。

a. 编制公司在 2 月 24 日取得这笔投资的分录，以及公司在第 1 年 12 月 31 日调整公允价值的分录。

b. 说明交易性金融资产的未实现损益如何在财务报表中披露。

EX 15–17　公允价值调整分录和交易性金融资产

拉斯特非担保金融公司在第 1 年（其运营的第 1 年）购买了以下交易性金融资产：

公司名称	股票数量（股）	成本
阿登创业公司	5 000	$ 150 000
弗伦奇工业公司	2 750	66 000
毗斯迦建筑公司	1 600	104 000
总计		$ 320 000

交易性金融资产组合在第 1 年 12 月 31 日每股市场价格如下：

	第 1 年 12 月 31 日每股市场价格
阿登创业公司	$ 34
弗伦奇工业公司	26
毗斯迦建筑公司	60

a. 编制第 1 年 12 月 31 日将交易性金融资产组合由成本价调整为公允价值的会计分录。

b. 假设交易性金融资产组合在第 2 年 12 月 31 日的市场价格与第 1 年 12 月 31 日的市场价格相同。请编制将投资组合的价格调整为公允价值的会计分录。

EX 15–19　缺失报表项目和可供出售金融资产

高地工业公司将某项投资划分为可供出售金融资产。第 2 年和第 3 年 12 月 31 日的部分利润表项目，以及比较资产负债表中的部分项目如下：

高地公司 利润表（节选） 截至第 2 年和第 3 年 12 月 31 日的会计年度		
	第 2 年	第 3 年
营业利润	a	g
出售投资损益	$ 7 500	$（12 000）
净利润	b	（21 000）

高地公司 资产负债表（节选） 截至第 1 年、第 2 年和第 3 年的 12 月 31 日			
	第 1 年 12 月 31 日	第 2 年 12 月 31 日	第 3 年 12 月 31 日
资产			
可供出售金融资产（成本）	$ 90 000	$ 86 000	$ 102 000
可供出售金融资产——减值准备	12 000	（11 000）	h
可供出售金融资产（公允价值）	c	e	i
股东权益			
可供出售金融资产——未实现损益	d	f	（16 400）
留存收益	$ 175 400	$ 220 000	j

假设没有股利。

计算表中字母所代表的金额。

综合题

PR 15-1A　债务投资和可供出售金融资产计量

索托工业公司是一家销售运动鞋的公司，于本年 1 月 1 日起正式营业。以下是索托工业公司与债务投资有关的交易事项，公司的会计年度末为 12 月 31 日。

第 1 年：

4 月 1 日，公司按面值购买了 100 000 美元韦尔奇公司 15 年期的债券，票面利率为 6%，另外支付了 500 美元的应计利息，债券每半年付息一次，分别于 3 月 1 日和 9 月 1 日支付。

6 月 1 日，公司按面值购买了 210 000 美元的价格购买了贝利公司 10 年期的债券，票面利率为 4%，另外支付了 700 美元的应计利息，债券每半年付息一次，分别于 5 月 1 日和 11 月 1 日支付。

9 月 1 日，收到韦尔奇公司债券半年利息。

9 月 30 日，以面值的 97% 的价格出售韦尔奇公司 40 000 美元的债券，另外收取了 200 美元的应计利息。

11 月 1 日，收到贝利公司债券半年利息。

12 月 31 日，韦尔奇公司债券应计利息为 1 200 美元。

12 月 31 日，贝利公司债券应计利息为 1 400 美元。

第 2 年：

3 月 1 日，收到韦尔奇公司债券半年利息。

5 月 1 日，收到贝利公司债券半年利息。

要求：

1. 编制上述交易的会计分录。

2. 如果该债券组合被划分为可供出售金融资产，对财务报表披露会产生什么影响？

案例分析题

CP 15-1　道德行为

金融资产包括股票和债券。这些是相当简单的证券，通常可以使用市场报价进行估价。然而，还有一些更复杂的金融工具没有市场报价。这些复杂的证券也必须在资产负债表上按公允价值进行估值。一般公认会计原则要求，当市场价格或关键估值输入不可观测时，报告实体在评估投资时使用假设方法。

在对这些复杂的金融工具进行主观评估时，有哪些道德行为需要考虑？

第 **16** 章

现金流量表

假设你在一次事件中获得 100 美元，那么究竟是什么事让你获得这 100 美元有区别吗？是的，有区别！如果你在生日那天获得 100 美元，那么它是生日礼物；如果你通过周末做兼职获得 100 美元，那么它是劳务报酬；如果这 100 美元是贷款，那么它是你在将来要偿还的钱；如果是出售你的 iPod 获得的，那么它就是出售一项资产的补偿。由此可见，你所获取的 100 美元可以与各种不同的事件联系在一起，而这些不同的事件对你有不同的意义，对你的将来也有不同的影响。你更喜欢收到 100 美元的生日礼物而不是 100 美元的贷款。类似地，依据现金来源的不同，公司的股东会对公司的现金流出和流入有不同的看法。

准则要求公司在一段时间内，对引起公司现金发生变化的事件进行相应的信息披露。这些信息披露在公司的现金流量表中。举例来说，有一家公司名为国家饮料公司，该公司以其创新软饮料和天然饮料而出名。你可能在当地的杂货店或便利店见过该公司的沙斯塔和费戈软饮料，或者乐可伊、Everfresh 和水晶湾饮料。与其他公司一样，现金对于国家饮料公司很重要。没有现金，国家饮料公司就无法拓展公司的品牌、分销公司的产品、赞助极限运动或者给公司的股东提供回报。因此，公司管理层十分关注现金的来源和用途。

在之前的章节中，我们使用利润表、资产负债表、留存收益表以及其他信息来分析在公司的金融定位以及运营方面管理层经营决策的有效性。在本章中，我们将关注引起公司现金变动的事件，并展示现金流量表的编制和使用。

学习目标

1. 描述现金流量表中列示的各项现金流活动。

2. 使用间接法编制现金流量表。

3. 使用直接法编制现金流量表。

4.描述并举例说明如何使用自由现金流评估公司现金流量。

16.1　现金流量的披露

现金流量表（statement of cash flow）披露了公司在一段时间内现金的流入与流出。现金流量表对公司是否有能力完成以下事项提供了有用的信息：

（1）从经营活动中获得现金；

（2）维持并扩大现有的运营能力；

（3）偿还债务；

（4）支付股利。

管理层用现金流量表来评估公司过去的运营情况并计划公司未来的投资和筹资活动。现金流量表还有一些外部使用者，比如，投资者和债权人会用现金流量表来评估公司的盈利能力以及偿还债务和支付股利的能力。

如下所示，现金流量表披露了三种类型的现金流量：

经营活动产生的现金流量（cash flows from operating activities），指的是那些能够影响公司净利润的现金流。经营活动如零售商销售商品、购买商品。

投资活动产生的现金流量（cash flows from investing activities），指的是影响公司非流动资产投资的现金流。投资活动如购买和出售固定资产，包括办公设备和建筑物。

筹资活动产生的现金流量（cash flows from financing activities），指的是影响公司债务、权益的现金流。筹资活动如发售、回购股票和债券。

各项现金流在现金流量表中的披露如下所示：

经营活动产生的现金流量	$ ×××
投资活动产生的现金流量	×××
筹资活动产生的现金流量	×××
现金增加（减少）额	$ ×××
期初现金余额	×××
期末现金余额	$ ×××

现金流量表中披露的期末现金等于公司期末资产负债表中披露的现金。

图表 16-1 展示了三类现金流活动的现金来源（增加）和使用（减少）。使公司现金增加的现金来源称为现金流入，使公司现金减少的现金使用称为现金流出。

经营活动产生的现金流量

经营活动产生的现金流量披露了公司日常经营活动中的现金流入与流出。公司一般会从两种备选方法中选择一种来披露现金流量表中经营活动产生的现金流量：

（1）直接法；

（2）间接法。

两种方法计算出的经营活动产生的现金流量金额一致，区别在于披露的方式不一样。

图表 16-1　现金的来源和使用

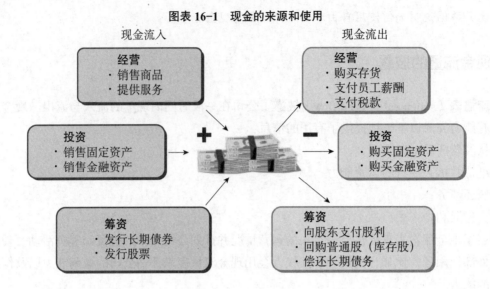

直接法

使用**直接法**（direct method）披露经营活动产生的现金流入（收取）与流出（支付）如下所示：

经营活动产生的现金流量：

从客户手中收取的现金	$×××
为购买商品支付的现金	（×××）
为支付营业费用支出的现金	（×××）
为偿还利息支付的现金	（×××）
为缴纳所得税支付的现金	（×××）
经营活动产生的现金流量净额	$×××

经营活动产生的现金流入主要来自客户。经营活动产生的现金流出则主要是为了购买商品、维持公司运营、偿还利息和缴纳所得税。经营活动收到的现金减去经营活动支付的现金就是经营活动产生的现金流量净额。

直接法的主要优点在于它在现金流量表中直接披露了现金的收入与支出。它的主要缺点则是这些数据无法直接从会计记录中获得。使用直接法编制现金流量表的成本较高，实践中不常用。

间接法

间接法（indirect method）以公司的净利润为起点，通过调整不涉及现金收支的收入和费用项目金额来披露经营活动产生的现金流量净额。

经营活动产生的现金流量：

净利润	$×××
使净利润与经营活动产生的现金流量净额一致而做的调整	×××
经营活动产生的现金流量净额	$×××

为使净利润与经营活动产生的现金流量净额一致而调整的项目包括固定资产的折旧费用和利得或者损失。根据对现金流的影响，流动经营资产和负债的变化也应当加回到净利润中或者从净利润中减去，其中流动经营资产和负债指的是应收账款和应付账款之类的资产和负债。事实上，这些增加额或

者减少额的作用是将按权责发生制记录的净利润调整至按收付实现制记录的经营活动产生的现金流量净额。

间接法的一个主要优点就是它调整了净利润与现金流量净额之间的差异，展示了净利润与资产负债表中的期末现金余额之间的关系。

因为所需数据可以直接获取，所以用间接法编制现金流量表比直接法节省成本。因此，在实践中间接法比较常用。

直接法与间接法的比较

图表 16-2 展示了网解公司现金流量表中经营活动产生的现金流量部分。图表 16-2 使用第 1 章中关于网解公司的数据，分别列示了用直接法和间接法编制的现金流量表。如图表所示，使用两种方法计算出的现金流量净额都是 2 900 美元。

图表 16-2　经营活动产生的现金流量：直接法和间接法——网解公司

直接法

经营活动产生的现金流量：	
从客户手中收取的现金	$ 7 500
为支付各项费用和偿还债务支出的现金	（4 600）
经营活动产生的现金流量净额	$ 2 900

间接法

经营活动产生的现金流量：	
净利润	$ 3 050
应付账款的增加额	400
物资的增加额	（550）
经营活动产生的现金流量净额	$ 2 900

相等

投资活动产生的现金流量

投资活动产生的现金流量指的是与公司长期资产变动有关的现金流入与流出。在现金流量表中，与投资活动有关的现金流量的披露如下所示：

投资活动产生的现金流量：	
投资活动产生的现金流入	$ ×××
投资活动产生的现金流出	（×××）
投资活动产生的现金流量净额	$ ×××

投资活动产生的现金流入一般产生于固定资产、金融资产和无形资产的出售。投资活动产生的现金流出则涉及购买固定资产、金融资产和无形资产。

筹资活动产生的现金流量

筹资活动产生的现金流量指的是与公司长期负债和股东权益变化有关的现金流入与流出。在现金流量表中，与筹资活动有关的现金流量的披露如下所示：

筹资活动产生的现金流量：

筹资活动产生的现金流入	\$×××
筹资活动产生的现金流出	（×××）
筹资活动产生的现金流量净额	\$×××

筹资活动产生的现金流入一般来自发行长期债务或权益证券。比如，发行债券、应付票据、优先股和普通股获得现金都属于筹资活动产生的现金流入。筹资活动产生的现金流出则涉及支付现金股利、偿还长期债务以及回购股票。

非现金投资和筹资活动

公司可能会进行一些不直接影响现金的投资和筹资活动。比如，公司有可能通过发行股票的方式来偿还长期债务。尽管这项交易不直接影响现金，但是它减少了公司未来的现金支出，即公司不再需要支付债券利息，也不需要在债券到期时偿还本金。因为这类交易间接影响现金流，所以在现金流量表中单独列示。这一部分经常披露在现金流量表的底部。

现金流量表格式

现金流量表显示了上面讨论的经营、投资和筹资三项活动产生的或用于这些活动的现金流量。这三项活动始终按照固定的顺序报告，格式如图表 16-3 所示。

图表 16-3　现金流量表格式

公司名称 现金流量表 截至 xxxx 的会计年度		
经营活动产生的现金流量：		
（列示单个项目，如图表 16-1 所示）	\$×××	
经营活动产生的现金流量净额		\$　×××
投资活动产生的现金流量：		
（列示单个项目，如图表 16-1 所示）	\$×××	
投资活动产生的现金流量净额		×××
筹资活动产生的现金流量：		
（列示单个项目，如图表 16-1 所示）	\$×××	
筹资活动产生的现金流量净额		×××
现金增加（减少）额		\$　×××
期初现金余额		×××
期末现金余额		\$　×××
非现金投资和筹资活动		\$　×××

例 16-1　现金流量的分类

判断以下各项应该在现金流量表中作为经营活动、投资活动还是筹资活动产生的现金流量披露。

a. 购买专利　　　　　　　　　　　　b. 支付现金股利

c. 处置设备   e. 回购股票

d. 现金销量   f. 支付工资

解答：

a. 投资   d. 经营

b. 筹资   e. 筹资

c. 投资   f. 经营

不披露每股现金流量

金融新闻有时候会披露**每股现金流量**（cash flow per share）。正如所报道的那样，每股现金流量一般用经营活动产生的现金流量除以总股数而得。然而，这样的报道可能会由于以下原因而误导读者：

（1）使用者可能误将每股现金流量认作可能得到的现金股利。如果经营活动产生的现金用于偿还贷款或者重新投资于公司就会产生这样的误导。

（2）使用者可能误认为每股现金流量等价于甚至优于每股收益。

因此，包括现金流量表在内的财务报表不应该披露每股现金流量。

16.2 编制现金流量表——间接法

用间接法披露经营活动产生的现金流量运用了这样的一个逻辑——任何一个资产负债表账户的变化（包括现金）都可以从其他资产负债表账户的变化中分析得出。因此，通过分析资产负债表非现金账户的变化，就可以间接地确定现金账户的任何变化。

如下所示，从会计恒等式中可以变换出现金的一般计算公式：

资产=负债+所有者权益

现金+非现金资产=负债+所有者权益

现金=负债+所有者权益−非现金资产

因此，如下所示，现金账户的任何变化都可以通过分析负债、所有者权益、非现金资产的变化来确定。

现金的变化=负债的变化+所有者权益的变化−非现金资产的变化

在间接法下，资产负债表账户的分析没有明确的顺序。但是，净利润（损失）往往是现金流量表披露的第一个金额。又因为净利润（损失）是留存收益账户任何变化的一个组成成分，所以第一个被分析的账户往往是留存收益。

为了解释间接法，图表 16–4 展示了朗德尔公司的利润表和比较资产负债表，还列示了利润表和资产负债表中的部分支持性数据。

图表 16-4　利润表和比较资产负债表

朗德尔公司 利润表 截至 20Y8 年 12 月 31 日的会计年度		
销售收入		$ 1 180 000
商品销售成本		790 000
毛利润		$ 390 000
营业费用：		
折旧费用	$ 7 000	
其他营业费用	196 000	
营业费用合计		203 000
营业利润		$ 187 000
其他收入和费用：		
土地销售利得	$ 12 000	
利息费用	8 000	4 000
税前利润		$ 191 000
所得税费用		83 000
净利润		$ 108 000

朗德尔公司 比较资产负债表 20Y7 年和 20Y8 年 12 月 31 日			
	20Y8 年	20Y7 年	增加 / 减少
资产			
现金	$ 97 500	$ 26 000	$ 71 500
应收账款（净额）	74 000	65 000	9 000
存货	172 000	180 000	（8 000）
土地	80 000	125 000	（45 000）
建筑物	260 000	200 000	60 000
累计折旧——建筑物	（65 300）	（58 300）	（7 000）*
资产总计	$ 618 200	$ 537 700	$ 80 500
负债			
应付账款（商品债权人）	$ 43 500	$ 46 700	$（3 200）
累计应付费用（营业费用）	26 500	24 300	2 200
应交所得税	7 900	8 400	（500）
应付股利	14 000	10 000	4 000
应付债券	100 000	150 000	（50 000）
负债总计	$ 191 900	$ 239 400	$（47 500）
所有者权益			
普通股（面值 $ 2）	$ 24 000	$ 16 000	$ 8 000
股本溢价	120 000	80 000	40 000
留存收益	282 300	202 300	80 000
所有者权益合计	$ 426 300	$ 298 300	$ 128 000
负债和所有者权益总计	$ 618 200	$ 537 700	$ 80 500

　　* 累计折旧——建筑物账户有 7 000 美元的增加额。它是一个备抵账户，因此，这 7 000 美元的增加额在计算总资产金额时应当减去，从而得到 80 500 美元的总资产金额。

净利润

如图表 16-4 中的利润表所示，朗德尔公司 20Y8 年的净利润为 108 000 美元。由于净利润与留存收益相近，净利润也有助于解释当年留存收益的变化。朗德尔公司的留存收益账户如下：

账户：留存收益						账户编号
日期		项目	借方金额	贷方金额	余额	
					借方	贷方
20Y8 年 1 月	1 日	期初余额				202 300
6 月	30 日	宣告发放股利	14 000			188 300
12 月	31 日	净利润		108 000		296 300
	31 日	宣告发放股利	14 000			282 300

留存收益账户显示 80 000 美元（108 000–28 000）的增加额源自 108 000 美元的净利润以及 28 000 美元的现金股利。而 108 000 美元的净利润则是经营活动产生的现金流量部分披露的第一个金额。28 000 美元的股利对现金流量的影响将作为筹资活动的一部分。

净利润的调整

朗德尔公司 108 000 美元的净利润并不等于该期间经营活动产生的现金流量净额。这是因为净利润是根据权责发生制计算的。

在权责发生制下，记录收入和费用的时间与实际收付现金的时间不同。例如，公司可能赊销商品，相应的现金则会在以后的日期收到。相似地，保险费在本期支付，而费用则在后续时段记录。

因此，在间接法下，必须对净利润做出调整，才能使其等于经营活动产生的现金流量净额。对净利润的典型调整如图表 16-5 所示。

图表 16-5　使用间接法对净利润（损失）的调整

将净利润调整至经营活动产生的现金流量净额的步骤如下：

第一步：加上未对现金产生影响的费用。这类费用减少了净利润但是不涉及现金的支付，因此，应该加回到净利润。

例如，固定资产的折旧额和无形资产的摊销额应加回到净利润。

第二步：加上资产处置损失，并减去资产处置利得。资产的处置（销售）是一种投资活动而不是一种经营活动。然而，这样的损失和利得被披露成了净利润的一部分。所以，处置资产所产生的任何损失都应加回到净利润。同样，处置资产所产生的任何利得也应该从净利润中扣除。

例如，成本为 100 000 美元的土地以 90 000 美元出售，10 000 美元的损失应该加回到净利润。

第三步：流动经营资产和负债的变化要按照如下规则进行相应的调整：

将非现金流动经营资产的增加额减掉。

将非现金流动经营资产的减少额加回。

将流动经营负债的增加额加回。

将流动经营负债的减少额减掉。

例如，一笔 10 000 美元的销售活动会在账面上使销售收入、应收账款和净利润这三项都增加 10 000 美元。然而，现金不受影响。因此，应收账款账户余额增加的 10 000 美元应该被扣除。其他经营资产和负债账户的变化也应该做这样的调整，如图表 16-5 中所示的存货、预付费用、应付账款、应付费用、应交所得税。

例 16-2　用间接法调整净利润

奥姆尼公司的累计折旧账户余额增加了 12 000 美元，同时本年度确认了 3 400 美元的专利摊销费用。本年度没有发生固定资产和无形资产的购买和销售。除此之外，利润表中显示增加了 4 100 美元的土地销售利得。请将奥姆尼公司 50 000 美元的净利润调整到经营活动产生的现金流量净额。

解答：

净利润	$ 50 000
调整净利润至经营活动产生的现金流量净额：	
折旧费用	12 000
专利摊销费用	3 400
土地销售利得	（4 100）
经营活动产生的现金流量净额	$ 61 300

图表 16-6 所示的是朗德尔公司的现金流量表中经营活动产生的现金流量部分。

朗德尔公司 108 000 美元的净利润按照以下步骤调整到经营活动产生的现金流量净额 100 500 美元，如下所示：

第一步：加上 7 000 美元的折旧费用。

分析：图表 16-4 中的资产负债表显示累计折旧——建筑物账户余额增加了 7 000 美元。分析账户可知，该年度 7 000 美元的累计折旧是公司建筑物产生的。

图表 16-6 经营活动产生的现金流量——间接法

经营活动产生的现金流量：	
净利润	$ 108 000
调整净利润至经营活动产生的现金流量净额：	
折旧费用	7 000 ← 第一步
土地销售利得	(12 000) ← 第二步
流动经营资产和负债的变化：	
应收账款的增加额	(9 000)
存货的减少额	8 000
应付账款的减少额	(3 200) ← 第三步
累计应付费用的增加额	2 200
应交所得税的减少额	(500)
经营活动产生的现金流量净额	$ 100 500

账户：累计折旧——建筑物						账户编号
日期		项目	借方金额	贷方金额	余额	
					借方	贷方
20Y8 年 1 月	1 日	期初余额				58 300
12 月	31 日	年度折旧费用		7 000		65 300

第二步：减去土地销售利得 12 000 美元。

分析：图表 16-4 中的利润表披露了 12 000 美元的土地销售利得。销售土地的收入，包括利得应当在现金流量表的投资部分披露，因此在确定经营活动产生的现金流量净额时，应当将 12 000 美元的利得从净利润中减去。

第三步：加上或减去流动经营资产和负债的变化。

分析：流动经营资产和负债的增加或减少如下所示：

账户	12 月 31 日		增加 / 减少
	20Y8 年	20Y7 年	
应收账款（净额）	$ 74 000	$ 65 000	$ 9 000
存货	172 000	180 000	（8 000）
应付账款（商品债权人）	43 500	46 700	（3 200）
累计应付费用（营业费用）	26 500	24 300	2 200
应交所得税	7 900	8 400	（500）

应收账款（净额）：应当从净利润中减去 9 000 美元的应收账款增加额。这是因为应收账款增加了 9 000 美元，说明销售收入比从客户手中收到的现金多 9 000 美元。9 000 美元的销售收入（净利润）在该年度无对应收到的现金。

存货：应当在净利润中加上 8 000 美元的存货减少额。这是因为存货增加了 8 000 美元，说明已售存货成本比购入存货成本多 8 000 美元。换言之，该年度的商品销售成本中包括了 8 000 美元并不是本年度（使用现金）购入的存货。

应付账款（商品债权人）：应当从净利润中减去 3 200 美元的应付账款减少额。这是因为应付账款减少了 3 200 美元，说明支付给商品债权人的金额比赊购的商品额多 3 200 美元。因此，该年度的商品销售成本比支付给商品债权人的金额少 3 200 美元。

累计应付费用（营业费用）：应当在净利润中加上 2 200 美元的应付费用增加额。这是因为累计应付费用增加了 2 200 美元说明记录的营业费用比实际用现金支付的营业费用多 2 200 美元。换言之，该年度利润表中披露的营业费用包括了 2 200 美元不涉及现金流出的费用。

应交所得税：应当从净利润中减去 500 美元的应交所得税减少额。这是因为应交所得税减少 500 美元，说明该年度缴纳的所得税比实际应交的所得税多 500 美元。换言之，利润表中披露的所得税费用比实际上交的金额少 500 美元。

使用以上步骤，朗德尔公司 108 000 美元的净利润被调整至 100 500 美元的经营活动产生的现金流量净额，如图表 16-6 所示。

例 16-3　流动经营资产和负债的变化——间接法

从比较资产负债表中获取的维克托公司的流动经营资产和负债情况如下所示：

	20Y8 年 12 月 31 日	20Y7 年 12 月 31 日
应收账款	$ 6 500	$ 4 900
存货	12 300	15 000
应付账款	4 800	5 200

针对公司流动经营资产和负债的变化，将维克托公司 70 000 美元的净利润调整至经营活动产生的现金流量净额。

解答：

净利润	$ 70 000
调整净利润至经营活动产生的现金流量净额：	
流动经营资产和负债的变化	
应收账款的增加额	（1 600）
存货的减少额	2 700
应付账款的减少额	（400）
经营活动产生的现金流量净额	$ 70 700

例 16-4　经营活动产生的现金流量——间接法

欧米克朗公司披露了以下数据：

净利润	$ 120 000
折旧费用	12 000
设备处置损失	15 000

应收账款的增加额	5 000
应付账款的减少额	2 000

使用间接法编制公司现金流量表中经营活动产生的现金流量部分。

解答：

经营活动产生的现金流量	
净利润	$ 120 000
调整净利润至经营活动产生的现金流量净额：	
折旧费用	12 000
设备处置损失	15 000
流动经营资产与负债的变化：	
应收账款的增加额	（5 000）
应付账款的减少额	（2 000）
经营活动产生的现金流量净额	$ 140 000

股利和应付股利

根据朗德尔公司的留存收益账户可知公司在该年度宣告发放 28 000 美元的现金股利。但是从下面的应付股利账户中我们发现，该年度公司实际仅支付了 24 000 美元的现金股利。

账户：应付股利						账户编号
日期		项目	借方金额	贷方金额	余额	
					借方	贷方
20Y8 年 1 月	1 日	期初余额				10 000
	10 日	现金支付	10 000	—		—
6 月	20 日	宣告发放股利		14 000		14 000
7 月	10 日	现金支付	14 000	—		—
12 月	20 日	宣告发放股利		14 000		14 000

本年度支付的现金股利也可以本年度宣告发放的股利为基础，根据应付股利账户的变化进行计算，如下所示：

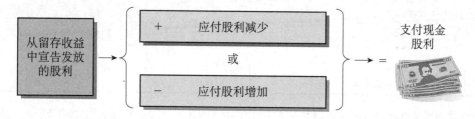

朗德尔公司支付的现金股利在 20Y8 年为 24 000 美元，计算如下：

宣告发放股利（14 000＋14 000）	$ 28 000
应付股利增加额	（4 000）
支付现金股利	$ 24 000

因为支付股利是一项筹资活动，所以 24 000 美元的股利支付应当按如下所示披露在现金流量表的筹资活动产生的现金流量部分：

筹资活动产生的现金流量：	
发放股利支付的现金	$（24 000）

普通股

如下所示，公司的普通股账户余额增加了 8 000 美元，而相应的股本溢价账户余额增加了 40 000 美元。

账户：普通股						账户编号
日期		项目	借方金额	贷方金额	余额	
					借方	贷方
20Y8 年 1 月	1 日	期初余额				16 000
11 月	1 日	增发 4 000 股		8 000		24 000

账户：股本溢价						账户编号
日期		项目	借方金额	贷方金额	余额	
					借方	贷方
20Y8 年 1 月	1 日	期初余额				80 000
11 月	1 日	增发 4 000 股		40 000		120 000

两个账户余额的增加是因为公司发行了 4 000 股每股 12 美元的普通股。该笔现金流入如下所示，披露在筹资活动产生的现金流量部分：

筹资活动产生的现金流量：	
发行股票收到的现金	$ 48 000

应付债券

如下所示，应付债券账户余额减少了 50 000 美元。

账户：应付债券						账户编号
日期		项目	借方金额	贷方金额	余额	
					借方	贷方
20Y8 年 1 月	1 日	期初余额				150 000
6 月	1 日	以面值回购债券	50 000			100 000

应付债券账户余额减少是因为公司按面值用现金回购债券。该笔现金流出如下所示，披露在筹资活动产生的现金流量部分：

筹资活动产生的现金流量：	
回购债券支付的现金	$（50 000）

建筑物和累计折旧——建筑物

如下所示，公司的建筑物账户余额增加了 60 000 美元，而相应的累计折旧账户余额增加了 7 000 美元。

账户：建筑物					账户编号	
日期		项目	借方金额	贷方金额	余额	
					借方	贷方
20Y8 年 1 月	1 日	期初余额			200 000	
12 月	27 日	以现金购买	60 000		260 000	

账户：累计折旧——建筑物					账户编号	
日期		项目	借方金额	贷方金额	余额	
					借方	贷方
20Y8 年 1 月	1 日	期初余额				58 300
12 月	31 日	当年累计折旧		7 000		65 300

如下所示，为购买建筑物支付的 60 000 美元的现金作为投资活动产生的现金流量披露：

投资活动产生的现金流量：

购买建筑物支付的现金　　　　　　　　　　　　　　　　　　　$（60 000）

累计折旧——建筑物账户的贷方发生额代表该年度的折旧费用。如图表 16-6 所示，这笔 7 000 美元的建筑物折旧费用在计算经营活动产生的现金流量净额时被加回至净利润。

土地

朗德尔公司土地账户余额减少 45 000 美元是因为以下两项交易，如下所示。

账户：土地					账户编号	
日期		项目	借方金额	贷方金额	余额	
					借方	贷方
20Y8 年 1 月	1 日	期初余额			125 000	
6 月	8 日	以 72 000 美元现金销售		60 000	65 000	
10 月	12 日	以 15 000 美元现金购买	15 000		80 000	

6 月 8 日的交易是以 72 000 美元的价格现金销售成本为 60 000 美元的土地。如下所示，销售土地获得的 72 000 美元收入披露在投资活动产生的现金流量部分：

投资活动产生的现金流量：

销售土地收到的现金　　　　　　　　　　　　　　　　　　　$ 72 000

72 000 美元的收入包括 12 000 美元的土地销售利得和 60 000 美元的土地成本。如图表 16-6 所示，12 000 美元的土地销售利得在计算经营活动产生的现金流量净额时应当从净利润中减去。这样做能够避免与这笔销售利得相关的 12 000 美元现金流入被重复计入公司的现金流。

10 月 12 日的交易是以 15 000 美元的现金购入土地。如下所示，为购买土地支付的 15 000 美元现金作为投资活动产生的现金流量披露：

投资活动产生的现金流量：	
购买土地支付的现金	$ 15 000

例 16-5　　现金流量表中的土地交易

阿尔法公司以 125 000 美元的现金购入一块土地。同年，公司以 200 000 美元的价格销售了另一块成本为 165 000 美元的土地。这两笔交易对公司现金流量表的披露有何影响？

解答：

如下所示，土地销售利得应当从净利润中减去：

土地销售利得	$（35 000）

如下所示，土地的购买与销售在投资活动产生的现金流量部分披露：

销售土地收到的现金	$ 200 000
购买土地支付的现金	（125 000）

现金流量表的编制

朗德尔公司用间接法编制的现金流量表如图表 16-7 所示。现金流量表显示该年度公司的现金增加了 71 500 美元。其中大部分现金流量净额的增加来自经营活动（100 500 美元），而大部分的现金流出则用于筹资活动（26 000 美元）。20Y8 年 12 月 31 日，公司的期末现金余额为 97 500 美元。这部分期末现金余额也同时披露在 20Y8 年 12 月 31 日的资产负债表中。

16.3　编制现金流量表——直接法

使用直接法披露公司经营活动产生的现金流量，如下所示：

经营活动产生的现金流量	
从客户手中收取的现金	$ ×××
为购买商品支付的现金	（×××）
为支付营业费用支出的现金	（×××）
为偿还利息支付的现金	（×××）
为缴纳所得税支付的现金	（×××）
经营活动产生的现金流量净额	$ ×××

现金流量表的投资活动和筹资活动部分在直接法和间接法下完全相同。经营活动产生的现金流量净额也相同，只是披露方式不同。

在直接法下，调整利润表得到经营活动产生的现金流量的方法如图表 16-8 所示。

图表 16-7　现金流量表——间接法

朗德尔公司 现金流量表 截至 20Y8 年 12 月 31 日的会计年度		
经营活动产生的现金流量：		
净利润	$ 108 000	
调整净利润至经营活动产生的现金流量净额：		
折旧费用	7 000	
土地销售利得	（12 000）	
流动经营资产和负债的变化：		
应收账款的增加额	（9 000）	
存货的减少额	8 000	
应付账款的减少额	（3 200）	
累计应付费用的增加额	2 200	
应交所得税的减少额	（500）	
经营活动产生的现金流量净额		$ 100 500
投资活动产生的现金流量：		
销售土地收到的现金	$ 72 000	
购买土地支付的现金	（15 000）	
购买建筑物支付的现金	（60 000）	
投资活动产生的现金流量净额		（3 000）
筹资活动产生的现金流量：		
销售普通股收到的现金	$ 48 000	
回购债券支付的现金	（50 000）	
发放股利支付的现金	（24 000）	
筹资活动产生的现金流量净额		（26 000）
现金增加（减少）额		$ 71 500
期初现金余额		26 000
期末现金余额		$ 97 500

图表 16-8　使用直接法调整利润表得到经营活动产生的现金流量

利润表	调整	经营活动产生的现金流量
销售收入	→	从客户手中收取的现金
商品销售成本	→	为购买商品支付的现金
营业费用：		
折旧费用	N/A*	N/A
其他营业费用	→	为支付营业费用支出的现金
土地销售利得	N/A	N/A
利息费用	→	为偿还利息支付的现金
所得税费用	→	为缴纳所得税支付的现金
净利润	→	经营活动产生的现金流量净额

　* N/A 代表不适用。

如图表 16-8 所示，折旧费用不在经营活动产生的现金流量部分披露或调整。这是因为折旧费用不涉及现金的流出。土地销售利得也不作为经营活动产生的现金流量的一部分进行披露或调整。这是因为在直接法下，经营活动产生的现金流量是直接得出的，而不是根据净利润调整而得出的。销售土地收到的现金在投资活动产生的现金流量部分披露。

为详细了解直接法，可参照图表 16-4 中朗德尔公司的利润表和比较资产负债表。

从客户手中收取的现金

朗德尔公司的利润表（见图表 16-4）披露了 1 180 000 美元的销售收入。在确定从客户手中收取的现金时，应根据应收账款的增加额和减少额对 1 180 000 美元的销售收入做出调整。具体的调整如图表 16-9 所示。

图表 16-9　计算从客户手中收取的现金

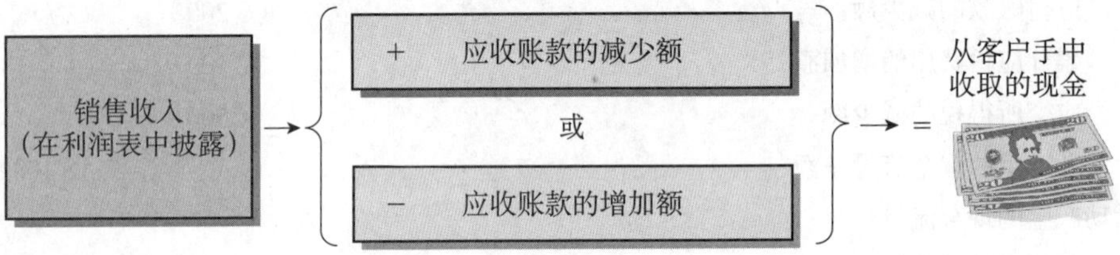

从客户手中共收取现金 1 171 000 美元，计算如下：

销售收入	$ 1 180 000
应收账款的增加额	（9 000）
从客户手中收取的现金	$ 1 171 000

20Y8 年应收账款有 9 000 美元的增加额（如图表 16-4 所示），说明记录的销售收入比实际从客户手中收取的现金多 9 000 美元。换言之，该年度的销售收入包括了 9 000 美元不涉及现金流入的收入。因此，在计算从客户手中收取的现金时，这 9 000 美元应当从销售收入中减去。

例 16-6　从客户手中收取的现金——直接法

利润表披露了 350 000 美元的销售收入，该年度应收账款减少了 8 000 美元。计算从客户手中收取的现金。

解答：

销售收入	$ 350 000
应收账款的减少额	8 000
从客户手中收取的现金	$ 358 000

为购买商品支付的现金

朗德尔公司的利润表（见图表 16-4）披露了 790 000 美元的商品销售成本。在确定为购买商品支付的现金时，应当根据应付账款的增加额或减少额调整 790 000 美元的商品销售成本。假设所有的应付账款都是针对商品供应商的，那么所做的调整如图表 16-10 所示。

图表 16-10　计算为购买商品支付的现金

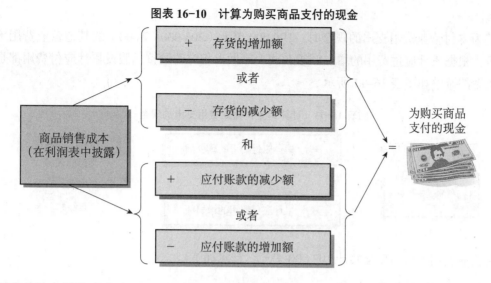

为购买商品支付的现金为 785 200 美元，计算如下：

商品销售成本	$ 790 000
存货的减少额	（8 000）
应付账款的减少额	3 200
为购买商品支付的现金	$ 785 200

存货有 8 000 美元的减少额（见图表 16-4），说明商品销售成本比存货购入成本多 8 000 美元。换言之，该年度的商品销售成本中包含了 8 000 美元不涉及现金流出的存货。因此，在计算为购买商品支付的现金时，这 8 000 美元应当从商品销售成本中减去。

应收账款有 3 200 美元的减少额（见图表 16-4），说明 20Y8 年为购买商品支付的现金要比账上记录的货款多 3 200 美元。因此，在计算为购买商品支付的现金时，这 3 200 美元应当加到商品销售成本中。

例 16-7　为购买商品支付的现金——直接法

利润表披露的商品销售成本为 145 000 美元，该年度应付账款增加了 4 000 美元，存货增加了 9 000 美元。计算为购买商品支付的现金。

解答：

商品销售成本	$ 145 000
存货的增加额	9 000
应付账款的增加额	（4 000）
为购买商品支付的现金	$ 150 000

为支付营业费用支出的现金

朗德尔公司的利润表（见图表 16-4）披露了营业费用共计 203 000 美元，其中包括 7 000 美元的折旧费用。因为折旧费用不涉及现金的流出，所以在计算为支付营业费用支出的现金时，应当剔除折旧费用金额。

在确定为支付营业费用支出的现金时，196 000美元（203 000 - 7 000）的其他营业费用（除折旧费用外）应当根据累计应付费用的增加额或者减少额做出相应的调整。假设累计应付费用都是营业费用，那么所做的调整如图表16-11所示。

图表16-11　计算为支付营业费用支出的现金

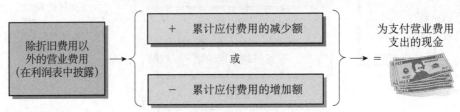

为支付营业费用支出的现金共计193 800美元，计算如下：

除折旧费用以外的营业费用	$ 196 000
累计应付费用的增加额	（2 200）
为支付营业费用支出的现金	$ 193 800

累计应付费用有2 200美元的增加额（见图表16-4），说明为偿还营业费用支付的现金比该年度报表披露的营业费用少2 200美元。因此，在计算为偿还营业费用支付的现金时，应当从营业费用中减去这2 200美元。

朗德尔公司没有预付费用，因此营业费用不需要针对预付费用进行调整。当存在预付费用时，营业费用也要根据预付费用的任何增减进行调整。预付费用的增加额（减少额）加上（减去）其他营业费用以确定为支付营业费用支出的现金。

土地销售利得

朗德尔公司的利润表（见图表16-4）披露了12 000美元的土地销售利得。土地的销售是一项投资活动，因此，销售土地的收入，包括利得都作为投资活动产生的现金流量的一部分进行披露。

利息费用

朗德尔公司的利润表（见图表16-4）披露了8 000美元的利息费用。在计算为偿还利息支付的现金时，这8 000美元的利息费用应当根据应付利息的增加额或者减少额做出相应的调整，具体的调整如图表16-12所示。

图表16-12　计算为偿还利息支付的现金

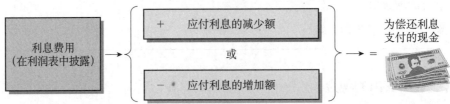

朗德尔公司的资产负债表（见图表16-4）显示公司并不存在应付利息。这是因为债券的利息费

用已在 6 月 1 日和 12 月 1 日支付。既然没有应付利息，所以也就不需要对 8 000 美元的利息费用做任何调整。

为缴纳所得税支付的现金

朗德尔公司的利润表（见图表 16-4）披露了 83 000 美元的所得税费用。在计算为缴纳所得税支付的现金时，这 83 000 美元的所得税费用应当根据应交所得税的增加额或者减少额做出相应的调整，具体的调整如图表 16-13 所示。

图表 16-13　为缴纳所得税支付的现金

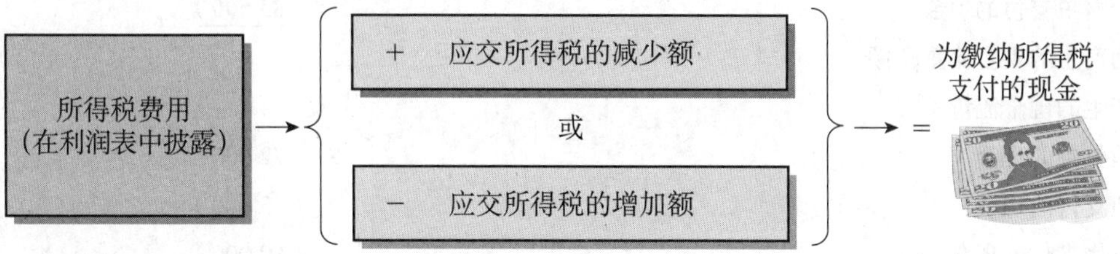

为缴纳所得税支付的现金为 83 500 美元，计算如下：

所得税费用	$ 83 000
应付所得税的减少	500
为缴纳所得税支付的现金	$ 83 500

所得税费用有 500 美元的减少额（见图表 16-4），说明为缴纳所得税支付的现金比 20Y8 年实际披露的所得税多 500 美元。因此，在计算为缴纳所得税支付的现金时，这 500 美元应当加至所得税费用中。

经营活动产生的现金流量的披露——直接法

朗德尔公司使用直接法对公司经营活动产生的现金流量进行披露的现金流量表如图表 16-14 所示。表中与使用间接法的不同部分用黑体字显示。

图表 16-14 还单独列示了调整净利润至经营活动产生的现金流量净额的一览表。在使用直接法时，现金流量表往往会包含调整一览表。该一览表与使用间接法编制的经营活动产生的现金流量部分相似。

16.4　财务分析和解释：自由现金流

自由现金流是一种评价企业盈利能力的工具。**自由现金流**（free cash flow）衡量企业为维持当下的生产能力购买一定的固定资产之后，还能利用的经营活动产生的现金流量。由于维持当前运营所需的固定资产投资信息通常无法从财务报表中获得，因此分析师使用为购买固定资产支付的现金来估计这一金额。因此，自由现金流的计算方法如下：

经营活动产生的现金流量	$ ×××
为购买固定资产支付的现金	(×××)
自由现金流	$ ×××

图表 16-14　现金流量表——直接法

朗德尔公司 现金流量表 截至 20Y8 年 12 月 31 日的会计年度		
经营活动产生的现金流量：		
从客户手中收取的现金	$ 1 171 000	
为购买商品支付的现金	（785 200）	
为支付营业费用支出的现金	（193 800）	
为偿还利息支付的现金	（8 000）	
为缴纳所得税支付的现金	（83 500）	
经营活动产生的现金流量净额		$ 100 500
投资活动产生的现金流量：		
销售土地收到的现金	$　72 000	
购买土地支付的现金	（15 000）	
购买建筑物支付的现金	（60 000）	
投资活动产生的现金流量净额		（3 000）
筹资活动产生的现金流量：		
发行普通股收到的现金	$　48 000	
回购债券支付的现金	（50 000）	
发放股利支付的现金	（24 000）	
筹资活动产生的现金流量净额		（26 000）
现金增加（减少）额		$ 71 500
期初现金余额		26 000
期末现金余额		$ 97 500
调整净利润至经营活动产生的现金流量净额一览表：		
经营活动产生的现金流量：		
净利润		$ 108 000
调整净利润至经营活动产生的现金流量净额：		
折旧费用		7 000
土地销售利得		（12 000）
流动经营资产和负债的变化：		
应收账款的增加额		（9 000）
存货的减少额		8 000
应付账款的减少额		（3 200）
累计应付费用的增加额		2 200
应交所得税的减少额		（500）
经营活动产生的现金流量净额		$ 100 500

　　自由现金流可以表示为销售收入百分比的形式，以用于公司随时间推移进行纵向比较或与其他公司进行横向比较。该比率的计算公式如下：

$$自由现金流相对于销售收入的比率 = \frac{自由现金流}{销售收入}$$

正的自由现金流是对公司有利的。正自由现金流使得公司能够偿还债务、回购库存股、发放股利，且有资金用于增长和收购。没有自由现金流的公司财务灵活性有限，很可能产生流动性问题。

举例说明，国家饮料公司近三年年报中的信息如下（单位：千美元）：

	第 3 年	第 2 年	第 1 年
经营活动产生的现金流量	$ 58 020	$ 52 383	$ 40 264
为购买固定资产支付的现金	11 630	12 124	9 693
销售收入	645 825	641 135	662 007

近三年自由现金流的计算如下：

	第 3 年	第 2 年	第 1 年
经营活动产生的现金流量	$ 58 020	$ 52 383	$ 40 264
为购买固定资产支付的现金	（11 630）	（12 124）	（9 693）
自由现金流	$ 46 390	$ 40 259	$ 30 571

可以看出，自由现金流在三年内有所增加。第 3 年的自由现金流比第 1 年高出近 52%（（46 390-30 571）/ 30 571）。自由现金流相对于销售收入的比率如下（四舍五入到小数点后一位）：

	第 3 年	第 2 年	第 1 年
自由现金流相对于销售收入的比率	7.2%	6.3%	4.6%
	（46 390/645 825）	（40 259/641 135）	（30 571/662 007）

自由现金流相对于销售收入的比率在这三年内也有所增加，即从第 1 年的 4.6% 增加到第 3 年的 7.2%，增加了 57%（（7.2%-4.6%）/4.6%）。

例 16-8 自由现金流

欧米克朗公司披露的 20Y7 年和 20Y8 年的部分现金流量表数据如下所示：

	20Y8 年	20Y7 年
经营活动产生的现金流量净额	$ 140 000	$ 120 000
投资活动产生的现金流量净额	（120 000）	（80 000）
筹资活动产生的现金流量净额	（20 000）	（32 000）

投资活动产生的现金流量净额的 75% 被用于维持当下生产活动所必需的投资。

a. 计算欧米克朗公司的自由现金流。

b. 从 20Y7 年到 20Y8 年欧米克朗公司的自由现金流是增加了还是减少了？

解答：

a.

	20Y8 年	20Y7 年
经营活动产生的现金流量净额	$ 140 000	$ 120 000
维持当下生产活动而投资于固定资产的现金	（90 000）*	（60 000）**
自由现金流	$ 50 000	$ 60 000

* 120 000×75%。

** 80 000×75%。

b. 自由现金流从 60 000 美元下降到 50 000 美元，是不利趋势。

附录：现金流量试算表——间接法

试算表（工作底稿）被用于编制现金流量表。而在实际中编制现金流量表时是否运用试算表并不影响本章所介绍的概念。

现金流量试算表的编制基于图表 16-4 中朗德尔公司的财务数据。具体编制步骤如下所示，并列示在图表 16-15 中。

第一步：在账户栏中列出资产负债表账户的名称。

第二步：对于每个资产负债表账户，在第一栏中填写 20Y7 年 12 月 31 日的期末余额，在最后一栏中填写 20Y8 年 12 月 31 日的期末余额，并用括号标示有贷方余额。

第三步：增加 20Y7 年 12 月 31 日以及 20Y8 年 12 月 31 日的总计栏，总和应当为 0。

第四步：分析每个非现金账户的年度金额变化以确定其净增加（减少）额，并将变化额归类为影响经营活动、投资活动、筹资活动的现金流量或者非现金投融资活动的现金流量。

第五步：在业务栏编制会计分录，显示账户金额变化对现金流量的影响。

第六步：在分析完所有非现金账户之后，输入该年度的现金净增加额或净减少额。

第七步：添加借方和贷方业务栏，借方总额应当等于贷方总额。

分析账户

在分析非现金账户的过程中（第四步），应当确定导致金额发生变化的现金流量活动类型（经营活动、投资活动和筹资活动）。在分析每个非现金账户时，应当针对导致金额发生变化的每类现金流量活动，在试算表中做出相应的记录（第五步）。在分析完所有的非现金账户以后，对该会计期间现金的增加（减少）做出相应的记录（第六步）。

试算表中的记录不用转到总账中。它们只用于编制和汇总试算表中的数据。

账户的分析顺序并不重要。然而，从留存收益开始，对列表中的账户从下往上分析会更有效率。

留存收益

试算表显示 20Y7 年 12 月 31 日的留存收益余额为 202 300 美元，20Y8 年 12 月 31 日的留存收益余额则为 282 300 美元，因此 20Y8 年留存收益增加了 80 000 美元。这些增加额源自以下项目：

图表 16-15　期末现金流量试算表的编制——间接法

第二步

	A	B	C	D	E	F	G
		余额		业务			余额
	账户	20Y7年 12月31日		借方		贷方	20Y8年 12月31日
1	朗德尔公司						
2	期末现金流量试算表						
3	截至20Y8年12月31日的会计年度						
6	现金	26 000	(o)	71 500			97 500
7	应收账款（净额）	65 000	(n)	9 000			74 000
8	存货	180 000			(m)	8 000	172 000
9	土地	125 000	(k)	15 000	(l)	60 000	80 000
10	建筑物	200 000	(j)	60 000			260 000
11	累计折旧——建筑物	(58 300)			(i)	7 000	(65 300)
12	应付账款（商品债权人）	(46 700)	(h)	3 200			(43 500)
13	累计应付费用（营业费用）	(24 300)			(g)	2 200	(26 500)
14	应交所得税	(8 400)	(f)	500			(7 900)
15	应付股利	(10 000)			(e)	4 000	(14 000)
16	应付债券	(150 000)	(d)	50 000			(100 000)
17	普通股	(16 000)			(c)	8 000	(24 000)
18	股本溢价	(80 000)			(c)	40 000	(120 000)
19	留存收益	(202 300)	(b)	28 000	(a)	108 000	(282 300)
20	总计	0		237 200		237 200	0
21	经营活动：						
22	净利润		(a)	108 000			
23	建筑物折旧费用		(i)	7 000			
24	土地销售利得				(l)	12 000	
25	应收账款的增加额				(n)	9 000	
26	存货的减少额		(m)	8 000			
27	应付账款的减少额				(h)	3 200	
28	累计应付费用的增加额		(g)	2 200			
29	应交所得税的减少额				(f)	500	
30	投资活动：						
31	销售土地		(l)	72 000			
32	购买土地				(k)	15 000	
33	购买建筑物				(j)	60 000	
34	筹资活动：						
35	发行普通股		(c)	48 000			
36	回购应付债券				(d)	50 000	
37	宣告发放现金股利				(b)	28 000	
38	应付股利的增加额		(e)	4 000			
39	现金增加（减少）额				(o)	71 500	
40	总计			249 200		249 200	
41							

第一步　　　第三步 → （B20：0）　　　第三步 → （G20：0）

第四～七步

（1）净利润 108 000 美元；

（2）宣告发放的现金股利 28 000 美元。

为确定与这些现金流量有关的活动，需要在试算表中编制两笔分录。

108 000 美元的净利润在现金流量表中作为经营活动产生的现金流量的一部分，所以它在试算表业务栏中的记录如下：

（a）借：经营活动——净利润   108 000

       贷：留存收益   108 000

以上分录解释了留存收益变化中由净利润导致的部分，同时也显示出了试算表底部与经营活动有关的现金流量。

28 000美元的股利在现金流量表中列示为与筹资活动有关的现金流量，因此其在试算表业务栏中的记录如下：

（b）借：留存收益   28 000

       贷：筹资活动——宣告发放的现金股利   28 000

以上分录解释了留存收益变化中由股利导致的部分，同时也显示出了试算表底部与筹资活动有关的现金流量。宣告发放的28 000美元现金股利在后期将根据该年度实际发放的现金股利做出调整。

其他账户

与其他非现金账户有关的分录以类似分录（a）和分录（b）的方式在试算表中做出相应记录。这些分录汇总如下：

（c）借：筹资活动——发行普通股   48 000

       贷：股本   8 000

          股本溢价   40 000

（d）借：应付债券   50 000

       贷：筹资活动——回购应付债券   50 000

（e）借：筹资活动——应付股利的增加额   4 000

       贷：应付股利   4 000

（f）借：应交所得税   500

       贷：经营活动——应交所得税的减少额   500

（g）借：经营活动——累计应付费用的增加额   2 200

       贷：累计应付费用   2 200

（h）借：应付账款   3 200

       贷：经营活动——应付账款的减少额   3 200

（i）借：经营活动——建筑物折旧费用   7 000

       贷：累计折旧——建筑物   7 000

（j）借：建筑物   60 000

       贷：投资活动——购买建筑物   60 000

（k）借：土地   15 000

       贷：投资活动——购买土地   15 000

（l）借：投资活动——销售土地   72 000

       贷：经营活动——土地销售利得   12 000

          土地   60 000

（m）借：经营活动——存货的减少额	8 000	
贷：存货		8 000
（n）借：应收账款	9 000	
贷：经营活动——应收账款的增加额		9 000
（o）借：现金	71 500	
贷：现金净增加额		71 500

通过分析所有的资产负债表账户并在试算表中编制相应的分录，能够有效显示出试算表底部所有与经营活动、投资活动和筹资活动有关的现金流量，还可以通过汇总业务栏中的借方总额和贷方总额复核记录的准确性，因为借方金额应当恒等于贷方金额。

编制现金流量表

根据试算表编制的现金流量表与图表 16-7 中所示的报表一致。现金流量表中三个部分（经营活动产生的现金流量、投资活动产生的现金流量和筹资活动产生的现金流量）的数据来自试算表的底部。

练习题

EX 16-1　经营活动产生的现金流量——净损失

在最近一年的利润表中，美国航空公司的母公司美国航空集团报告了 18.34 亿美元的营业净损失。在其现金流量表中，它却报告了 6.75 亿美元经营活动产生的现金流量。

解释亏损与正现金流之间的明显矛盾。

EX 16-3　现金流量分类

判断下列事项所属的现金流量活动类别（经营活动、投资活动或筹资活动）：

a. 赎回债券
b. 发行优先股
c. 发放现金股利
d. 净利润
e. 出售设备
f. 回购股票
g. 购买专利
h. 购买建筑物
i. 出售长期投资
j. 发行债券
k. 发行普通股

EX 16-5　经营活动产生的现金流量——间接法

本年度利润表中报告的净利润为 73 600 美元。设备的折旧额为 27 400 美元。年初和年末流动资产和流动负债账户余额如下：

	年末	年初
现金	$ 23 500	$ 18 700
应收账款（净额）	56 000	48 000

续

	年末	年初
商品存货	35 500	40 000
预付费用	4 750	7 000
应付账款（商品债权人）	21 800	16 800
应付职工薪酬	4 900	5 800

a. 使用间接法编制现金流量表中经营活动产生的现金流量部分。

b. 简要解释为什么经营活动产生的现金流量净额与净利润不一致。

EX 16-7　经营活动产生的现金流量——间接法

年度利润表披露了以下事项：

折旧费用	$ 65 000
设备处置利得	27 500
净利润	620 000

流动资产和负债的余额变动如下所示：

	增加 / 减少
应收账款	$ 11 200
存货	（6 350）
预付保险费	（1 200）
应付账款	（4 200）
应交所得税	1 650
应付股利	2 500

a. 使用间接法编制现金流量表中经营活动产生的现金流量部分。

b. 简要解释为什么经营活动产生的现金流量净额与净利润不一致。

EX 16-9　在现金流量表中披露设备金额的变化

通过分析总账得知公司在本年度以 101 250 美元的价格出售了原价为 202 500 美元、在出售日已计提 84 375 美元折旧费用的办公设备。根据这些信息，指出应当在现金流量表中披露的项目。

EX 16-11　在现金流量表中披露土地交易

基于以下固定资产账户的明细，指出应当在现金流量表中披露的项目。

账户：土地						账户编号
日期		项目	借方金额	贷方金额	余额	
					借方	贷方
1 月	1 日	期初余额			868 000	
3 月	12 日	以现金购入	104 300		972 300	
10 月	4 日	以 95 550 美元出售		63 840	908 460	

EX 16-13　在现金流量表中披露以现金购入土地和抵押债券

基于以下固定资产账户的明细，指出应当在现金流量表中披露的项目。

账户：土地						账户编号
日期		项目	借方金额	贷方金额	余额	
					借方	贷方
1 月	1 日	期初余额			156 000	
2 月	10 日	以现金购入	246 000		402 000	
11 月	20 日	以长期抵押债券交换而得	324 000		726 000	

EX 16-15　根据经营活动产生的现金流量净额确定净利润

科文公司在 20Y8 年的现金流量表中披露的经营活动产生的现金流量净额为 357 500 美元。以下是通过间接法披露在现金流量表中的经营活动产生的现金流量部分：

应交所得税的减少额	$　7 700
存货的减少额	19 140
折旧费用	29 480
投资处置利得	13 200
应付账款的增加额	5 280
预付费用的增加额	2 970
应收账款的增加额	14 300

a. 确定科文公司 20Y8 年的净利润。

b. 简要解释科文公司的净利润与经营活动产生的现金流量净额之间为何会存在差异。

EX 16-17　现金流量表——间接法

欧森琼斯公司在 20Y2 年 12 月 31 日和 20Y1 年 12 月 31 日的比较资产负债表如下所示：

	20Y2 年 12 月 31 日	20Y1 年 12 月 31 日
资产		
现金	$ 183	$ 14
应收账款（净额）	55	49
存货	117	99
土地	250	330
设备	205	175
累计折旧——设备	（68）	（42）
资产总计	$ 742	$ 625
负债和所有者权益		
应付账款（商品债权人）	$ 51	$ 37
应付股利	5	—

续

	20Y2 年 12 月 31 日	20Y1 年 12 月 31 日
普通股，面值 $ 10	125	80
股本溢价	85	70
留存收益	476	438
负债和所有者权益总计	$ 742	$ 625

以下信息摘取自相关的会计记录：

1. 以 120 美元的价格出售土地；

2. 支付现金购入设备；

3. 该年度未处置设备；

4. 发行普通股是为了获取现金；

5. 因为净利润贷记留存收益 62 美元；

6. 因为宣告发放现金股利借记留存收益 24 美元。

a. 编制现金流量表，使用间接法编制经营活动产生的现金流量部分。

b. 欧森琼斯公司经营活动产生的现金流量净额比净利润是多还是少？该差异源自何处？

EX 16–19　经营活动产生的现金流量——直接法

在现金流量表中，经营活动产生的现金流量以直接法编制。请确定：

a. 如果该年度的销售收入为 753 500 美元，应收账款减少额为 48 400 美元，那么从客户手中收取的现金是多少？

b. 如果该年度的所得税费用是 50 600 美元，应交所得税减少额为 5 500 美元，那么该年度为缴纳所得税支付的现金是多少？

c. 简要解释为什么从客户手中收取的现金与销售收入之间存在差异。

综合题

PR 16–1A　现金流量表——间接法

纳维亚公司在 20Y3 年 12 月 31 日和 20Y2 年 12 月 31 日的比较资产负债表如下所示：

	20Y3 年 12 月 31 日	20Y2 年 12 月 31 日
资产		
现金	$ 155 000	$ 150 000
应收账款（净额）	450 000	4 000 000
存货	770 000	750 000
投资	0	100 000
土地	500 000	0
设备	1 400 000	1 200 000

续

	20Y3 年 12 月 31 日	20Y2 年 12 月 31 日
累计折旧——设备	（600 000）	（500 000）
资产总计	$ 2 675 000	$ 2 100 000
负债和所有者权益		
应付账款	$　340 000	$　300 000
累计应付费用	45 000	50 000
应付股利	30 000	25 000
普通股，面值 $ 4	700 000	600 000
股本溢价	200 000	175 000
留存收益	1 360 000	950 000
负债和所有者权益总计	$ 2 675 000	$ 2 100 000

从会计总账中获得以下在 20Y3 年的额外信息：

a. 以 175 000 美元的价格出售投资；

b. 支付现金购买设备和土地；

c. 本年未处置设备；

d. 发行普通股是为了获取现金；

e. 因为净利润贷记留存收益 500 000 美元；

f. 因为宣告发放现金股利借记留存收益 90 000 美元。

要求：

编制现金流量表，使用间接法编制经营活动产生的现金流量部分。

案例分析题

CP 16–1　道德行为

西蒙斯工业股份有限公司的总裁卢卡斯·亨特认为，在利润表中报告每股经营现金流量是对公司刚刚编制完成的财务报表的有益补充。最近一个会计年度结束后的 1 月份，卢卡斯·亨特和公司的控制人约翰·詹姆森进行了以下讨论。

卢卡斯：我一直在审查我们上年的财务报表。我对每股收益相比上年下降了 10% 感到失望。这对公司的股东来说不是一个好消息。对此我们有什么办法吗？

约翰：你的话是什么意思？过去的已经过去了，现在的数据是过去的事项造成的。我们对此无能为力。公司的财务报表是根据一般公认会计原则编制的，我认为在这一点上没有太大的变化余地。

卢卡斯：不，我不是提议做假账。你看看现金流量表上的经营活动产生的现金流量部分。经营活动产生的现金流量增加了 20%，这是一个非常好的消息，我必须强调，这是有用的信息。经营活动产生较多的现金流量将给公司的债权人带来安慰。

约翰：是的，经营活动产生的现金流量列示在现金流量表上，所以我认为用户可以看到现金流数据的改善。

卢卡斯：这是事实，但我认为这种信息应该得到更高的关注。我不想要这种信息被"隐藏"在现金流量表中。我们都清楚，很多用户会关注利润表。因此，我认为应该在利润表的每股收益下面的某处注明每股经营现金流量。通过这种方式，用户将全面了解我们的运营绩效。是的，今年公司的每股收益有所下降，但经营活动产生的现金流量有所增加！所有信息都集中在一处，用户可以清楚地看到并比较这些数据。你认为怎么样？

约翰：我以前从来没有这样想过。我认为可以将每股经营现金流量放在利润表的每股收益的下方。用户将从这一披露中真正受益。谢谢你的建议，我会开始研究的。

卢卡斯：很高兴能为您服务。

你如何解释这种情况？约翰的行为是否合乎职业道德？

第17章

财务报表分析

　　"Just do it"是世界知名品牌之———耐克公司的标志语。这句话在鼓励运动员"竞争并发挥潜力"的同时也定义了这家公司。

　　耐克公司成立于1964年，是由俄勒冈大学的田径教练比尔·鲍尔曼和他的学生菲尔·奈特共同创立的合伙企业。这两个创始人一开始是把从日本进口的运动鞋卖给田径运动员。随着销售额的增长，公司开设了零售商店，并更名为蓝带体育公司。同时，公司也开始自主研发运动鞋。1971年，公司花了35美元委托波特兰州立大学的平面设计系学生设计了公司的商标。1978年，公司更名为耐克公司，并于1980年首次对外公开发行股票。

　　在那时，耐克公司是一家非常值得投资的公司。如果你在1990年购买耐克公司的普通股，每股只需要花费5美元，而在2016年9月，耐克公司的股票价格已经高达每股55美元。可惜的是，我们也只能事后知晓。

　　那么我们该如何选择投资哪一家公司呢？与购买其他重要物品相似，我们需要做一些研究来指导投资决策。例如，你需要购买一辆汽车，你可能去汽车网站上了解评价、等级、价格、规格、功能选项和燃油经济性来评价各款车型。在选择公司进行投资时，你可以通过财务分析深入了解一家公司过去的业绩和未来的发展前景。本章描述并举例说明了常见的财务数据，分析这些数据可以帮助我们做出如是否要购买耐克公司股票的投资决策。

学习目标

1. 描述分析财务报表数据的方法和工具。
2. 描述并举例说明基本财务报表分析方法。
3. 描述并举例说明如何使用财务报表分析方法来评估流动性。

4. 描述并举例说明如何使用财务报表分析方法来评估偿债能力。

5. 描述并举例说明如何使用财务报表分析方法来评估盈利能力。

6. 描述公司年度报告的内容。

17.1 分析和解释财务报表

会计的目的是提供相关的和及时的信息满足财务报表使用者的决策需要。银行、债权人和投资者都依赖财务报表来洞察公司的财务状况和业绩。本章讨论财务报表信息的价值、用于评估财务报表的方法，以及如何在决策中使用这些信息。

财务报表信息的价值

通用财务报表供许多潜在用户使用，并为每个群体提供有关公司经营业绩和财务状况的宝贵信息。用户通常从三个维度评估这些信息：流动性、偿债能力和盈利能力。

流动性

银行和其他金融机构等短期债权人主要关心的是公司是否有能力偿还贷款和票据等短期借款。因此，他们关注公司将资产转换为现金的能力，即流动性。

偿债能力

长期债权人如债券持有人，提供长期借款。因此，他们关注的是公司定期支付利息和到期偿还债务的能力，即偿债能力。

盈利能力

投资者如股东是公司的所有者。他们从公司股价的上涨中获利，并对公司股价上涨的可能性进行评估。公司的股价取决于多种因素，包括公司当前和未来的潜在收益。因此，投资者关注的是公司产生收益的能力，即盈利能力。

分析财务报表的方法

财务报表用户使用以下方法来分析和解释公司的经营业绩和财务状况：

（1）**分析方法**（analytical methods）检查期间内和跨期间财务报表项目的金额和百分比的变化。

（2）**比率**（ratios）分析是指将一个或一组财务报表项目表示为另一个财务报表项目的百分比，以便将重要的经济关系转变为单个数字进行衡量的方法。

分析方法和比率分析都可用于比较一家公司在一段时间内或与另一家公司相比的财务状况。

（1）一段时间内的比较：将财务报表项目或比率与上一期间的相同项目或比率进行比较，通常有助于用户判断公司经济表现、财务状况、流动性、偿债能力和盈利能力的趋势。

（2）公司之间的比较：将财务报表项目或比率与同一行业的另一家公司进行比较，有助于深入了解一家公司相对于其竞争对手的经济表现和财务状况。

17.2 基本分析方法

财务报表使用者经常用不同的方法分析公司的财务报表，其中三种方法如下所示：

（1）水平分析；

（2）垂直分析；

（3）统一度量式财务报表。

水平分析

在比较财务报表项目时，对金额和百分比的增减的分析称为**水平分析**（horizontal analysis）。近期财务报表中的每个项目都可以从以下两个方面与上期财务报表的相同项目进行比较：

（1）增减变动的金额；

（2）增减变动的百分比。

其中，上期财务报表通常用作计算项目金额和百分比增减变动的基础。

图表 17-1 列示了林肯公司在 20Y6 年 12 月 31 日和 20Y5 年 12 月 31 日资产负债表的水平分析。其中，20Y5 年 12 月 31 日的资产负债表是对照报表。

图表 17-1 显示总资产减少了 91 000 美元（7.4%），负债减少了 133 000 美元（30.0%），所有者权益增加了 42 000 美元（5.3%）。长期投资账户减少了 82 500 美元，由此可见长期负债减少 100 000 美元主要是通过出售长期投资实现的。

图表 17-1　比较资产负债表——水平分析

林肯公司 比较资产负债表 20Y6 年 12 月 31 日和 20Y5 年 12 月 31 日		增加（减少）		
	20Y6 年 12 月 31 日	20Y5 年 12 月 31 日	金额	百分比
资产				
流动资产	$ 550 000	$ 533 000	$ 17 000	3.2
长期投资	95 000	177 500	（82 500）	（46.5）
不动产、厂房和设备（净值）	444 500	470 000	（25 500）	（5.4）
无形资产	50 000	50 000	—	
资产总计	$ 1 139 500	$ 1 230 500	$ （91 000）	（7.4）
负债				
流动负债	$ 210 000	$ 243 000	$ （33 000）	（13.6）
长期负债	100 000	200 000	（100 000）	（50.0）
负债总计	$ 310 000	$ 443 000	$ （133 000）	（30.0）
所有者权益				
优先股，6%，面值 $ 100	$ 150 000	$ 150 000	—	—
普通股，面值 $ 10	500 000	500 000	—	—
留存收益	179 500	137 500	42 000	30.5
所有者权益合计	$ 829 500	$ 787 500	$ 42 000	5.3
负债和所有者权益总计	$ 1 139 500	$ 1 230 500	$ （91 000）	（7.4）

图表 17-1 中的资产负债表可以附带包含个别资产和负债账户的明细表。例如，图表 17-2 就是林

肯公司有关流动资产账户的附表。

图表 17-2 显示现金和短期投资增加了，存货和应收账款减少了。应收账款减少可能是因为收款政策发生了改变，同时也使现金收入有所增加。存货减少则可能是因为销售量增加。

图表 17-2　流动资产比较明细表——水平分析

林肯公司 流动资产比较明细表 20Y6 年 12 月 31 日和 20Y5 年 12 月 31 日				
	20Y6 年 12 月 31 日	20Y5 年 12 月 31 日	增加（减少）	
			金额	百分比
现金	$ 90 500	$ 64 700	$ 25 800	39.9
短期投资	75 000	60 000	15 000	25.0
应收账款（净值）	115 000	120 000	（5 000）	（4.2）
存货	264 000	283 000	（19 000）	（6.7）
预付费用	5 500	5 300	200	3.8
流动资产合计	$ 550 000	$ 533 000	$ 17 000	3.2

图表 17-3 列示了林肯公司 20Y6 年和 20Y5 年利润表的水平分析。图表显示销售收入增长了 298 000 美元（24.8%）。然而，24.8% 的销售收入增长伴随着更大幅度的商品销售成本的增长（27.2%）。因此，毛利润只增长了 19.7%，而未能与销售收入的增长率保持一致。

图表 17-3　比较利润表——水平分析

林肯公司 比较利润表 截至 20Y6 年和 20Y5 年 12 月 31 日的会计年度				
	20Y6 年	20Y5 年	增加（减少）	
			金额	百分比
销售收入	$ 1 498 000	$ 1 200 000	$ 298 000	24.8
商品销售成本	1 043 000	820 000	223 000	27.2
毛利润	$ 455 000	$ 380 000	$ 75 000	19.7
销售费用	$ 191 000	$ 147 000	$ 44 000	29.9
管理费用	104 000	97 400	6 600	6.8
总营业费用	$ 295 000	$ 244 400	$ 50 600	20.7
营业利润	$ 160 000	$ 135 600	$ 24 400	18.0
其他收入	8 500	11 000	（2 500）	（22.7）
	$ 168 500	$ 146 600	$ 21 900	14.9
其他费用（利息）	6 000	12 000	（6 000）	（50.0）
税前利润	$ 162 500	$ 134 600	$ 27 900	20.7
所得税费用	71 500	58 100	13 400	23.1
净利润	$ 91 000	$ 76 500	$ 14 500	19.0

图表 17-3 同时显示销售费用增长了 29.9%。所以，销售收入的增长可能是广告活动引起的，从

而增加了销售费用。管理费用增长了 6.8%，总营业费用增长了 20.7%，营业利润增长了 18.0%。利息费用减少了 50.0%，其减少很可能是因为长期负债减少了 50.0%（见图表 17-1）。总的来说，净利润增长了 19.0%，是一个有利的结果。

图表 17-4 列示了林肯公司 20Y6 年和 20Y5 年留存收益表的水平分析。图表 17-4 显示 20Y6 年林肯公司的留存收益增长了 30.5%。该部分增加额等于 91 000 美元的净利润减去 49 000 美元的现金股利。

图表 17-4　比较留存收益表——水平分析

林肯公司 比较留存收益表 截至 20Y6 年和 20Y5 年 12 月 31 日的会计年度			增加（减少）	
	20Y6 年	20Y5 年	金额	百分比
留存收益——期初（1 月 1 日）	$ 137 500	$ 100 000	$ 37 500	37.5
净利润	91 000	76 500	14 500	19.0
总计	$ 228 500	$ 176 500	$ 52 000	29.5
股利：				
优先股股利	$ 9 000	$ 9 000	—	—
普通股股利	40 000	30 000	$ 10 000	33.3
股利合计	$ 49 000	$ 39 000	$ 10 000	25.6
留存收益——年末（12 月 31 日）	$ 179 500	$ 137 500	$ 42 000	30.5

例 17-1　水平分析

某家公司的现金和应收账款的比较数据如下所示：

	本年度 12 月 31 日	上年度 12 月 31 日
现金	$ 62 500	$ 50 000
应收账款（净值）	74 400	80 000

根据以上信息回答：在进行资产负债表水平分析时，现金和应收账款的增减变动金额和百分比分别是多少？

解答：

现金增加 12 500 美元（62 500 - 50 000），增长 25%。

应收账款减少 5 600 美元（74 400 - 80 000），下降 7%。

垂直分析

财务报表中的单个项目占总体项目的比率分析称为**垂直分析**（vertical analysis）。虽然垂直分析是针对单一财务报表而言的，但是它也适用于不同期间的同一类型的财务报表，这有利于分析单个项目的百分比如何随时间发生变化。

在资产负债表的垂直分析中，相应比率的计算如下所示：

（1）各资产项目占资产总额的比率；

（2）各负债和所有者权益项目占负债和所有者权益总额的比率。

图表 17-5 列示了林肯公司在 20Y6 年 12 月 31 日和 20Y5 年 12 月 31 日资产负债表的垂直分析。图表 17-5 显示流动资产占总资产的比率从 43.3% 上升到 48.3%，长期投资占总资产的比率从 14.4% 下降到 8.3%。所有者权益占比从 64.0% 上升到了 72.8%，负债表现出同等幅度的减少。

图表 17-5　比较资产负债表——垂直分析

林肯公司 比较资产负债表 20Y6 年 12 月 31 日和 20Y5 年 12 月 31 日				
	20Y6 年 12 月 31 日		20Y5 年 12 月 31 日	
	金额	百分比	金额	百分比
资产				
流动资产	$ 550 000	48.3	$ 533 000	43.3
长期投资	95 000	8.3	177 500	14.4
固定资产（净值）	444 500	39.0	470 000	38.2
无形资产	50 000	4.4	50 000	4.1
资产总计	$ 1 139 500	100.0	$ 1 230 500	100.0
负债				
流动负债	$ 210 000	18.4	$ 243 000	19.7
长期负债	100 000	8.8	200 000	16.3
负债总计	$ 310 000	27.2	$ 443 000	36.0
所有者权益				
优先股，6%，面值 $100	$ 150 000	13.2	$ 150 000	12.2
普通股，面值 $10	500 000	43.9	500 000	40.6
留存收益	179 500	15.7	137 500	11.2
所有者权益合计	$ 829 500	72.8	$ 787 500	64.0
负债和所有者权益总计	$ 1 139 500	100.0	$ 1 230 500	100.0

在利润表的垂直分析中，每个利润表项目按占销售收入的百分比列示。图表 17-6 列示了林肯公司 20Y6 年和 20Y5 年利润表的垂直分析。

图表 17-6 显示毛利润从 20Y5 年的 31.7% 下降到 20Y6 年的 30.4%。虽然只下降了 1.3 个百分点（31.7%－30.4%），但是根据 20Y6 年的销售收入，这意味着减少了 19 474 美元（1 498 000×1.3%）的潜在毛利润。由此可见，百分比的小幅下降会导致金额发生巨大变化。

图表 17-6 比较利润表——垂直分析

林肯公司 比较利润表 截至 20Y6 年和 20Y5 年 12 月 31 日的会计年度				
	20Y6 年		20Y5 年	
	金额	百分比	金额	百分比
销售收入	$ 1 498 000	100.0	$ 1 200 000	100.0
商品销售成本	1 043 000	69.6	820 000	68.3
毛利润	$ 455 000	30.4	$ 380 000	31.7
销售费用	$ 191 000	12.8	$ 147 000	12.3
管理费用	104 000	6.9	97 400	8.1
总营业费用	$ 295 000	19.7	$ 244 400	20.4
营业利润	$ 160 000	10.7	$ 135 600	11.3
其他收入	8 500	0.6	11 000	0.9
	$ 168 500	11.3	$ 146 600	12.2
其他费用（利息）	6 000	0.4	12 000	1.0
税前利润	$ 162 500	10.9	$ 134 600	11.2
所得税费用	71 500	4.8	58 100	4.8
净利润	$ 91 000	6.1	$ 76 500	6.4

例 17-2 垂直分析

雷公司的利润表信息列示如下：

销售收入	$ 100 000
商品销售成本	65 000
毛利润	$ 35 000

对雷公司的利润表进行垂直分析。

解答：

	金额	百分比
销售收入	$ 100 000	100%（100 000/100 000）
商品销售成本	65 000	65 （65 000/100 000）
毛利润	$ 35 000	35%（35 000/100 000）

统一度量式财务报表

在**统一度量式财务报表**（common-sized statements）中，所有的项目以百分比列示，不显示具体金额。统一度量式财务报表常用于将一家公司与另一家公司做比较，或者与行业平均值做比较。

图表 17-7 列示了林肯公司和麦迪逊公司的统一度量式财务报表。图表 17-7 显示林肯公司的毛利

率（30.4%）略高于麦迪逊公司的毛利率（30.0%）。然而，林肯公司的销售费用占比（12.8%）和管理费用占比（6.9%）也分别高于麦迪逊公司对应项目的占比（11.5% 和 4.1%）。因此，林肯公司的营业利润占比（10.7%）低于麦迪逊公司（14.4%）。

营业利润 3.7 个百分点（14.4%－10.7%）的不利差异将引起林肯公司管理层及其他利益相关者的关注。他们将调查产生该不利差异的潜在原因并尽可能地去纠正。例如，林肯公司有可能外包部分行政职能，以使公司的管理费用占比能与麦迪逊公司接近。

图表 17-7　统一度量式财务报表

	林肯公司	麦迪逊公司
销售收入	100.0%	100.0%
商品销售成本	69.6	70.0
毛利润	30.4%	30.0%
销售费用	12.8%	11.5%
管理费用	6.9	4.1
总营业费用	19.7%	15.6%
营业利润	10.7%	14.4%
其他收入	0.6	0.6
	11.3%	15.0%
其他费用（利息）	0.4	0.5
税前利润	10.9%	14.5%
所得税费用	4.8	5.5
净利润	6.1%	9.0%

17.3　流动性分析

流动性分析是指评估公司将流动资产转换为现金的能力。银行和其他短期债权人严重依赖流动性分析，因为它们关注公司偿还贷款和短期票据的能力。图表 17-8 列示了用于评估流动性的三大类指标。这些指标侧重于评估公司当前的经营状况（流动资产和负债）、应收账款和存货。

图表 17-8　流动性衡量指标

流动状况分析	应收账款分析	存货分析
营运资本	应收账款周转率	存货周转率
流动比率	应收账款周转天数	存货周转天数
速动比率		

流动状况分析

评估一家公司偿还流动负债的能力称作**流动状况分析**（current position analysis）。它可以帮助短期债权人确定公司以多快的速度偿还债务，具体涉及以下三个指标的计算和分析：

（1）营运资本；

（2）流动比率；

（3）速动比率。

营运资本

公司的**营运资本**（working capital）的计算公式如下：

营运资本＝流动资产－流动负债

例如，林肯公司 20Y6 年和 20Y5 年的营运资本计算如下：

	20Y6 年	20Y5 年
流动资产	$ 550 000	$ 533 000
流动负债	（210 000）	（243 000）
营运资本	$ 340 000	$ 290 000

营运资本用来评估一家公司偿还短期负债的能力，受到债权人和债务人月度、季度或年度的监测。然而，营运资本不适用于比较不同规模的公司。例如，250 000 美元的营运资本对于一家本地运动品商店来说是足够的，但是对于耐克公司是不够的。

流动比率

流动比率（current ratio）有时也称为营运资本比率，计算公式如下：

$$流动比率 = \frac{流动资产}{流动负债}$$

例如，林肯公司的流动比率的计算如下：

	20Y6 年	20Y5 年
流动资产	$ 550 000	$ 533 000
流动负债	$ 210 000	$ 243 000
流动比率	2.6（550 000/210 000）	2.2（533 000/243 000）

相比营运资本，流动比率能够更可靠地衡量公司偿还短期债务的能力，也更容易在各类公司之间进行比较。例如，20Y6 年 12 月 31 日，林肯公司竞争者的营运资本要远远高于 340 000 美元，但是它的流动比率只有 1.3。仅考虑以上因素，林肯公司比起拥有大额营运资本的竞争者而言，更容易获得短期借款，因为其拥有更高的流动比率。

速动比率

营运资本和流动比率的缺点是没有考虑流动资产的类别以及它们的变现能力。正因如此，两家拥有相同营运资本和流动比率的公司偿还短期负债的能力可能有着巨大的差异。

举例而言，林肯公司和杰弗森公司在 20Y6 年 12 月 31 日的流动资产和流动负债如下所示：

	林肯公司	杰弗森公司
流动资产：		
现金	$ 90 500	$ 45 500
短期投资	75 000	25 000
应收账款（净值）	115 000	90 000
存货	264 000	380 000
预付费用	5 500	9 500
流动资产合计	$ 550 000	$ 550 000
流动资产	$ 550 000	$ 550 000
流动负债	（210 000）	（210 000）
营运资本	$ 340 000	$ 340 000
流动比率（流动资产/流动负债）	2.6	2.6

　　林肯公司和杰弗森公司都具有 340 000 美元的营运资本和 2.6 的流动比率。然而，杰弗森公司拥有更多的存货。只有将这些存货全部出售并收回货款才可以偿还流动负债，这需要一定的时间。而且，如果市场对该类产品的需求下降，杰弗森公司出售这些存货就可能会有困难，这会削弱杰弗森公司偿还流动负债的能力。

　　相比之下，林肯公司的流动资产中包含更多容易变现的资产，包括现金、短期投资和应收账款。因此，比起杰弗森公司，林肯公司的流动状况更有利于偿还流动负债。

　　衡量公司即期偿债能力的比率称作**速动比率**（quick ratio），有时也称为酸性测试比率。速动比率的计算公式如下：

$$速动比率 = \frac{速动资产}{流动负债}$$

　　速动资产（quick assets）指的是现金以及其他容易变现的流动资产。速动资产通常包括现金、短期投资和应收账款，不包括存货和预付资产。

　　例如，林肯公司和杰弗森公司的速动比率的计算如下：

	林肯公司	杰弗森公司
速动资产：		
现金	$ 90 500	$ 45 500
短期投资	75 000	25 000
应收账款（净值）	115 000	90 000
速动资产合计	$ 280 500	$ 160 500
流动负债	$ 210 000	$ 210 000
速动比率	1.3（280 500/210 000）	0.8（160 500/210 000）

例 17-3　流动状况分析

某公司资产负债表中的部分项目列示如下：

现金	$ 300 000
短期投资	100 000
应收账款（净值）	200 000
存货	200 000
应付账款	400 000

计算：（a）流动比率；（b）速动比率。保留一位小数。

解答：

流动比率＝流动资产 / 流动负债

　　　　＝（300 000＋100 000＋200 000＋200 000）/400 000

　　　　＝2.0

速动比率＝速动资产 / 流动负债

　　　　＝（300 000＋100 000＋200 000）/400 000

　　　　＝1.5

应收账款分析

评估一家公司收回应收账款的能力称为**应收账款分析**（accounts receivable analysis），它包含以下两个指标的计算和分析：

（1）应收账款周转率；

（2）应收账款周转天数。

尽可能快地收回应收账款有利于提高公司的流动性。此外，收回的现金还能用于改善和扩大公司经营。应收账款的快速收回还能够降低坏账风险。

应收账款周转率

应收账款周转率（accounts receivable turnover）的计算公式如下：

$$应收账款周转率 = \frac{销售收入}{平均应收账款}$$

例如，林肯公司 20Y6 年和 20Y5 年的应收账款周转率的计算如下。林肯公司 20Y5 年的应收账款年初余额是 140 000 美元。

	20Y6 年	20Y5 年
销售收入	$ 1 498 000	$ 1 200 000
应收账款（净值）：		
年初	$　120 000	$　140 000
年末	115 000	120 000
总计	$　235 000	$　260 000
平均应收账款	$ 117 500（235 000/2）	$ 130 000（260 000/2）
应收账款周转率	12.7（1 498 000/117 500）	9.2（1 200 000/130 000）

林肯公司的应收账款周转率从 9.2 上升至 12.7，说明应收账款的收回在 20Y6 年得到了改善。这可能是因为授信条件发生变化，或者收款方式发生变化，或者两者兼有。

对于林肯公司而言，平均应收账款由应收账款的年初和年末余额的平均数表示。如果销售收入的取得有季节性，在一年内有较大的波动，则使用应收账款的月度余额。此外，如果赊销收入涉及应收票据，那么应将应收账款和应收票据合并考虑。

应收账款周转天数

应收账款周转天数（number of days' sales in receivables）的计算公式如下：

$$应收账款周转天数 = \frac{平均应收账款}{平均日销售收入}$$

式中，

$$平均日销售收入 = \frac{销售收入}{365 \text{ 天}}$$

例如，林肯公司的应收账款周转天数的计算如下：

	20Y6 年	20Y5 年
平均应收账款	$ 117 500（235 000/2）	$ 130 000（260 000/2）
平均日销售收入	$ 4 104（1 498 000/365）	$ 3 288（1 200 000/365）
应收账款周转天数	28.6（117 500/4 104）	39.5（130 000/3 288）

应收账款周转天数是应收账款挂账天数的估计。应收账款周转天数经常与公司的信用政策相比较，以评估公司收回应收账款的效率。

例如，林肯公司的赊销付款条件是"2/10，n/30"，那么林肯公司 20Y5 年的应收账款收回是缺乏效率的。换言之，应收账款应当在 30 天内收回，实际却在 39.5 天后才收回。虽然应收账款周转天数在 20Y6 年有所减少，降至 28.6 天，但是仍然存在改善的空间。如果林肯公司的信用政策是"n/45"，则应收账款收回效率已经很高。

例 17–4　应收账款分析

一家公司披露了以下信息：

销售收入	$ 960 000
平均应收账款（净值）	48 000

计算：（a）应收账款周转率；（b）应收账款周转天数。保留一位小数。

解答：

应收账款周转率＝销售收入 / 平均应收账款

$\qquad$＝960 000/48 000

$\qquad$＝20

应收账款周转天数＝平均应收账款 / 平均日销售收入

$\qquad$＝48 000/（960 000/365）

$$=48\ 000/2\ 630$$
$$=18.3（天）$$

存货分析

评估一家公司管理存货的能力称为**存货分析**（inventory analysis）。它包括以下两个指标的计算和分析：

（1）存货周转率；

（2）存货周转天数。

超额库存会降低流动性，因为超额库存会占用公司的现金。此外，超额库存往往导致保险费用、财产税、仓储成本以及其他相关费用的增加，这些费用会进一步减少公司原本可用于改善其他地方和或扩大经营的资金。

超额库存还有可能因为产品价格下降或者产品过时而增加损失风险。但是，公司又不得不保有一定量的存货，以防止因为缺货而损失销售收入。

存货周转率

存货周转率（inventory turnover）的计算公式如下：

$$存货周转率 = \frac{商品销售成本}{平均存货}$$

例如，林肯公司 20Y5 年和 20Y6 年的存货周转率的计算如下。林肯公司 20Y5 年存货的年初余额是 311 000 美元。

	20Y6 年	20Y5 年
商品销售成本	$ 1 043 000	$ 820 000
存货：		
年初	$ 283 000	$ 311 000
年末	264 000	283 000
总计	$ 547 000	$ 594 000
平均存货	$ 273 500（547 000/2）	$ 297 000（594 000/2）
存货周转率	3.8（1 043 000/273 500）	2.8（820 000/297 000）

林肯公司的存货周转率从 2.8 上升到 3.8，说明存货管理在 20Y6 年得到了改善。存货周转率的提升主要是因为商品销售成本的增长，这表明销售收入增加，而平均存货减少。

良好的存货周转率取决于存货的类型、公司和行业的特质。例如，杂货店的存货周转率要高于珠宝店或者家具店。类似地，在一家杂货店内，易腐食品的周转率要高于肥皂和清洁剂。

存货周转天数

存货周转天数（number of days' sales in inventory）的计算公式如下：

$$存货周转天数 = \frac{平均存货}{平均日销售成本}$$

式中，

$$平均日销售成本 = \frac{商品销售成本}{365 \, 天}$$

例如，林肯公司的存货周转天数的计算如下：

	20Y6 年	20Y5 年
平均存货	$ 273 500（547 000/2）	$ 297 000（594 000/2）
平均日销售成本	$ 2 858（1 043 000/365）	$ 2 247（820 000/365）
存货周转天数	95.7（273 500/2 858）	132.2（297 000/2 247）

存货周转天数是对购买、出售和替换存货所需时间的粗略估计。林肯公司的存货周转天数从 20Y5 年的 132.2 天降至 20Y6 年的 95.7 天，说明林肯公司在存货管理上有很大的改善。

例 17-5　存货分析

一家公司披露了以下信息：

商品销售成本	$ 560 000
平均存货	112 000

计算：（a）存货周转率；（b）存货周转天数。保留一位小数。

解答：

存货周转率 = 商品销售成本 / 平均存货

　　　　　 = 560 000/112 000

　　　　　 = 5.0

存货周转天数 = 平均存货 / 平均日销售成本

　　　　　　 = 112 000/（560 000/365）

　　　　　　 = 112 000/1 534

　　　　　　 = 73.0（天）

17.4　偿债能力分析

评估一家公司偿还长期债务的能力称为偿债能力分析。债券持有人和其他长期债权人会使用到期偿还债务和定期支付利息的能力来评估公司。三种常见的偿债能力比率如图表 17-9 所示。

图表 17-9　偿债能力比率

偿债能力比率		
固定资产长期负债比	负债权益比	利息保障倍数

固定资产长期负债比

固定资产通常作为长期票据和债券的担保。**固定资产长期负债比**（ratio of fixed assets to long-term liabilities）衡量了一家公司有多少固定资产可以支持长期债务。它衡量了公司在到期时偿还债务的能力，计算公式如下：

$$固定资产长期负债比 = \frac{固定资产（净值）}{长期负债}$$

例如，林肯公司的固定资产长期负债比的计算如下：

	20Y6 年	20Y5 年
固定资产（净值）	$ 444 500	$ 470 000
长期负债	$ 100 000	$ 200 000
固定资产长期负债比	4.4（444 500/100 000）	2.4（470 000/200 000）

林肯公司的固定资产长期负债比从 20Y5 年的 2.4 上升至 20Y6 年的 4.4。该增长主要是因为林肯公司在 20Y6 年偿还了 50% 的长期负债。

负债权益比

负债权益比（ratio of liabilities and stockholders' equity）衡量了公司债务和权益融资的程度，具体的计算公式如下：

$$负债权益比 = \frac{负债合计}{所有者权益合计}$$

例如，林肯公司的负债权益比的计算如下：

	20Y6 年	20Y5 年
负债合计	$ 310 000	$ 443 000
所有者权益合计	$ 829 500	$ 787 500
负债权益比	0.4（310 000/829 500）	0.6（443 000/787 500）

林肯公司的负债权益比从 20Y5 年的 0.6 下降到 20Y6 年的 0.4，这表明林肯公司的负债占所有者权益的比例正在下降。这是一个良好现象，说明林肯公司债权人的安全边际正在改善。

例 17-6　偿债能力分析

艾克米公司资产负债表的部分数据列示如下：

固定资产（净值）	$ 1 400 000
长期负债	400 000
负债合计	560 000
所有者权益合计	1 400 000

计算：（a）固定资产长期负债比；（b）负债权益比。保留一位小数。

解答：

固定资产长期负债比 = 固定资产（净值）/ 长期负债

= 1 400 000/400 000

= 3.5

负债权益比 = 负债合计 / 所有者权益合计

= 560 000/ 1 400 000

= 0.4

利息保障倍数

利息保障倍数（times interest earned），有时也称为利息覆盖率，衡量了盈余下降时无法支付利息费用的风险。计算公式如下：

$$利息保障倍数 = \frac{税前利润 + 利息费用}{利息费用}$$

利息费用在所得税费用之前支付。换言之，在计算应纳税所得额时应当减去利息费用，再计算所得税。因此，在计算利息保障倍数时应当使用税前利润。

利息保障倍数越大，说明盈余下降时利息费用仍然能得到支付的概率越大。例如，林肯公司的利息保障倍数的计算如下：

	20Y6 年	20Y5 年
税前利润	$ 162 500	$ 134 600
利息费用	6 000	12 000
可以支付利息费用的总金额	$ 168 500	$ 146 600
利息保障倍数	28.1（168 500/6 000）	12.2（146 600/12 000）

利息保障倍数从 20Y5 年的 12.2 上升到 20Y6 年的 28.1。比率上升表明可用于支付利息的利润与利息支出之间的关系有所改善。林肯公司的所获利润足以支付利息费用。

例 17–7　利息保障倍数

一家公司披露了以下信息：

税前利润	$ 250 000
利息费用	100 000

计算利息保障倍数。保留一位小数。

解答：

利息保障倍数 =（税前利润 + 利息费用）/ 利息费用

$$= (250\,000 + 100\,000)/100\,000$$

$$= 3.5$$

17.5　盈利能力分析

评估一家公司未来获取利润的能力称为盈利能力分析。该能力取决于公司的经营成果与在经营过程中可使用的资产之间的关系。因此，在评估盈利能力时常用到利润表与资产负债表的关系。

常见的盈利能力指标如图表 17-10 所示。

图表 17-10　盈利能力指标

盈利能力指标		
总资产周转率	净资产收益率	市盈率
总资产报酬率	普通股股东权益收益率	每股股利
	普通股每股收益	股息率

总资产周转率

总资产周转率（asset turnover）衡量了公司使用资产的效率，具体的计算公式如下：

$$总资产周转率 = \frac{销售收入}{平均总资产}$$

例如，林肯公司的总资产周转率的计算如下所示。总资产在 20Y5 年的年初余额是 1 187 500 美元。

	20Y6 年	20Y5 年
销售收入	$ 1 498 000	$ 1 200 000
资产总额：		
年初	$ 1 230 500	$ 1 187 500
年末	1 139 500	1 230 500
总计	$ 2 370 000	$ 2 418 000
平均总资产	$ 1 185 000（2 370 000/2）	$ 1 209 000（2 418 000/2）
总资产周转率	1.3（1 498 000/1 185 000）	1.0（1 200 000/1 209 000）

对于林肯公司而言，平均总资产以年初和年末总资产的平均值表示。平均总资产也可以根据月度或者季度的平均值计算。

总资产周转率升高说明 20Y6 年林肯公司的资产使用情况得到了改善。这主要是因为 20Y6 年销售收入有所增加。

例 17-8　总资产周转率

一家公司披露了以下信息：

销售收入	$ 2 250 000

		1 500 000
平均总资产		

计算总资产周转率。保留一位小数。

解答：

总资产周转率 = 销售收入 / 平均总资产

= 2 250 000/1 500 000

= 1.5

总资产报酬率

总资产报酬率（return on total assets）衡量了在不考虑资产融资情况下总资产的盈利能力。换言之，该比率不受公司总资产中债务或者权益融资比重的影响。具体的计算公式如下：

$$总资产报酬率 = \frac{净利润 + 利息费用}{平均总资产}$$

在计算总资产报酬率时，将利息费用加回至净利润。通过加回利息费用，消除了资产是由债权人（债务）还是股东（权益）提供的影响。因为净利润包含任何长期投资收益，所以平均总资产既包括长期投资也包括长净经营资产。

例如，林肯公司的总资产报酬率的计算如下。总资产在 20Y5 年的年初余额是 1 187 500 美元。

	20Y6 年	20Y5 年
净利润	$ 91 000	$ 76 500
利息费用	6 000	12 000
	$ 97 000	$ 88 500
总资产：		
年初	$ 1 230 500	$ 1 187 500
年末	1 139 500	1 230 500
总计	$ 2 370 000	$ 2 418 000
平均总资产	$ 1 185 000（2 370 000/2）	$ 1 209 000（2 418 000/2）
总资产报酬率	8.2%（97 000/1 185 000）	7.3%（88 500/1 209 000）

总资产报酬率从 20Y5 年的 7.3% 提升到 20Y6 年的 8.2%。

当存在大量的营业外收入和支出时，有时也会计算经营资产报酬率，具体计算公式如下：

$$经营资产报酬率 = \frac{经营利润}{平均经营资产}$$

因为林肯公司不存在大量的营业外收入和支出，在此不列示林肯公司的经营资产报酬率。

例 17-9　总资产报酬率

某家公司当年利润表和资产负债表的部分信息如下所示：

净利润	$　125 000
利息费用	25 000
平均总资产	2 000 000

计算总资产报酬率。保留到小数点后一位。

解答：

$$总资产报酬率=（净利润+利息费用）/平均总资产$$
$$=（125\ 000+25\ 000）/2\ 000\ 000$$
$$=150\ 000/2\ 000\ 000$$
$$=7.5\%$$

净资产收益率

净资产收益率（return on stockholders' equity）衡量了股东投资金额的收益率，具体的计算公式如下：

$$净资产收益率 = \frac{净利润}{平均股东权益}$$

例如，林肯公司的净资产收益率的计算如下。股东权益在 20Y5 年的年初余额是 750 000 美元。

	20Y6 年	20Y5 年
净利润	$　91 000	$　76 500
股东权益合计：		
年初	$　787 500	$　750 000
年末	829 500	787 500
总计	$ 1 617 000	$ 1 537 500
平均股东权益	$ 808 500（1 617 000/2）	$ 768 750（1 537 500/2）
净资产收益率	11.3%（91 000/808 500）	10.0%（76 500/768 750）

净资产收益率从 20Y5 年的 10.0% 上升至 20Y6 年的 11.3%。

杠杆（leverage）指的是利用负债来提升投资收益。净资产收益率往往比总资产报酬率高，这就是杠杆的作用。

就林肯公司而言，20Y6 年的杠杆效应是 3.1%，而 20Y5 年的杠杆效应是 2.7%，具体计算如下：

	20Y6 年	20Y5 年
净资产收益率	11.3%	10.0%
总资产报酬率	(8.2)	(7.3)
杠杆效应	3.1%	2.7%

图表 17–11 显示了林肯公司 20Y5 年和 20Y6 年的杠杆效应。

图表 17–11 杠杆效应

普通股股东权益收益率

普通股股东权益收益率（return on common stockholders' equity）衡量了普通股股东投资金额的收益率，具体的计算公式如下：

$$普通股股东权益收益率 = \frac{净利润 - 优先股股利}{平均普通股股东权益}$$

因为优先股股东的盈余请求权要先于普通股股东，所以在计算普通股股东权益收益率时应当将优先股股利从净利润中减去。

林肯公司在 20Y5 年 12 月 31 日和 20Y6 年 12 月 31 日有 150 000 美元的优先股在外流通，利率为 6%。因此，优先股股利 9 000 美元（150 000×6%）应当从净利润中扣除。林肯公司的普通股股东权益的计算如下：

	12 月 31 日		
	20Y6 年	20Y5 年	20Y4 年
普通股，面值 $ 10	$ 500 000	$ 500 000	$ 500 000
留存收益	179 500	137 500	100 000
普通股股东权益	$ 679 500	$ 637 500	$ 600 000

如图表 17–4 林肯公司留存收益表所示，20Y4 年 12 月 31 日的留存收益和 20Y5 年 1 月 1 日的留存收益一致，均为 100 000 美元。

根据以上信息，林肯公司的普通股股东权益收益率的计算如下。

	20Y6 年	20Y5 年
净利润	$ 91 000	$ 76 500
优先股股利	（9 000）	（9 000）
总计	$ 82 000	$ 67 500
普通股股东权益：		
年初	$ 637 500	$ 600 000
年末	679 500[*]	637 500[**]
总计	$ 1 317 000	$ 1 237 500

续

	20Y6 年	20Y5 年
平均普通股股东权益	$ 658 500（1 317 000/2）	$ 618 750（1 237 500/2）
普通股权股东益收益率	12.5%（82 000/658 500）	10.9%（67 500/618 750）

* 829 500－150 000。
** 787 500－150 000。

林肯公司的普通股股东权益收益率从 20Y5 年的 10.9% 上升至 20Y6 年的 12.5%。该比率与林肯公司的 总资产报酬率和净资产收益率的差异列示如下：

	20Y6 年	20Y5 年
总资产报酬率	8.2%	7.3%
净资产收益率	11.3%	10.0%
普通股股东权益收益率	12.5%	10.9%

如前所述，这些比率的差异源自负债的杠杆效应。

例 17-10　净资产收益率

某家公司披露了以下信息：

净利润	$ 125 000
优先股股利	5 000
平均股东权益	1 000 000
平均普通股股东权益	800 000

计算：（a）净资产收益率；（b）普通股股东权益收益率。将百分比保留到小数点后一位。

解答：

净资产收益率＝净利润 / 平均股东权益

　　　　　　＝125 000/1 000 000

　　　　　　＝12.5%

普通股权益收益率＝（净利润－优先股股利）/ 平均普通股股东权益

　　　　　　　　＝（125 000－5 000）/800 000

　　　　　　　　＝15%

普通股每股收益

普通股每股收益（earnings per share on common stock，EPS）衡量了每股普通股获得的利润。每股收益必须在利润表中披露，因此每股收益经常在财经新闻中出现，具体的计算公式如下：

$$普通股每股收益 = \frac{净利润 - 优先股股利}{在外流通的普通股股数}$$

如果同时有普通股和优先股在外流通，则应当扣除优先股股利，再计算普通股股东享有的净利润。例如，林肯公司普通股每股收益的计算如下。

	20Y6 年	20Y5 年
净利润	$ 91 000	$ 76 500
优先股股利	（9 000）	（9 000）
总计	$ 82 000	$ 67 500
在外流通的普通股股数	50 000	50 000
普通股每股收益	$ 1.64（82 000/50 000）	$ 1.35（67 500/50 000）

林肯公司在 20Y5 年 12 月 31 日和 20Y6 年 12 月 31 日有面值为 10 美元的 500 000 美元普通股和股利率为 6% 的 150 000 美元的优先股在外流通。因此，在计算普通股每股收益时，优先股股利 9 000 美元（150 000×6%）应当从净利润中扣除，然后除以 50 000 股在外流通的普通股。普通股股数的计算方法是用 500 000 美元的普通股面值除以每股 10 美元的面值。

林肯公司在 20Y6 年没有增发普通股。如果林肯公司在 20Y6 年增发了普通股，应当使用在外流通普通股的加权平均数。

林肯公司普通股的每股收益从 20Y5 年的 1.35 美元上升到 20Y6 年的 1.64 美元。

林肯公司的资本结构较为简单，仅由优先股和普通股构成。然而许多公司的资本结构较为复杂，有各种类型的权益证券在外流通，例如，可转换优先股、股票期权以及认股权证。在这种情况下，披露每股收益时应当考虑这些证券对在外流通普通股股数的潜在影响。该潜在影响以稀释每股收益的形式单独列示，这一问题将在高级会计课程中详细阐释。

市盈率

普通股的**市盈率**（price-earnings（P/E）ratio）衡量了公司的盈利前景，这一指标经常被财经新闻引用，具体的计算公式如下所示：

$$市盈率 = \frac{普通股每股市价}{普通股每股收益}$$

例如，林肯公司的市盈率的计算如下：

	20Y6 年	20Y5 年
普通股每股市价	$ 41.00	$ 27.00
普通股每股收益	$ 1.64	$ 1.35
普通股市盈率	25（41.00/1.64）	20（27.00/1.35）

市盈率从 20Y5 年的 20 上升到 20Y6 年的 25。换言之，在 20Y5 年年末，林肯公司的普通股以每股收益 20 倍的价格对外出售，而在 20Y6 年年末则以每股收益 25 倍的价格对外出售。这说明市场预期林肯公司未来盈利会增长。

例 17-11　每股收益和市盈率

某家公司披露了以下信息：

净利润	$ 250 000
优先股股利	$ 15 000
在外流通的普通股股数	20 000
普通股每股市价	$ 35.25

a. 计算公司的普通股每股收益。

b. 计算公司的市盈率。保留一位小数。

解答：

　　普通股每股收益 =（净利润 – 优先股股利）/ 在外流通的普通股股数

　　　　　　　　 =（250 000–15 000）/20 000

　　　　　　　　 =11.75（美元）

　　市盈率 = 普通股每股市价 / 普通股每股收益

　　　　　 =32.25/11.75

　　　　　 =3.0

每股股利

每股股利（dividends per share）衡量了企业盈余分配给普通股股东的程度，具体的计算公式如下：

$$每股股利 = \frac{普通股股利}{在外流通的普通股股数}$$

例如，林肯公司的每股股利的计算如下：

	20Y6 年	20Y5 年
普通股股利	$ 40 000	$ 30 000
在外流通的普通股股数	50 000	50 000
每股股利	$ 0.80（40 000/50 000）	$ 0.60（30 000/50 000）

普通股每股股利从 20Y5 年的 0.60 美元上升到 20Y6 年的 0.80 美元。

每股股利通常与每股收益一起披露。通过比较这两项每股金额可以看出企业盈余的留存程度。例如，林肯公司的每股收益和每股股利如图表 17–12 所示。

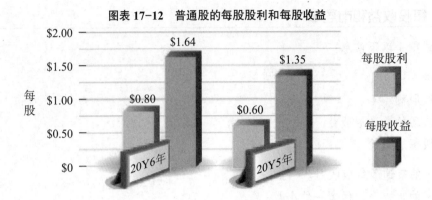

图表 17-12　普通股的每股股利和每股收益

股息率

股息率（dividend yield）衡量了普通股股东获得的现金股利的收益率。该比率对于为获得股利而持有股票的投资者而言尤为重要，具体的计算公式如下：

$$股息率 = \frac{普通股每股股利}{普通股每股市价}$$

例如，林肯公司的股息率的计算如下：

	20Y6 年	20Y5 年
普通股每股股利	$ 0.80	$ 0.60
普通股每股市价	$ 41.00	$ 27.00
股息率	2.0%（0.80/41.00）	2.2%（0.60/27.00）

股息率从 20Y5 年的 2.2% 变化到 20Y6 年的 2.0%，略有下降。下降的主要原因是林肯公司普通股每股市价大幅上涨。

分析指标的总结

图表 17-13 汇总了本章提到的流动性、偿债能力和盈利能力的分析指标。选用哪种分析指标往往取决于行业的类型和公司经营的性质。在很多情况下，特定的行业还需要采取其他的分析指标。例如，航空公司将每位乘客英里收入和每个座位的成本作为盈利能力的分析指标。类似地，酒店行业将居住率作为盈利能力的分析指标。

图表 17-13 所示的分析指标是分析一家公司流动性、盈利能力和偿债能力的起点。然而，依据它们并不能做出完全准确的判断。例如，在分析一家公司的发展前景时还应当考虑总体的经济和商业环境。此外，还应当注意行业趋势和各种分析指标之间的内在联系。

图表 17-13　分析指标汇总

	计算方法	用途
流动性分析指标：		
营运资本	流动资产 - 流动负债	衡量流动负债偿还能力
流动比率	$\dfrac{流动资产}{流动负债}$	

续

	计算方法	用途
速动比率	$\dfrac{速动资产}{流动负债}$	衡量即期债务偿还能力
应收账款周转率	$\dfrac{销售收入}{平均应收账款}$	评估应收账款收回和信贷管理的效率
应收账款周转天数	$\dfrac{平均应收账款}{平均日销售收入}$	
存货周转率	$\dfrac{商品销售成本}{平均存货}$	评估存货管理的效率
存货周转天数	$\dfrac{平均存货}{平均日销售成本}$	

偿债能力分析指标:

	计算方法	用途
固定资产长期负债比	$\dfrac{固定资产（净值）}{长期负债}$	衡量长期债权人的安全边际
负债权益比	$\dfrac{负债合计}{所有者权益合计}$	衡量债务和权益融资的程度
利息保障倍数	$\dfrac{税前利润+利息费用}{利息费用}$	评估盈余下降时无法支付利息费用的风险

盈利能力分析指标:

	计算方法	用途
总资产周转率	$\dfrac{销售收入}{平均总资产}$	评估资产的使用效率
总资产报酬率	$\dfrac{净利润+利息费用}{平均总资产}$	评估资产的盈利能力
净资产收益率	$\dfrac{净利润}{平均股东权益}$	评估股东投资的盈利能力
普通股股东权益收益率	$\dfrac{净利润-优先股股利}{平均普通股股东权益}$	评估普通股股东投资的盈利能力
普通股每股收益（EPS）	$\dfrac{净利润-优先股股利}{在外流通的普通股股数}$	
市盈率（P/E）	$\dfrac{普通股每股市价}{普通股每股收益}$	基于普通股股票市价与盈余的关系，衡量公司盈利前景
每股股利	$\dfrac{普通股股利}{在外流通的普通股股数}$	衡量盈余分配给普通股股东的程度
股息率	$\dfrac{普通股每股股利}{普通股每股市价}$	依据现金股利衡量普通股股东收益率

17.6 公司年度报告

上市公司发布的年度报告总结了以前年度的经营活动和对未来的计划。年度报告包括各类财务报表和附注。此外，年度报告还应当包含以下几个部分：

（1）管理层讨论与分析；

（2）内部控制报告；

（3）财务报表公允性报告。

管理层讨论与分析

上交至证券交易所的年度报告中必须包含**管理层讨论与分析**（management's discussion and analysis，MD&A）。该部分包括管理层对于当年经营活动的分析和对未来的计划。其中的典型项目如下所示：

（1）管理层对于当年和以前年度财务报表重大变化的分析与解释。

（2）影响财务报表解释的重要会计原则和会计政策，包括会计原则变更和采用新会计原则的影响。

（3）管理层对公司的流动性以及可用资本的评估。

（4）可能影响公司的重要风险。

（5）任何"资产负债表外"交易，例如，不在财务报表中披露的租赁。这些交易将在高级会计课程中进一步讨论。

内部控制报告

2002年的《萨班斯法案》要求管理层披露内部控制报告。该报告陈述了管理层建立和维持内部控制的责任。此外，管理层对内部控制在财务报告期间有效性的评价也包含在内部控制报告中。

《萨班斯法案》还要求会计师事务所鉴证管理层对内部控制得出的结论。因此，年度报告中包含两份内部控制报告，一份由管理层出具，另一份由会计师事务所出具。在有些情况下，这两份报告也有可能合并为一份。

财务报表公允性报告

所有上市公司都被要求对其财务报表进行独立审计（审查）。执行审计的会计师事务所对财务报表的公允性发表审计意见，即独立会计师事务所的审计报告。

陈述为"财务报表公允地反映了公司的财务状况、经营成果和现金流量"的审计意见称为无条件审计意见，也叫作无保留意见。对于财务报表使用者来说，除无条件审计意见之外的任何审计报告都是一个危险信号，需要对其原因做进一步调查。审计意见的类型和性质在高级审计课程中有更详细的介绍。

耐克公司的年度报告同时包含了财务报表、管理层讨论与分析、内部控制报告以及财务报表公允性报告。

附录：利润表中的非常规项目

一般公认会计原则要求在利润表中单独披露非常规项目。这是因为非常规项目不经常发生，与当下的经营活动无关。但是如果不单独披露这些项目，又会使财务报表使用者误解当下和将来的经营活动。

利润表中的非常规项目可以分为以下两类：

（1）影响当期利润表的非常规项目；

（2）影响前期利润表的非常规项目。

影响当期利润表的非常规项目

非持续性经营是非常规项目，它会影响当期的以下两个部分：

（1）利润表；

（2）每股收益。

非持续经营会在利润表中单独列示。

利润表

一家公司可能以出售或处置的方式来中断其部分业务。例如，一个零售商可能决定只在线上出售商品，因此中断在零售商店出售商品。

如果非持续经营是战略转变的结果以及对实体的经营和财务结果有重大影响，则非持续经营的任何收益或损失都在利润表中列示为非持续经营收益（或损失），且在持续经营利润项目的下方列示。

为了进一步说明，假设琼斯公司生产并出售电子产品、硬件设备以及草坪设备。因为项目不盈利，琼斯公司中断了电子产品的生产，在亏损 100 000 美元的情况下出售剩余的存货和相关资产。图表 17-14 列示了非持续经营损失 [1]。

图表 17-14　利润表中的非常规项目

琼斯公司 利润表 截至 20Y2 年 12 月 31 日的会计年度	
销售收入	$ 12 350 000
商品销售成本	5 800 000
毛利润	$ 6 550 000
销售费用和管理费用	5 240 000
持续经营税前利润	$ 1 310 000
所得税费用	620 000
持续经营利润	$ 690 000
非持续经营损失	（100 000）
净利润	$ 590 000

此外，财务报表附注中还应当说明出售的业务，包括中断业务的具体日期，以及与中断业务相关的资产、负债、收入和费用等的详细信息。

---

[1]　非持续经营收益或损失在消除税收的影响后报告。为简化起见，图表 17-14 中没有具体说明税收的影响。

每股收益

应当单独披露非持续经营的每股收益。例如，琼斯公司的部分利润表如图表 17-15 所示，公司共有 200 000 股普通股在外流通。

图表 17-15 披露了持续经营、非持续经营的每股收益。然而，一般公认会计原则只要求披露持续经营每股收益和净利润。其他每股收益和净利润金额可以披露在财务报表的附注中。

图表 17-15　利润表中的每股收益

琼斯公司 利润表 截至 20Y2 年 12 月 31 日的会计年度	
每股收益：	
持续经营利润	$ 3.45
非持续经营损失	（0.50）
净利润	$ 2.95

影响前期利润表的非常规项目

非常规项目还可能影响前期利润表，其中包括以下两项：

（1）采用一般公认会计原则时发生差错；

（2）一般公认会计原则的变更。

如果在前期财务报表中发现差错，那么该期以及之后各期的财务报表都应当被重述和纠正。

公司也有可能从采用一项公认会计原则转为采用另一项。在这种情况下，应当假设新的会计原则在过去已经开始实施，并对前期财务报表进行追溯调整，如同第 11 章中所讨论的像始终使用新会计原则一样。

对于以上两种情况，当期的盈余都不会受到影响。也就是说，只有前期披露的盈余需要被重述。然而，对以前期间会计盈余的重述可能导致需要对留存收益的期初余额进行重述。这进而可能导致资产负债表其他账户的重述。这些类型的调整和重述将在高级会计课程中进一步阐述。

练习题

EX 17-1　利润表的垂直分析

创新角公司的收入和费用数据如下所示：

	本年度	上年度
销售收入	$ 4 000 000	$ 3 600 000
商品销售成本	2 280 000	1 872 000
销售费用	600 000	648 000
管理费用	520 000	360 000
所得税费用	240 000	216 000

a. 编制一份比较利润表，所有项目以销售收入的百分比表示。保留至整数。

b. 对比较利润表中披露的显著变化做出评价。

EX 17-3 统一度量式财务报表

潭山公司以及电子行业当年的收入和费用数据如下所示。潭山公司的数据以金额列示，电子行业的数据以百分比列示。

	潭山公司	电子行业均值
销售收入	$4 000 000	100%
商品销售成本	2 120 000	60
毛利润	$1 880 000	40%
销售费用	$1 080 000	24%
管理费用	640 000	14
总营业费用	$1 720 000	38%
营业利润	$ 160 000	2%
其他收入	120 000	3
	$ 280 000	5%
其他费用	80 000	2
税前利润	$ 200 000	3%
所得税费用	80 000	2
净利润	$ 120 000	1%

a. 编制统一度量式利润表，将潭山公司的经营成果与电子行业均值做比较。保留至整数。

b. 基于所示数据，评价该比较揭示的重要关联关系。

EX 17-5 利润表的水平分析

文思若普公司近两年 12 月 31 日的利润表数据如下：

	本年度	上年度
销售收入	$2 280 000	$2 000 000
商品销售成本	1 960 000	1 750 000
毛利润	$ 320 000	$ 250 000
销售费用	$ 156 500	$ 125 000
管理费用	122 000	100 000
总营业费用	$ 278 500	$ 225 000
税前利润	$ 41 500	$ 25 000
所得税费用	16 600	10 000
净利润	$ 24 900	$ 15 000

1. 用水平分析编制比较利润表，说明本年度与上年度相比各项目的增加（减少）情况。保留一位小数。

2. 从水平分析中可以得到什么结论？

EX 17–7　流动状况分析

百事公司近两年期末流动资产和流动负债的数据如下（单位：百万美元）。

	本年度	上年度
现金及现金等价物	$ 6 297	$ 4 067
短期投资（成本）	322	358
应收账款和票据（净值）	7 041	6 912
存货	3 581	3 827
预付费用和其他流动资产	1 479	2 277
流动负债	4 815	6 205
应付账款	12 274	11 949

a. 计算各年的流动比率和速动比率。保留一位小数。

b. 从以上数据可以得出关于百事公司流动性的什么结论？

EX 17–9　应收账款分析

以下数据摘自希格马公司的财务报表，信用政策为 "2/10，n/45"。

	20Y3 年	20Y2 年	20Y1 年
应收账款	$　725 000	$　650 000	$ 600 000
赊销收入	5 637 500	4 687 500	

a. 计算 20Y2 和 20Y3 的应收账款周转率和应收账款周转天数。保留一位小数。

b. 从这些关于应收账款和信贷政策的数据中可以得出什么结论？

EX 17–11　存货分析

以下是凯弗公司最近两年的部分利润表数据：

	本年度	上年度
销售收入	$ 18 500 000	$ 20 000 000
期初存货	940 000	860 000
商品销售成本	9 270 000	10 800 000
期末存货	1 120 000	940 000

a. 计算各年的存货周转率和存货周转天数。

b. 从存货数据中能得出什么结论？

EX 17–13　负债权益比和利息保障倍数

猎手公司最近两年 12 月 31 日的财务报表数据如下：

	本年度	上年度
应付账款	$ 924 000	$ 800 000
当前到期的应付债券	200 000	200 000
应付债券，10%	1 000 000	1 200 000
普通股，面值 $ 10	250 000	250 000
股本溢价	1 250 000	1 250 000
留存收益	860 000	500 000

本年度和上年度的税前利润分别为 480 000 美元和 420 000 美元。

a. 计算每年年末的负债权益比。保留一位小数。

b. 计算两年的利息保障系数。保留一位小数。

c. 从这些数据中可以得出关于公司偿债能力的什么结论？

EX 17–15　负债权益比和固定资产长期负债比

食品行业的两家公司亿滋公司和好时公司近期的资产负债表数据如下（单位：千美元）。

	亿滋公司	好时公司
固定资产（净值）	$ 10 010 000	$ 1 674 071
流动负债	14 873 000	1 471 110
长期负债	15 574 000	1 530 967
其他长期负债	12 816 000	716 013
股东权益	32 215 000	1 036 749

a. 计算两家公司的负债权益比。保留一位小数。

b. 计算两家公司的固定资产长期负债比率。保留一位小数。

c. 解释两家公司的比率差异。

EX 17–17　盈利能力比率

以下财务数据来自维达希尔公司 20Y7 年、20Y6 年和 20Y5 年 12 月 31 日的财务报表：

	20Y7 年	20Y6 年	20Y5 年
总资产	$ 5 200 000	$ 5 000 000	$ 4 800 000
应付票据，利率 6%	2 500 000	2 500 000	2 500 000
普通股	250 000	250 000	250 000
优先股，股利率 2.5%，面值 $ 100（本年无变化）	500 000	500 000	500 000
留存收益	1 574 000	1 222 000	750 000

20Y7 年的净利润为 411 000 美元，20Y6 年的净利润为 462 500 美元。20Y5—20Y7 年没有宣布发放普通股股利。优先股股利已于 20Y6 年及 20Y7 年宣告并全额支付。

a. 计算 20Y6 年和 20Y7 年的总资产报酬率、净资产收益率和普通股股东权益收益率。保留一位小数。

b. 从这些数据中可以得出关于公司盈利能力的什么结论？

EX 17–19　盈利能力和偿债能力的六项财务分析指标

加肯公司本年度末的财务报表数据如下：

不动产、厂房和设备（净值）			$ 3 200 000
负债：			
流动负债		$ 1 000 000	
应付票据，利率6%，15年期		2 000 000	
负债总计			$ 3 000 000
所有者权益：			
优先股，股利 $ 10，面值 $ 100（本年无变化）			$ 1 000 000
普通股，面值 $ 10（本年无变化）			2 000 000
留存收益：			
年初余额	$ 1 570 000		
净利润	930 000	$ 2 500 000	
优先股股利	$ 100 000		
普通股股利	400 000	500 000	
年末余额			2 000 000
所有者权益合计			$ 5 000 000
销售收入			$ 18 750 000
利息费用			$ 120 000

假设本年度初总资产为 7 000 000 美元，确定以下内容：（a）固定资产长期负债比，（b）负债权益比，（c）总资产周转率，（d）总资产报酬率，（e）净资产收益率，（f）普通股股东权益收益率。保留一位小数。

综合题

PR 17–1A　利润表的水平分析

20Y2 年，麦克戴德公司披露净利润下降。年末，公司董事长收到了如下所示的简明比较利润表：

麦克戴德公司 比较利润表 截至 20Y2 年和 20Y1 年 12 月 31 日的会计年度		
	20Y2 年	20Y1 年
销售收入	$ 16 800 000	$ 15 000 000
商品销售成本	11 500 000	10 000 000
毛利润	$ 5 300 000	$ 5 000 000
销售费用	$ 1 770 000	$ 1 500 000
管理费用	1 220 000	1 000 000
总营业费用	$ 2 990 000	$ 2 500 000
营业利润	$ 2 310 000	$ 2 500 000
其他收入	256 950	225 000
税前利润	$ 2 566 950	$ 2 725 000
所得税费用	1 413 000	1 500 000
净利润	$ 1 153 950	$ 1 225 000

要求：

1. 以 20Y1 年为基准年，使用水平分析编制近两年的比较利润表。保留一位小数。

2. 基于所示数据，评价第一问中的水平分析揭示的重要关系。

案例分析题

CP 17–1　道德行为

12 月 31 日是罗杰斯工业股份有限公司的会计期末。临近会计期末时，公司的内部审计部门认定一项重要的内部控制程序未能正常运行。内部审计负责人达什·里普罗克向公司总会计师托德·巴莱文报告了内部控制失败的情况。托德向公司首席财务官乔什·麦科伊报告了这一失败。在讨论了这个问题后，乔什指示托德不要将内部控制失败的消息告知外部审计师，并在会计年度结束后悄悄解决这一问题。外部审计师在审计过程中没有发现内部控制失败。3 月，审计完成后，该公司发布了年度报告，包括管理层的相关报告。作为首席财务官，乔什授权发布《管理层内部控制报告》，该报告指出，管理团队认为公司的内部控制在年度报告所述期间有效。

乔什的行为符合职业道德吗？请解释。

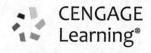

Supplements Request Form（教辅材料申请表）

Lecture's Details（教师信息）			
Name： （姓名）		Title： （职务）	
Department： （系科）		School/University： （学院/大学）	
Official E-mail： （学校邮箱）		Lecturer's Address/ Post Code： （教师通讯地址/邮编）	
Tel： （电话）			
Mobile： （手机）			

Adoption Details（教材信息）　　原版□　　翻译版□　　影印版□	
Title：（英文书名） Edition：（版次） Author：（作者）	
Local Publisher： （中国出版社）	

Enrolment： （学生人数）		Semester： （学期起止日期时间）	

Contact Person & Phone/E-Mail/Subject：
（系科/学院教学负责人电话/邮件/研究方向） （我公司要求在此处标明系科/学院教学负责人电话/传真号码并在此加盖公章。）   教材购买由我□　我作为委员会的一部分□　其他人□［姓名：　　　　　］决定。

Please fax or post the complete form to（请将此表格传真至）：

CENGAGE LEARNING BEIJING
ATTN: Higher Education Division
TEL: (86)10-82862096/95/97
FAX: (86)10-82862089
EMAIL: asia.inforchina@cengage.com
www.cengageasia.com
ADD: 北京市海淀区科学院南路2号
　　　融科资讯中心C座南楼12层1201室　100190

Note：Thomson Learning has changed its name to CENGAGE Learning

中国人民大学出版社　管理分社

教师教学服务说明

中国人民大学出版社管理分社以出版工商管理和公共管理类精品图书为宗旨。为更好地服务一线教师，我们着力建设了一批数字化、立体化的网络教学资源。教师可以通过以下方式获得免费下载教学资源的权限：

★ 在中国人民大学出版社网站 www.crup.com.cn 进行注册，注册后进入"会员中心"，在左侧点击"我的教师认证"，填写相关信息，提交后等待审核。我们将在一个工作日内为您开通相关资源的下载权限。

★ 如您急需教学资源或需要其他帮助，请加入教师 QQ 群或在工作时间与我们联络。

中国人民大学出版社　管理分社

🔔 **教师 QQ 群：** 648333426（工商管理）　114970332（财会）　648117133（公共管理）
教师群仅限教师加入，入群请备注（学校＋姓名）

☎ **联系电话：** 010-62515735，62515987，62515782，82501048，62514760

✉ **电子邮箱：** glcbfs@crup.com.cn

📍 **通讯地址：** 北京市海淀区中关村大街甲 59 号文化大厦 1501 室（100872）

管理书社

人大社财会

公共管理与政治学悦读坊